"十二五"职业教育国家规划教材
经全国职业教育教材审定委员会审定



李爱华　刘月龙　主编　张宁宁　石　静　副主编　常法亮　主审

# 建筑工程财务管理

## 第三版

JIANZHU GONGCHENG CAIWU GUANLI

化学工业出版社
·北京·

## 内 容 提 要

本书为“十二五”职业教育国家规划教材，是高等职业教育工程造价、工程管理、建筑经济管理专业的主要专业课教材之一。本书从高等职业教育的培养目标出发，结合最新会计准则和财务管理思想，在内容安排上以建筑工程项目为基础，与建筑施工企业整体财务管理活动紧密结合，以资金运动为主线，阐述建筑工程项目财务管理的整个过程。在层次安排上由易到难，同时每章配有自测题，便于读者学习和掌握所学内容。

本书为高等职业教育工程造价、工程管理、建筑经济管理类专业及相关专业的教材，可作为成人教育土建类及相关专业的教材，也可供工程管理人员和财务管理人员学习参考。

**图书在版编目（CIP）数据**

建筑工程财务管理/李爱华，刘月龙主编．—3版．—北京：化学工业出版社，2020.9（2024.6重印）
“十二五”职业教育国家规划教材 经全国职业教育教材审定委员会审定
ISBN 978-7-122-37083-9

Ⅰ．①建… Ⅱ．①李…②刘… Ⅲ．①建筑工程-财务管理-高等职业教育-教材 Ⅳ．①F407.967.2

中国版本图书馆CIP数据核字（2020）第085979号

责任编辑：王文峡　　装帧设计：张　辉
责任校对：刘曦阳

出版发行：化学工业出版社（北京市东城区青年湖南街13号　邮政编码100011）
印　　刷：北京云浩印刷有限责任公司
装　　订：三河市振勇印装有限公司
787mm×1092mm　1/16　印张17½　字数442千字　2024年6月北京第3版第4次印刷

购书咨询：010-64518888　　售后服务：010-64518899
网　　址：http://www.cip.com.cn
凡购买本书，如有缺损质量问题，本社销售中心负责调换。

定　　价：49.00元

# 前 言

本书从高等职业教育的培养目标出发，结合高等职业教育最新课程标准，依据最新企业会计准则、相关法律法规和财务管理理念，在总结多年教学经验的基础上，较全面地介绍了建筑工程项目在资金筹措、投资、资金营运、资金分配等财务管理活动的基本内容，以实例为基础，介绍了工程项目财务评价和功能评价的基本指标和基本方法，不仅与建筑施工企业的财务管理活动紧密结合，还较详细地介绍了施工企业财务分析的具体内容。可作为在校学生教材及企业财务工作者的参考用书。

本书充分体现了党的二十大精神进教材，贯彻法制思想，践行节约意识、风险意识、质量意识和创新意识，注重学生专业素质的养成，培养学生正确的财务管理价值观。规范建筑工程财务管理全过程，增强社会责任感，坚持用严格的制度、严密的法治履行建筑工程财务管理。

本书作者既有一线教师，也有企业实际财务工作人员。在编写时力求满足易教、易学的总体目标，在内容安排上由易到难、由浅入深，注重实用性和可操作性，理论和实践紧密结合。同时配有同步训练，突出高等职业教育的实践性特点，便于读者学习和掌握。

本书由河南建筑职业技术学院李爱华、郑州大学西亚斯国际学院刘月龙任主编，河南建筑职业技术学院张宁宁、石静任副主编；河南建筑职业技术学院李艳、邓晓静、樊珂，郑州金凯元理财有限公司陈海锋参与编写；全书由李爱华统稿，郑州西亚斯国际学院常法亮教授主审。

本书第一版于2010年10月正式出版，2015年3月修订出版第二版，2020年3月进行再次修订出版第三版。在编写过程中汲取了大量有关专家、学者的论著、教材、文献资料和网络资源，借鉴了一些新的研究成果，在此对有关作者表示衷心的感谢！由于作者水平有限，书中不足之处恳请广大读者批评指正！

编 者

# 第一版前言

工程项目的建设与管理是集技术、经济、法律、组织管理等专业活动于一体的综合性活动过程，而现代工程项目管理，采用了以财务管理为核心的管理模式，并在实践中取得了良好的管理效果，因此，培养具有财务管理能力的工程项目管理人员的任务非常紧迫，这也是各类建筑类院校的责任。本书从高等职业教育的培养目标出发，结合最新会计准则和财务管理思想，在总结多年教学经验的基础上，较全面地介绍了建筑工程项目在融资、投资、资金营运、资金分配等财务管理活动的基本内容，以实例介绍了工程项目财务评价和功能评价的基本指标和评价方法，又与建筑施工企业整体财务管理活动紧密结合，较详细地介绍了施工企业财务分析的具体内容。本书的编者大多是身处教学一线的教师，在编写过程中力求满足易教易学的目标要求，层次安排上由易到难，注重应用性和可操作、教学理论与实际工作需要相结合。同时每章配有大量同步实训练习，突出高等职业教育的实践性要求，便于读者学习和掌握所学内容。

本书由河南建筑职业技术学院李爱华任主编，河南省财经学校田俊敏、河南建筑职业技术学院李宏魁任副主编，河南建筑职业技术学院李伟涛、张宁宁、石静，内蒙古建筑职业技术学院赵亭亭，河南富平联合会计师事务所刘福平参与编写。其中，第一章、第七章由李爱华编写；第二章由李伟涛编写；第三章由张宁宁编写；第四章由赵亭亭编写；第五章由石静编写；第六章由田俊敏编写；第八章由刘福平编写；第九章由李宏魁编写。全书由李爱华统稿。

本书在编写过程中参考了一些文献资料和网络资源，借鉴了一些新的研究成果，在此对有关作者表示衷心的感谢！

在本书立项出版、编写和修改定稿过程中，化学工业出版社提出了许多宝贵意见，也得到了河南建筑职业技术学院吴承霞副院长的大力支持，在此一并深表谢意。

由于时间仓促，编者水平有限，加之财务管理的内容在随着经济发展而不断丰富和更新，书中难免有不妥之处，恳请广大读者批评指正。

**编　者**

**2010 年 1 月**

# 第二版前言

本教材第一版于2010年出版，得到了读者的认可。通过评审，第二版立项为“十二五”职业教育国家规划教材。

本书从职业教育的培养目标出发，结合最新会计准则和财务管理思想，在总结多年教学经验的基础上，较全面地介绍了建筑工程项目在融资、投资、资金营运、资金分配等财务管理活动的基本内容，以实例介绍了工程项目财务评价和功能评价的基本指标和评价方法，又与建筑施工企业整体财务管理活动紧密结合，较详细地介绍了施工企业财务分析的具体内容。

本书的作者大多是教学一线的教师，在编写过程中力求满足易教易学的目标要求，层次安排上由易到难，注重应用性和可操作、教学理论与实际工作需要相结合。同时每章配有大量同步实训练习，突出高等职业教育的实践性要求，便于读者学习和掌握所学内容。

本书由河南建筑职业技术学院李爱华任主编，河南广播电视大学田俊敏任副主编，河南建筑职业技术学院张宁宁、石静，内蒙古建筑职业技术学院赵亭亭参与编写。其中：第一～二章、第七～九章由李爱华编写、第三章由张宁宁编写；第四章由赵亭亭编写；第五章由石静编写；第六章由田俊敏编写；全书由李爱华统稿。

本书在编写过程中汲取了大量有关专家、学者的论著、教材、文献资料和网络资源，借鉴了一些新的研究成果，在此对有关作者表示衷心的感谢！

限于时间和编者水平，加之财务管理的内容在随着经济发展而不断丰富和更新，书中不足之处恳请广大读者批评指正。

**编　者**

**2014年12月**

# 目　录

# 二维码一览表

# 第一章　总　论

**知识目标**

- 了解工程项目的类型、特点、财务管理的目标及特点。
- 理解工程项目的概念、财务管理的概念及财务管理的原则。
- 掌握财务管理的内容及其财务关系。

**能力目标**

- 能解释建筑工程项目及工程财务管理的概念。
- 会选择合适的财务管理目标。

**素质目标**

- 正确认知财务管理的目标及管理环境。
- 准确识别财务管理中涉及的财务关系。
- 正确处理财务关系各方利益的协调与分配。

## 第一节　建筑工程财务管理的内容

### 一、建筑工程项目的概念及分类

#### 1. 建筑工程项目的概念

建筑工程项目是指为特定目的而进行投资的建筑或建筑安装工程建设项目。

具体来说，建筑工程是指通过对各类房屋建筑物及其附属设施的建造和与其配套的线路、管道、设备的安装活动所形成的工程实体。其中，“房屋建筑”指有顶盖、梁柱、墙壁、基础以及能够形成内部空间，满足人们生产、居住、学习、公共活动等需要，如厂房、剧院、旅馆、商店、学校、医院和住宅等。“附属设施”指与房屋建筑配套的水塔、自行车棚、水池等。“线路、管道、设备的安装”指与房屋建筑及其附属设施相配套的电气、给水排水、通信、电梯等线路、管道、设备的安装活动。

1-1　建筑企业需具备的资质

**建设工程与建筑工程的区别**

《建设工程质量管理条例》第二条规定：建设工程是指土木工程、建筑工程、线路管道和设备安装工程及装修工程。显然，建筑工程为建设工程的一部分。桥梁、水利枢纽、铁路、港口工程以及不是与房屋建筑相配套的地下隧道等工程均不属于建筑工程范畴。

#### 2. 建筑工程项目的分类

房屋建筑工程可从不同角度分类，按使用功能分为工业建筑、民用建筑和农业建筑；按建筑高度分为超高层建筑、高层建筑、中高层建筑、多层建筑和低层建筑。

### 二、建筑工程项目财务管理的内容

财务管理是基于企业再生产过程中客观存在的财务活动和财务关系而产生的，是企业组织财务活动、处理与各方面财务关系的一项经济管理工作。

工程财务管理是工程管理的一个重要组成部分，是组织工程建设中财务活动、处理财务关系的一项经济管理工作。财务管理的内容是指财务管理所包含的基本业务管理方面，与财务活动的过程以及财务关系密切联系。工程财务管理分为广义财务管理和狭义财务管理。广义的财务管理具体包括资金管理、成本管理、融资、投资管理及资金分配管理。而狭义的财务管理只包括融资管理、投资管理、资金耗费管理和收益及资金分配管理，本书主要使用狭义的财务管理概念和内容。

### 1. 融资管理

筹集资金是资金运动的起点，是投资的必要前提，也是企业财务管理的起点。在融资管理活动中，主要解决的问题是如何取得企业投资所需要的资金，包括融资数量的确定、融资渠道、融资方式的选择、资金成本的计量及资金结构的合理安排及长短期资金的合理安排等。比如企业可以通过发行股票、债券等方式分别筹集到企业所需要的资金，前者形成企业的权益性资金，后者形成企业的债务性资金。

### 2. 投资管理

投资是指以收回资金并取得收益为目的而进行的投入资金的活动。企业要想谋求最高的经济效益，必须合理使用所筹集到的资金，即进行投资活动。企业的投资活动包括对内投资（如建造房屋和建筑物、购买原材料等）和对外投资（如购买其他企业的股票、债券等）。投资是资金运动的中心环节，它不仅是对资金筹集提出要求，而且是决定未来经济效益的先决条件。因此，在投资管理过程中，应对事先拟定的投资方案进行可行性研究，在选定最优投资方案的基础上，确定投资规模，并通过对投资方向和投资方式的选择，确定合理的投资结构，以提高投资收益，降低投资风险。

### 3. 资金耗费管理

施工企业在日常生产经营活动的过程实际就是资金耗费的过程，这就要求企业要拥有一定量的资金，在工程建造过程中，生产者使用劳动工具对劳动对象进行加工，需要消耗固定资产、支付劳动报酬及其他费用，而各种生产经营的耗费的货币表现就是费用（包括生产费用和非生产费用）。资金耗费是资金运动的基础环节，在收入一定的情况下，资金耗费水平是企业利润水平高低的决定性因素。因此，在对资金耗费的管理过程中，应对资金支出严格把关，降低资金耗费，减少不必要的资金支持，以获取更大的经济效益。

**生产费用与非生产费用的区别**

生产费用是指与生产活动有关的各项耗费，最终转化为企业生产产品的成本。非生产费用是指企业行政后勤管理部门的各项耗费，最终表现为企业的各项期间费用。

### 4. 收益及资金分配管理

实现一定的收益是进行分配的前提，而影响收益的因素主要有两个方面，即收入和成本费用。收入是指企业在销售商品、提供劳务及让渡资产使用权等日常活动中所形成的经济利益的总流入，包括主营业务收入和其他业务收入。它是企业取得收益的主要前提条件，同时也是企业现金流入的主要组成部分。成本费用是指企业为在销售商品、提供劳务等日常活动中所形成的经济利益的总流出，包括营业成本和期间费用。

收益分配是指企业将一定时期内所创造的剩余价值总额在各经济利益主体之间分割的过程。在实际工作中，企业的收益分配表现为对其一定时期内实现的利润总额的分配。企业收益分配一般是按照国家有关法律、法规、制度及政策结合企业实际情况进行的，因此，企业收益分配的基本程序大致相同，如上交税金、提取公积金、提取公益金、向股东分配利润等。收益的分配又体现着所有者的意志，因此，企业在进行收益分配的过程中，要注意处理好企业内外各经济利益主体之间的关系。

总之，企业的各项财务管理活动之间既有各自的独立性，又有其内在的必然联系。企业收益的多少受投资规模大小、收入和成本费用高低的影响；投资规模受融资数量及融资成本大小的制约。资金的筹集、投资、耗费和收益分配伴随着企业财务活动循环往复不断进行，相互关系、相互依存，共同构成企业财务活动的完整过程，同时这也是企业财务管理的主要内容。

### 三、建筑工程财务关系

财务关系是指建筑企业在组织和管理财务活动过程中产生的与相关利益各方之间的经济利益关系。建筑工程财务关系具体表现为下列几种。

#### 1. 企业与投资者和受资者之间的财务关系

企业的投资者是以直接或间接的方式将资金投入企业的资金所有者，包括国家、法人和个人。企业在与投资者之间要按照投资协议、章程的约定履行出资义务，以便及时形成企业的资本，并在对资本进行运营、实现利润的基础上按照章程约定向投资者支付一定的投资报酬。如果企业以直接投资或持有股票的方式成为其他企业的投资者，就应按章程规定履行出资义务，同时享有参与受资者的经营管理和利润分配的权利。因此，这一部分的财务关系在性质上属于所有权关系。前者体现为受资与投资的关系，后者体现为投资与受资的关系。

#### 2. 企业与债权人、债务人之间的财务关系

企业在生产经营过程中除了利用自由资金外，还会借入一定数量的资金，以便降低资金成本、扩大规模。如果企业有闲置资金的话，也会考虑购买其他企业的债券或者把闲置资金直接借给其他企业，按合同的约定收取利息和本金，提高企业资金的效益。因此，这一部分的财务关系在性质上属于债权关系、合同义务关系。前者体现为债务与债权的关系，后者体现为债权与债务的关系。

#### 3. 企业与政府之间的关系

政府作为社会的管理者，担负着维持社会正常秩序、保卫国家安全、组织社会管理活动等任务。政府依据这一身份，无偿参与企业的利润分配。企业必须按照税法规定向政府缴纳税款。因此，这一部分的财务关系在性质上属于强制和无偿的分配关系。

#### 4. 企业内部各单位之间的财务关系

企业在生产经营活动中，由于内部各部门之间存在着分工协作的关系，为实行经济核算和经营责任制，各单位相互提供产品和劳务也要计价结算，因此，这部分财务关系体系体现为内部各单位之间的资金结算关系。

#### 5. 企业与职工之间的财务关系

职工与企业之间存在着雇佣与被雇佣的关系，职工按劳动合同约定履行工作责任，企业则按照合同约定支付报酬、分派福利。因此，这部分财务关系体现为职工个人和集体在劳动成果上的分配关系。

## 第二节　建筑工程财务管理的目标

### 一、财务管理目标的概念及其特征

#### 1. 财务管理目标的概念

任何管理都是有目标的行为，财务管理也不例外。财务管理目标是建筑工程管理系统所

希望实现的结果，制定正确的财务管理目标是做好建筑工程财务管理工作的前提条件。所谓财务管理目标又称理财目标，是指企业进行财务活动所要达到的根本目的，它决定着企业财务管理的基本方向。财务管理目标具有导向、激励、凝聚、考核四个方面的作用。

财务管理目标分类，按照财务管理目标层次可分为基本目标和具体目标；按照财务管理的内容可分为融资阶段目标、投资阶段目标和运营阶段目标；按照财务管理环节可分为财务预测目标、财务决策目标、财务控制目标和财务分析目标等。

#### 2. 财务管理目标的特征

（1）财务管理目标具有相对稳定性　随着宏观经济体制和企业经营方式的变化，随着人们认识的发展和深化，财务管理目标也可能发生变化。但是，宏观经济体制和企业经营方式的变化是渐进的，只有发展到一定阶段以后才会产生质变。人们的认识在达到一个新的高度以后，也需要有一个达成共识、为人所普遍接受的过程。因此，财务管理目标作为人们对客观规律性的一种概括，总的说来是相对稳定的。

（2）财务管理目标具有可操作性　财务管理目标是实行财务目标管理的前提，它要能够起到组织动员的作用，要能够据以制定经济指标并进行分解，实现职工的自我控制，进行科学的绩效考评。具体说来财务管理目标的可操作性包括可以计量、可以追溯、可以控制。

（3）财务管理目标具有多样性　由于企业经营活动的内容丰富多彩，财务管理的灵活多变，不同利益集团和不同层次经营者、管理者的要求不同，导致企业财务管理目标在不同时期、不同发展阶段表现得灵活多样。

（4）财务管理目标具有层次性　财务管理目标是企业财务管理这个系统顺利运行的前提条件，同时它本身也是一个系统。各种各样的理财目标构成了一个网络，这个网络反映着各个目标之间的内在联系。财务管理目标之所以有层次性，是由企业财务管理内容和方法的多样性以及它们相互关系上的层次性决定的。

（5）财务管理目标的可分解性　在总体目标确定后，按不同部门、不同责任中心、不同岗位，甚至到每个人都能分解和落实具体指标，总体计划就可落实，考核也就有了明确的依据。

### 二、财务管理目标的选择

现代企业理论认为企业是一组契约的联合，契约关系人不仅包括股东、债权人，还包括员工、客户、政府乃至社会。按照理性经济人假说，在企业经营活动中，各契约关系人都会最大可能地追求自身利益最大化。这样，在财富不变的情况下，强调一方利益，必然会损害另一方利益。因此，企业财务管理目标应该是在契约各方相互博弈中的一种均衡。从根本上说，财务管理目标取决于企业目标，根据现代企业管理理论，最具有代表性的财务管理目标有以下几种观点。

#### 1. 利润最大化目标

这种观点认为，利润代表了企业的财富，利润越多，说明企业的财富越多。这里的利润是指会计利润，计算有据可循，易于理解，且便于和现行会计报表体系接轨。在独资企业中，所有者和经营者集于一身，业主所追求的利润最大化目标就是其财务管理目标，此时该目标不会损害其他人的利益，因此在独资企业中将利润最大化作为财务管理目标则无可厚非。但是在所有权与经营权分离的股权集中型企业，利润最大化目标就会反映出以下问题。

（1）导致经营者只顾眼前利益而忽视长远利益　在现代化大型企业中，财产所有权与经营权发生分离，所有者获取的是剩余索取权，经营者获取的是报酬（即薪金和与经营绩效挂钩的奖励）。该目标把利润作为评价经营业绩的标准，容易导致经营者为了获取报酬、奖励而通过盈余管理的手段片面追求短期利润，忽视企业长远利益。

（2）未考虑获取利润和所承担风险的关系　市场是企业生存的土壤，是“一只看不见的手”。在这个信息爆炸的时代，企业运行于市场中，既有着前所未有的机遇，也面临着各种风险。利润最大化目标没有考虑风险，将影响企业的生存与发展。

（3）不能有效配置资源　由于利润最大化目标是以绝对利润额作为评价指标，未考虑投入资本的大小，因此可能导致企业在进行决策时优先选择高投入而不是高效率的项目。

### 2. 股东财富最大化目标

该观点认为，企业的经营活动应按出资人的意愿进行，财务管理的目标就是使股东财富得到最大幅度的增长，出资人的利益高于一切。与利润最大化目标相比，股东财富最大化考虑了资金的时间价值和风险因素，一定程度上避免了经营者的短期行为，但也会存在以下不足。

（1）违背了会计主体假设　会计主体是指会计信息所反映的特定单位或组织，它规范了会计工作的空间范围。只有明确了会计主体，才能划定会计所要处理的各项交易或事项的范围。这里的主体是指经济上和经营上具有独立性的组织，即具有独立财权和经营权的企业。股东财富最大化仅仅站在股东立场上考虑问题，与会计主体假设相悖。

（2）产生的代理问题较为明显　委托代理理论认为，当企业经营权和所有权分离时，剩余索取权由企业所有者控制，经理人员只能获取薪金，不能享有剩余收益，而且努力的成本由自己承担，这必然会引起双方的利益冲突。根据信息不对称理论，在委托代理关系中，代理人在订立契约时会利用所占有的私人信息签订对自己有利的合同，而使处于信息劣势的一方——委托人处于不利地位（即经济学上的“逆向选择”）；或者在签订契约后，代理人可能会利用信息优势选择有损于委托人的行为（即经济学上的“道德风险”）。由于股东财富最大化着重的是股东的利益，因此该目标下代理问题尤为突出。委托人和代理人关系的不协调会降低企业的运行效率，最终导致相关者利益受损。

（3）股票市价不能真正反映股东财富的大小　由于我国证券市场还不太成熟，相关的法律法规还不够健全，影响股票市价的因素极为复杂（除经济因素外，还包括许多非经济因素，如政治、政策、心理等），股票市价不稳定。因此，股东财富最大化目标并不能真正反映经济学意义上的股东财富。在我国企业中，上市公司只占极少部分，把财务管理目标定义为股东财富最大化，对于非上市公司而言显然是不合适的。另外，我国上市公司大多是国有企业改组，国家是企业的所有者，是企业最大的股东。然而由于国有主体的缺位，实际控制企业的是经营者。采用股东财富最大化目标，不能有效地激励经营者，不利于企业的可持续发展。

### 3. 企业价值最大化目标

财务管理的目标就是通过企业的合理经营，采用最优的财务政策，在考虑资金时间价值和风险报酬的情况下不断增加企业财富，使企业总价值达到最大。企业价值是企业全部资产的市场价值，是企业所能创造的预计未来现金流量的现值。反映企业潜在的或预期的获利和成长能力。企业价值最大化计算公式如下。

$$V=\sum_{t=1}^{n}\mathrm{FCF}_t\frac{1}{(1+i)^t}$$

式中　$V$——企业价值；

FCF——企业每年获得的预期报酬；

$t$——取得报酬的具体时间；

$i$——对每年报酬进行贴现所用的贴现率；

$n$——取得报酬的持续时间。

其中，贴现率 $i$ 的高低主要由企业风险大小决定。

企业价值最大化目标不仅克服了前两种观点的种种缺陷，而且能使各方利益得到统一。其具有以下优点。

① 充分考虑了不确定性和时间价值，强调风险与报酬的均衡，将风险限制在企业可以承受的范围之内。

② 营造企业与股东之间的协调关系，努力培养安定性股东。

③ 创造和谐的工作环境，关心职工利益，培养职工的认同感。

④ 加强与债权人的联系，重大财务决策邀请债权人参与，培养可靠的资金供应者。

⑤ 关心政府政策的变化，努力争取参与政府制定政策的有关活动。此外，还要重视客户利益，以提升市场占有率；讲求信誉，以维护企业形象等。

**企业价值最大化运用的问题**

由于企业价值最大化是一个抽象的目标，在运用时仍存在以下一些问题。

第一，对于股票上市企业，虽然通过股票价格的变动能够揭示企业价值，但是股价是受多种因素影响的结果，特别是在即期市场上的股价不一定能够直接揭示企业的获得能力，只有长期趋势才能做到这一点。由于现代企业不少采用“环形”持股的方式，相互持股，其目的是为了控股或稳定购销关系等，因此，法人股东对股票市价的敏感程度远不及个人股东，使其对价值最大化目标没有足够的兴趣。

第二，对于非上市企业，只有对企业进行专门评价（如资产评估）才能真正确定其价值，而在评估企业的资产时，由于受评估标准和评估方式的影响，这种估价不易客观和准确，这也导致企业价值确定的困难。

## 三、工程财务管理的目标

工程财务管理的目标是为工程管理的总目标服务。为实现工程的总目标，要在明确工程战略的前提下确定投资方向，在控制投资风险的前提下做好投资决策。提高资金使用的报酬率，既要合理使用资金，降低资金占用和减少资金耗费，又要寻求合理的资金来源渠道，以降低资金成本和财务风险。同时还要保持适当的资金储备，以满足工程建设、企业安全生存所需资金的需求。工程财务管理的具体目标体现在以下几个方面。

### 1. 选择最佳投资方案

投资决策是工程财务管理的重要内容之一，投资方案选择的正确与否，直接体现出工程或工程企业经营的成败。因而，在选择投资方案时必须进行充分的市场调查和详细的市场分析，并考虑可能出现的各种风险，以便做出正确的投资决策，选择最佳投资方案。

### 2. 尽量将筹集资金成本压到最低

当投资方案确定以后，就进入下一个财务管理环节，即融资决策，在这一环节中，企业应尽量选择合理的融资渠道，选择合适的融资方式，以降低资金的使用成本，使企业对资金的使用能够达到较高的效益。否则，如果选择的资金渠道和融资方式不当，则会造成资金成本过高，损害工程的利益各方，甚至会因负债过重而走入财务困境。

### 3. 合理安排资本结构

资本结构是指企业各种资本的价值构成及其比例。工程项目或工程企业的资本结构是指企业资本中长期资本价值的构成及其比例关系，尤其是指长期的股权资本与债权资本的构成及其比例关系。在安排资金结构的过程中，既要防止负债过多，导致财务风险过大，又要有效地利用负债经营，充分发挥财务杠杆的效应，提高自有资本的收益水平。所以，在安排资本结构时要注意负债资金的多少要和自有资本和偿债能力的要求相适应。

### 4. 有效进行营运资本和利润分配的管理

营运资本有两个概念，即总营运资本和净营运资本。总营运资本等于流动资产总额，净营运资本就等于流动资产减去流动负债后的金额。营运资本管理实际上是对经营周期和现金周转期内的财务问题进行管理。营运资本投资需要在流动性与盈利性之间进行权衡。确定营运资本投资水平需要分析公司流动资产的持有成本，选择成本最低的方案。利润是工程建设的最终财务成果，对利润分配的结果，直接关系的企业利益各方的经济利益，在工程建设中对利润的管理要在增加收入节约开支的同时，采取合理的利润分配政策，满足工程利益各方的需要，达到利润分配的和谐统一。

# 第三节　财务管理的原则和任务

## 一、财务管理的原则

### 1. 财务管理原则的概念和特征

财务管理的原则，也称理财原则。是指人们对财务活动的共同的、理性的认识。它是联系理论与实务的纽带。财务管理理论是从科学角度对财务管理进行研究的成果，通常包括假设、概念、原理和原则等。理财原则具有以下特征。

① 理财原则是财务假设、概念和原理的推论。它们是经过论证的、合乎逻辑的结论，具有理性认识的特征。

② 理财原则是在财务管理实践中经过大量观察和事实证明，被多数人所接受。财务理论有不同的流派和争论，甚至存在完全相反的理论。它们被现实反复证明并被多数人接受，具有共同认识的特征。

③ 理财原则是财务交易和财务决策的基础。财务管理实务具有应用性，应用是指理财原则的应用。各种财务管理程序和方法，是根据理财原则建立的。

④ 理财原则为解决新的问题提供指引。已经开发出来的、被广泛应用的程序和方法，只能解决常规问题。当问题不符合任何既定程序和方法时，原则为解决新问题提供预先的感性认识，指导人们寻找解决问题的方法。

⑤ 原则不一定在任何情况下都绝对正确。原则的正确性与应用环境有关，在一般情况下它是正确的，而在特殊情况下不一定正确。

### 2. 财务管理的具体原则

对于财务管理的具体原则的理解，人们的认识不完全相同。为确保工程活动中财务管理目标的实现，一般来说，财务管理的原则应包括以下几个方面。

（1）系统性原则　财务管理活动从资金筹集开始到资金收回为止，经历了资金筹集、投放、收回与分配等几个不同阶段，这些活动互相联系、互相作用，构成企业财务管理的完整系统。系统性原则要求企业必须从财务活动的内外部联系出发，兼顾各组成部分的协调统一，做好财务管理工作。在财务管理实践活动过程中，分级归口管理、目标利润管理等都是系统性原则的具体运用。

（2）货币时间价值原则　货币时间价值是客观存在的经济范畴，它是指货币经历一段时间的投资和再投资所增加的价值。从经济学的角度看，即使在没有风险和通货膨胀的情况下，一定数量的货币资金在不同时点上也具有不同的价值。因此在数量上货币的时间价值相当于没有风险和通货膨胀条件下的社会平均资本利润率。今天的一元钱要大于将来的一元钱。货币时间价值原则在财务管理实践中得到广泛的运用。长期投资决策中的净现值法、现值指数法和内含报酬率法，都要运用到货币时间价值原则。融资决策中比较各种融资方案的资本成本、分配决策中利润分配方案的制定和股利政策的选择，营业周期管理中应付账款付款期的管理、存货周转期的管理、应收账款周转期的管理等，都充分体现了货币时间价值原则在财务管理中的具体运用。

（3）资金合理配置原则　拥有一定数量的资金，是企业进行生产经营活动的必要条件，但任何企业的资金总是有限的。资金合理配置是指企业在组织和使用资金的过程中，应当使各种资金保持合理的结构和比例关系，保证企业生产经营活动的正常进行，使资金得到充分有效的运用，并从整体上（不一定是每一个局部）取得最大的经济效益。在企业的财务管理活动中，资金的配置从融资的角度看表现为资本结构，具体表现为负债资金和所有者权益资金的构成比例，长期负债和流动负债的构成比例，以及内部各具体项目的构成比例。企业不但要从数量上筹集保证其正常生产经营所需的资金，而且必须使这些资金保持合理的结构比例关系。从投资或资金的使用角度看，企业的资金表现为各种形态的资产，各种形态资产之间应当保持合理的结构比例关系，包括对内投资和对外投资的构成比例。对内投资中，包括流动资产投资和固定资产投资的构成比例、有形资产和无形资产的构成比例、货币资产和非货币资产的构成比例等；对外投资中，包括债权投资和股权投资的构成比例、长期投资和短期投资的构成比例等，以及各种资产内部的结构比例。上述这些资金构成比例的确定，都应遵循资金合理配置原则。

（4）投资分散化原则　投资分散化原则是指不要把全部财富投资于一个公司，而要分散投资。投资分散化原则的理论依据是投资组合理论。马克维茨的投资组合理论认为，若干种股票组成的投资组合，其收益是这些股票收益的加权平均数，但其风险要小于这些股票的加权平均风险。例如一个人把他的全部财富投资于一个公司，这个公司破产了，他就失去了全部财富。如果他投资 10 个公司，只有 10 个公司全部破产，他才会失去全部财富。10 个公司全部破产的概率，比一个公司破产的概率要小得多。所以投资分散化可以减低风险。

分散化原则具有普遍意义不仅仅适用于证券投资，公司各项决策都应注意分散化原则。不应当把公司的全部投资集中于个别项目、个别产品和个别行业；不应当把销售集中于少数客户；不应当使资源供应集中于个别供应商；重要的事情不要依赖一个人完成；重要的决策不要由一个人做出。凡是有风险的事项，都要贯彻分散化原则，以降低风险。

（5）成本—效益原则　成本—效益原则就是要对企业生产经营活动中的所费与所得进行分析比较，将花费的成本与所取得的效益进行对比，使效益大于成本，产生“净增效益”。成本—效益原则贯穿于企业的全部财务活动中。企业在融资决策中，应将所发生的资本成本与所取得的投资利润率进行比较；在投资决策中，应将与投资项目相关的现金流出与现金流入进行比较；在生产经营活动中，应将所发生的生产经营成本与其所取得的经营收入进行比较；在不同备选方案之间进行选择时，应将所放弃的备选方案预期产生的潜在收益视为所采纳方案的机会成本与所取得的收益进行比较。在具体运用成本—效益原则时，应避免“沉没成本”对决策的干扰。“沉没成本”是指已经发生、不会被以后的决策改变的成本。

（6）风险—报酬均衡原则 风险与报酬是一对孪生兄弟，形影相随，投资者要想取得较高的报酬，就必然要冒较大的风险；如果投资者不愿承担较大的风险，就只能取得较低的报酬。风险—报酬均衡原则是指决策者在进行财务决策时，必须对风险和报酬作出科学的权衡，使所冒的风险与所取得的报酬相匹配，达到趋利避害的目的。在融资决策中，负债资本成本低，财务风险大，权益资本成本高，财务风险小。企业在确定资本结构时，应在资金成本与财务风险之间进行权衡。任何投资项目都有一定的风险，在进行投资决策时必须认真分析影响投资决策的各种可能因素，科学地进行投资项目的可行性分析，在考虑投资报酬的同时考虑投资的风险。在具体进行风险与报酬的权衡时，由于不同的财务决策者对风险的态度不同，有的人偏好高风险、高报酬，有的人偏好低风险、低报酬，但每一个人都会要求风险和报酬相对等，不会去冒没有价值的无谓风险。

（7）收支积极平衡原则 财务管理实际上是对企业资金的管理，量入为出、收支平衡是对企业财务管理的基本要求。资金不足会影响企业的正常生产经营，坐失良机，严重时，还会影响到企业的生存；资金多余会造成闲置和浪费，给企业带来不必要的损失。收支积极平衡原则要求企业一方面要积极组织收入，确保生产经营和对内、对外投资对资金的正常合理需要；另一方面，要节约成本费用，压缩不合理开支，避免盲目决策。要保持企业在一定时期内资金总供给与总需求的动态平衡和每一时点资金供需的静态平衡。要做到企业资金收支平衡，在企业内部要增收节支，缩短生产经营周期，生产适销对路的优质产品，扩大销售收入，合理调度资金，提高资金利用率；在企业外部，要保持与资本市场的密切联系，加强企业的融资能力。

（8）利益关系协调原则 企业是由各种利益集团组成的经济联合体。这些经济利益集团主要包括企业的所有者、经营者、债权人、债务人、国家税务机关、消费者、企业内部各部门和职工等。利益关系协调原则要求企业协调、处理好与各利益集团的关系，切实维护各方的合法权益，将按劳分配、按资分配、按知识和技能分配、按成绩分配等多种分配要素有机结合起来。只有这样，企业才能营造一个内外和谐、协调的发展环境，充分调动各有关利益集团的积极性，最终实现企业价值最大化的财务管理目标。

## 二、财务管理的任务

财务管理是根据国家财经法规、制度，按照财务管理的原则，组织企业财务活动、处理财务关系的一项综合性的经济管理工作。在市场经济条件下，企业应按照市场需求组织生产经营活动，参与市场竞争，追求经济效益，实现资本的保值和增值。企业的经营目标是生存、发展和盈利。财务管理要为实现企业目标服务，其任务可以概括为以下几个方面。

### 1. 参与企业决策

在财务管理活动中，各个环节都有不同的决策内容，如融资决策、投资决策、利润分配、政策的制定等。财务管理的核心是适时、适量、适度地筹集和运用资金，实现企业经营目标。

在进行融资决策时，必须对各种融资渠道、融资方式、融资规模和时间、资金结构和资金成本等重要因素进行详细的比较和抉择。具体来说要注意的事项有：

① 保持合理的资金结构，即要保持自有资金和负债资金的合理比例。

② 保持长期资金和短期资金的合理比例。

③ 注意投资规模与融资渠道和融资方式的合理选择，并结合资金的用途，保持筹集资金与资金需求的平衡。

④ 在保证资金需求的前提下尽量选择资金成本较低的融资渠道和方式，并要考虑融资渠道和融资方式的多元化，最大限度地降低融资风险，避免企业因负债过重而出现财务困难。

在投资决策过程中，要注意投入与产出，即成本与收入的关系。投资项目的选择正确与否，对企业的影响是很大的，一旦投资决策失误，将会导致企业产生重大的经济损失，甚至会造成企业破产。所以，在进行投资决策时进行市场调研、进行详细的市场分析和项目的可行性论证，并密切注意项目的效益性，以保证所筹集资金的有效运用。

利润的产生是企业最终经营成果的体现，对利润分配的合理与否，直接影响投资各方的利益，所以在进行利润分配政策决策时，应充分考虑利益各方的经济利益。具体来说应遵循依法分配、资本保全、分配与积累并重、投资与收益等原则，兼顾企业及其利益各方之间利益的和谐统一。

### 2. 合理配置资金

在市场经济条件下，融资渠道的多元化和融资方式的多样化要求企业必须重视偿债能力和获利能力的有机统一。它不仅关系到企业有限资金能否得到合理配置、有效运用，同时也关系到企业的信誉。

### 3. 加强成本管理

工程项目是企业利益的源头，工程成本管理是工程项目管理及整个施工企业管理的重中之重。可以说，工程项目成本管理的好坏，直接影响施工企业的经济效益，关系施工企业兴衰。工程项目成本管理是按照市场经济的要求，组织工程项目经济核算，科学合理地降低工程成本支出，做好工程项目全员、全方位、全过程会计核算及各项考核工作。

加强工程成本管理主要应从以下几个方面采取措施。

① 明确成本管理责任，增强成本管理意识；

② 加强管理组织领导，完善成本管理体系；

③ 优化施工现场管理，降低施工现场费用；

④ 有效开展内审工作，强化财务监督作用。

### 4. 合理分配所得

在对企业经营所得进行分配时，财务管理要正确处理工程各方之间的经济利益以及与各方面的财务关系，正确处理生产经营者与资金投入者之间的财务利益关系。在分配过程中，既要使利润分配和维护生产发展潜力的协调，又要处理好各种经济利益关系。否则，会直接影响企业的生存和发展，影响职工生产的积极性和主动性，并关系到企业经济效益的好坏。

### 5. 实施财务监督

财务监督是通过财务收支和财务指标对企业的生产经营活动进行审查和控制。它是财务管理的一项重要职能。其具体要求如下。

① 财务监督必须依据国家的方针政策、财经纪律、财务制度、预算、合同等来制定。

② 根据各项收入、成本、费用的预测结果，编制具体可行的财务计划，并对资金运动的全过程进行监管和控制。

③ 制定切实可行的财务管理制度，合理规定费用开支标准，实施“量入为出”的管理原则，树立全员节约意识。

④ 积极贯彻“责、权、利”相结合的分配原则，建立健全内部控制制度、考核制度、激励制度和分配制度。

# 第四节　财务管理的环境

## 一、财务管理环境的概念

环境是个相对的概念，它是相对于主体而言的客体。任何事物都是在一定的环境条件下存在和发展的，是一个与其环境相互作用、相互依存的系统，作为人类重要实践活动之一的财务管理活动也不例外。企业财务活动是在一定的环境下进行的，必然受到环境的影响。企业的资本的取得、运用和资本收益的分配会受到环境的影响，资本的配置和利用效率会受到环境的影响，企业成本的高低、利润的多少、资本需求量的大小也会受到环境的影响，企业的兼并、破产与重整和环境的变化仍然有着千丝万缕的联系。在财务管理活动中，财务管理的主体需要不断地对财务管理环境进行审视和评估，并根据其所处的具体财务管理环境的特点，采取与之相适应的财务管理手段和管理方法，以实现财务管理的目标。因此，企业财务管理环境又称理财环境，就是指影响企业财务主体的财务机制运行的各种外部条件和因素的总和。

## 二、财务管理环境的构成

企业财务管理环境是指财务管理以外的，并对财务管理系统有影响作用的一切因素的总和。它包括宏观理财环境和微观理财环境。

### 1. 宏观理财环境

宏观理财环境主要是指企业理财所面临的经济环境、法律环境、金融市场环境等。

（1）经济环境　经济环境是指影响企业或工程的宏观经济因素，其具体内容如下。

① 经济周期。在市场经济条件下，经济的发展过程既是一个非人力所能完全控制的而又有其内在运动规律的过程，无论人们采用什么样的调控手段，它都不可避免地出现或强或弱的波动，并呈现出一种由繁荣、衰退、萧条、复苏再到繁荣的周期性特征。这种循环叫做经济周期。经济的周期性波动对财务管理有着非常重要的影响。在不同的发展时期，企业的生产规模、销售能力、获利能力以及由此而产生的资本需求都会出现重大差异。例如，在萧条阶段，由于整个宏观经济不景气，企业很可能处于紧缩状态之中，产量和销售量下降，投资锐减。在繁荣阶段，市场需求旺盛，销售大幅度上升，企业为扩大生产，就要增加投资，以增添机器设备、存货和劳动力，这就要求财务人员迅速地筹集所需资本。总之，面对经济的周期性波动，财务人员必须预测经济变化情况，适当调整财务政策。在复苏期和繁荣期，应增加厂房、建立存货、引入新产品、增加劳动力、实行长期租赁，为“负债经营”提供了条件；在衰退期和萧条期，应停止扩张、出售多余设备、停产不利产品、停止长期采购、削减存货、裁减雇员。同时，为了维护基本的财务信誉，应采用比较稳健的负债经营策略。

在西方国家，国民生产总值、企业利润和失业率一般被认为是划分经济周期的三个重要标准。高国民生产总值、高企业利润和低失业率是经济繁荣的标志。国民生产总值和企业利润的不断下降以及失业率的不断提高，表明经济发展由繁荣趋于衰退。持续的衰退势必造成经济的全面萧条。在经济复苏时期，国民生产总值与企业利润逐渐增加，失业率也开始下降并趋于稳定。

② 经济体制。在计划经济体制下，国家统筹企业资本、统一投资、统负盈亏，企业利

润统一上缴、亏损全部由国家补贴，企业作为一个独立的核算单位而无独立的理财权利。这时，财务管理活动的内容比较单一，财务管理方法比较简单。在市场经济体制下，企业成为“自主经营、自负盈亏”的经济实体，有独立的经营权，同时也有独立的理财权。企业可以从其自身需要出发，合理确定资本需要量，然后到市场上筹集资本，再把筹集到的资本投放到高效益的项目上获取更大的收益，最后将收益根据需要和可能进行分配，保证企业财务活动自始至终根据自身条件和外部环境做出各种财务管理决策并组织实施。因此，财务管理活动的内容比较丰富，方法也复杂多样。

③ 通货膨胀。通货膨胀伴随着现代经济的发展而不断出现。一般认为，在产品和服务质量没有明显改善的情况下，价格的持续提高就是通货膨胀。通货膨胀不仅对消费者不利，对企业的财务活动的影响更为严重。因为，大规模的通货膨胀会引起资本占用的迅速增加；通货膨胀会引起利率的上升，增加企业融资成本；通货膨胀时期有价证券的价格的不断下降，给企业融资带来较大的困难；通货膨胀会引起利润的虚增，造成企业的资本流失。对于工期较长的工程项目来说，通常都难以在开工前就备足全部建设所需物资，受通货膨胀的影响更大。因此，为了减轻通货膨胀对企业造成的不利影响，财务人员应当采取措施予以防范。在通货膨胀初期，货币面临着贬值的风险，这时企业进行投资可以避免风险，实现资本保值；与客户应签订长期购货合同，以减少物价上涨造成的损失；取得长期负债，保持资本成本的稳定；在通货膨胀持续期，企业可以采用比较严格的信用条件，减少企业债权；调整财务政策，防止和减少企业资本流失等。

④ 政府经济政策。经济政策是国家进行宏观经济调控的重要手段。国家的产业政策、金融政策、财税政策对企业的融资活动、投资活动和分配活动都会产生重要影响。如金融政策中的货币发行量、信贷规模都能影响企业的资本结构和投资项目的选择等；价格政策会影响决定资本的投向、投资回收期及预期收益。财务管理人员应深刻领会国家的经济政策，研究经济政策的调整对财务管理活动可能造成的影响。例如，当大多数投资者还没有将注意力转移到国家经济政策上时，如果企业及时地领会某项经济政策，把握住投资机会，就会得到国家的优化条件。国家的经济政策往往是长期对投资带来的效应。

（2）法律环境　市场经济是以法律规范和市场规则为特征的经济制度。法律为企业经营活动规定了活动空间，也为企业在相应空间内自主经营管理提供了法律上的保护。财务管理的法律环境是指企业发生经济关系时所应遵守的各种法律、法规和规章。与企业财务管理活动有关的法律规范主要有以下几个方面。

① 企业组织法规。企业是市场经济的主体，不同组织形式的企业所适用的法律是不同的。按国际惯例，企业划分为独资企业、合伙企业和公司企业。不同类型的组织形式对财务管理有着不同的影响。

独资企业是由业主个人出资兴办，完全归个人所有和控制的企业。其出资人既是所有者，也是管理者。独资企业的特点是易于设立和解散，经营方式灵活多样，经营所得归业主，无需与他人分摊，不具有法人地位，业主对企业的债务承担无限责任。独资企业的财务管理的内容较简单，其资本的投入和抽回也比较方便。由于信用有限，银行和其他投资者都不愿意冒险借钱给独资企业，独资企业利用借款融资的能力十分有限，企业主要利用业主自己的资本和供应商提供的商业信用。

合伙企业是由两个或两个以上的投资人共同出资兴办、联合经营、共负盈亏的企业。合伙企业往往采用书面协议的形式确立收益分享和分担亏损责任。合伙制企业较之独资企业扩大了融资来源和信用能力，使经营风险分散化。合伙企业的合伙人各显其能，有利于提高企业的竞争能力和扩大发展规模的可能性。但是合伙企业与独资企业一样，在法律上不具有法人地位，因而对其债务需承担无限责任。在合伙企业中，其财务管理活动比独资企业复杂，企业的资本来源和信用能力比独资企业有所增强，盈余分配也更加复杂。

公司制企业的设立必须符合《中华人民共和国公司法》的有关规定。公司制企业是由两个以上的股东共同出资，每个股东以其认缴的出资额或认购的股份对公司承担有限责任，公司以其全部资产对其债务承担有限责任的法人企业。公司包括有限责任公司和股份有限公司两种。有限责任公司的特点是：公司资本不分为等额份额；公司向股东签发出资证明书而不发行股票；公司股份的转让有严格的限制；股东人数受到限制；股东以其出资额比例，享受权利，承担义务。股份有限公司的特点是：公司资本平均分为金额相等的份额；经批准后，其股票可以向社会公开发行，股票可以交易或转让；股东人数没有上限限制；股东按其持有的股份享受权利、承担义务；股份公司要定期公布经注册会计师审查验证的财务报告。

可见，有限责任公司和股份有限公司都是依法集资、联合组成、有独立的注册资本、自主经营、自负盈亏的股权式法人企业。公司的股东作为出资人按投入公司的资本份额享有所有者的资产受益、重大决策和选择管理者的权利，并以其出资额或所持股份为限对公司承担有限责任。公司的最大优点是可以通过发行股票、债券，迅速筹集大量的资本，这比独资企业和合伙制企业有更大发展的可能性。在公司制企业，企业不仅要争取获得最大的利润，还要谋求股东财富最大化。公司的资本来源多种多样，融资方式纷繁复杂，需要认真地加以分析和选择；企业盈余分配也要考虑企业内部和外部的各种因素。

② 税收法规。税法是税收法律制度的总称，是调整税收征纳关系的法律规范。税收既有调节社会总供给与总需求，调整经济结构，维护国家主权和利益等宏观经济作用，又有保护企业经济实体地位、促进公平竞争、改善经营管理和提高经济效益等微观作用。国家税种的设置、税率的高低、征收范围、减免规定、优惠政策等都会影响企业活动。税收对财务管理的影响具体表现为两个方面：第一，影响企业融资决策。按照国际惯例和我国现行所得税制度，企业借款利息不高于金融机构同类同期贷款利息的部分，可在缴纳所得税前予以扣除，债券利息也可记入财务费用，作为利润总额的扣减项，这样就减少了企业的应纳税所得额。其他融资方式则无此优势，如发行股票筹集的资本，其支付的股息必须在所得税后的净利润中列支。第二，影响企业投资决策。企业的投资从广义上讲，不仅包括股票、债券等的对外投资，也包括对固定资产、流动资产的投资，还包括企业设立、分公司和子公司设立的投资。企业投资建立不同形式的企业，不同规模的企业，投资于不同的行业，投资经营不同业务等，都会面临着不同的税收政策。

（3）金融市场环境　企业融资、投资活动是在一定的环境约束下进行的。金融市场是企业财务管理的直接环境。它不仅为企业融资和投资提供场所，而且促进资本的合理流动和优化配置。金融市场是实现货币借贷和资本融通，办理各种票据和有价证券交易活动的总称。金融市场有广义和狭义之分。广义的金融市场是泛指一切金融交易，包括金融机构与客户之间、金融机构与金融机构之间、客户与客户之间所有的以资本为交易对象的金融活动；狭义的金融市场则限定在以票据和有价证券为交易对象的金融活动。一般意义上的金融市场是指狭义的金融市场。金融市场主要由参与者、金融工具、组织形式和管理方式及内在机制四个要素构成。

金融市场是由许多功能不同的具体市场构成的。对金融市场可以按不同的标准进行分类。

① 以期限为标准，金融市场分为短期资本市场和长期资本市场。短期资本市场又称货币市场，是指融资期限在一年以内的资本市场，包括同业拆借市场、票据市场、大额定期存单市场和短期债券市场；长期资本市场又称为资本市场，是指融资期限在一年以上的资本市场，包括股票市场和债券市场。

② 以功能为标准，金融市场分为发行市场和流通市场。发行市场又称为一级市场，它主要处理信用工具的发行与最初购买者之间的交易；流通市场又称为二级市场，它主要处理现有信用工具所有权转移和变现的交易。

③ 以营业性质为标准，金融市场分为资本市场、外汇市场和黄金市场。资本市场以货币和资本为交易对象；外汇市场以各种外汇信用工具为对象；黄金市场则是集中进行黄金买卖和金币兑换的交易市场。

金融市场的内在机制主要是指具有一个能够依据市场资金供应情况灵活调节的利率体系。在金融市场上，利率是资金这种商品的“价格”，利率的高低取决于社会平均利润率和资金的供求关系。但是，利率又会对资金供求和资金流向起着重要的作用。当资金供不应求时，利率上升既加大了资金的供应又减少了资金的需求。当资金供过于求时，利率下降既减少了资金供应又扩大了资金需求。因此，利率是金融市场上调节资金供求，引导资金合理流动的主杠杆。利率的一般计算公式可表示如下。

利率＝纯粹利率＋通货膨胀附加率＋变现力附加率＋违约风险附加率＋到期风险附加率

纯粹利率是指无通货膨胀，无风险情况下的平均利率。通货膨胀附加率是指因通货膨胀使货币贬值，投资者的真实报酬下降需补偿的利率部分。变现附加率是指一些小公司的债券鲜为人知，不易变现，投资者要求提高利率作为补偿。违约风险附加率是指借款人未能按时支付利息或到期偿还贷款本金的风险大，投资者要求相应提高利率作为补偿。到期风险附加率是指因到期时间长短的不同而形成的利率差别。企业应对利率变化进行前瞻预期分析，这将有利于降低融资成本，企业还应合理搭配长短资金，建立合理的资金结构。

### 2. 微观理财环境

财务管理的微观环境也包括许多内容，如市场状况、生产情况、材料采购情况等。下面概括介绍微观理财环境对财务管理有重要影响的几个方面。

在商品经济下，每个企业都面临着不同的市场环境，都会影响和制约企业的理财行为。构成市场环境的要素主要有两项：一是参加市场交易的生产者及消费者的数量；二是参加市场交易的商品的差异程度。一般而言，参加交易的生产者和消费者的数量越多，竞争越大；反之，竞争越小。而参加交易的商品的差异程度越小，竞争程度越大；商品的差异程度越大，竞争程度就越小。对工程项目而言，建设单位和施工单位通过建设市场进行承包发包交易，双方的财务管理都要注重建筑市场供求状况和工程差异程度等方面的影响因素。

企业所处的市场环境，通常有下列两种。

① 采购环境。采购环境又称物资来源环境，对企业理财有重要影响。按不同的标准可对采购环境做不同的分类。

a. 采购环境按物资来源是否稳定，可分为稳定的采购环境和波动的采购环境。前者对企业所需资源有比较稳定的来源，后者则不稳定，有时采购不到。企业如果处于稳定的采购环境中，可少储存存货，减少存货占用的资金；反之，则必须增加存货的保险储备，以防存货不足影响生产，这就要求财务人员把较多的资金投资于存货的保险储备。

b. 采购环境按价格变动情况，可分为价格上涨的采购环境和价格下降的采购环境。在物价上涨的情况下，企业应尽量提前进货，以防物价进一步上涨而遭受损失，这就要求在存货上投入较多的资金；反之，在物价下降的环境里，应尽量随使用随采购，以便从价格下降中得到好处，也可在存货上尽量少占用资金。

② 生产环境。不同的生产企业和服务企业具有不同的生产环境，这些生产环境对财务管理有着重要影响。比如，企业的生产如果是高技术型的那就有比较多的固定资产而只有少数的生产工人。这类企业在固定资产上占用的资金比较多，而工薪费用较少，这就要求企业财务人员必须筹集到足够的长期资金以满足固定资产投资；反之，如果企业生产是劳动密集型的，则可较多地利用短期资金。生产轮船、飞机的企业，生产周期较长，企业要比较多地利用长期资金；反之，生产食品的企业，生产周期很短，可以比较多地利用短期资金。

## 本章小结

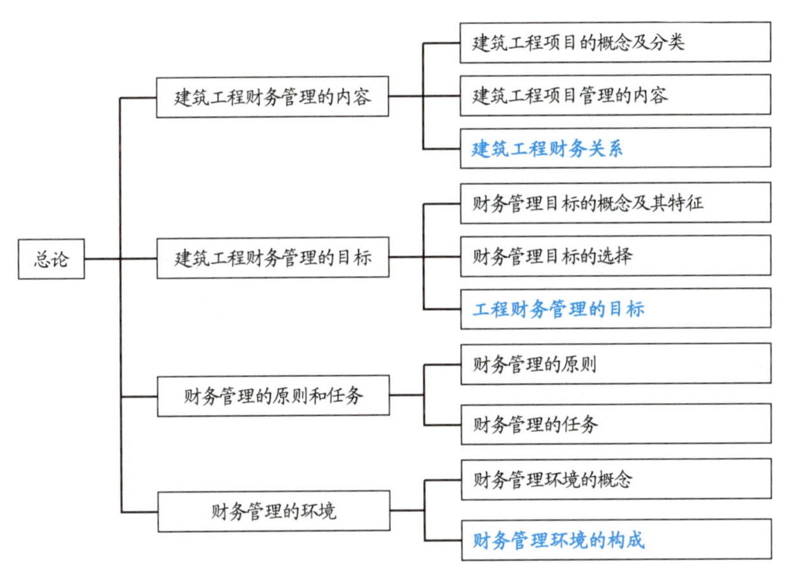


注：有色字为重点内容

## 自测题

### 一、单项选择题

1. 企业向工人支付工资属于（　　）活动。

A. 融资　　B. 投资　　C. 资金营运　　D. 分配

2. 下列各项中体现债权与债务关系的是（　　）。

A. 企业与债权人之间的财务关系　　B. 企业与受资者之间的财务关系

C. 企业与债务人之间的财务关系　　D. 企业与政府之间的财务关系

3. “有时决策过程过于冗长”属于（　　）的缺点。

A. 独资企业　　B. 合伙企业　　C. 有限责任公司　　D. 股份有限公司

4. 下列（　　）属于资本市场工具。

A. 国库券　　B. 商业票据

C. 可转让大额定期存单　　D. 股票

5. 下列（　　）不属于资本市场的特点。

A. 收益较高　　B. 价格变动幅度大

C. 金融工具具有较强货币性　　D. 资金借贷量大

## 二、多项选择题

1. 下列各项中属于狭义的投资的是（　　）。

A. 与其他企业联营　　B. 购买无形资产　　C. 购买国库券　　D. 购买零件

2. 投资者与企业之间通常发生（　　）财务关系。

A. 投资者可以对企业进行一定程度的控制或施加影响

B. 投资者可以参与企业净利润的分配

C. 投资者对企业的剩余资产享有索取权

D. 投资者对企业承担一定的经济法律责任

3. 影响企业财务管理的经济环境因素主要包括（　　）。

A. 企业组织形式　　B. 经济周期　　C. 经济发展水平　　D. 经济政策

4. 关于金融市场的分类，下列说法正确的是（　　）。

A. 按照交割方式分为现货市场、期货市场和期权市场

B. 按照交易的方式和次数分为新货市场和旧货市场

C. 按照金融工具的属性分为基础性金融市场和金融衍生品市场

D. 按照期限分为货币市场和资本市场

5. 风险收益率包括（　　）。

A. 通货膨胀补偿率　　B. 违约风险收益率

C. 流动性风险收益率　　D. 期限风险收益率

6. 企业价值最大化目标的优点包括（　　）。

A. 考虑了投资的风险价值　　B. 反映了资本保值增值的要求

C. 有利于克服管理上的片面性　　D. 有利于社会资源的合理配置

7. 下列各项中属于资金营运活动的是（　　）。

A. 采购原材料　　B. 购买国库券　　C. 销售商品　　D. 支付现金股利

## 三、思考题

1. 财务管理的概念和内容是什么？

2. 建筑工程项目的概念是什么？

3. 财务管理的目标是什么？

4. 财务管理的环境如何？

# 第二章　工程项目财务管理的价值观念

**知识目标**

- 明确货币时间价值的概念及计算方法。
- 分清楚单利和复利、间断复利和连续复利。
- 掌握风险的基本概念及分类。

**能力目标**

- 会熟练进行利息、资金等值计算并解决相关问题。
- 会进行名义利率和有效利率的计算。
- 能够熟练运用风险原理解决相关问题。

**素质目标**

- 树立资金时间价值观念、准确计算资金时间价值。
- 树立风险意识，正确识别资金风险类别及风险大小。
- 准确建立风险防范与控制体系。

## 第一节　资金时间价值

任何企业的财务活动都是在一定的时间和空间中进行的，不同时间的货币具有不同的价值。离开了时间价值因素，就无法正确计算不同时期的财务收支，也无法正确评价企业盈亏。因此，在企业的财务决策中，必须考虑分析和计算货币的时间价值。

### 一、资金时间价值的概念

关于资金时间价值的概念，用一个简单的问题来解释：今天的 1 元钱和明天的 1 元钱等值吗？西方国家的传统说法是：即使在没有风险和没有通货膨胀的条件下，今天 1 元钱的价值亦大于一年以后 1 元钱的价值。股东投资 1 元钱，就牺牲了当时使用或消费这 1 元钱的机会或权利，按牺牲时间计算的这种牺牲的代价或报酬，就叫做时间价值。

西方关于时间价值的概念虽众说纷纭，但大致可综述如下：投资者进行投资就必须推迟消费，对投资者推迟消费的耐心应给以报酬，这种报酬的量应与推迟的时间成正比。西方经济学者对资金时间价值的上述解释，只是说明了货币时间价值的表面现象，并没有揭示资金时间价值的本质，即资金的时间价值到底是从哪里来的？为了正确探讨资金时间价值的本质，需要对货币时间价值的产生过程进行科学的分析。

首先，他们把资金的时间价值解释为“是对投资者推迟消费的耐心的一种报酬”，这既不科学，也不全面。如果说“耐心”也能产生价值，那么，将资金闲置不用或埋到地下保存起来也应该能产生价值，而事实上这是不可能的。只有把资金投入生产和流通过程，使劳动者借助于生产资料生产出新的产品，创造出新的价值，才能实现其价值的增值。由此可见，资金的时间价值只能是在社会生产经营和流通中产生。

其次，资金只有投入生产和流通的过程才能实现其价值的增值。这部分价值增值是劳动者在生产过程中创造的，是作为生产资料货币表现的资金同劳动力相结合的结果。任何资金如果不投入生产过程、不同劳动力相结合，都不能自行增值，更不会具有时间价值。因此，资金时间价值的真正来源是劳动者在生产中创造的剩余价值。

最后，资金的时间价值一般以单位时间（通常为一年）的报酬与投资额的百分率表示，即用利息率来表示。但表示资金时间价值的利息率应以社会平均资金利润率或平均投资报酬率为基础。

综上所述，资金的时间价值是在不考虑风险和通货膨胀条件下的社会平均资金利润率或平均投资报酬率。它是在生产经营和流通过程中产生的，其真正的来源是劳动者创造的剩余价值。

## 二、资金时间价值的计算

计算资金的时间价值，其目的是为了确定不同时间收到或付出货币之间的数量关系。资金具有时间价值，使现在的1元钱不等于一年后的1元钱。那么，现在的1元钱等于一年后的多少钱，而一年后的1元钱又等于现在的多少钱，这都属于时间价值的计算问题。货币时间价值计算的关键是计算终值和现值，终值和现值之间的差额就是货币的时间价值。为此，首先应明确现值和终值的概念。

终值，是指某一特定数额的资金在若干期后按规定利率计算的未来价值，即“本利和”。现值，是指若干期后某一特定数额的资金按规定利率折算的现在价值即“本金”。

现值和终值是一组相对的概念。现在的100元钱按10%的年利率计算；二年后增加到110元。而一年后的110元按10%的年利率折算，就相当于现在的100元。那么，现在的100元就是本金：即现值；而一年后的110元则是现在100元按10%的利率计算的终值。终值和现值之间的差额（即增值额）就是货币的时间价值；增值额占本金的比率，称为利息率；利息率是用相对数表示的资金时间价值。

计算资金时间价值的指标很多，这里主要说明单利终值和现值、复利终值和现值、年金终值和现值的计算方法。

为了便于说清问题，通常在讲述资金时间价值的计算时假设没有风险和通货膨胀，以利率代表资金的时间价值。

### 1. 单利终值和现值的计算

所谓单利是指在计算利息时，仅用最初本金来计算，而不计入先前计息周期中所累积增加的利息，即通常所说的“利不生利”的计息方法。

（1）单利终值的计算　单利终值就是按单利计算的某一特定金额在若干年后的本利和。其计算式如下。

$$F=P(1+in)=P+Pin \tag{2-1}$$

式中　$F$——第$n$年末的终值；

$P$——现值；

$i$——年利率；

$n$——期数。

**【例2-1】** 有一笔50000元的借款，借期3年，按每年8%的单利率计息，试求到期时应归还的本利和。

**解：**

$$F=P+Pin=50000+50000\times 8\%\times 3=62000(元)$$

即到期应归还的本利和为62000元。

（2）单利现值的计算　单利现值是指若干年后某一特定金额按单利折算的现在价值。计算单利现值，就是根据终值倒求现值。单利现值的计算公式可根据单利终值的计算公式推导确定。

单利终值的计算公式为

$$F=P(1+in)$$

上式两边同除以 $(1+i)^n$，则单利现值的计算公式如下。

$$P=F\times\frac{1}{(1+in)} \tag{2-2}$$

**【例 2-2】** 设 $F=2000$ 元，$i=10\%$，$n=3$，试计算单利现值。

**解：**
$$P=2000\times\frac{1}{(1+10\%\times3)}=1538(\text{元})$$

### 2. 复利终值和现值的计算

所谓复利是指在计算某一计息周期的利息时，其先前周期上所累积的利息要计算利息，即“利生利”“利滚利”的计息方式。复利终值现金流量图如图 2-1 所示。

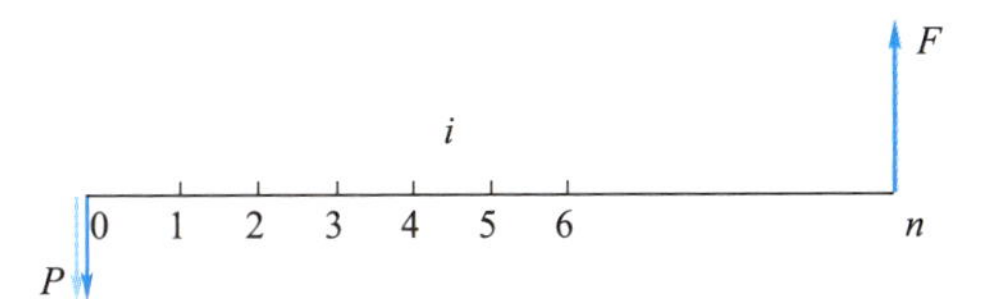


图 2-1　复利终值现金流量图

$i$ 为计息期复利率；$n$ 为计息的期数；$P$ 为现值（即现在的资金价值或本金）；$F$ 为终值（即 $n$ 期末的资金值或本利和）

(1) 复利终值的计算　复利终值就是按复利计算的某一特定金额在若干年后的本利和。

若现有一项资金 $P$，年利率 $i$ 按复利计算，求 $n$ 年以后的本利和，可根据复利的定义求得 $n$ 年末本利和（即终值）$F$。

$$F=P(1+i)^n \tag{2-3}$$

式中，$(1+i)^n$ 称为复利终值系数，可记作 $(F/P,i,n)$。在实际工作中，复利终值系数可通过查复利终值系数表求得。故也可写作

$$F=P(F/P,i,n) \tag{2-4}$$

在 $(F/P,i,n)$ 这类符号中，括号内斜线上的符号表示所求的未知数，斜线下的符号表示已知数。$(F/P,i,n)$ 表示在已知 $P$、$i$ 和 $n$ 的情况下求解 $F$ 的值。

**【例 2-3】** 某人借款 10000 元，年复利率 $i=10\%$，试问 5 年末连本带利一次需偿还多少？

**解：** 按式(2-4) 得

$$F=P(1+i)^n=10000\times(1+10\%)^5$$

上式中，$(1+10\%)^5$ 的值可查阅复利系数表，得到其复利终值系数为 1.61051，则

$$F=P(1+i)^n=10000\times(1+10\%)^5=10000\times1.61051=16105.1(\text{元})$$

(2) 复利现值的计算　复利现值是若干年后某一特定金额按复利折算的现在价值。由终值求现值，叫做贴现。在贴现时所用的利息率叫贴现率。根据复利终值的计算公式，可推导复利现值的计算公式。

复利终值的计算公式为

$$F=P(1+i)^n$$

对上式两方同除以 $(1+i)^n$，即可得到复利现值的计算公式为

$$P=F\times\frac{1}{(1+i)^n} \tag{2-5}$$

复利现值的计算公式中，$\frac{1}{(1+i)^n}$称为复利现值系数，可记作（$P/F,i,n$），该系数可通过查阅复利系数表求得。

**【例 2-4】** 某企业拟在 8 年后以 10000 元更新一项设备，如果现在银行年复利率为 15%，问企业现在应存入银行多少钱？

**解：**

$$P=10000\times\frac{1}{(1+15\%)^8}$$

式中，$\frac{1}{(1+15\%)^8}$可查复利现值系数表，得到其复利现值系数为 0.327，则

$$P=10000\times\frac{1}{(1+15\%)^8}=10000\times0.327=3270(\text{元})$$

计算结果表明，企业现在存入银行 3270 元，按 15%的年利率计算，8 年后可从银行取出的本利和为 10000 元。

在一定 P、n 相同时，i 越高，F 越大；在 i 相同时，n 越长，F 越大；在 F 一定，n 相同时，i 越高，P 越小；在 i 相同时，n 越长，P 越小。

### 3. 年金终值和现值的计算

年金是指一定时期内每期相等金额的收付款项。在企业的财务活动中，许多款项的收支都表现为年金的形式，如折旧费、租金、保险费等。年金按付款方式可分为普通年金（后付年金）、预付年金（先付年金）、递延年金和永续年金。

（1）普通年金终值和现值的计算　普通年金是指每期期末收入或支出相等金额的款项，也称后付年金。它是企业财务活动中最常见的一种年金形式。

① 普通年金终值的计算。普通年金终值是每期期末收入或支出等额款项的复利终值之和。实际上，普通年金终值就像零存整取的本利和。

为了便于计算，现仍以 $F$ 代表普通年金终值，$P$ 代表普通年金现值，$i$ 代表利率，$n$ 代表期数，而以 $A$ 代表每期期末收入或付出的相等金额的款项，即年金。

由于普通年金终值是每期期末收入或付出款项的复利终值之和，而每期收付款项的复利终值的计算与一次收付款复利终值的计算方法是相同的，因此，计算普通年金终值，应先计算出每期期末收付款的复利终值，然后再把各期收付款的复利终值加起来，即为普通年金终值。为了便于说明问题，普通年金终值现金流量图如图 2-2 所示。

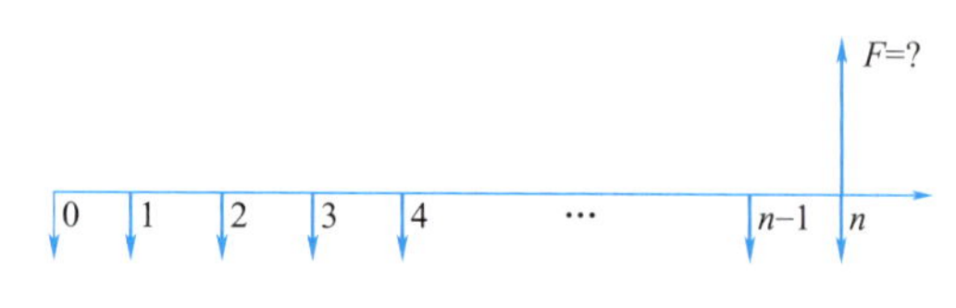


图 2-2　普通年金终值现金流量图

首先，普通年金终值的计算公式为

$$F=A(1+i)^0+A(1+i)^1+A(1+i)^2+\cdots+A(1+i)^{n-2}+A(1+i)^{n-1} \tag{2-6}$$

将上式两边同乘以（$1+i$）得

$$F(1+i)=A(1+i)^1+A(1+i)^2+A(1+i)^3\cdots+A(1+i)^{n-2}+A(1+i)^{n-1}+A(1+i)^n \tag{2-7}$$

式(2-7) 减去式(2-6) 得

$$F=A\times\frac{(1+i)^n-1}{i} \tag{2-8}$$

在上式中，$\frac{(1+i)^n-1}{i}$称为普通年金终值系数，可记作 $(F/A,i,n)$。普通年金终值系数可通过查复利系数表求得。

**【例 2-5】** 某企业拟在以后 5 年内于每年年末存入银行 3000 元，银行的年复利率为 10%，要求计算 5 年后的本利和。

**解：**

$$\begin{aligned}F&=3000\times\frac{(1+10\%)^5-1}{10\%}\\&=3000\times(F/A,10\%,5)\\&=3000\times6.105=18315(\text{元})\end{aligned}$$

上式中的 6.105 即为 $(F/A,10\%,5)$ 的普通年金终值系数，这个系数可以在复利系数表中查到。

② 普通年金现值的计算。普通年金现值是指一定时期内每期期末收入或付出等额款项的复利现值之和。普通年金现值现金流量图如图 2-3 所示。

图 2-3　普通年金现值现金流量图

首先，求得普通年金现值的计算公式

$$P=A(1+i)^{-1}+A(1+i)^{-2}+A(1+i)^{-3}+\cdots+A(1+i)^{-(n-2)}+A(1+i)^{-(n-1)}+A(1+i)^{-n} \tag{2-9}$$

将上式两边同乘以 $(1+i)$ 得

$$P(1+i)=A+A(1+i)^{-1}+A(1+i)^{-2}+A(1+i)^{-3}+\cdots+A(1+i)^{-(n-2)}+A(1+i)^{-(n-1)} \tag{2-10}$$

式(2-10) 减去式(2-9) 得

$$P=A\times\frac{1-(1+i)^{-n}}{i} \tag{2-11}$$

在上式中，$\frac{1-(1+i)^{-n}}{i}$称为普通年金现值系数，可记作 $(P/A,i,n)$。普通年金现值系数可通过查复利系数表求得。

**【例 2-6】** 某企业现在存入银行一笔钱，准备在以后 10 年内于每年年末支付 5000 元的房屋租金，假如银行的年利率为 8%，问企业现在需要存入银行多少钱？

**解：**

$$\begin{aligned}P&=5000\times\frac{1-(1+8\%)^{-10}}{8\%}\\&=5000\times(P/A,8\%,10)\\&=5000\times6.71=33550(\text{元})\end{aligned}$$

上式中的 6.71 即为 $(P/A,8\%,10)$ 的普通年金现值系数，这个系数可以在复利系数表中查到。

（2）预付年金终值和现值的计算　预付年金是指在一定时期内，每期期初收入或支出相等金额的款项，也称先付年金。预付年金与普通年金的区别仅在于付款时间的不同，即一个是在每期期初支付，另一个是在每期期末支付。由于普通年金是最常见的年金形式，一般的年金系数表也常常是按普通年金的终值和现值编制的。因此，在计付年金时，可先将预付年金调整为普通年金的形式，然后利用普通年金的系数表计算有关预付年金。

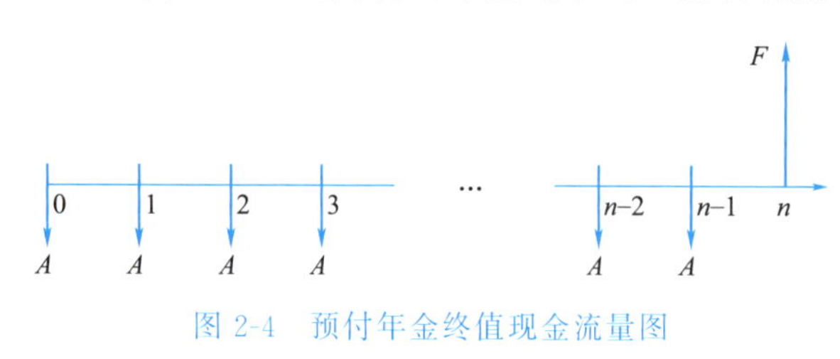

图 2-4　预付年金终值现金流量图

① 预付年金终值的计算。预付年金终值是每期期初收入或支出等额款项的复利终值之和。由于预付年金和普通年金的区别在于支付时间的不同，因此，可以把预付年金调整为普通年金，再进行计算，预付年金终值的计算可由普通年金终值的公式推导。预付年金终值现金流量图如图 2-4 所示。

预付年金终值计算公式为

$$F=A\times\frac{(1+i)^n-1}{i}(1+i)$$

或 $$F=A\times(F/A,i,n)(1+i) \tag{2-12}$$

可见，预付年金终值的计算，可以按其同样的 $i,n$ 在普通年金终值系数表中找出普通年金终值系数，在此基础上乘以（$1+i$），可计算出预付年金终值的系数，再乘以 $A$，即为预付年金终值。

此外，预付年金终值还有另一个计算公式，即在最后一期期末补上一个 $A$，使期数增加为（$n+1$），计算（$n+1$）期的普通年金终值，然后再减去 $A$，其结果就是 $n$ 期预付年金终值的计算公式为

$$\begin{aligned}F&=A(F/A,i,n+1)-A\\&=A[(F/A,i,n+1)-1]\end{aligned} \tag{2-13}$$

**【例 2-7】**　某企业租用一设备，在 10 年中每年年初要支付租金 5000 元，年利息率为 8%，计算 10 年后共支付租金本利和是多少？

**解：**

$$\begin{aligned}F&=5000\times(F/A,8\%,10)(1+8\%)\\&=5000\times14.486\times1.08\\&=78225(元)\end{aligned}$$

或

$$\begin{aligned}F&=5000\times[(F/A,8\%,10+1)-1]\\&=5000\times(16.645-1)\\&=78225(元)\end{aligned}$$

② 预付年金现值的计算。预付年金现值是每期期初收入或支出等额款项的复利现值之和。预付年金现值的现金流量图如图 2-5 所示。

预付年金现值的公式为

$$P=A\times\frac{1-(1+i)^{-n}}{1}(1+i)=A(P/A,i,n)(1+i) \tag{2-14}$$

预付年金现值的计算，也可按其同样的 $i,n$ 在普通年金现值系数表中找出普通年金现值系数，在此基础上乘以（$1+i$），可计算出预付年金现值的系数，再乘以 $A$，即为预付年金

现值。

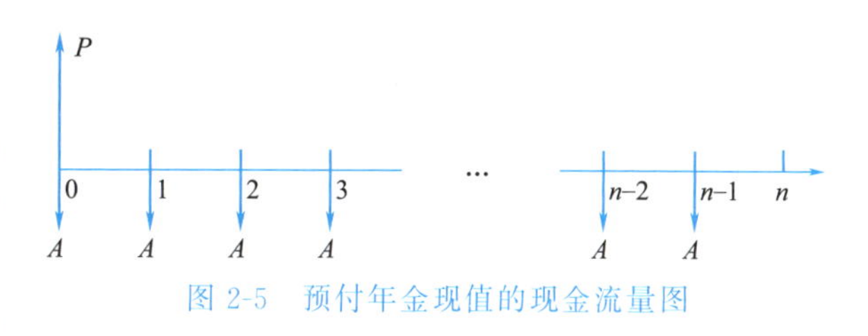

图 2-5　预付年金现值的现金流量图

此外，预付年金现值还有另一个计算公式，即先不考虑第一期起初的 $A$（去掉起初的 $A$），使期数变为 $(n-1)$ 期，计算 $(n-1)$ 期的普通年金现值，然后再加上期初的 $A$，其结果就是 $n$ 期预付年金现值的计算公式。

$$\begin{aligned}P&=A(P/A,i,n-1)+A\\&=A[(P/A,i,n-1)+1]\end{aligned}\tag{2-15}$$

**【例 2-8】** 李先生采用分期付款方式购商品房一套，每年年初付款 15000 元，分 10 年付清。若银行利率为 6%，该项分期付款相当于一次现金支付的购价是多少？

**解：**

$$\begin{aligned}P&=15000\times(P/A,6\%,10)(1+6\%)\\&=15000\times7.360\times1.06\\&=117024(\text{元})\end{aligned}$$

或

$$\begin{aligned}P&=15000\times[(P/A,6\%,10-1)+1]\\&=15000\times(6.8016+1)\\&=117024(\text{元})\end{aligned}$$

（3）递延年金现值的计算　递延年金是在一定期间内，从期初开始，隔若干期后才发生等额系列收付款的年金。递延年金终值的计算，与普通年金终值和预付年金终值的计算方法基本一致。

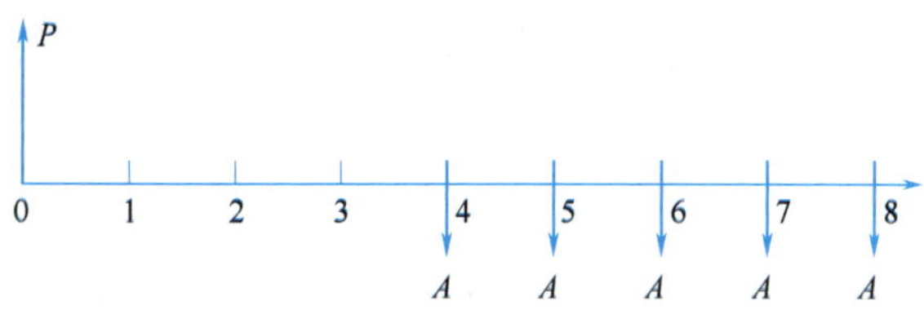

图 2-6　递延年金现值的现金流量图

递延年金现值的计算可通过图 2-6 说明如下。

图 2-6 中，在 8 期内，前 3 期没有收付的款项，从第 4 期期末至第 8 期期末才发生 5 期等额的收付款项 A。对此，可将这 5 期等额的收付款项 A 按普通年金现值的计算方法将其计算到第 4 期期初，这是一个普通年金现值的计算过程。再将这一普通年金现值从第 4 期期初（即第 3 期期末）按复利现值折算到期初，即是要计算的递延年金现值。

现假设发生等额收付款项的期数为 $n$，未发生等额收付款项的期数为 $m$，则递延年金现值的计算公式为

$$\begin{aligned}P&=A\times\frac{1-(1+i)^{-n}}{i}(1+i)^{-m}\\&=A(P/A,i,n)(P/F,i,m)\end{aligned}\tag{2-16}$$

**【例 2-9】** 假设某企业目前开始一项建设项目，施工期为 3 年，从第四年开始投产，第 4 年至第 8 年每年年末的收益为 200000 元，假设年复利率为 10%，要求计算该项目未来收益的现值。

解：
$$P=200000\times\frac{1-(1+10\%)^{-5}}{10\%}\times(1+10\%)^{-3}$$
或
$$P=200000\times(P/A,10\%,5)(P/F,10\%,3)$$
$$=200000\times6.105\times0.751$$
$$=916971(元)$$

(4) 永续年金现值的计算　永续年金是指无限期收入或付出相等金额的款项。在现实的经济生活中，优先股的固定股利，某些期限长、利率高的长期债券的利息，均可视为永续年金。由于永续年金没有终点，因此不存在永续年金终值的计算问题，但永续年金现值的计算用途则十分广泛，如进行股票、债券的估价等。

永续年金现值的计算公式，可根据普通年金现值的计算公式推导。

普通年金现值的计算公式为

$$P=A\times\frac{1-(1+i)^{-n}}{i}$$

当 $n\to\infty$ 时，$(1+i)^{-n}\to0$

所以，
$$P=\frac{A}{i} \tag{2-17}$$

式(2-17) 即为永续年金现值的计算公式。

**【例 2-10】** 某企业的优先股股票每年定期支付股息 6 元。假设目前的市场利率为 10%，要求对该优先股股票进行定价。

优先股股票的股息作为一项永续年金，通过计算永续年金现值即可对该优先股股票进行定价。该优先股股票目前的每股价值可计算如下。

$$P=\frac{6}{10\%}=60(元)$$

以上为资金时间价值的几种主要的计算方法，这些方法是计算资金时间价值的基础。掌握这些基本的计算方法，可在以后的财务决策中具体运用。

# 第二节　风险分析

在企业的财务管理工作中，需要经常作出各种财务决策，如融资决策、投资决策等。所有的财务决策都面临一个共同的问题，即估计决策方案预期的收益及不能实现的风险，企业总是期望决策方案未来的收益足以补偿其所承担的风险。企业财务决策的过程，实际上就是一个权衡风险和报酬的过程。进行财务管理，必须认真分析风险和报酬之间的关系，运用风险报酬原理作出正确的财务决策。

## 一、风险的概念

一般而言，风险是指预期收益的不确定性。在现实的经济生活中，由于各种不确定因素的存在，使企业的每一项财务决策都既有有利的一面，也有不利的一面，只是有利因素和不利因素各自程度的大小会有所不同。只要有不利因素存在，企业财务决策就会面临风险。因此，风险是客观存在的。

企业的绝大多数财务活动都有风险，只是风险的大小各不相同。所谓风险性财务活动，是指决策者对这些财务活动的最终结果不能完全确定，但对未来结果出现的可能性，即其概率分布是已知的或是可以估计的。与风险相类似的另一个概念是不确定。不确定性财务活动是指企业决策者对未来的情况不仅不能完全确定，而且对各种情况发生的概率也不清楚。或者说，不确定是指对未来发生各种事件的可能性都不知道。

在现代企业财务管理中，大多数财务决策都是在不确定情况下作出的。为了提高财务决策的科学性，决策人员常常为不确定性财务活动规定一些主观概率，以便进行计量分析，这使不确定性决策与风险性决策很相似。因此，企业在进行财务决策时，对风险和不确定这两个概念并不作严格的区分，而是把它们都视为风险。

在现实的经济生活中，风险是一种客观存在，绝对肯定的、没有风险的经营和投资决策是不存在的。在西方国家，一般把企业投资于国库券作为一项没有风险的投资。而实际上由于受资本市场上利率升降的影响，国库券的价格也是处于经常变动之中，进行这项投资也是有风险的，只是相对于企业其他的投资决策来讲，风险小得多。风险在企业经营中几乎是无处不在的，只是风险的程度有大有小而已。一般认为，在企业的投资决策中，投资于国库券风险最小，这是因为其本金和利息是固定且有保障的，如果不考虑资本市场上利率变动的影响，可视之为无风险决策。企业投资于股票或开发新产品，一般都要承担较大风险，因为这些投资的收益要受很多不确定性因素的影响。企业进行正常的生产经营投资，如为扩大销售而投资、为提高产品质量或改进技术而投资，这些投资的风险一般要大于投资于国家债券，但小于开发新产品或投资于股票。

企业决策者一般都讨厌风险，并尽可能地回避风险。愿意要肯定的某一报酬率，而不愿要不肯定的某一报酬率，是决策者的共同心态，这种现象叫风险反感。既然存在着普遍的风险反感，为什么在实际中企业都要冒着风险进行经营和投资呢？其主要原因在于进行风险投资具有双重效应，即它是一种危险与机会并存的活动。如果出现负面效应，会给企业带来损失，且风险越大造成的损失也越大；如果出现正面效应，则会给企业带来超额收益，而且常常是企业冒的风险越大，可能获得的超额收益也越大。

企业之所以愿意冒着风险进行投资，这是因为风险与报酬紧密相连，进行风险投资可使企业得到超过资金时间价值以上的额外报酬，即风险报酬。因此，风险报酬就是投资者冒着风险进行投资而获得的超过时间价值的那部分额外报酬。风险报酬既可用绝对数表示，又可用相对数表示。用绝对数表示的风险报酬叫风险报酬额，用相对数表示的风险报酬叫风险报酬率。

在财务管理中，风险报酬一般用相对数风险报酬率加以计量。

## 二、风险的类别

由于财务上的风险往往指投资风险，所以，风险可作以下分类。

### 1. 从投资主体角度分

从投资主体的角度看，风险分为市场风险（或系统风险）和公司特有风险（非系统风险）。

（1）市场风险　市场风险（或系统风险）是指影响整个市场的因素所引起的风险，如战争、经济衰退、通货膨胀、税收改革、世界金融危机、能源危机等。这类风险涉及所有的投资对象，不能通过多角化投资来分散，因此又称为不可分散风险。

（2）公司特有风险　公司特有风险（或非系统风险）是指发生于个别公司的特有事件造成的风险，如罢工、新产品开发失败、诉讼失败、没有争取到重要合同等。这类事件是随机发生的，可以通过多角化投资来分散，因此又称为可分散风险。

### 2. 从公司本身角度分

从公司本身来看，风险分为经营风险（或商业风险）和财务风险（或融资风险）。

（1）经营风险　经营风险（或商业风险）是指由于生产经营的不确定性所带来的风险。这种风险主要来自市场销售、生产成本和生产技术等，这使得企业的报酬（息税前利润）变得不确定。

（2）财务风险　财务风险（或融资风险）是指因借款而导致的风险，是融资决策带来的风险。财务风险加大了企业的风险。对于投资者，主要是区分市场风险和非市场风险，但更关注市场风险，因为非市场风险可以分散。

## 三、风险的衡量

风险是一种不易计量的因素，但由于投资者冒着风险投资可以得到额外报酬，因此需要对风险进行计量。对投资活动来讲，由于风险是与投资收益的不确定相联系的，因此，对风险的计量必须从投资收益的概率分布开始分析，在计算出风险大小的基础上，进而计算风险投资的报酬率。

### 1. 确定概率分布

概率是指任何一项随机事件可能发生的机会。一个事件的概率是指这一事件可能发生的机会。例如，一个企业的利润有60%的机会增加，有40%的机会减少。如果把所有可能的事件或结果都列示出来，且每一事件都给予一种概率，把它们列示在一起，便构成了概率的分布。上例的概率分布详见表2-1。

表 2-1　概率分布表

| 可能出现的结果($i$) | 概率($P_i$) |
| --- | --- |
| 利润增加 | 0.6=60% |
| 利润减少 | 0.4=40% |
| 合　　计 | 1.00=100% |

概率分布可以是离散的，也可以是连续的。离散型概率分布，可能出现的结果数目有限，因此也易于计算。在经济决策分析中，所应用的概率分布大多是离散型的概率分布。

概率分布必须符合以下两个要求。

① 所有的概率即 $P_i$ 都在0和1之间，即 $0 \leqslant P_i \leqslant 1$。

② 所有结果的概率之和应等于1，即 $\sum_{i=1}^{n} P_i = 1$，这里，$n$ 为可能出现的结果的个数。

### 2. 计算期望报酬率

期望报酬率是各种可能的报酬率按其概率进行加权平均得到的报酬率，它是反映集中趋势的一种量度。期望报酬率可按下列公式计算。

$$\overline{K} = \sum_{i=1}^{n} K_i P_i \tag{2-18}$$

式中　$\overline{K}$——期望报酬率；

$K_i$——第 $i$ 种可能结果的报酬率；

$P_i$——第 $i$ 种可能结果的概率；

$n$——可能结果的个数。

**【例 2-11】** A 公司和 B 公司股票的报酬率及其概率分布情况详见表 2-2，试计算两家公司的期望报酬率。

表 2-2　A 公司和 B 公司股票报酬率及其概率分布

| 经济情况 | 该种经济情况发生的概率 $P_i$ | 报酬率 $K_i$ | |
|---|---|---|---|
| | | A 公司/% | B 公司/% |
| 繁荣 | 0.20 | 70 | 40 |
| 一般 | 0.60 | 20 | 20 |
| 衰退 | 0.20 | −30 | 0 |

下面，根据上述期望报酬率公式分别计算 A 公司和 B 公司的期望报酬率。

A 公司

$$\begin{aligned}\overline{K}&=K_1P_1+K_2P_2+K_3P_3\\&=70\%\times0.20+20\%\times0.60+(-30\%)\times0.20\\&=20\%\end{aligned}$$

B 公司

$$\begin{aligned}\overline{K}&=K_1P_1+K_2P_2+K_3P_3\\&=40\%\times0.20+20\%\times0.60+0\%\times0.20\\&=20\%\end{aligned}$$

两家公司股票的期望报酬率都是 20%，但 B 公司各种情况下的报酬率比较集中，而 A 公司却比较分散，所以 B 公司的风险小。

### 3. 计算标准离差

标准离差是各种可能的报酬率偏离期望报酬率的综合差异，是反映离散程度的一种量度。标准离差可按下列公式计算。

$$\delta=\sqrt{\sum_{i=1}^{n}(K_i-\overline{K})^2P_i} \tag{2-19}$$

式中　$\delta$——期望报酬率的标准离差；

$K_i$——第 $i$ 种可能结果的报酬率；

$\overline{K}$——期望报酬率；

$P_i$——第 $i$ 种可能结果的概率；

$n$——可能结果的个数。

具体来讲，计算标准离差的程序如下。

① 计算期望报酬率。

$$\overline{K}=\sum_{i=1}^{n}K_iP_i$$

② 把期望报酬率与每一结果相减，得到每一种可能结果的报酬率与期望报酬率的差异。

$$D_i=K_i-\overline{K} \tag{2-20}$$

③ 计算每一差异的平方，再乘以与其相关的结果发生的概率，并把这些乘积汇总，得到概率分布的方差。也就是说，方差是各种可能结果值与期望报酬率之差的平方，以各种可能结果的概率为权数计算的加权平均数，常用$\delta^2$表示。其计算公式为

$$\delta^2=\sum_{i=1}^{n}(K_i-\overline{K})^2P_i \tag{2-21}$$

④ 对方差开方，得到标准离差。标准离差公式为

$$\delta=\sqrt{\sum_{i=1}^{n}(K_i-\overline{K})^2P_i} \tag{2-22}$$

将前例中A公司和B公司的资料代入上述公式得两家公司的标准离差。

A公司的标准离差为

$$\delta=\sqrt{(70\%-20\%)^2\times0.20+(20\%-20\%)^2\times0.60+(-30\%-20\%)^2\times0.20}=31.62\%$$

B公司的标准离差为

$$\delta=\sqrt{(40\%-20\%)^2\times0.20+(20\%-20\%)^2\times0.60+(0\%-20\%)^2\times0.20}=12.65\%$$

标准离差越小，说明离散程度越小，风险也就越小。根据这种测量方法，A公司的风险要大于B公司。

标准差是一个绝对值，用它只能反映某一决策方案的风险程度，或比较期望报酬率相同的决策方案的风险程度。但是对于期望报酬率不同的两个或两个以上的决策方案，要比较其风险程度的大小，就不能用标准差这个绝对值，而必须用标准离差率这个反映风险程度大小的相对值。

### 4. 计算标准离差率

标准离差是反映随机变量离散程度的一个指标。但它是一个绝对值，而不是一个相对量，只能用来比较期望报酬率相同的各项投资的风险程度，而不能用来比较期望报酬率不同的各项投资的风险程度。要对比期望报酬率不同的各项投资的风险程度，应该用标准离差同期望报酬率的比值，即标准离差率。标准离差率的计算公式为

$$V=\frac{\delta}{\overline{K}}\times100\% \tag{2-23}$$

式中 $V$——标准离差率；

$\delta$——标准离差；

$\overline{K}$——期望报酬率。

在上例中，A公司的标准离差率为

$$V=\frac{31.62\%}{20\%}\times100\%=158.1\%$$

B公司的标准离差率为

$$V=\frac{12.65\%}{20\%}\times100\%=63.3\%$$

当然，在上例中，两家公司的期望报酬率相等，可直接根据标准离差来比较风险程度，但如果期望报酬率不等，则必须计算标准离差率才能对比风险程度。例如，假设上例B公司和A公司股票报酬的标准离差仍为12.65%和31.62%，但B公司股票的期望报酬率为15%，A公司股票的期望报酬率为40%，那么，究竟哪种股票的风险更大呢？这时不能用标准离差作为判别标准，而要使用标准离差率。

A公司的标准离差率为

$$V=\frac{31.62\%}{40\%}\times 100\%=79\%$$

B公司的标准离差率为

$$V=\frac{12.65\%}{15\%}\times 100\%=84\%$$

这说明，在上述假设条件下，B公司股票的风险要大于A公司股票的风险。

### 5. 计算风险报酬率

标准离差率虽然能正确评价投资风险程度的大小，但这还不是风险报酬率。要计算风险报酬率，还必须借助一个系数——风险报酬系数。风险报酬率、风险报酬系数和标准离差率之间的关系可用公式表示如下。

$$R_R=bV \tag{2-24}$$

式中　$R_R$——风险报酬率；

$b$——风险报酬系数；

$V$——标准离差率。

那么，投资的总报酬率可表示为

$$K=R_F+R_R=R_F+bV \tag{2-25}$$

式中　$K$——投资报酬率；

$R_F$——无风险报酬率。

无风险报酬率就是加上通货膨胀贴水以后的货币时间价值，西方国家一般把投资于国库券的报酬率视为无风险报酬率。

风险报酬系数是将标准离差率转化为风险报酬的一种系数，假设B公司的风险报酬系数为5%，A公司的风险报酬系数为8%，则两家公司股票的风险报酬率分别为

A公司　　$R_R=8\%\times 158.1\%=12.65\%$

B公司　　$R_R=5\%\times 63.25\%=3.16\%$

如果无风险报酬率为10%，则两家公司股票的投资报酬率应分别为

A公司　　$K=10\%+8\%\times 158.1\%=22.65\%$

B公司　　$K=10\%+5\%\times 63.25\%=13.16\%$

至于风险报酬系数的确定，有如下几种方法。

(1) 根据以往的同类项目加以确定　风险报酬系数$b$，可以参照以往同类投资项目的历史资料，运用前述有关公式来确定。例如，某企业准备进行一项投资，此类项目含风险报酬率的投资报酬率一般为20%左右，其报酬率的标准离差率为100%，无风险报酬率为10%，则由公式$K=R_F+bV$得

$$b=\frac{K-R_F}{V}=\frac{20\%-10\%}{100\%}=10\%$$

（2）由企业领导或企业组织有关专家确定　以上第一种方法必须在历史资料比较充分的情况下才能采用。如果缺乏历史资料，则可由企业领导，如总经理、财务副总经理、总会计师、财务主任等根据经验加以确定，也可由企业组织有关专家确定。实际上，风险报酬系数的确定，在很大程度上取决于各公司对风险的态度。比较敢于承担风险的公司，往往把 $b$ 值定得低些；反之，比较稳健的公司，则常常把 $b$ 值定得高些。

（3）由国家有关部门组织专家确定　国家有关部门如财政部、国家银行等组织专家，根据各行业的条件和有关因素，确定各行业的风险报酬系数，由国家定期公布，作为国家参数供投资者参考。

以上对投资风险程度的衡量，是就一个投资方案而言的。如果有多个投资方案供选择，那么进行投资决策总的原则应该是，投资收益率越高越好，风险程度越低越好。具体说来有以下几种情况：①如果两个投资方案的预期收益率基本相同，应当选择标准离差率较低的那一个；②如果两个投资方案的标准离差率基本相同，应当选择预期收益率较高的那一个；③如果甲方案预期收益率高于乙方案，而其标准离差率低于乙方案，则应当选择甲方案；④如果甲方案预期收益率高于乙方案，而其标准离差率也高于乙方案，则不能一概而论，而要取决于投资者对风险的态度。有的投资者愿意冒较大的风险，以追求较高的收益率，可能选择甲方案；有的投资者则不愿意冒较大的风险，宁肯接受较低的收益率，可能选择乙方案。但如果甲方案收益率高于乙方案的程度大，而其收益标准离差率高于乙方案的程度较小，则选择甲方案可能是比较适宜的。

应当指出，风险价值计算的结果具有一定的假定性，并不十分精确。研究投资风险价值原理，主要是在进行投资决策时，树立风险价值观念，认真权衡风险与收益的关系，选择有可能避免风险、分散风险，并获得较多收益的投资方案。

## 本章小结

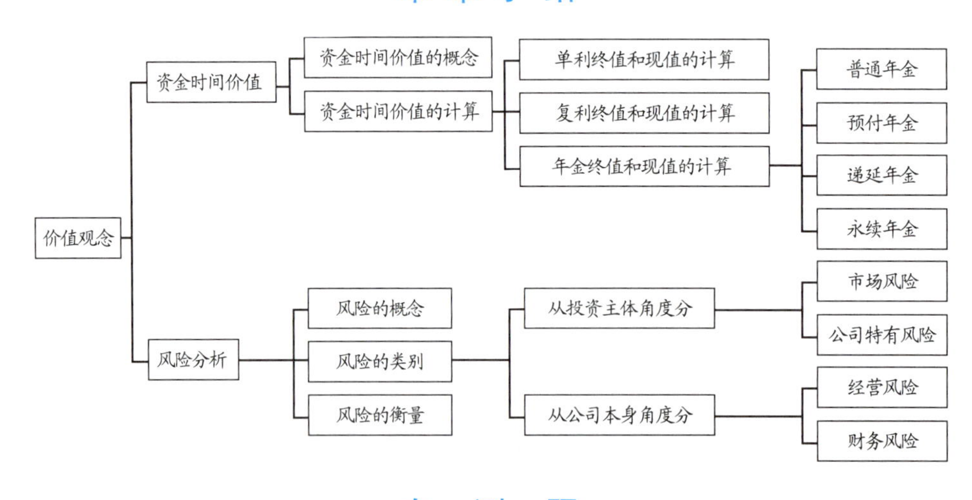


## 自　测　题

### 一、单项选择题

1. 某人希望在 5 年末取得本利和 20000 元，则在年利率为 2%，单利计息的方式下，此人现在应当存入银行（　　）元。

A. 18114　　B. 18181.82　　C. 18004　　D. 18000

2. 某人目前向银行存入 1000 元，银行存款年利率为 2%，在复利计息的方式下，5 年后此人可以从银行取出（　　）元。

A. 1100　　B. 1104.1　　C. 1204　　D. 1106.1

3. 某人进行一项投资，预计6年后会获得收益880元，在年利率为5%的情况下，这笔收益的现值为（　　）元。

A. 4466.62　　B. 656.66　　C. 670.56　　D. 4455.66

4. 企业有一笔5年后到期的贷款，到期值是15000元，假设贷款年利率为3%，则企业为偿还借款建立的偿债基金为（　　）元。

A. 2825.34　　B. 3275.32　　C. 3225.23　　D. 2845.34

5. 某人分期购买一辆汽车，每年年末支付10000元，分5次付清，假设年利率为5%，则该项分期付款相当于现在一次性支付（　　）元。

A. 55256　　B. 43259　　C. 43295　　D. 55265

6. 某企业进行一项投资，目前支付的投资额是10000元，预计在未来6年内收回投资，在年利率是6%的情况下，为了使该项投资是合算的，那么企业每年至少应当收回（　　）元。

A. 1433.63　　B. 1443.63　　C. 2023.64　　D. 2033.64

7. 某一项年金前4年没有流入，后5年每年年初流入1000元，则该项年金的递延期是（　　）年。

A. 4　　B. 3　　C. 2　　D. 1

8. 某人拟进行一项投资，希望进行该项投资后每半年都可以获得1000元的收入，年收益率为10%，则目前的投资额应是（　　）元。

A. 10000　　B. 11000　　C. 20000　　D. 21000

9. 某人在第一年、第二年、第三年年初分别存入1000元，年利率2%，单利计息的情况下，在第三年年末此人可以取出（　　）元。

A. 3120　　B. 3060.4　　C. 3121.6　　D. 3130

10. 已知利率为10%的一期、两期、三期的复利现值系数分别是0.9091、0.8264、0.7513，则可以判断利率为10%，3年期的年金现值系数为（　　）。

A. 2.5436　　B. 2.4868　　C. 2.855　　D. 2.4342

11. 某人于第一年年初向银行借款30000元，预计在未来每年年末偿还借款6000元，连续10年还清，则该项贷款的年利率为（　　）。

A. 20%　　B. 14%　　C. 16.13%　　D. 15.13%

12. 某人拟进行一项投资，投资额为1000元，该项投资每半年可以给投资者带来20元的收益，则该项投资的年实际报酬率为（　　）。

A. 4%　　B. 4.04%　　C. 6%　　D. 5%

13.（　　）是指引起损失的直接或外在原因，是使风险造成损失的可能性转化为现实性的媒介。

A. 风险因素　　B. 风险事故　　C. 风险损失　　D. 风险收益

14. 下列各项中（　　）会引起企业财务风险。

A. 举债经营　　B. 生产组织不合理　　C. 销售决策失误　　D. 新材料出现

15. 甲项目收益率的期望值为10%，标准差为10%，乙项目收益率的期望值为15%，标准差为10%，则可以判断（　　）。

A. 由于甲乙项目的标准差相等，所以两个项目的风险相等

B. 由于甲乙项目的期望值不等，所以无法判断二者的风险大小

C. 由于甲项目期望值小于乙项目，所以甲项目的风险小于乙项目

D. 由于甲项目的标准离差率大于乙项目，所以甲项目风险大于乙项目

## 二、多项选择题

1. 年金是指一定时期内每期等额收付的系列款项，下列各项中属于年金形式的是（　　）。

A. 按照直线法计提的折旧　　B. 等额分期付款

C. 融资租赁的租金　　D. 养老金

2. 某人决定在未来5年内每年年初存入银行1000元（共存5次），年利率为2%，则在第5年年末能一次性取出的款项额计算正确的是（　　）。

A. $1000\times(F/A,2\%,5)$　　B. $1000\times(F/A,2\%,5)\times(1+2\%)$

C. $1000\times(F/A,2\%,5)\times(F/P,2\%,1)$　　D. $1000\times[(F/A,2\%,6)-1]$

3. 某项年金前三年没有流入，从第四年开始每年年末流入1000元共计4次，假设年利率为8%，则该递延年金现值的计算公式正确的是（　　）。

A. $1000\times(P/A,8\%,4)\times(P/F,8\%,4)$　　B. $1000\times[(P/A,8\%,8)-(P/A,8\%,4)]$

C. $1000\times[(P/A,8\%,7)-(P/A,8\%,3)]$　　D. $1000\times(F/A,8\%,4)\times(P/F,8\%,7)$

4. 下列说法正确的是（　　）。

A. 普通年金终值系数和偿债基金系数互为倒数

B. 普通年金终值系数和普通年金现值系数互为倒数

C. 复利终值系数和复利现值系数互为倒数

D. 普通年金现值系数和资本回收系数互为倒数

5. 风险由（　　）组成。

A. 风险因素　　B. 风险事故　　C. 风险损失　　D. 风险收益

6. 实质性风险因素包括（　　）。

A. 食物质量对人体的危害　　B. 新产品设计错误

C. 汽车刹车系统失灵产生的交通事故　　D. 信用考核不严谨出现货款拖欠

7. 风险按照风险的性质或者发生的原因可以分为（　　）。

A. 信用风险　　B. 自然风险　　C. 经济风险　　D. 社会风险

8. 下列各项所引起的风险中属于基本风险的是（　　）。

A. 自然灾害　　B. 通货膨胀　　C. 销售决策失误　　D. 罢工

9. 下列公式正确的是（　　）。

A. 风险收益率＝风险价值系数×标准离差率　　B. 风险收益率＝风险价值系数×标准离差

C. 投资总收益率＝无风险收益率＋风险收益率　　D. 投资总收益率＝无风险收益率＋风险价值系数×标准离差率

10. 下列各项中属于转移风险的措施是（　　）。

A. 业务外包　　B. 合资　　C. 计提存货减值准备　　D. 特许经营

## 三、计算分析题

1. 假设利民工厂有一笔123600元的资金，准备存入银行，希望在7年后利用这笔款项的本利和购买一套生产设备，当时的银行存款利率为复利10%，该设备的预计价格为240000元。试计算7年后利民工厂能否用这笔款项的本利和购买设备。

2. 某合营企业于年初向银行借款500000元购买设备，第1年年末开始还款，每年还款一次，等额偿还，分5年还清，银行借款利率为12%。试计算每年应还款多少元?

3. 某人现在准备存入一笔钱，以便在以后的20年中每年年底得到3000元，设银行存款利率为10%。计算此人目前应存入多少钱?

4. 某公司需用一台设备，买价为1600元，可用10年。如果租用，则每年年初需付租金200元。除此以外，买与租的其他情况相同。假设利率为6%。试计算购买与租用何者为优。

5. 某企业向银行借入一笔款项，银行贷款的年利率为10%，每年复利一次。银行规定前10年不用还本付息，但从第11年至第20年每年年末偿还本息5000元。用两种方法计算这笔借款的现值。

6. 不同经济情况下麦林电脑公司和天然气公司的报酬率及概率分布如表2-3所示。比较两公司风险的大小。

表 2-3　麦林电脑公司和天然气公司报酬率与概率分布

| 经济情况 | 发生概率 | 各种情况下的预期报酬率/% | |
|---|---|---|---|
| | | 麦林电脑公司 | 天然气公司 |
| 繁荣 | 0.3 | 100 | 20 |
| 正常 | 0.4 | 15 | 15 |
| 衰退 | 0.3 | −70 | 10 |

7. 假设红星电器厂准备投资开发集成电路生产线，根据市场预测，预计可能获得的年报酬及概率资料如表2-4所示。

表 2-4　红星电器厂预计可能获得年报酬及概率

| 市场状况 | 预计年报酬/万元 | 概率 |
|---|---|---|
| 繁荣 | 600 | 0.3 |
| 一般 | 300 | 0.5 |
| 衰退 | 0 | 0.2 |

若已知电器行业的风险报酬系数为8%，无风险报酬率为6%。试计算红星电器厂该方案的风险报酬率和风险报

酬额。

8. 假设你是一家公司的财务经理，准备进行对外投资，现有三家公司可供选择，分别是A公司、B公司和C公司。三家公司的年报酬率以及其概率的资料见表2-5所示。

表2-5　三家公司的年报酬率与概率资料

| 市场状况 | 发生概率 | 投资报酬率/% | | |
|---|---|---|---|---|
| | | A公司 | B公司 | C公司 |
| 繁荣 | 0.3 | 40 | 50 | 60 |
| 一般 | 0.5 | 20 | 20 | 20 |
| 衰退 | 0.2 | 0 | −15 | −30 |

假设A公司的风险报酬系数为8%，B公司风险报酬系数为9%，C公司风险报酬系数为10%。作为一名稳健的投资者，欲投资于期望报酬率较高而风险报酬率较低的公司。试通过计算作出选择。

## 四、思考题

1. 什么是终值？什么是现值？试说明它们之间的关系。
2. 单利计息和复利计息之间有什么区别？
3. 简述年金的概念和种类。
4. 按风险程度，可把财务决策分为哪三类？
5. 什么是风险？如何计算单项资产的风险？

# 第三章　建筑工程项目资金筹措与融资管理

**知识目标**

- 了解企业融资的基本概念。
- 掌握企业的融资渠道和融资方式。
- 掌握资金成本的核算。

**能力目标**

- 能够运用融资的基本原理确定融资组合。
- 能够熟练运用资金成本的核算确定资金结构。

**素质目标**

- 引导学生树立正确的融资观念。
- 培养学生合理选择融资渠道、正确运用融资方式。
- 培养学生准确计算融资成本、合理制定融资方案。

## 第一节　融资管理概述

资金是企业从事经营活动的基本条件。为了保证生产经营的正常进行，企业必须拥有一定数量和结构的资金。

资金筹集是企业依据自身生产经营状况和未来经营发展的需要，采用一定的方式，从一定的渠道，向企业的投资者和债权人筹措资金，以保证企业生产经营资金需要的一项理财活动。

### 一、工程项目融资的含义和分类

#### 1. 工程项目融资的含义

企业融资是指企业作为融资主体根据其生产经营、对外投资和调整资本结构等需要，通过融资渠道和金融市场，运用融资方式，经济有效地筹措和集中资本的活动。企业融资活动是企业的一项基本财务活动，企业融资管理是企业财务管理的一个主要内容。

资本是企业经营活动的一种基本要素，是企业创建和生存发展的一个必要条件。一个企业从创建到生存发展的整个过程都需要筹集资本。企业最初创建就需要融资，以获得设立一个企业必需的初始资本。在取得会计师事务所验资证明，据以到工商管理部门办理注册登记后，才能开展正常的生产经营活动。

任何企业在生存发展过程中，都需要始终维持一定的资本规模，由于生产经营活动的发展变化，往往需要追加融资。例如，有的企业为了增加经营收入，降低成本费用，提高利润水平，需要根据市场需求变化，扩大生产经营规模，调整生产经营结构，研制开发新产品，所有这些经营策略的实施通常都要求有一定的资本条件。企业为了稳定一定的供求关系并获得一定的投资收益，对外开展投资活动，往往也需要筹集资本。例如，有的企业为了保证其产品生产所必需的原材料的供应，向供应厂商投资并获得控制权。企业根据内外部环境的变化，适时采取调整企业资本结构的策略，也需要及时地筹集资本。例如，有的企业由于资本结构不合理，负债比率过大，偿债压力过重，财务风险过高，主动地通过融资调整资本结构。企业持续的生产经营活动，不断地产生对资本的需求，这就需要筹措和集中资本。同时，企业因开展对外投资活动和调整资本结构，也需要筹措和集中资本。

同样，在工程项目实施周期内，一个重要的环节就是工程项目的资金筹措问题。目前，工程项目资金的筹措已有多种现成的方式，未来也可能会有新方式出现。由于不同项目所处的融资环境不完全相同，因此，根据项目的具体情况和资金来源的特点，选择合适的融资方式，对构建合理的项目融资结构尤为重要。

筹集资金是指项目公司财务活动中的一项基本活动。所谓筹集资金，是指项目公司从自身经营现状及资金运用情况出发，根据公司未来经营战略及发展需要，经科学的预测和决策，通过一定渠道，采用一定的方式，向公司的投资者及债权人筹集资金，组织资金的供应，保证正常经营的需要。

### 2. 工程项目融资的分类

研究工程项目主体融资的种类，有利于决策人员和管理人员了解不同融资方式的成本和风险，以便作出融资决策。

（1）按照所筹资金的不同性质划分　按照所筹资金的性质，筹集资金可分为自有资金和借入资金。

① 自有资金。自有资金（也称主权资金）是指企业依法取得、长期拥有并能自主使用的资金。它来源于企业投资者的投资和企业内部积累，包括企业资本金、资本公积金、盈余公积金和未分配利润。根据资本金保全制度的要求，企业筹集的资本金在企业的生产经营期内，投资者除依法转让外，一般不得抽回。因此，自有资金作为企业的一项“永久性资本”，能体现企业的自身实力，是企业承担经营风险的物质基础。自有资金筹集是企业融资的主要形式。

② 借入资金。借入资金是指企业依法取得，按照约定的期限、方式使用和还本付息的资金。借入资金的所有权归属于企业债权人，是企业的一项负债。企业负债按偿还期限长短分为长期负债和流动负债。长期负债包括应付债券、长期借款和融资租赁等；流动负债包括应付票据、短期借款、应付账款及应计费用等。借入资金对企业有双重影响：一方面，由于负债利息可以在税前列支，具有抵税作用，并且其本身成本相对较低，负债经营能使企业获得杠杆利益，有助于企业快速发展；而另一方面，由于债权人对企业有固定要求权，所以会使企业面临较大的财务风险。

借入资金和自有资金的搭配比例称为资金结构。资金结构对企业的融资成本和风险有很大的影响。资金结构的合理选择也成为财务管理的基本内容。

（2）按照所筹资金的期限长短划分　按照所筹资金的期限长短，融集资金可分为长期资金和短期资金。

① 长期资金。长期资金也称长期资本，是指企业筹集的使用期限在 1 年以上的资金。它一般是为了满足企业长期发展需要而募集的资金。长期资金主要用于固定资产、无形资产、长期投资等长期项目上。长期资金的来源包括长期负债和主权资本，一般采用吸收直接投资、发行股票、发行债券、长期借款、融资租赁及留存收益等方式筹集。

② 短期资金。短期资金是指企业筹集的使用期在 1 年以内的资金。它一般是为了满足企业在生产经营过程中短期周转需要所筹集的资金。短期资金主要用于现金、应收账款和存货等短期项目上。短期资金一般采用短期借款、商业信用等方式筹集。

企业长期资金、短期资金的搭配比例称为资金组合。资金组合的不同选择也会影响企业融资的风险与成本，它是企业营运资金管理的重要内容。

（3）按所筹资金的来源渠道不同划分　按照所筹资金的来源渠道划分，融集资金可分为内部融资与外部融资。

① 内部融资。内部融资是指企业通过留用利润而形成的资金来源。相对于外部融资而言，内部融资因其手续简单、无融资费用而更方便快捷，但融资数量有限。内部融资所筹集的资金属于企业的自有资金，是企业的一项长期资金来源。

② 外部融资。外部融资是指企业从企业外部融通资金而形成的资金来源。它一般是在企业内部筹集的资金不能满足生产经营和发展需要时，企业通过一定融资方式而从外部吸收的资金。外部融资有很多的渠道和方式，因而可以募集更多的资金，但外部融资大多需要花费融资费用。外部融资筹集的可以是自有或借入资金。外部融资因为渠道和方式的多样性而需要财务人员科学筹划，以选择对企业较为有利的渠道和方式。

（4）按所筹资金是否以金融机构为媒介划分　按所筹资金是否以金融机构为媒介划分，可分为直接融资和间接融资。

① 直接融资。直接融资是指企业不通过银行等金融机构，直接与资本所有者协商融入资本的融资活动。随着金融工具创新和经济发展，在我国，直接融资正在不断地发展。我国政府为了推进金融体制改革和分散投资风险，也提倡发展直接融资。相对于间接融资而言，直接融资具有融资范围广、影响大，但费用高、手续复杂的特点。

② 间接融资。间接融资是指企业通过银行等金融机构融入资本的融资活动。间接融资是我国企业过去主要的融资方式。常见的间接融资方式就是银行借款。

## 二、融资渠道与融资方式

企业筹资需要通过一定的融资渠道，运用一定的融资方式来进行。不同的融资渠道和融资方式各有特点和适用性，为此需要加以分析研究。融资渠道与融资方式既有联系，又有区别。同一融资渠道的资本往往可以采用不同的融资方式取得，而同一融资方式又往往可以筹集不同融资渠道的资本，这也需要分析研究两者之间的有效配合。

### 1. 企业融资渠道

企业的融资渠道是指企业筹集资本来源的方向与通道，体现着资本的源泉和流量。融资渠道主要是由社会资本的提供者及数量分布所决定的。目前，我国社会资本的提供者众多，数量分布广泛，为企业融资提供了广泛的资本来源。认识企业融资渠道的种类及其特点和适用性，有利于企业充分开拓和利用融资渠道，实现各种融资渠道的合理组合，有效地筹集资本。

企业的融资渠道可以归纳为如下七种。

（1）政府财政资本　政府财政资本历来是国有企业融资的主要来源，政策性很强，通常只有国有企业才能利用。现有的国有企业，包括国有独资公司，其融资来源的大部分，是在过去由政府通过中央和地方财政部门以拨款方式投资形成的。政府财政资本具有广阔的源泉和稳固的基础，并在国有企业资本金预算中安排，今后仍然是国有企业权益资本融资的重要渠道。

（2）银行信贷资本　银行信贷资本是各类企业融资的重要来源。银行一般分为商业性银行和政策性银行。在我国，商业性银行主要有中国工商银行、中国农业银行、中国建设银行、中国银行以及交通银行等；政策性银行有国家开发银行、农业发展银行和中国进出口银行。商业性银行可以为各类企业提供各种商业性贷款；政策性银行主要为特定企业提供一定的政策性贷款。银行信贷资本拥有居民储蓄、单位存款等经常性的资本来源，贷款方式灵活多样，可以适应各类企业债权资本筹集的需要。

(3) 非银行金融机构资本　非银行金融机构资本也可以为一些企业提供一定的融资来源。非银行金融机构是指除了银行以外的各种金融机构及金融中介机构。在我国，非银行金融机构主要有租赁公司、保险公司、企业集团的财务公司以及信托投资公司、证券公司。它们有的集聚社会资本，融资融物；有的承销证券，提供信托服务，为一些企业直接筹集资本或为一些公司发行证券融资提供承销信托服务。这种融资渠道的财力虽然比银行要小，但具有广阔的发展前景。

(4) 其他法人资本　其他法人资本有时亦可为融资企业提供一定的融资来源。在我国，法人可分为企业法人、事业法人和团体法人等。它们在日常的资本运营周转中，有时也可能形成部分暂时闲置的资本，为了让其发挥一定的效益，需要相互融通，这就为企业融资提供了一定的融资来源。

(5) 民间资本　民间资本可以为企业直接提供融资来源。我国企业和事业单位的职工和广大城乡居民持有大笔的货币资本，可以对一些企业直接进行投资，为企业融资提供资本来源。

(6) 企业内部资本　企业内部资本主要是指企业通过提留盈余公积和保留未分配利润而形成的资本。这是企业内部形成的融资渠道，比较便捷，有盈利的企业通常都可以加以利用。

(7) 外国和我国港澳台地区资本　在改革开放的条件下，外国以及我国香港、澳门和台湾地区的投资者持有的资本，亦可加以吸收，从而形成所谓外商投资企业的融资渠道。

在上述各种融资渠道中，政府财政资本、其他法人资本、民间资本、企业内部资本、外国和我国港澳台地区资本，可以成为特定企业股权资本的筹资渠道。银行信贷资本、非银行金融机构资本、其他法人资本、民间资本、外国和我国港澳台地区资本，可以成为特定企业债权资本的融资渠道。

### 2. 企业融资方式

企业融资方式是指企业筹集资本所采取的具体形式和工具，体现着资本的属性和期限。这里，资本属性是指资本的股权或债权性质。融资方式取决于企业资本的组织形式和金融工具的开发利用程度。目前，我国企业资本的组织形式多种多样，金融工具得到比较广泛的开发和利用，为企业融资提供了良好的条件。认识企业融资方式的种类及其特点和适用性，有利于企业准确地开发和利用各种融资方式，实现各种融资方式的合理组合，有效地筹集资本。

一般而言，企业融资方式有以下七种。

(1) 投入资本融资　投入资本融资是企业以协议形式筹集政府、法人、自然人等直接投入的资本，形成企业投入资本的一种融资方式。投入资本融资方式不以股票为媒介，适用于非股份制企业，是非股份制企业取得股权资本的基本方式。

(2) 发行股票融资　发行股票融资是股份公司按照公司章程依法发售股票直接融资，形成公司股本的一种融资方式。发行股票融资要以股票为媒介，仅适用于股份公司，是股份公司取得股权资本的基本方式。

(3) 发行债券融资　发行债券融资是企业按照债券发行协议通过发售债券直接融资，形成企业债权资本的一种融资方式。在我国，股份有限公司、国有独资公司等可以采用发行债券融资方式，依法发行公司债券，获得大额的长期债权资本。

（4）发行商业本票融资　发行商业本票融资是大型工商企业或金融企业获得短期债权资本的一种融资方式。它是一种新兴的短期融资方式，目前在我国使用得还不普遍。

（5）银行借款融资　银行借款融资是各类企业按照借款合同从银行等金融机构借入各种款项的融资方式。它广泛适用于各类企业，是企业获得长期和短期债权资本的主要融资方式。

（6）商业信用融资　商业信用融资是企业通过赊购商品、预收货款等商品交易行为筹集短期债权资本的一种融资方式。这种融资方式比较灵活，为各类企业所采用。

（7）租赁融资　租赁融资是企业按照租赁合同租入资产从而筹集资本的特殊融资方式。各类企业都可以采用租赁融资方式，租入所需资产，并形成企业的债权资本。

在上列各种融资方式中，投入资本和发行股票这两种融资方式可为企业取得永久性股权资本；发行债券和租赁这两种融资方式主要为企业获得长期债权资本；发行商业本票和商业信用这两种融资方式通常是为企业筹集短期债权资本；银行借款融资方式既可以用于筹集长期债权资本，也可以用于筹集短期债权资本。

### 3. 企业融资渠道与融资方式的配合

企业的融资渠道与融资方式有着密切的联系。同一融资渠道的资本往往可以采取不同的融资方式取得，而同一融资方式又往往可以适用于不同的融资渠道。因此，企业在融资时，应当实现融资渠道和融资方式两者之间的合理配合。企业融资渠道与融资方式相配合的对应关系参见表 3-1 所示。

表 3-1　企业融资渠道与融资方式相配合的对应关系

| 项目 | 投入资本融资 | 发行股票融资 | 发行债券融资 | 发行商业本票融资 | 银行借款融资 | 商业信用融资 | 租赁融资 |
|---|---|---|---|---|---|---|---|
| 政府财政资本 | √ | √ | | | | | |
| 银行信贷资本 | | | | | √ | | |
| 非银行金融机构资本 | √ | √ | √ | √ | √ | √ | √ |
| 其他法人资本 | √ | √ | √ | √ | | √ | √ |
| 民间资本 | √ | √ | √ | √ | | | |
| 企业内部资本 | √ | √ | | | | | |
| 外国和我国港澳台地区资本 | √ | √ | √ | √ | √ | √ | √ |

## 三、融资的动机和原则

不同企业往往具有不同的融资动机，为了做好融资决策，提高融资的综合效益，企业的融资活动也应遵循一定的原则。

### 1. 融资的动机

（1）融资的创建动机　资金是企业持续从事生产经营活动的基本前提。任何企业，开始经营活动前首先必须筹集足够的资本金，才有可能开展正常的生产经营活动。

（2）融资的发展动机　任何企业的发展，都是以资金的不断投放作保证。因为企业要发展，就需要不断扩大生产经营规模、不断更新设备和不断进行技术改造等，所有这些都离不开资金的支持。

（3）调整资本结构动机　资本结构，是指企业各种资金的构成及比例关系。任何企业都希望具有合理和相对稳定的资本结构，但由于在资本结构中任何项目及其数额（绝对额、相对额）的变化都可能会引起资本结构的变动，进而引起资本结构的不合理，企业就需要采用不同的融资方式筹集资金以调整其资本结构，使之趋于合理。

（4）外部环境变化　外部环境的任何变化都可能会影响到企业的经营。比如通货膨胀引起企业原材料价格上涨造成资金占用量的增加，从而增加资金需求等，因此，企业必须筹集资金来满足这些由于环境因素变动引起的资本需求。

### 2. 融资的基本原则

企业融资是企业的基本财务活动，是企业扩大生产经营规模和调整资本结构必须采取的行动。为了经济有效地筹集资本，企业融资必须遵循下列基本原则。

（1）效益性原则　企业融资与企业投资在效益上应当相互权衡。企业投资是决定企业是否要融资的重要因素。投资收益与资本成本相比较，决定着是否要追加融资；而一旦采纳某项投资项目，其投资数量就决定了所需融资的数量。因此，企业在融资活动中，一方面需要认真分析投资机会，讲究投资效益，避免不顾投资效益的盲目融资；另一方面，由于不同融资方式的资本成本的高低又不尽相同，也需要综合研究各种融资方式，寻求最优的融资组合，以便降低资金成本，经济有效地筹集资本。

（2）合理性原则　企业融资必须合理确定所需融资的数量。企业融资不论通过哪些融资渠道，运用哪些融资方式，都要预先确定融资的数量。企业融资固然应当广开财路，但必须要有合理的限度，使所需融资的数量与投资所需数量达到平衡，避免因融资数量不足而影响投资活动或融资数量过剩而影响融资效益。

企业融资还必须合理确定资本结构。合理地确定企业的资本结构，主要有两方面的内容：一方面是合理确定股权资本与债权资本的结构，也就是合理确定企业债权资本的规模或比例问题，债权资本的规模应当与股权资本的规模和偿债能力的要求相适应。在这方面，既要避免债权资本过多，导致财务风险过高，偿债负担过重，又要有效地利用债务经营，提高股权资本的收益水平。另一方面是合理确定长期资本与短期资本的结构，也就是合理确定企业全部资本的期限结构问题，这要与企业资产所需持有的期限相匹配。

（3）及时性原则　企业融资必须根据企业资本的投放时间安排来予以筹划，及时地取得资本来源，使融资与投资在时间上相协调。企业投资一般都有投放时间上的要求，尤其是证券投资，其投资的时间性要求非常重要，融资必须要与此相配合，避免融资过早而造成投资前的资本闲置或融资滞后而贻误投资的有利时机。

（4）合法性原则　企业的融资活动，影响着社会资本及资源的流向和流量，涉及相关主体的经济权益。为此，必须遵守国家有关法律法规，依法履行约定的责任，维护有关各方的合法权益，避免非法融资行为给企业本身及相关主体造成损失。

# 第二节　建筑工程项目资金筹措

## 一、权益性资金融资

### 1. 权益资本的含义

权益资本也称自有资本或所有者权益，是企业依法筹集并长期拥有、自主调配运用的资金来源。企业的权益资本包括资本金、资本公积金、盈余公积金和未分配利润。

资本金是企业在工商行政管理部门登记的注册资金，是投资者按照企业章程或合同、协议的约定，实际投入企业的资本。投资者出资达到法定注册资本的要求是企业设立的先决条件。

资本公积金是指投资者或其他人投入到企业，所有权归属于投资者并且投入金额超过法定资本部分的资金。从来源上看，它不是由企业实现的利润转化而来的，本质上属于投入资本的范畴。

盈余公积金是从净利润中提取的各种积累资金，是有指定用途的留存收益。

未分配利润是企业实现的净利润经过弥补亏损、提取盈余公积金和向投资者分配利润后留存在企业的、历年结存的利润。

权益资本是采用吸收直接投资、发行股票、留用利润等方式筹措而成的。其特点如下。

第一，权益资本的所有权归属企业所有者所有，所有者凭其参与企业的经营管理和分配利润，并对企业的经营状况承担有限责任。

第二，企业对权益资本依法享有经营权，在企业的存续期内，投资者除依法转让外，不得以任何方式抽回其投入的资本。

### 2. 吸收直接投资

吸收直接投资是企业按照“共同投资、共同经营、共担风险、共享利润”的原则直接吸收投资者投入资金的一种方式。与发行股票一样，吸收直接投资是企业从外部筹集主权资本的重要方式，只不过发行股票适用于公司制企业，包括股份有限公司和有限责任公司，而吸收直接投资适用于独资和合伙等性质的非公司制企业。

（1）吸收直接投资的程序　企业采用吸收直接投资融资，一般应遵循下列程序。

① 确定融资数量　企业新建或扩建时采用吸收直接投资方式融资，需要首先合理确定融资数量，然后经过出资人协商决定。

② 寻找投资人　企业在吸收直接投资之前，应当做一些必要的宣传，以便可能投资的投资人了解企业的经营和财务状况，帮助企业吸引到更多投资人，也便于企业寻找合适的投资人。

③ 协商融资有关事项　选择投资人后，双方便可就融资有关具体事项进行协商。例如，企业可根据自身经营需要和对方协商确定投资人出资的具体形式及数量。

④ 签署投资协议　经过双方协商一致后，就可以签署投资协议，将有关具体内容以协议方式决定下来。例如，双方要决定出资的具体形式，是以货币或实物出资还是以无形资产出资；如果是实物出资，实物出资应如何作价。这些内容影响双方的权利和责任，通过签署协议或合同，可以予以明确。

⑤ 获得投资　签署投资协议或合同后，企业应按规定获得资金，以便尽快形成生产经营能力。

（2）直接投资中的出资形式　企业在采用吸收直接投资方式融资时，投资人的出资形式比较灵活，一般有下面几种形式。

① 现金出资　现金出资是吸收直接投资融资方式中最重要的一种出资形式。融资企业也最乐于接受这种出资形式。有了现金，企业可用于购买所需资产或支付费用，比较灵活方便。因此，各国法规一般都对现金出资比例作出规定，我国目前尚无相关规定，需要出资和融资双方协商确定。

② 实物出资　实物出资是指投资者以房屋、建筑物、设备等固定资产和有价证券、存货等流动资产作为出资。实物出资的具体作价，可以由双方协商确定，也可聘请专业资产评估机构评定。

③ 无形资产出资　无形资产出资是指投资者以专利权、商标权、非专利技术、特许经

营权、土地使用权等无形资产作为出资。由于无形资产具有较高的不确定性，企业在吸收无形资产投资时应谨慎，要进行认真的可行性分析。特别是新建企业，各国一般都要求在募集资本金时，无形资产出资不应超过一定比例。

（3）吸收直接投资融资的优缺点

① 吸收直接投资融资的优点

a. 能够增强企业信誉。吸收直接投资融入的资金是企业的主权资本，它是企业的“风险资本”，能够增强企业的信誉和借款能力。

b. 能够尽快形成生产经营能力。企业采用吸收直接投资方式融资可以直接获得投资者的先进设备和先进技术，因而有利于尽快形成生产经营能力。

c. 能够降低企业的财务风险。采用吸收直接投资融资，企业无固定的还本付息压力，所以，财务风险较小。

② 吸收直接投资融资的缺点

a. 资金成本较高。在这一融资方式下，投资人要承担较高的投资风险，自然要求获得较高的投资报酬，从而使企业负担较高的资金成本。

b. 产权不够清晰。由于没有以证券为媒介，所以投资人的退出和产权交易很困难。此外，投资人一般都要求获得与投资数量相适应的经营管理权，从而导致新增投资人与原投资人权力分配的矛盾，给企业经营带来不利影响。

### 3. 发行普通股融资

股票是股份有限公司为筹措股权资本而发行的有价证券，是持股人拥有公司股份的凭证。它代表持股人在公司中拥有的所有权。股票持有人即为公司的股东。公司股东作为出资人按投入公司的资本额享有所有者的资产受益、公司重大决策和选择管理者的权利，并以其所持股份为限对公司承担责任。

发行股票融资是股份有限公司筹措股权资本的基本方式。本节阐述股票融资中发行普通股的实务操作。

（1）股票的种类　股份有限公司根据融资者和投资者的需要，发行各种不同的股票。股票的种类很多，可按不同的标准进行分类。

① 按股东的权利和义务分类　股票按股东权利和义务分类，可分为普通股和优先股。

a. 普通股是公司发行的代表着股东享有平等的权利、义务，不加特别限制，股利不固定的股票。普通股是最基本的股票。通常情况下，股份有限公司只发行普通股。

普通股在权利和义务方面的特点是：a. 普通股股东享有公司的经营管理权；b. 普通股股利分配在优先股之后进行，并依公司盈利情况而定；c. 公司解散清算时，普通股股东对公司剩余财产的请求权位于优先股之后；d. 公司增发新股时，普通股股东具有认购优先权，可以优先认购公司所发行的股票。

b. 优先股是公司发行的优先于普通股股东分取股利和公司剩余财产的股票。多数国家的公司法规定，优先股可以在公司设立时发行，也可以在公司增发新股时发行。但有些国家的法律则规定，优先股只能在特殊情况下，如公司增发新股或清理债务时才准发行。

② 按票面有无记名分类　股票按票面有无记名分类，可分为记名股票和无记名股票。

a. 记名股票是在股票票面上记载股东的姓名或者名称的股票，股东姓名或名称要记入公司的股东名册。《中华人民共和国公司法》规定，公司向发起人、国家授权投资的机构、法人发行的股票，应为记名股票；向社会公众发行的股票，可以为记名股票，也可以为无记名股票。记名股票一律用股东本名，其转让、继承要办理过户手续。

b. 无记名股票是在股票票面上不记载股东的姓名或名称的股票，股东姓名或名称也不记入公司的股东名册，公司只记载股票数量、编号及发行日期。公司对社会公众发行的股票可以为无记名股票。无记名股票的转让、继承无需办理过户手续，即可实现股权的转移。

③ 按票面是否标明金额分类　股票按票面是否标明金额分类，可分为有面额股票和无面额股票。

a. 有面额股票是公司发行的票面标有金额的股票。持有这种股票的股东，对公司享有权利和承担义务的大小，以其所拥有的全部股票的票面金额之和占公司发行在外股票总面额的比例大小来定。《中华人民共和国公司法》规定，股票应当标明票面金额。

b. 无面额股票不标明票面金额，只在股票上载明所占公司股本总额的比例或股份数，故也称“分权股份”或“比例股”。其所以采用无面额股票，是因为股票价值实际上是随公司财产的增减而变动的。发行无面额股票，有利于促使投资者在购买股票时，注意计算股票的实际价值。

④ 按投资主体的不同分类　股票按投资主体的不同分类，可分为国家股、法人股、个人股和外资股。

a. 国家股是有权代表国家投资的部门或机构以国有资产向公司投入而形成的股份。国家股由国务院授权的部门或机构持有，并向公司委派股权代表。

b. 法人股是指企业法人依法以其可支配的资产向公司投入而形成的股份，或具有法人资格的事业单位和社会团体以国家允许用于经营的资产向公司投入而形成的股份。

c. 个人股为社会个人或本公司职工以个人合法财产投入公司而形成的股份。

d. 外资股是指外国和我国港澳台地区投资者购买的人民币特种股票（B 股）。

⑤ 按发行时间的先后分类　股票按发行时间的先后分类，可分为始发股和新股。始发股是设立时发行的股票。新股是公司增资时发行的股票。始发股和新股发行的具体条件、目的、价格不尽相同，但股东的权利、义务是一致的。

⑥ 按发行对象和上市地区分类　我国目前的股票还按发行对象和上市地区，分为 A 股、B 股和 H 股。A 股是供我国个人或法人买卖的、以人民币标明票面价值并以人民币认购和交易的股票；B 股和 H 股是专供外国和我国港澳台地区的投资者买卖的，以人民币标明面值但以外币认购和交易的股票（2001 年起也允许境内居民以合法取得的外币买卖）。B 股在深圳股票交易所、上海股票交易所上市，H 股在香港股票交易所上市。

（2）股票发行的条件　根据国家有关法律法规和国际惯例，股份有限公司发行股票必须具备一定的发行条件，取得发行资格，办理必要的手续。

① 发行股票的一般条件

a. 股份有限公司无论出于何种目的，采取何种发行方式，在发行股票之前都必须向有关部门呈交申请文件。

（a）股份有限公司章程。股份有限公司发行股票必须制定股份有限公司章程。股份有限公司章程的主要内容应包括公司的名称、住所、经营范围、设立方式、股份总数、每股金额和注册资本、股东的权利和义务、公司的组织管理体制、利润分配办法、公司的解散事宜与清算办法等。

（b）发行股票申请书。股份有限公司发行股票一般都应事先向证券主管机构等有关部门提出申请。发行股票申请书除了应有公司章程等基本内容以外，还应包括拟发行股票的名称、种类、股份总数、每股金额和总额、发行对象及其范围、发行股票的目的及所筹资金的用途、经营估算、分配方式等。

（c）招股说明书。股份有限公司发行股票，必须订立招股说明书，向社会公开募集股份时必须公告招股说明书。招股说明书除附有公司章程外，还应载明下列事项：发行人认购的股份数、每股票面金额和发行价格、无记名股票的发行总数、认股人的权利和义务、股票发售的起止期限等。

（d）股票承销协议。股份有限公司向社会公开发行股票，应当由依法设立的证券经营机构承销，签订承销协议。其内容应包括：股票承销商的名称、地址、法定代表人、承销金额、承销机构及组织系统、承销方式及当事人的权利和义务、承销费用、承销起止日期、承销剩余部分的处理办法等。

（e）会计师事务所审计的财务会计报告，资产评估机构出具的资产评估报告书及资产评估确认机构关于资产评估的确认报告等。

b. 股份公司发行股票，分为设立发行和增资发行，不论是设立发行还是增资发行，根据《中华人民共和国公司法》，都必须依循下列要求。

（a）股份有限公司的资本划分为股份，每股金额相等。

（b）公司的股份采取股票的形式。

（c）股份的发行实行公开、公平、公正的原则，必须同股同权，同权同利。

（d）同次发行的股票，每股的发行条件和价格应当相同。各个单位或者个人所认购的股份，每股应当支付相同价额。

（e）股票发行价格可以按票面金额，也可以超过票面金额，但不得低于票面金额。即可以按面额发行或溢价发行，但不得折价发行。

（f）溢价发行股票，须经国务院证券管理部门批准，所得溢价款列入公司资本公积金。

② 设立发行股票的特殊条件　设立发行股票是指在股份公司设立或经改组、变更而成立股份有限公司时，为募集资本而进行的股票发行，亦即股份有限公司首次发行股票。公司首次发行股票，还要具备一些特定的条件，依循一定的要求。

a. 设立股份有限公司首次发行股票，需具备的特殊条件如下。

（a）发起人认缴和社会公开募集的股本达到法定资本最低限额。

（b）发起设立的，需由发起人认购公司应发行的全部股份。

（c）募集设立的，发起人认购的股份不得少于公司股份总数的35%，其余股份应向社会公开募集。

（d）发起人应有5人以上，其中须有过半数人在中国境内有住所。

（e）发起人以工业产权、非专利技术作价出资的金额不得超过股份有限公司注册资本的20%。

关于发起人认购公司股份的比例，各国法律规定不一，一般规定不得少于25%或30%以上。

b. 国有企业改组为股份有限公司时，其发起人可以少于5人，但应当采取募集设立方式发行股票，严禁将原企业的国有资产低估折股，低价出售或者无偿分给个人。

c. 有限责任公司变更为股份有限公司时，折合的股份资本总额应当等于公司原资产额；原有限责任公司的债权、债务由变更后的股份有限公司承继；变更后的股份有限公司为增加资本，首次向社会公开募集股份的，需具备向社会公开募集股份的有关条件。

③ 增资发行新股的特殊条件　增资发行新股是指股份公司成立后因增加资本而进行的股票发行，这是股份公司在首次发行（即设立发行）股票以后的再次发行股票。股份有限公司为增加资本发行新股票，按照《中华人民共和国公司法》的规定，必须具备下列条件。

a. 前一次发行的股份已募足，并间隔 1 年以上。

b. 公司在最近 3 年内连续盈利，并可向股东支付股利，但以当年利润分派新股不受此限。

c. 公司在最近 3 年内财务会计报告无虚假记载。

d. 公司预期利润率可达同期银行存款利率。

（3）股票的发行程序

各国对股票的发行程序都有严格的法律规定，未经法定程序发行的股票无效。设立发行和增资发行在程序上有所不同。

① 设立发行股票的程序　股份有限公司设立时发行股票的基本程序如下。

a. 发起人认足股份，交付出资。股份有限公司的设立，可以采取发起设立或者募集设立两种方式。无论采用哪种设立方式，发起人均须认足其应认购的股份。若采用发起设立方式，须由发起人认购公司应发行的全部股份；若采用募集设立方式，须由发起人至少认购公司应发行股份的法定比例（不少于 35%），其余部分向社会公开募集。

发起人可以用现金出资，也可以用实物、工业产权、非专利技术、土地使用权作价出资。对作为出资的实物、工业产权、非专利技术或者土地使用权，必须进行合理评估作价，并折合为股份。在发起设立方式下，发起人以书面认足公司章程规定应认购的股份后，应及时缴纳全部股款。以实物、工业产权、非专利技术或者土地使用权抵作股款的，应依法办理其财产权的转移手续。发起人交付全部出资后，应当选举董事会和监事会，由董事会办理设立登记事项。

在募集设立方式下，发起人认足其应认购的股份并交付出资后，其余股份可向社会公开募集。

b. 提出募集股份申请。发起人向社会公开募集股份时，必须向国务院证券管理部门递交募股申请，并报送批准设立公司的文件，主要包括：公司章程；经营估算书；发起人姓名或者名称、发起人认购的股份数、出资种类及验资证明；招股说明书；代收股款银行的名称及地址；承销机构的名称及有关协议等文件。证券监督管理部门审查募股申请后，认为符合《中华人民共和国公司法》规定条件的，予以批准；否则，不予批准。

对已作出批准决定的如发现不符合《中华人民共和国公司法》规定的，将被撤销。尚未募集股份的，停止募集；已经募集的，认股人有权按照所缴股款并加算银行同期存款利息，要求发起人返还和补偿。

c. 公告招股说明书，制作认股书，签订承销协议。在向社会公开募股申请获得批准之前，任何人不得以任何方式泄露招股的具体情况。募股申请获得批准后，发起人应在规定期限内向社会公告招股说明书，并制作认股书。招股说明书应附有发起人制定的公司章程，并载明发起人认购的股份数、每股的票面金额和发行价格、无记名股票的发行总数、认股人的权利义务、本次募股的起止期限、逾期未募足时认股人可撤回所认股份的说明等事项。认股书应当载明招股说明书所列事项，由认股人填写所认股数、金额、认股人住所，并签名、盖章。

发起人向社会公开发行股票，应当由依法设立的证券承销机构承销，并签订承销协议；还应当同银行签订代收股款协议。

d. 招认股份，缴纳股款。发行股票的发起人或其股票承销机构，通常以广告或书面通知的方式招募股份。认购者认股时，需在由发起人制作的认股书上填写认购股数、金额、认股人住所，并签名、盖章。认购者一旦填写了认股书，就要承担认股书中约定的缴纳股款的义务。

发起人公开向社会招募股份时，有时会出现认股者所认购总股数超过发起人拟定招募总股数的情况，这时可以采用抽签方式决定哪些认购者的认股书有效。

认股人应在规定的期限内向代收股款的银行缴纳股款。无论股票有无面额、股票面额大小，股款一律按发行价格一次缴足。认股人应在缴纳股款的同时，交付认股书。收款银行应向缴纳股款的认股人出具需由发起人签名盖章的股款缴纳收据，并负责向有关部门出具收缴股款的证明。缴足后，发起人应当委托法定的机构进行验资，并出具验资证明。

e. 召开创立大会，选举董事会、监事会。发行股份的股数募足后，发起人应在规定期限内（法定 30 天内）主持召开创立大会。创立大会由认股人组成，应有代表股份总数半数以上的认股人出席方可举行。

创立大会通过公司章程，选举董事会和监事会的成员，并有权对公司的设立费用进行审核，对发起人用于抵作股款的财产的作价进行审核。

f. 办理公司设立登记，交割股票。经创立大会选举产生的董事会，应在创立大会结束后 30 天内，办理申请公司设立的登记事项。股份有限公司登记成立后，即向股东正式交付股票。公司登记成立前不得向股东交割股票。

股票采用纸面形式或者由国务院证券管理部门规定的其他形式。股票应当载明公司名称、公司登记成立的日期、股票种类、票面金额及代表的股份数、股票的编号。发起人的股票还应标明发起人股票字样。股票须由董事长签名，公司盖章。

② 增资发行新股的程序　股份有限公司成立以后，在其存续期间为增加资本，会多次发行新股份。增资发行新股的基本程序如下。

a. 作出发行新股决议。根据《中华人民共和国公司法》，公司发行新股须由股东大会作出决议，包括新股种类及数额、新股发行价格、新股发行的起止日期、向原有股东发行新股的种类及数额等事项。

按照国际惯例，在授权资本制度下，公司董事会可在授权股额内作出发行新股的决定。所谓授权资本制度是在公司章程规定公司预定发行股票总额（授权股额）的范围内，股东大会授予董事会决定增发股票的权限，公司成立时所发行的股票不应少于预定发行股票总额的 1/4，其余股份在公司成立后由董事会随时决定发行。但当预定发行总数已满而仍需增加发行时，还须由股东大会决议调整公司章程，增加授权股数，董事会再据此作出发行新股的决定。由此可见，发行新股的决策权，在理论上属于股东大会，在实际中系由董事会行使，这有利于公司把握股票融资的良好时机，及时作出增资决策。目前，不少国家如英国、美国、日本均先后实行了授权资本制度，并赋予法律效力。

公司发行新股的种类、数额及发行价格，需根据公司股票在市场上的推销前景，公司筹措资本的需要，公司连续盈利情况和财产增值情况，并考虑发行成本来予以确定。

b. 提出发行新股的申请。公司作出发行新股的决议后，董事会必须向国务院授权的部门或者省级人民政府申请批准。属于向社会公开募集的新股，须经国务院证券管理部门批准。

c. 公告招股说明书，制作认股书，签订承销协议。公司经批准向社会公开发行新股时，必须公告新股招股说明书和财务会计报表及附表，并制作认股书，还需与证券经营机构签订承销协议。

d. 招认股份，缴纳股款，交割股票。

e. 改选董事、监事，办理变更登记。公司发行新股募足股款后，应立即召开股东大会，改选董事、监事。这种改选是由于公司股份增加、股份比例结构变动所引起的增额性改选。

公司必须向登记机关办理变更登记，并向社会公告。变更登记事项主要包括本次实际发行新股的股数及金额、发行新股后变更的股东名册、经改选的公司董事和监事名单等。

(4) 股票的发行方法与推销方式　股票的发行方法和推销方式对于及时筹集和募足资本有着重要的意义。股票发行公司应根据具体情况，选择适宜的股票发行方法与推销方式。

① 股票的发行方法　股票发行的具体方法有以下几种。

a. 有偿增资。有偿增资是指出资人须按股票面额或市价，用现金或实物购买股票。有偿增资又可分为公募发行、股东优先认购、第三者分摊等具体做法。

(a) 公募发行。即向社会公众公开发行募集股票。它又分为直接公募和间接公募两种。

直接公募发行是发行公司通过证券商等中介机构，向社会公众发售股票，发行公司承担发行责任与风险，证券商不负风险而只收取一定的手续费。在英国，这种做法适用于最确定可靠，或相反地适用于令人难以置信的股票的发行。

间接公募发行是发行公司通过投资银行发行、包销，投资银行承担发行风险，由投资银行先将股票购入再售给社会公众。这种做法在西方国家广为流行。在美国，90%以上的新股票是采用这种办法发行的。

(b) 股东优先认购。股东优先认购是发行公司对现有股东按一定比例配给公司新发行股票的认购权，准许其优先认购新股。凡发行新股时在股东名册上记载的股东，均有优先认购新股的权利。股东可以优先认购的新股股数与现持旧股股数的比例相同。例如，某股东现持公司1.5%的旧股，他就有权认购新股的1.5%。股东若不欲认购，则可转让其认购权。这种办法有利于维护股东在公司的原有地位，不会引起股权结构发生大的变化，但会相对降低公司的社会性。在股票市场尚不发达时期，它是股票发行的主要做法。目前，这种办法在西方各国依然较为流行。

(c) 第三者分摊。第三者分摊是指股份有限公司在发行新股时，给予与本公司有特殊关系的第三者（如其他公司或银行）以新股摊认权。在美国，这种做法多在公司经营不景气、融资困难时才予采用。

b. 股东无偿配股。股东无偿配股是公司不向股东收取现金或实物财产，而是无代价地将公司发行的股票配给股东。公司采用这种做法，其目的不在增资，而是为了调整资本结构，提高公司的社会地位，增强股东的信心。按照国际惯例，无偿配股通常有三种具体做法，即无偿交付、股票派息、股票分割。

(a) 无偿交付是指股份有限公司用资本公积金转增股本，按股东现有股份比例无偿地交付新股票。

(b) 股票派息是股份有限公司以当年利润分派新股代替对股东支付现金股利。这种做法对股份有限公司而言，可以避免资本外流，扩大股本规模。但由于增加了股份数额，也加重了股利分配负担。

(c) 股票分割是指将大面额股票分割为若干小面额股票。例如，将原来的一股分为两股或两股分为三股。其结果是增加了股份总数，但并不改变股本总额。实行股票分割的目的，在于降低股票票面金额，便于个人投资者购买，以促进股票的发行和流通。

c. 有偿无偿并行增资。采用这种办法时，股份有限公司发行新股时，股东只需交付一部分股款，其余部分由资本公积金抵充。这种办法兼有增加资本和调整资本结构的作用。

② 股票的推销方式　股票的发行是否成功，最终取决于能否将股票全部推销出去。股份有限公司公开向社会发行股票，其推销方式不外乎有两种选择，即自销或委托承销。

a. 自销方式。股票发行的自销方式，是指股份有限公司自行直接将股票出售给投资者，而不经过证券经营机构承销。自销方式可节约股票发行成本，但发行风险完全由发行公司自行承担。这种推销方式并不普遍采用，一般仅适用于发行风险较小，手续较为简单，数额不多的股票发行。在国外主要由知名度高、有实力的公司向现有股东推销股票时采用。

b. 委托承销方式。股票发行的委托承销方式，是指发行公司将股票销售业务委托给证券承销机构代理。证券承销机构是指专门从事证券买卖业务的金融中介机构，在我国主要为证券公司、信托投资公司等，在美国一般是投资银行，在日本则是称为“干事公司”的证券公司。委托承销方式是发行股票所普遍采用的推销方式。《中华人民共和国公司法》规定，公司向社会公开发行股票，不论是募集设立时首次发行股票还是设立后再次发行新股，均应当由依法设立的证券经营机构承销。委托承销方式包括包销和代销两种具体办法。

(a) 股票发行的包销，是由发行公司与证券经营机构签订承销协议，全权委托证券承销机构代理股票的发售业务。采用这种办法，一般由证券承销机构买进股份有限公司公开发行的全部股票，然后将所购股票转销给社会上的投资者。在规定的募股期限内，若实际招募股份数达不到预定发行股份数，剩余部分由证券承销机构全部承购下来。

发行公司选择包销办法，可促进股票顺利出售，及时筹足资本，还可免于承担发行风险；不利之处是要将股票以略低的价格售给承销商，且实际付出的发行费用较高。

(b) 股票发行的代销，是由证券经营机构代理股票发售业务，若实际募集股份数达不到发行股数，承销机构不负承购剩余股份的责任，而是将未售出的股份归还给发行公司，发行风险由发行公司自己承担。

根据我国有关股票发行法规的规定，公司拟公开发行股票的面值总额超过人民币3000万元或者预期销售总金额超过人民币5000万元的，应当由承销团承销。承销团由两个以上承销机构组成，一般包括总承销商、副总承销商、分销商。总承销商由发行人按照公开竞争的原则，通过竞标或协商办法确定。

(5) 股票发行价格的确定　股票的发行价格，是股份有限公司发行股票时，将股票出售给投资者所采用的价格，也就是投资者认购股票时所支付的价格。股票发行价格通常由发行公司根据股票面额、股市行情和其他有关因素决定的。在以募集设立方式设立公司首次发行股票时，由发起人决定；在公司成立以后再次增资发行新股时，由股东大会或董事会决定。

股份有限公司在不同时期、不同状态下对不同种类的股票，可采用不同的方法确定其发行价格。股票发行价格通常有等价、时价和中间价三种。

① 等价　等价就是以股票面值为发行价格发行股票，即股票的发行价格与其面值等价，亦称平价发行。等价发行股票一般比较容易推销，但发行公司不能取得溢价收入。在股票市场不甚发达的情况下，设立公司首次发行股票时，选用等价发行可确保及时足额地募集资本。

② 时价　时价也称市价，即以公司原发行同种股票的现行市场价格为基准来选择增发新股的发行价格。

选用时价发行股票，考虑了股票的现行市场价值，可促进股票的顺利发行。纵观世界股市的现状与趋势，时价发行股票颇为流行。美国已完全推行时价发行，德国、法国也经常采用时价发行，日本正在步美国后尘推行时价发行。

③ 中间价　中间价是以股票市场价格与面额的中间值作为股票的发行价格。例如，某种股票的现行市价为 75 元，每股面额为 50 元，如果发行公司按每股 62.5 元的价格增发该种新股票，就是按中间价发行。显然，中间价兼具等价和时价的特点。

选择时价或中间价发行股票，可能属于溢价发行，也可能属于折价发行。溢价发行是指按超过股票面额的价格发行股票；折价发行是指按低于股票面额的价格发行股票。如属溢价发行，则发行公司获得发行价格超过股票面额的溢价款列入资本公积金。

小资料

按照国际惯例，股票通常采取溢价发行或等价发行，很少折价发行，即使在特殊情况下折价发行，也要施加严格的折价幅度和时间等限制条件。《中华人民共和国公司法》规定，股票发行价格可以是票面金额（即等价），也可以超过票面金额（即溢价），但不得低于票面金额（即折价）。在美国，很多州规定折价发行股票为非法。英国的公司法规定只有在特殊情况下，公司可以折价发行股票，但必须经公司全体股东会议通过，并经法院批准，而且增发新股决议必须限定折价的最大幅度，必须自公司开业后至少 1 年以后方可折价发行股票。

(6) 股票上市

① 股票上市的意义　股票上市是指股份有限公司公开发行的股票，符合规定条件，经过申请批准后在证券交易所作为交易的对象。经批准在证券交易所上市交易的股票，称为上市股票，其股份有限公司称为上市公司。

股份有限公司申请股票上市，基本目的是为了增强本公司股票的吸引力，形成稳定的资本来源，能在更大范围内筹措大量资本。股票上市对上市公司而言，主要有如下意义：a. 提高公司所发行股票的流动性和变现性，便于投资者认购、交易；b. 促进公司股权的社会化，防止股权过于集中；c. 提高公司的知名度；d. 有助于确定公司增发新股的发行价格；e. 便于确定公司的价值，以利于促进公司实现财富最大化目标。因此，不少公司积极创造条件，争取其股票上市。

但是，也有人认为，股票上市对公司不利，主要是：各种“公开”的要求可能会暴露公司的商业秘密；股市的人为波动可能歪曲公司的实际情况，损害公司的声誉；可能分散公司的控制权。因此，有些公司即使已符合上市条件，也宁愿放弃上市机会。

② 股票上市的条件　股票上市条件也称股票上市标准，是指对申请上市公司所做的规定或要求。按照国际惯例，股票上市的条件，一般包括开业时间、资产规模、股本总额、持续盈利能力、股权分散程度、股票市价等方面。各国对股票上市条件都规定了具体的数量标准。

a.《中华人民共和国公司法》规定，股份有限公司申请其股票上市，必须符合下列条件。

(a) 股票经国务院证券管理部门批准已向社会公开发行。

(b) 公司股本总额不少于人民币 5000 万元。

(c) 开业时间在 3 年以上，最近 3 年连续盈利；由原国有企业依法改建而设立的，或者本法实施后新组建成立，其主要发起人为国有大中型企业的，可连续计算。

(d) 持有股票面值达人民币 1000 元以上的股东人数不少于 1000 人，向社会公开发行的股份达公司股份总数的 25%以上；公司股本总额超过人民币 4 亿元的，其向社会公开发行股份的比例为 15%以上。

(e) 公司在最近 3 年内无重大违法行为，财务会计报告无虚假记载。

（f）国务院规定的其他条件。

b. 美国纽约证券交易所规定的上市条件如下。

（a）公司在最近几年的税前盈利不低于 250 万美元，最近 2 年的税前盈利每年不低于 200 万美元。

（b）公司有形资产净值不少于 1600 万美元，不足此额的可以用上市股票的总价值补足。

（c）公众拥有的股票按市价计算不少于 1600 万美元。

（d）最少有 100 万股由公众持有，并且最少有 2000 名持有 1000 股以上的股东。

c. 日本东京证券交易所规定的上市条件如下。

（a）公司的开业时间在 5 年以上。

（b）公司在股票上市前经营年度的最后一天，股东持有股票的价值总额不低于 10 亿日元，每股不低于 100 日元。

（c）近 3 年的利润包括税金在内，由远及近，分别不低于 2 亿日元、3 亿日元、4 亿日元。

（d）每股收益最近 3 年每年不低于 15 日元，最近 1 年不低于 20 日元，同时最近 1 年每股股利在 5 日元以上，并且预计股票上市后每股股利仍保持在 5 日元以上。

d. 法国的证券交易所规定的上市条件如下。

（a）公司资产总额必须在 750 万欧元以上。

（b）公司发行股票价值占公司资产总额 25%以上；区域性公司上市的股份不得少于 2 万股，全国性公司上市的股份不少于 8 万股。

（c）公司股票上市的前 3 年连续盈利，并对原股东支付股利。

除了上述条件以外，各国一般都要求上市公司定期、及时地公开其财务状况和经营情况，定期提供会计报表。《中华人民共和国公司法》要求上市公司每半年公布一次财务会计报告，欧美各国通常要求上市公司按季度提供会计报表。

③ 股票上市的决策　股份有限公司为实现其上市目标，需在申请上市前对公司状况进行分析，对上市股票的股利政策、股利分派方式、上市方式和上市时机作出决策。

a. 公司状况分析。申请股票上市的公司，需分析公司及其股东的状况，全面分析权衡股票上市的各种利弊及其影响，确定关键因素。例如，如果公司面临的主要问题是资本不足，现有股东风险过大，则可通过股票上市予以解决；倘若公司目前存在的关键问题是，一旦控制权外流，就会导致公司的经营不稳定，从而影响公司长远的稳定发展，则可放弃上市计划。

b. 上市公司的股利决策。股利决策包括股利政策和股利分派方式的抉择。股利决策既影响上市公司股票的吸引力，又影响公司的支付能力，因此，必须作出合理的选择。

（a）股利政策的抉择。股利政策通常有固定股利额、固定股利率、正常股利加额外股利等。固定股利额能给市场以稳定的信息，有利于保持上市公司股票价格的稳定性，增强投资者的信心，有利于投资者有计划地安排股利的使用，但这也成为公司的固定财务负担。固定股利率可与公司盈利水平相衔接，但股利额不稳定。正常股利加额外股利的政策既能保持股利的稳定性，又能实现股利与盈利之间的配合，故为许多上市公司所采用。

（b）股利分派方式的抉择。股利分派方式主要有现金股利、股票股利、财产股利等。现金股利在公司具有充足的现金时才采用。股票股利可在公司现金短缺时选用。财产股利一般是指公司以其投资的短期有价证券代替现金分派股利，由于这种证券变现能力强，股东可以接受，而公司不必立即支付现金，可以暂时弥补公司现金的不足。

c. 股票上市方式的选择。股票上市的方式一般有公开发售、反向收购等。申请上市的公司需要根据股市行情、投资者和本公司的具体情况，进行选择。

(a) 公开发售是股票上市的最基本方式。申请上市的公司通常采用这种上市方式。它有利于达到公司增加现金资本的需要，有利于原股东转让其所持有的部分股份。

(b) 反向收购是指申请上市的公司收购已上市的较小公司的股票，然后向被收购的公司股东配售新股，以达到融资的目的。

d. 股票上市时机的选择。股票上市的最佳时机，是在公司预计来年会取得良好业绩的时间。当然，还需考虑当时的股市行情是否适宜而定。

④ 股票上市的暂停、恢复与终止　按照国际惯例，获得股票上市资格，并已实现股票上市的公司，必须持续保持其上市的条件。如果发现已上市的公司不再能满足规定的条件或其他有关规定，则将被暂停其股票上市。被暂停上市的原因消除后，可以恢复上市。如果在规定的期限内，公司未能消除其被暂停上市的原因，将被终止其股票上市，取消其上市资格。

a. 股票上市的暂停与恢复。各国一般均规定，上市公司有下列情形之一者，将被暂停其股票上市。

(a) 公司发生变化，不再具备上市条件。

(b) 公司不按规定公开其财务状况或其财务会计报告有虚假记载。

(c) 公司发生信用危机，如因信用问题被停止与银行的业务往来关系。

(d) 盈利能力下降或连续亏损等。

公司在规定的暂停上市期限内，如能消除有关原因，可以恢复上市。

b. 股票上市的终止。上市公司在规定的期限内，如未能消除被暂停上市的原因，甚至产生严重后果者，将被终止上市，取消上市资格。具体情况如下。

(a) 公司财务会计报告有虚假记载，后果严重的。

(b) 公司有重大违法行为，后果严重的。

(c) 公司股票连续若干月成交量较少，或没有成交的。

(d) 公司连续若干年没有分配股利。

(e) 盈利能力严重下降，甚至连续几年亏损没有扭转的。

(f) 公司决议解散、被依法责令关闭或者被宣告破产的等。

(7) 普通股融资的优缺点　股份有限公司运用普通股筹集股权资本，与优先股相比，与公司债券、长期借款等融资方式相比，有优点也有缺点。

① 普通股融资的优点

a. 普通股融资没有固定的股利负担。公司有盈利，并认为适于分配股利，就可以分给股东；公司盈利较少，或虽有盈利但资本短缺或有更有利的投资机会，也可以少支付或不支付股利。而债券或借款的利息无论企业是否盈利及盈利多少，都必须予以支付。

b. 普通股股本没有固定的到期日，无须偿还，它是公司的永久性资本，除非公司清算时才予以偿还。这对于保证公司对资本的最低需要，促进公司长期持续稳定经营具有重要意义。

c. 利用普通股融资的风险小。由于普通股股本没有固定的到期日，一般也不用支付固定的股利，不存在还本付息的风险。

d. 发行普通股筹集股权资本能增强公司的信誉。普通股股本以及由此产生的资本公积金和盈余公积金等，是公司筹措债权资本的基础。有了较多的股权资本，有利于提高公司的信用价值，同时也为利用更多的债务融资提供强有力支持。

② 普通股融资的缺点

a. 资本成本较高。一般而言，普通股融资的成本要高于债权资本。这主要是由于投资于普通股风险较高，相应要求较高的报酬，并且股利应从所得税后利润中支付，而债务融资其债权人风险较低，支付利息允许在税前扣除。此外，普通股发行成本也较高，一般来说发行证券费用最高的是普通股，其次是优先股。

b. 利用普通股融资，出售新股票，增加新股东，可能会分散公司的控制权；另一方面，新股东对公司已积累的盈余具有分享权，这就会降低普通股的每股净收益，从而可能引起普通股市价的下跌。

c. 如果今后发行新的普通股票，会导致股票价格的下跌。

## 二、发行债券融资

债券是各类经济主体为筹集资金而发行的，按约定利率和期限向投资者还本付息的债权债务凭证。债券根据发行主体不同可分为政府债券、金融债券和公司（企业）债券。发行公司债券是企业筹集长期借入资金的重要方式。

### 1. 债券的种类

公司债券按不同标准可以分为不同的种类。

（1）按票面是否记有债权人姓名分类　债券按票面是否记有债权人姓名分为记名债券与无记名债券。

① 记名债券　与记名股票和无记名股票的划分相似，债券票面上记载有债权人姓名或名称的是记名债券，债权人凭印鉴支取利息，转让需要通过背书方式进行。

② 无记名债券　票面上不记载债权人姓名或名称的是无记名债券，债权人凭债券或息票支取利息，转让也无需通过背书方式，债券的交割即代表交易的完成。

（2）按有无财产担保分类　债券按有无财产担保分为抵押债券和信用债券。

① 抵押债券　是指发行公司以特定财产作为担保品的债券。当企业到期没有足够的资金偿付债券的本息时，债权人可以拍卖其抵押品以获取资金。按抵押品的不同，抵押债券又分为不动产抵押、动产抵押和证券抵押三种。

② 信用债券　又称无担保债券，是指发行公司没有提供特定财产作为抵押，完全凭信用发行的债券。企业发行信用债券往往有许多限制条件，一般只有信誉良好的公司才能发行。

（3）按票面利率是否固定分类　债券按票面利率是否固定分为固定利率债券与浮动利率债券。

① 固定利率债券　是指企业在发行时即确定利率并明确记载于票面的债券。

② 浮动利率债券　是指票面上记载基本利率，以后计息时按某一标准调整其利率的债券。

（4）按附加条款的不同分类　债券按附加条款的不同，可以分为下面几类。

① 可转换债券　它是指债权人可以在约定时期内，按约定比例将所持债券转换为普通股的债券。可转换债券的转换权在债权人，但一般票面利率较低。

② 收益债券　它是指企业只在盈利时才支付利息的债券。对投资者而言，其投资风险较高，但利率也较高。

③ 参与公司债券　它是指债权人除可以按预定利率获得利息外，还可以一定比例参与

公司盈余分配的债券。

④ 附认股权债券　它是指企业发行的、附带有允许债权人按特定价格购买股票的选择权的债券。

### 2. 发行债券的资格与条件

与发行股票一样，国家一般规定发行债券的企业要符合法定条件。

(1) 发行债券的资格　《中华人民共和国公司法》规定，股份有限公司、国有独资公司和两个以上的国有企业或者其他两个以上的国有投资主体投资设立的有限责任公司，可以发行公司债券。

(2) 发行债券的条件　《中华人民共和国公司法》规定，发行债券的公司必须符合下列条件。

① 股份有限公司的净资产额不低于人民币3000万元，有限责任公司的净资产额不低于人民币6000万元。

② 累计债券总额不超过公司净资产额的40%。

③ 最近3年平均可分配利润足以支付公司债券1年的利息。

④ 筹集资金用途符合国家产业政策。

⑤ 债券的利率不得超过国务院限定的利率水平。

⑥ 国务院规定的其他条件。

公司发行债券筹集的资金，必须用于审批机关批准的不得用于弥补亏损和非生产性支出，不得用于股票、房地产和期货买卖等与本企业生产经营无关的风险投资，以免损害债权人利益。

公司有下列情形之一的，不得再次发行债券。

① 前一次发行的公司债券尚未募足的。

② 对已发行的公司债券或者其债务有违约或者延迟支付债务本息的事实，且仍处于继续状态的。

### 3. 发行债券的程序

按照有关法规的规定，企业发行债券应遵循一定的程序。

(1) 作出发行债券决议　公司在实际发行债券之前，必须作出发行债券的决议，具体内容包括决定公司债券发行总额、票面金额、发行价格、募集办法、债券利率、偿还日期及方式等。

我国股份有限公司、有限责任公司发行公司债券，由董事会制订方案，股东会作出决议；国有独资公司发行公司债券，应由国家授权投资的机构或者国家授权的部门作出决定。在国外，公司发行债券一般需经董事会通过决议，由2/3以上董事出席，且超过出席董事的半数通过。

(2) 提出发行债券申请　按照国际惯例，公司发行债券须向主管部门提交申请，未经批准，公司不得发行债券。我国规定，公司申请发行债券由国务院证券管理部门批准。公司申请应提交公司登记证明、公司章程、公司债券募集办法、资产评估报告和验资报告。

(3) 公告债券募集办法　发行公司债券的申请经批准后，公开向社会发行债券，应当向社会公告债券募集办法。根据《中华人民共和国公司法》的规定，公司债券募集办法中应当载明本次发行债券总额和债券面额、债券利率、还本付息的期限与方式、债券发行的起止日期、公司净资产额、已发行而未到期的公司债券总额、债券的承销机构等事项。

公司若发行可转换公司债券，还应在债券募集办法中规定具体的转换办法。

(4) 委托证券承销机构发售　公司债券的发行方式一般有私募发行和公募发行两种。私募发行是指由发行公司将债券直接发售给投资者。这种发行方式因受限制，极少采用。公募发行是指发行公司通过承销团向社会发售债券。在这种发行方式下，发行公司要与承销团签订承销协议。承销团由数家证券公司或投资银行组成。承销团的承销方式有代销和包销。代销是指由承销团代为推销债券，在约定期限内未售出的余额将退还发行公司，承销团不承担发行风险。包销是由承销团先购入发行公司拟发行的全部债券，然后再售给社会上的投资者，如果在约定期限内未能全部售出，余额要由承销团负责认购。

公募发行是世界各国通常采用的公司债券发行方式。美国甚至强制要求某些债券（如电力、制造业公司债券）必须公募发行。我国有关法律、法规亦要求公开发行债券。

(5) 交付债券、收缴债券款、登记债券存根簿　发行公司公开发行公司债券，由证券承销机构发售时，投资者直接向承销机构付款购买，承销机构代理收取债券款，交付债券；然后，发行公司向承销机构收缴债券款并结算预付的债券款。

根据《中华人民共和国公司法》的规定，公开发行的公司债券，必须在债券上载明公司名称、债券面额、利率、偿还期限等事项，并由董事长签名，公司盖章。

公开发行的债券，还应在公司债券存根簿中登记。对于记名公司债券，应载明的事项包括：①债券持有人的姓名（或者名称）及住所；②债券持有人取得债券的日期及债券的编号；③债券总额、债券票面金额、债券利率、债券还本付息的期限与方式；④债券的发行日期。对于无记名债券，应在债券存根簿上载明债券总额、利率、偿还期限与方式、发行日期及债券的编号等事项。

#### 4. 债券的发行价格

债券的发行价格，是指债券投资者认购新发行的债券时实际支付的价格。公司债券的发行价格通常有平价、溢价和折价三种。平价是指以面值作为发行价格；溢价指发行价格高于面值；折价指发行价格低于面值。

(1) 决定债券发行价格的因素　公司债券发行价格的高低，取决于下述四项因素。

① 债券面额　债券的票面金额是决定债券发行价格的最基本因素。债券发行价格的高低，从根本上取决于债券面额的大小。一般而言，债券面额越大，发行价格越高。但是，如果不考虑利息因素，债券面额是债券到期价值，即债券的未来价值，而不是债券的现在价值，即发行价格。

② 票面利率　债券的票面利率是债券的名义利率，通常在发行债券之前就已确定，并注明于债券票面上。一般而言，债券的票面利率越高，发行价格也越高；反之，就越低。

③ 市场利率　债券发行时的市场利率是衡量债券票面利率高低的参照系数，两者往往不一致，因此共同影响债券的发行价格。一般来说，债券的市场利率越高，债券的发行价格越低；反之，就越高。

④ 债券期限　同银行借款一样，债券的期限越长，债权人的风险越大，要求的利息报酬就越高，债券的发行价格就可能较低；反之，可能较高。

债券的发行价格是上述四项因素综合作用的结果。

(2) 确定债券发行价格的方法　在实务中，公司债券的发行价格通常有三种情况，即等价、溢价、折价。

等价是指以债券的票面金额作为发行价格。多数公司债券采用等价发行。溢价是指按高于债券面额的价格发行债券。折价是指按低于债券面额的价格发行债券。溢价或折价发行债券，主要是由于债券的票面利率与市场利率不一致所造成的。债券的票面利率在债券发行前即已参照市场利率确定下来，并标明于债券票面，无法改变，但市场利率经常发生变动。在债券发售时，如果票面利率与市场利率不一致，就需要调整发行价格（溢价或者折价），以调节债券购销双方的利益。

债券的发行价格具体可按下列公式计算。

$$P=\sum_{t=1}^{n}\frac{I}{(1+K)^{t}}+\frac{F}{(1+K)^{n}} \tag{3-1}$$

式中 $P$——债券发行价格；

$F$——债券面值；

$t$——债券年利息；

$K$——市场利率；

$n$——债券期限。

**【例 3-1】** 某公司发行面额为 1000 元，票面利率 10%，期限 10 年的债券，每年末付息一次。其发行价格可分下述三种情况来分析计算。

1. 市场利率为 10%，与票面利率一致，为等价发行。债券发行价格可计算如下。

**解：**

$$P=\sum_{t=1}^{10}\frac{100}{(1+10\%)^{t}}+\frac{1000}{(1+10\%)^{10}}=1000(\text{元})$$

2. 市场利率为 8%，低于票面利率，为溢价发行。债券发行价格可计算如下。

**解：**

$$P=\sum_{t=1}^{10}\frac{100}{(1+8\%)^{t}}+\frac{1000}{(1+8\%)^{10}}=1134(\text{元})$$

3. 市场利率为 12%，高于票面利率，为折价发行。债券发行价格可计算如下。

**解：**

$$P=\sum_{t=1}^{10}\frac{100}{(1+12\%)^{t}}+\frac{1000}{(1+12\%)^{10}}=886(\text{元})$$

### 5. 债券的信用评级

企业债券的信用评级，是指信用评级机构对企业通过发行债券筹集资金使用的合理性、还本付息能力和企业风险程度所作的综合评价。它的主要作用是向投资者提供债券的风险信息，为企业和投资者的融资、投资行为提供便利。许多国家并不强制信用评级，但没有经过评级的债券一般很难被投资者接受。因此，发行债券的企业为了债券的顺利销售一般都自愿向债券评级机构申请评级。

在我国，债券的信用评级尚处于发展阶段。但鉴于证券市场发展尚不完善，投资者的投资行为还缺乏理性，中国人民银行规定，凡是向社会公开发行的企业债券，需要有中国人民银行及其授权的分行指定资信评级机构或公证机构进行评信。《中华人民共和国证券法》规定，公司发行债券，必须经认可的债券评信机构信用评级，且评级必须在规定标准以上才可发行债券。

下面概要介绍债券信用等级、债券评级程序和方法。

债券的信用等级表示债券质量的优劣，反映债券偿本付息能力的强弱和债券投资风险的高低。

国外流行的债券信用等级，一般分为三等九级。这是由国际上著名的美国信用评定机构穆迪投资者服务公司和标准普尔公司分别采用的。如表 3-2 所示。

表 3-2 债券信用等级

<table>
<tr><th colspan="2">公司名称</th><th rowspan="2">级别含义</th></tr>
<tr><th>穆迪</th><th>标准普尔</th></tr>
<tr><td>Aaa</td><td>AAA</td><td>安全性最高，基本上无风险，无论情况如何变化，还本付息没有问题</td></tr>
<tr><td>Aa</td><td>AA</td><td>安全性高，风险性较高、等级债券略高，还本付息没有问题</td></tr>
<tr><td>A</td><td>A</td><td>安全性良好，还本付息没有问题，但将来存在一些不利因素</td></tr>
<tr><td>Baa</td><td>BBB</td><td>安全性中等，目前的安全性、收益性没有问题，但在不景气时期要加以注意</td></tr>
<tr><td>Ba</td><td>BB</td><td>有投机因素，不能保障将来的安全性，好的时期和坏的时期有波动，不可靠</td></tr>
<tr><td>B</td><td>B</td><td>不适合作为投资对象，在还本付息的安全性及遵守契约条件方面不可靠</td></tr>
<tr><td>Caa</td><td>CCC</td><td>安全性极低，有无法还本付息的可能性</td></tr>
<tr><td>Ca</td><td>CC</td><td>具有极端投机性，目前正处于违约状态或有严重缺陷</td></tr>
<tr><td>C</td><td>C</td><td>最低等级债券</td></tr>
</table>

我国有关部门统一制定的债券信用评级设置及表达符号的含义如表 3-3 所示。

表 3-3 我国制定的债券信用评级

<table>
<tr><th>级别分类</th><th>级别分等</th><th>级别</th><th>级别含义</th></tr>
<tr><td rowspan="4">投资级</td><td rowspan="3">一等</td><td>AAA</td><td>债券有极高的还本付息能力，投资者没有风险</td></tr>
<tr><td>AA</td><td>很高的还本付息能力，投资者基本没有风险</td></tr>
<tr><td>A</td><td>有一定的还本付息能力，经采取保护措施后，有可能按期还本付息，投资者风险较低</td></tr>
<tr><td rowspan="3">二等</td><td>BBB</td><td>还本付息资金来源不足，发债企业对经济形势变化的应变能力差，有可能延期支付本息，有一定投资风险</td></tr>
<tr><td rowspan="5">投机级</td><td>BB</td><td>还本付息能力脆弱，投资风险较大</td></tr>
<tr><td>B</td><td>还本付息能力低，投资风险大</td></tr>
<tr><td rowspan="3">三等</td><td>CCC</td><td>还本付息能力很低，投资风险很大</td></tr>
<tr><td>CC</td><td>还本付息能力极低，投资风险极大</td></tr>
<tr><td>C</td><td>企业濒临破产，没有还本付息能力</td></tr>
</table>

### 6. 债券融资的优缺点

发行债券筹集资金，对发行公司既有利也有弊，应加以识别权衡，以便抉择。

（1）债券融资的优点

① 债券成本较低　与股票的股利相比较而言，债券的利息允许在所得税前支付，发行公司可享受税前利益，故公司实际负担的债券成本一般低于股票成本。

② 可利用财务杠杆　无论发行公司的盈利多少，债券持有人一般只收取固定的利息，而更多的收益可用于分配给股东或留给公司经营使用，从而增加股东和公司的财富。

③ 保障股东控制权　债券持有人无权参与发行公司的管理决策，因此，公司发行债券不会像增发新股那样可能会分散股东对公司的控制权。

④ 便于调整资本结构　在公司发行可转换债券以及可提前赎回债券的情况下，便于公司主动地合理调整资本结构。

（2）债券融资的缺点　利用债券筹集资金，虽有前述优点，但也有明显的不足。

① 财务风险较高　债券有固定的到期日，并需定期支付利息，发行公司必须承担按期付息偿本的义务。在公司经营不景气时，亦需向债券持有人付息偿本，这会给公司带来更大的财务困难，有时甚至导致破产。

② 限制条件较多　发行债券的限制条件一般要比长期借款、租赁融资的限制条件都要多且严格，从而限制了公司对债券融资方式的使用，甚至会影响公司以后的融资能力。

③ 融资数量有限　公司利用债券融资一般受一定额度的限制。多数国家对此都有限定。《中华人民共和国公司法》规定，发行公司流通在外的债券累计总额不得超过公司净资产的40%。

## 三、长期借款融资

长期借款是指企业向银行和其他金融机构借入的期限超过1年的借款，主要用于购建固定资产和满足长期流动资金占用的需要。

### 1. 长期借款的种类

长期借款有很多种类，企业可以结合自身情况进行选择。常见的长期借款分为下面几种。

（1）按提供长期借款的机构分类　长期借款按提供的机构不同，可以分为政策性银行贷款、商业银行贷款和其他金融机构贷款。

① 政策性银行贷款　是指执行国家政策性贷款业务的银行（如国家开发银行、中国进出口银行等）向企业发放的贷款。这种贷款的政策性较强，通常有较为优惠的贷款条件，如期限长、利率低等，体现着国家对某些企业和业务的扶持。

② 商业银行贷款　是指由商业银行发放的贷款。这种贷款是企业和银行间市场化的资金融通行为，形式较为灵活，银行可以结合企业情况来发放不同期限、不同限制、不同利率等的贷款。商业银行贷款是我国企业重要的资金来源。

③ 其他金融机构贷款　是指保险公司、证券公司、信托公司等非银行金融机构提供给企业的贷款。与商业银行贷款相比，这种贷款一般对企业的要求更严，利率也较高。

（2）按借款是否需要提供担保分类　长期借款按是否需要担保，可以分为抵押借款和信用借款。

① 抵押借款　是指企业以一定的财产或以一定的保证人作担保所取得的贷款。长期借款的抵押品常见的有房屋、建筑物、机器设备、股票、债券等。在企业提供担保的情况下，银行的贷款有了双重保障是企业经营获得的现金和抵押品的变现收入。

② 信用借款　是指企业凭借自身信誉从银行取得的贷款。因为没有特定财产做抵押，银行在发放贷款时需要对贷款企业进行严格的审核，只有风险较小、偿债能力较强的企业才能获得信用借款。

（3）按借款的用途分类　长期借款按借款用途划分，可以分为固定资产投资借款、更新改造借款、科研开发和新产品试制借款等。这是我国银行较为常用的借款分类。

### 2. 银行借款的程序

企业从银行获得贷款，要经过下列基本程序。

（1）企业提出借款申请　我国金融部门对企业贷款的原则是：按计划发放、择优扶持、有物资保证、按期归还。企业申请贷款应具备下列条件。

① 独立核算、自负盈亏、具有法人资格。

② 经营方向和业务范围符合国家产业政策，借款用途属于银行贷款办法规定的范围。

③ 有一定的物资和财产作保证，担保单位具有相应的经济实力。

④ 有偿还贷款的能力。

⑤ 财务管理和经济核算制度健全，资金使用效益及企业经济效益良好。

⑥ 银行开立有账户，办理结算。

符合贷款条件的企业，先要向银行提出申请，说明借款原因、期限、金额、用款时间及计划、偿还期限及计划。

(2) 银行审批申请　银行接到企业的申请后，要对企业的申请进行审批，还要对企业进行调查，以决定是否提供贷款。其中包括调查、评估贷款企业的信用，调查贷款的用途、效益等。

(3) 签订借款合同　银行同意贷款后，可以与企业就贷款的具体条件进行协商，并签订借款合同。

(4) 企业取得借款　借款合同签订后，银行要根据合同的规定按期发放贷款。企业要按照借款合同规定的用途和用款计划合理使用贷款。

(5) 企业归还借款　银行一般会在借款到期一个月之前，向借款企业发送还本付息通知书。企业在接到还本付息通知书后，应及时筹措资金，以便按借款合同的规定及时足额地偿还借款。

### 3. 借款合同的内容

借款合同是规定借贷双方权利和义务的契约。借款合同一旦签订，就受到法律的保护，借贷双方必须遵守合同的规定。借款合同一般包括基本条款和保护性条款两部分。

(1) 借款合同的基本条款　基本条款是借款合同的基本内容，主要是规定双方的权利和义务。其中包括借款金额、借款方式、借款用途、借款利率、借款期限、付息方式、还本方式、保证条款和违约责任等。其中，保证条款包括按规定使用借款、相关的物资保证、抵押财产、担保人及其责任等内容。违约条款主要是规定若双方有违约行为应如何处理，如企业逾期不还、银行不按合同发放贷款等。

(2) 借款合同的保护性条款　除了借款合同的基本内容外，由于长期借款具有期限长、风险大的特点，银行为维护自身利益，一般会在合同中对借款企业提出一定的限制，即保护性条款。

① 一般性保护条款　它是借款合同中最常见的保护性条款，包括要求企业保持一定水平的流动资产；限制现金股利的发放水平；限制资本支出规模；限制企业增加新的长期债务等。

② 常规性保护条款　它是借款合同中对借款企业的常规限制。其中包括：企业向银行定期报送财务报表；不能出售太多资产；按期缴纳税金和清偿到期债务；不准随意抵押资产；不准贴现应收票据或让售应收账款等。

③ 特殊性保护条款　它是部分借款合同中针对某些特殊情况而制定的保护性条款。常见的有：贷款专款专用；要求企业主要负责人购买人身保险；限制企业高级职员的薪金和奖金总额等。

### 4. 长期借款的优缺点

(1) 长期借款的优点　与发行证券融资相比，长期借款融资有以下优点。

① 融资速度快　按照国际惯例，发行证券的企业一般要满足较高的要求、遵循严格的程序，因而从准备发行证券到证券发行完毕要经过相当长的时间。而长期借款相比之下程序要简单得多，也无需通过中介，故融资速度较快。

② 资金成本较低　长期借款的利率一般低于债券利率，并且与发行证券融资相比，长期借款也可节省许多发行费用。

③ 融资弹性大　由于借款合同是企业和银行直接协商的结果，所以可以通过双方的协商改变一些借款条件，而发行证券是面对众多投资者，不可能通过协商的方式改变融资条件，也使企业不能根据经营需要进行相应的调整，所以，银行借款对企业而言更具灵活性。

④ 利于获得财务杠杆利益　与债券一样，长期借款募集的是企业的借入资金，有利于企业获得财务杠杆利益。

(2) 长期借款的缺点　作为企业的一项负债，长期借款也有许多限制。

① 债务风险高　长期借款合同对利息的支付、本金的归还都有具体规定，这对企业而言，是固定的偿付义务，因此和债券一样，增加了企业的财务风险。

② 限制条件多　借款合同中常见的保证条款及保护性条款都对企业提出了具体的要求，给企业的经营和财务行为增添了许多限制。

③ 融资数量有限　与发行证券融资相比，长期借款融资数额显得较为有限。

## 四、租赁融资

租赁是指资产所有者（出租人）授予另一方（承租人）在约定期限内使用资产的专用权并获得租金报酬的一种经济行为。租赁融资就是融资企业通过定期支付租金的方式获得企业经营所需的资产，等于说是企业通过定期支付租金（相当于每期支付一定的本金和利息），获得了购买设备所需金额的贷款。

### 1. 租赁的种类

现代租赁的种类很多，通常按性质分为营运租赁和融资租赁两大类。

(1) 营运租赁

① 营运租赁的含义　营运租赁又称经营租赁、服务租赁，是由出租人向承租企业提供租赁设备，并提供设备维修保养和人员培训等服务性业务。营运租赁通常为短期租赁。承租企业采用营运租赁的目的，主要不在于融通资本，而是为了获得设备的短期使用权以及出租人提供的专门技术服务。从承租企业无须先融资再购买设备即可享有设备使用权的角度来看，营运租赁也有短期融资的功效。

② 营运租赁的特点　营运租赁的特点为：承租企业根据需要可随时向出租人提出租赁资产；租赁期较短，不涉及长期而固定的义务；在设备租赁期间内，如有新设备出现或不需用租入设备时，承租企业可按规定提前解除租赁合同，这对承租企业比较有利；出租人提供专门服务；租赁期满或合同中止时，租赁设备由出租人收回。

(2) 融资租赁

① 融资租赁的含义　融资租赁又称资本租赁、财务租赁，是由租赁公司按照承租企业的要求融资购买设备，并在契约或合同规定的较长期限内提供给承租企业使用的信用性业务。它是现代租赁的主要类型。承租企业采用融资的主要目的是为了融通资金。一般融资的对象是资金，而融资租赁集融资与融物于一身，具有借贷性质，是承租企业筹集长期借入资金的一种特殊方式。

② 融资租赁的特点　融资租赁通常为长期租赁，可适应承租企业对设备的长期需要，

故有时也称为资本租赁。其特点为：a. 一般由承租企业向租赁公司提出正式申请，由租赁公司融资购进设备租给承租企业使用；b. 租赁期限较长，大多为设备耐用年限的一半以上；c. 租赁合同比较稳定，在规定的租期内非经双方同意，任何一方不得中途解约，这有利于维护双方的权益；d. 由承租企业负责设备的维修保养和保险，但无权自行拆卸改装；e. 租赁期满时，按事先约定的办法处置设备，一般有退租、续租、留购三种选择，通常由承租企业留购。

③ 融资租赁的形式　融资租赁按其业务的不同特点，可细分为如下三种具体形式。

a. 直接租赁。直接租赁是融资租赁的典型形式，通常所说的融资租赁是指直接租赁形式。

b. 售后租回。在这种形式下，制造企业按照协议先将其资产卖给租赁公司，再作为承租企业将所售资产租回使用，并按期向租赁公司支付租金。采用这种融资租赁形式，承租企业因出售资产而获得了一笔现金，同时因将其租回而保留了资产的使用权。这与抵押贷款有些相似。

c. 杠杆租赁。杠杆租赁是国际上比较流行的一种融资租赁形式。它一般要涉及承租人、出租人和贷款人三方当事人。从承租人的角度来看，它与其他融资租赁形式并无区别，同样是按合同的规定，在租期内获得资产的使用权，按期支付租金。但对出租人却不同，出租人只垫支购买资产所需现金的一部分（一般为20%～40%），其余部分（为60%～80%）则以该资产为担保向贷款人借资支付。因此，在这种情况下，租赁公司既是出租人又是借资人，据此既要收取租金又要支付债务，这种融资租赁形式，由于租赁收益一般大于借款成本支出，出租人借款购物出租可获得财务杠杆利益，故被称为杠杆租赁。

### 2. 融资租赁的程序

不同的租赁业务，具有不同的具体程序。融资租赁程序比较复杂，现介绍如下。

(1) 选择租赁公司　企业决定采用租赁方式取得某项设备时，首先需了解各家租赁公司的经营范围、业务能力、资信情况，以及与其他金融机构如银行的关系，取得租赁公司的融资条件和租赁费率等资料，加以分析比较，从中择优选择。

(2) 办理租赁委托　企业选定租赁公司后，便可向其提出申请，办理委托。这时，承租企业需填写“租赁申请书”，说明所需设备的具体要求，同时还要向租赁公司提供财务状况文件，包括资产负债表、利润表和现金流量表等资料。

(3) 签订购货协议　由承租企业与租赁公司的一方或双方合作组织选定设备供应厂商，并与其进行技术和商务谈判，在此基础上签订购货协议。

(4) 签订租赁合同　租赁合同由承租企业与租赁公司签订。它是租赁业务的重要文件，具有法律效力。融资租赁合同的内容可分为一般条款和特殊条款两部分。

① 一般条款　其内容主要包括：

a. 合同说明。主要明确合同的性质、当事人身份、合同签订的日期等。

b. 名词释义。解释合同中所使用的重要名词，以避免歧义。

c. 租赁设备条款。详细列明设备的名称、规格型号、数量、技术性能、交货地点及使用地点等，这些内容亦可附表详列。

d. 租赁设备交货、验收和调试、使用条款。

e. 租赁期限及起租日期条款。

f. 租金支付条款。规定租金的构成、支付方式和货币名称，这些内容通常以附表形式列为合同附件。

② 特殊条款　其主要内容包括：购货协议与租赁合同的关系；租赁设备的产权归属；租期中不得退租；对出租人和对承租人的保障；承租人违约及对出租人的补偿；设备的使用和保管、维修、保障责任；保险条款；租赁保证金和担保条款；租赁期满时对设备的处理条款等。

（5）办理验货、付款与保险　承租企业按购货协议收到租赁设备时，要进行验收，验收合格后签发交货及验收证书，并提交租赁公司，租赁公司据以向供应厂商支付设备价款。同时，承租企业向保险公司办理投保事宜。

（6）支付租金　承租企业在租期内按合同规定的租金数额、支付方式等，向租赁公司支付租金。

（7）合同期满处理设备　融资租赁合同期满时，承租企业根据合同约定，对设备退租、续租或留购。

### 3. 租金的确定

在租赁融资方式下，承租企业需按合同规定支付租金。租金的数额和支付方式对承租企业的未来财务状况具有直接的影响，因此是租赁融资决策的重要依据。

（1）决定租金的因素　融资租赁每期支付租金的多少，取决于下列几项因素。

① 租赁设备的购置成本，包括设备的买价、运杂费和途中保险费等。

② 预计租赁设备的残值，指设备租赁期满时预计的变现净值。

③ 利息，指租赁公司为承租企业购置设备融资而应计的利息。

④ 租赁手续费，包括租赁公司承办租赁设备的营业费用以及一定的盈利。租赁手续费的高低一般无固定标准，通常由承租企业与租赁公司协商确定，按设备成本的一定比率计算。

⑤ 租赁期限。一般而言，租赁期限的长短既影响租金总额，进而也影响到每期租金的数额。

⑥ 租金的支付方式。租金的支付方式影响每期租金的多少，一般而言，租金支付次数越多，每次的支付额越小。支付租金的方式也有很多种类包括：a. 按支付间隔期，分为年付、半年付、季付和月付；b. 按在期初和期末支付，分为先付和后付；c. 按每次是否等额支付，分为等额支付和不等额支付。实务中，承租企业与租赁公司商定的租金支付方式，大多为后付等额年金。

（2）确定租金的方法　租金的计算方法很多，名称和叫法也不统一。目前，国际上流行的租金计算方法主要有平均分摊法、等额年金法、附加率法、浮动利率法。我国融资租赁实务中，大多采用平均分摊法和等额年金法。

① 平均分摊法　平均分摊法是先以商定的利息率和手续费率计算出租赁期间的利息和手续费，然后连同设备成本按支付次数平均。这种方法没有充分考虑时间价值因素。每次应付租金的计算公式可列示如下。

$$A=\frac{(C-S)+I+F}{N} \tag{3-2}$$

式中　$A$——每次支付租金；

$C$——租赁设备购置成本；

$S$——租赁设备预计残值；

$I$——租赁期间利息；

$F$——租赁期间手续费；

$N$——租期。

**【例 3-2】** 某企业于2020年1月1日从租赁公司租入一套设备，价值50万元，租期为5年，预计租赁期满时的残值为1.5万元，归租赁公司，年利率按9%计算，租赁手续费率为设备价值的2%，租金每年末支付一次。该套设备租赁每次支付租金可计算如下。

**解：** $A=\frac{(C-S)+I+F}{N}=\frac{(50-1.5)+[50\times(1+9\%)^5-50]+50\times2\%}{5}=15.29$(万元)

② 等额年金法　等额年金法是运用年金现值的计算原理计算每期应付租金的方法。在这种方法下，通常以资金成本作为折现率。

根据普通年金现值的计算公式，经推导可得到计算后付等额租金方式下每年末支付租金的公式为

$$每期应付租金(A)=P\div(P/A,i,n) \tag{3-3}$$

### 4. 租赁融资的优缺点

对承租企业而言，租赁尤其是融资租赁，是一种特殊的融资方式。通过租赁，企业可不必预先筹措一笔相当于设备价款的现金，即可获得需用的设备。因此，与其他融资方式相比较，租赁融资颇具特点。

（1）租赁融资的优点

① 迅速获得所需资产　融资租赁集“融资”与“融物”于一身，一般要比先筹措现金后再购置设备来得更快，可使企业尽快形成生产经营能力。

② 租赁融资限制较少　企业运用股票、债券、长期借款等融资方式，都受到相当多的资格条件的限制，相比之下，租赁融资的限制条件很少。

③ 免遭设备陈旧过时的风险　随着科学技术的不断进步，设备陈旧过时的风险很高，而多数租赁协议规定由出租人承担，承租企业可免遭这种风险。

④ 全部租金通常在整个租期内分期支付，可适当减低不能偿付的危险。

⑤ 租金费用可在所得税前扣除，承租企业能享受税上利益。

（2）租赁融资的缺点　租赁融资的主要缺点是成本较高，租金总额通常要高于设备价值的30%；承租企业在财务困难时期，支付固定的租金也将构成一项沉重的负担。另外，采用租赁融资方式如不能享有设备残值，也可视为承租企业的一种机会损失。

# 第三节　资金成本与资本结构

## 一、资金成本概述

### 1. 资金成本的概念

资金成本是指企业为筹集资本和使用资本所付出的代价，包括资本筹集费用和资本占用费用。就企业整体而言，筹集和使用任何资金（包括短期资金和长期资金）都必须付出代价，所以，针对企业全部资金的成本，一般称为企业的资金成本。在企业进行融资决策和投资决策时，由于主要涉及企业的长期资金，包括长期负债和主权资本，所以，这里的资金成本主要是指长期负债和主权资本的成本。

资金成本包括资本的筹集费用和占用费用。资本筹集费用是企业在筹集资本过程中支付的注册费、代办费和手续费等。这些费用在筹集资本时支出，需要从融资总额中扣除。从融资总额中扣除融资费用是企业的融资净额，融资净额才是企业真正能使用的资本。资本占用费用是企业使用资本过程中所负担的费用，如债券的利息、股票的股利等。资本使用费用的多少不仅与融资总额有关，而且与使用资本的时间有关。

资金成本一般以其相对数即资金成本率表示。资金成本率是指企业在一定时期内（通常为 1 年）使用资本所发生的费用与融资净额的比率。更准确地讲，资金成本率实质上是企业在 1 年内每使用 1 元资本所负担的费用。

企业进行融资决策，必须计算资金成本。资金成本有不同的表现形式，在比较各种融资方式时，需要使用个别资金成本。个别资金成本包括长期借款成本、长期债券成本、优先股成本、普通股成本及留存收益成本。在进行资本结构决策时，需要使用综合资金成本。在追加融资决策中，需要使用边际资金成本。

### 2. 资金成本的作用

资金成本是企业财务管理中的一个重要概念，在企业的融资决策、投资决策等财务决策中都有着重要的作用。

（1）资金成本是企业选择融资方式，进行融资决策的重要依据。企业从不同的渠道以不同的方式筹集资本都必须付出相应的代价，但不同融资方式的资金成本是不相同的。企业在选择融资方式时，必须考虑资金成本的高低，在其他方面相同的情况下，应尽可能选择资金成本较低的融资方式。企业进行融资决策，确定资本结构，综合资金成本是一个最重要的衡量指标。选择综合资金成本最低的资本结构是进行融资决策的重要依据。

（2）投资最低报酬率企业进行投资决策。投资最低报酬率决定项目的取舍时，一个重要的标准是投资项目的预期报酬率必须高于资金成本率，因此，资金成本率又被称为进行投资决策的最低报酬率或“取舍率”。一般来讲，只有预期报酬率高于资金成本率的投资项目，才是企业考虑可以选择的投资项目；反之，对于投资报酬率低于资金成本率的项目，企业是不予考虑的。另外，资金成本在实质上是投资项目的机会成本，当资本投资于某项目时就失去了投资于其他项目获取报酬的机会。比如，企业投资于股票就不能投资于国家债券，那么，投资于国家债券的利息率就是投资于股票的机会成本。在进行投资决策时，必须将这种机会成本作为评价投资方案的依据。

由于将资金成本率作为投资项目取舍的最低报酬率，在评价投资方案时，常常将资金成本率作为贴现率，计算投资项目的净现值和现值指数，用以评价和比较不同投资方案的优劣。

（3）资金成本是衡量企业经营业绩的基准。衡量企业经营业绩的一个重要指标是投资收益率。投资收益率只有在高于资金成本率时，企业经营才能真正获利，如果投资收益率低于资金成本率，实际上意味着企业在经营中发生了损失，企业必须进一步改进经营管理，提高投资收益率，进而提升企业整体的业绩。

资金成本可以用绝对数表示，也可以用相对数表示。由于不同情况下融资总额不同，资金成本通常用相对数来表示，即用资金成本率来表示。其计算公式为

$$K=\frac{D}{L-F}=\frac{D}{L(1-f)} \tag{3-4}$$

式中　$K$——资金成本率；

$D$——资金占用费用；

$L$——筹集资金总额；

$F$——融资费用；

$f$——融资费率（即融资费占筹集资金总额的比率）。

公司的资本是由不同的资金来源构成的，不同的资金来源，其资金的成本不同。为了便于分析和研究问题，资金成本可以分为个别资金成本和综合资金成本。

### 3. 个别资金成本

（1）银行借款成本　银行借款的资金占用费是指借款利息，融资费用是指银行手续费。由于借款利息计入税前成本，可以起到抵税的作用。因此，企业实际负担的利息费用公式为

$$利息\times(1-所得税率)$$

一次还本，分期付息借款的资金成本率的计算公式为

$$K_i=\frac{I(1-T)}{L-F}=\frac{Li(1-T)}{L-Lf}=\frac{i(1-T)}{1-f} \tag{3-5}$$

式中　$K_l$——长期借款资金成本率；

$I$——长期借款年利息；

$T$——所得税率；

$L$——长期借款融资总额；

$F$——长期借款融资费用；

$i$——长期借款年利率；

$f$——长期借款筹资费率（利率）。

**【例 3-3】**　企业取得 5 年期长期借款 300 万元，年利率 10%，每年付息一次，到期一次还本。融资费率 0.5%，企业所得税率为 25%，计算该项借款的资金成本率。

**解：**

$$K_l=\frac{300\times10\%\times(1-25\%)}{300\times(1-0.5\%)}=\frac{10\%\times(1-25\%)}{1-0.5\%}=7.54\%$$

长期借款的筹资费用主要是借款的手续费，通常很少，可以忽略不计。此时资金成本率计算式为

$$K_l=i(1-T) \tag{3-6}$$

（2）债券成本　债券的资金占用费指债券的利息，债券的融资费指债券的发行费用。债券利息与长期借款利息的处理相同，也可起到抵税的作用。但债券的融资费用一般比较高，不可在计算资金成本时省略。一次还本，分期付息债券的资金成本率的计算公式为

$$K_b=\frac{I_b(1-T)}{B(1-f)} \tag{3-7}$$

式中　$K_b$——债券资金成本率；

$I_b$——债券年利息；

$T$——所得税率；

$B$——债券融资额；

$f$——债券融资费率。

债券的发行有溢价发行、折价发行和平价发行三种。债券利息按面额和票面利率确定，为了正确地计算债券成本，债券的融资额应按实际发行价格计算。

**【例 3-4】**　某公司发行面值为 1000 万元的债券，发行价格为 1200 万元，票面利率为 10%，发行费用为发行价格的 4%，所得税率为 25%。计算该债券的资金成本率。

**解：**

$$K_b=\frac{1000\times10\%\times(1-25\%)}{1200\times(1-4\%)}=6.51\%$$

（3）优先股成本　发行优先股的融资费用有注册费、代销费等，资金占用费为从税后利润中定期支付的股息。其资金成本率的计算公式为

$$K_p=\frac{D_p}{P(1-f)}=\frac{Pi}{P(1-f)}=\frac{i}{1-f} \tag{3-8}$$

式中　$K_p$——优先股资金成本率；

$D_p$——优先股年股利；

$P$——优先股融资额；

$f$——融资费率；

$i$——优先股股利率。

（4）普通股成本　普通股成本的确定方法与优先股成本的确定方法基本相同。如果普通股每年的股利固定不变，计算公式与优先股一样；如果假定每年股利增长率是固定的比率$g$，其计算公式为

$$K_c=\frac{D_c}{P(1-f)}+g=\frac{Pi}{P(1-f)}+g=\frac{i}{1-f}+g \tag{3-9}$$

式中　$K_c$——普通股资金成本率；

$D_c$——普通股年股利；

$P$——普通股融资额；

$f$——融资费率；

$g$——每年股利固定增长比率；

$i$——普通股年固定股利率。

（5）留存收益成本　留存收益是企业税后利润中留在企业内部用于再投资的部分，它往往被看作是一种无需花费成本的公司的资金来源。但留用利润是普通股所代表的资本的增加额，股东对这部分投资与以前交给企业的股本一样，也要求有一定的报酬，只是没有筹资费用。计算留存收益成本的方法很多，最基本的计算公式为

$$K_r=\frac{D_c}{P}+g \tag{3-10}$$

式中　$K_r$——留用利润成本；

其他符号含义同前。

（6）综合资金成本　由于受多种因素制约，企业不可能只使用某种单一的融资方式，往往需要运用多种融资方式筹集所需资金。为进行融资决策，就要计算企业全部长期资金的总成本。长期资金的总成本通常以各种个别资本占全部资本的比重为权数，对个别资本成本进行加权平均而确定，因而也称为加权平均资金成本。其计算公式为

$$K_w=\sum_{i=1}^{n}K_iW_i \tag{3-11}$$

式中　$K_w$——综合资金成本；

$K_i$——第$i$种个别资金成本；

$W_i$——第$i$种个别资本占总资本的比重，即权数。

**【例 3-5】**　某企业账面反映的长期资本共1000万元，其中长期借款200万元，应付长期债券100万元，普通股票500万元，保留盈余200万元。其资金成本分别为6.7%、9.17%、11.26%、11%。试计算该企业的综合资金成本率。

**解：** $K_w=6.7\%\times\frac{200}{1000}+9.17\%\times\frac{100}{1000}+11.26\%\times\frac{500}{1000}+11\%\times\frac{200}{1000}=10.09\%$

## 二、杠杆原理

企业进行融资决策，一方面需要分析计算资本成本，另一方面需要分析衡量财务风险，财务风险是确定企业资本结构必须考虑的一个重要因素。

财务风险影响企业资本结构，企业的经营风险又影响企业的财务风险，因此，分析财务风险必须明确什么是经营风险以及经营风险与财务风险的关系。同时，与风险相联系的另一个重要概念就是杠杆利益。经营风险有其相对应的经营杠杆，财务风险有其相对应的财务杠杆，而经营杠杆与财务杠杆的结合则形成联合杠杆。所有这些因素都对企业融资决策有着重要的影响。

### 1. 经营杠杆

(1) 固定成本与变动成本　根据成本特性的不同，产品成本可分为固定成本与变动成本两部分。固定成本是指在一定产量范围内，不随产品产量变化而变化，保持一个常量的成本；变动成本是随着产量的变化而变化的成本。

(2) 经营杠杆　经营杠杆是指企业息税前收益（EBIT）随企业销售额变化而变化的程度，常用DOL表示。其计算公式为

$$\text{DOL}=\frac{\text{息税前收益变化百分比}}{\text{销售收入变化百分比}}=\frac{\Delta \text{EBIT}/\text{EBIT}}{\Delta S/S}$$

$$\text{EBIT}=\text{销售收入}-\text{总成本}=PQ-(VQ+F)(P-V)Q-F$$

$$\Delta \text{EBIT}=\Delta Q(P-V) \tag{3-12}$$

式中　$S$——销售收入；

$P$——单位产品销售价格；

$Q$——产品销售量；

$V$——单位产品变动成本；

$F$——固定成本。

$$\text{DOL}=\frac{\Delta \text{EBIT}/\text{EBIT}}{\Delta S/S}=\frac{\Delta Q(P-V)/[(P-V)Q-F]}{P\Delta Q/PQ}=\frac{Q(P-V)}{Q(P-V)-F} \tag{3-13}$$

经营杠杆DOL越大，EBIT随销售收入变化而变化的幅度越大。上式中的DOL表示按销售数量确定的经营杠杆系数。

**【例3-6】** 某公司生产甲产品，其固定成本140万元，变动成本率为55%，当销售额为780万元时，试计算其经营杠杆系数。

**解：**

$$\text{DOL}=\frac{780\times(1-55\%)}{780\times(1-55\%)-140}=1.66$$

以上计算表明：当销售额为780万元时，销售额每变动1%，公司的DOL将变动1.66%。即在单位产品平均售价、单位产品可变成本和固定成本不变的情况下，销售量与息税前收益成正比。

经营杠杆系数越大，对经营杠杆利益的影响就越大，经营风险也就越高。

### 2. 财务杠杆

财务杠杆是指由于负债经营而导致公司所有者收益变化幅度的增加。财务杠杆用财务杠杆系数 DFL 衡量。公式为

$$DFL=\frac{\text{EPS 变化的百分比}}{\text{EBIT 变化的百分比}}=\frac{\Delta EPS/EPS}{\Delta EBIT/EBIT} \tag{3-14}$$

式中 DFL——财务杠杆系数；

ΔEPS——普通股每股利润的变动额；

EPS——普通股每股利润；

ΔEBIT——息税前利润的变动额；

EBIT——息税前利润。

若用 $I$ 表示利息、$T$ 表示公司所得税率、$N$ 表示流通在外的普通股股数，则有

$$EPS=(EBIT-I)(1-T)/N$$

$$\Delta EPS=\Delta EBIT(1-T)/N$$

即有

$$DFL\%=\frac{EBIT}{EBIT-I} \tag{3-15}$$

**【例 3-7】** 某公司全部资本为 1200 万元，债务资本的比率为 40%，债务利率为 12%，在息税前利润为 110 万元时，计算其财务杠杆系数。

**解：**

$$DFL=\frac{110}{110-1200\times40\%\times12\%}=2.10$$

计算表明公司在目前情况下，当息税前利润增长 1%时，普通股每股利润增长 2.10%。当息税前利润下降 1%时，普通股每股利润下降 2.10%。财务杠杆系数是息税前利润、利息、资本结构的函数，当它们发生变化时，财务杠杆系数就会变动。通常，财务杠杆系数越大，对财务杠杆利益的影响就越大，财务风险也越大。

由以上分析可知，经营杠杆是通过扩大销售额影响息税前的利润；而财务杠杆则是通过扩大息税前利润影响每股利润。二者最终都影响到普通股每股的收益。可以得出以下结论。

① 股东权益受经营风险和财务风险的共同影响。其中经营风险主要受公司产品需求状况、生产要素的供给状况、固定成本与变动成本的比例关系及对市场的应变能力等因素的影响。财务风险则主要受公司资本结构的影响。

② 在营业利润水平高于债务利息率时，负债经营可以提高股东的收益水平；在营业利润水平低于债务利息时，负债经营将降低股东的收益水平。股东收益水平变化幅度的增减，就是财务杠杆引起的财务风险。

## 三、资金结构决策

### 1. 资本结构的概念

资本结构是指企业各种资本的价值构成及其比例关系。从资金成本的分析可知，利用债务融资可以降低公司的资金成本；从杠杆理论分析可知，利用债务融资可以获得财务杠杆利益，但同时也给公司带来一定的财务风险，包括定期还本付息的风险和导致所有者收益下降的风险。在企业融资管理活动中，资本结构有广义和狭义之分。广义的资本结构是指企业全部资本价值的构成及其比例关系。它不仅包括长期资本，还包括短期资本，主要是短期债权

资本。狭义的资本结构是指企业各种长期资本价值的构成及其比例关系，尤其是指长期的股权资本与债权资本的构成及其比例关系。在狭义资本结构下，短期债权资本系作为营运资本来管理。

### 2. 最佳资金结构

所谓最佳资金结构是指企业在一定时期内，使综合资金成本最低、企业价值最大时的资金结构。其判断标准有三个：①有利于最大限度地增加所有者财富，能使企业价值最大化；②企业综合资金成本最低；③资产保持适宜的流动，并使资金结构具有弹性。

### 3. 资金结构决策的方法

资金结构决策的方法主要有以下两种。

（1）比较资金成本法 比较资金成本法是指通过计算不同资金组合的综合资金成本，并以其中资金成本最低的组合为最佳的一种方法。它以资金成本的高低作为确定最佳资金结构的唯一标准。其操作过程为：第一步，确定不同融资方案的资金结构；第二步，计算不同方案的资金成本；第三步，选择资金成本最低的资金组合，即最佳资本结构。

**【例 3-8】** 某企业拟融资组建一分公司，投资总额为 500 万元，有三个方案可供选择。其资金结构分别是，甲方案：长期借款 50 万元、债券 100 万元、普通股 350 万元；乙方案：长期借款 100 万元、债券 150 万元、普通股 250 万元；丙方案：长期借款 150 万元、债券 200 万元、普通股 150 万元。三种融资方案所对应的资金成本分别为：6%，10%，15%。试分析何种方案资金结构最佳。

**解：** 首先，计算各方案的综合资金成本。

$$\text{甲方案的综合资金成本}=\frac{50}{500}\times 6\%+\frac{100}{500}\times 10\%+\frac{350}{500}\times 15\%=13.1\%$$

$$\text{乙方案的综合资金成本}=\frac{100}{500}\times 6\%+\frac{150}{500}\times 10\%+\frac{250}{500}\times 15\%=11.7\%$$

$$\text{丙方案的综合资金成本}=\frac{150}{500}\times 6\%+\frac{200}{500}\times 10\%+\frac{150}{500}\times 15\%=10.3\%$$

其次，根据计算结果，选择最佳融资方案为丙方案，其综合资金成本最低。

（2）每股利润分析法 企业合理的资金结构，应当注意其对企业的盈利能力和股东财富的影响，因此将息税前利润（EBIT）和每股利润（EPS）作为分析确定企业资金结构的两大要素。每股利润分析法就是将息税前利润和每股利润这两大要素结合起来，分析资金结构与每股利润之间的关系，进而确定最佳资金结构的方法。由于这种方法需要确定每股利润的无差异点，因此又称每股利润无差异点法。其决策程序为：第一步，计算每股利润无差异点；第二步，作每股利润无差异点图；第三步，选择最佳融资方式。

该方法测算每股利润无差异点的计算公式为

$$\frac{(\mathrm{EBIT}-I_1)(1-T)-D_1}{N_1}=\frac{(\mathrm{EBIT}-I_2)(1-T)-D_2}{N_2} \tag{3-16}$$

式中 EBIT——每股利润无差异点处的息税前利润；

$I_1$，$I_2$——两种融资方式下的年利息；

$D_1$，$D_2$——两种融资方式下的优先股股利；

$N_1$，$N_2$——两种融资方式下的流通在外的普通股股数。

每股利润无差异点的息税前利润计算出来以后，可与预期的息税前利润进行比较，据以选择融资方式。当预期的息税前利润大于无差异点息税前利润时，应采用负债融资方式；当预期的息税前利润小于无差异点息税前利润时，应采用普通股融资方式。

**【例 3-9】** 某公司欲筹集新资金400万元以扩大生产规模。筹集新资金的方式可用增发普通股或长期借款方式。若增发普通股，则计划以每股10元的价格增发40万股；若采用长期借款，则以10%的年利率借入400万元。已知该公司现有资产总额为2000万元，负债比率为40%，年利率8%，普通股100万股。假定增加资金后预期息税前利润为500万元，所得税税率为30%，试采用每股利润分析法计算分析应选择何种融资方式。

**解：** ① 计算每股利润无差异点。

$$\frac{(\text{EBIT}-64)\times(1-30\%)}{100+40}=\frac{[\text{EBIT}-(64+40)]\times(1-30\%)}{100}\quad \text{EBIT}=204(\text{万元})$$

将该结果代入上式可得无差异点的每股利润（EPS）为0.7万元。

② 计算预计增资后的每股利润，见表3-4所示，并选择最佳融资方式。

表 3-4 预计增资后的每股利润　　单位：万元

| 项目 | 增发股票 | 增加长期借款 |
|---|---|---|
| 预计息税前利润(EBIT) | 500 | 500 |
| 减：利息 | 64 | 64+40 |
| 税前利润 | 436 | 396 |
| 减：所得税 | 130.8 | 118.8 |
| 税后利润 | 305.2 | 277.2 |
| 普通股股数(万股) | 140 | 100 |
| 每股利润(EPS) | 2.18 | 2.77 |

由表3-4计算得知，预期息税前利润为500万元，追加负债融资的每股利润较高（为2.77万元），应选择负债方式筹集资金。

由此表明，当息税前利润等于204万元时，采用负债或发行股票方式融资都是一样的；当息税前利润大于204万元时，采用负债方式融资更有利；当息税前利润小于204万元时，则应采用发行股票方式融资。该公司预计EBIT为500万元，大于无差异点的EBIT，故采用长期借款的方式融资较为有利。

每股利润分析法确定最佳资金结构，是以每股利润最大为分析起点，它直接将资金结构与企业财务目标、企业市场价值等相关因素结合起来，因此是企业在追加融资时经常采用的一种决策方法。

应当看到，资金结构决策是企业财务决策中一项比较复杂的内容。上述两种方法都直接地以加权平均成本高低，或者以每股利润的大小为依据，虽然集中地考虑了资金成本与财务杠杆利益，但不够全面，如没有考虑资金结构弹性、财务风险大小及其相关成本等因素。因此，企业在进行资金结构决策时，要权衡利弊，统筹安排，并最终合理地选择融资方案。

## 本章小结

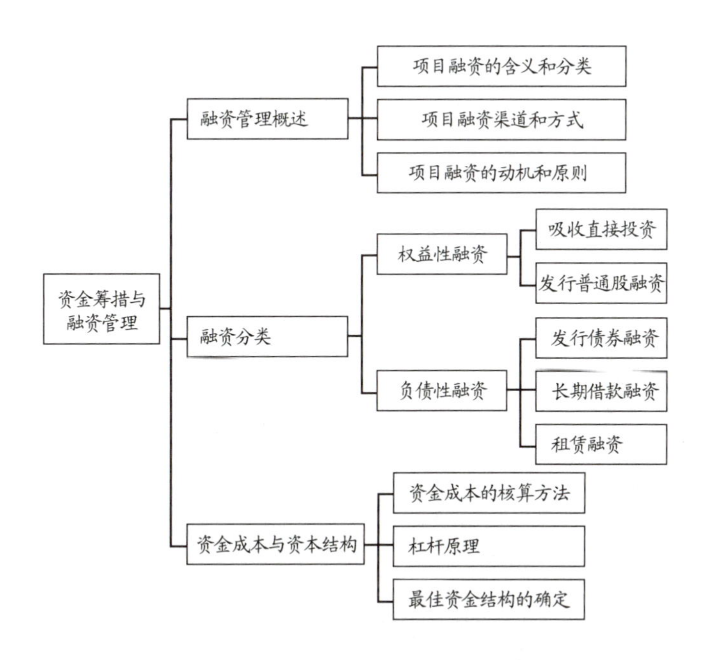


## 自测题

### 一、单项选择题

1. 企业的融资渠道有（ ）。

A. 国家资本 B. 发行股票 C. 发行债券 D. 银行借款

2. 企业的融资方式有（ ）。

A. 民间资本 B. 外商资本 C. 国家资本 D. 融资租赁

3. 国家财政资本的筹资渠道可以采取的筹资方式有（ ）。

A. 投入资本筹资 B. 发行债券筹资 C. 发行融资券筹资 D. 租赁筹资

4. 企业自留资本的融资渠道可以采取的融资方式有（ ）。

A. 发行股票融资 B. 商业信用融资 C. 发行债券融资 D. 融资租赁融资

5. 在经济周期的（ ）阶段，企业可以采取长期租赁融资方式。

A. 萧条 B. 复苏 C. 繁荣 D. 衰退

6. 可以作为资本结构决策基本依据的成本是（ ）。

A. 个别资金成本 B. 综合资金成本 C. 边际资金成本 D. 资金总成本

7. 下列融资方式中，资金成本最低的是（ ）。

A. 发行股票 B. 发行债券 C. 长期借款 D. 留用利润

8. 企业在经营决策时对经营成本中固定成本的利用成为（ ）。

A. 财务杠杆 B. 总杠杆 C. 联合杠杆 D. 营运杠杆

9. 息税前利润变动率相当于销售额变动率的倍数，表示的是（ ）。

A. 边际资本成本 B. 财务杠杆系数 C. 营业杠杆系数 D. 联合杠杆系数

10. 要使资本结构达到最佳，应使（ ）达到最低。

A. 综合资本成本率 B. 边际资本成本率 C. 债务资本成本率 D. 自有资本成本率

### 二、多项选择题

1. 企业的融资动机主要包括（ ）。

A. 扩张融资动机　　B. 偿债动机　　C. 对外投资动机
D. 混合动机　　E. 经营管理动机

2. 企业的融资渠道包括（　　）。
A. 国家资本　B. 银行资本　C. 民间资本　D. 外商资本　E. 融资租赁

3. 企业融资方式有（　　）。
A. 吸收投资　B. 发行股票　C. 发行公债　D. 内部资本　E. 长期借款

4. 长期资本通常采用（　　）等方式来筹措。
A. 长期借款　B. 商业信用　C. 融资租赁　D. 发行债券　E. 发行股票

5. 企业的短期资本一般是通过（　　）等方式来融通。
A. 短期借款　　B. 商业信用　　C. 发行融资券
D. 发行债券　　E. 融资租赁

6. 综合资金成本的权数，可有三种选择，即（　　）。
A. 票面价值　B. 账面价值　C. 市场价值　D. 目标价值　E. 清算价值

7. 影响营业风险的主要因素有（　　）。
A. 产品需求的变动　　B. 产品售价的变动　　C. 营业杠杆
D. 利率水平的变动　　E. 单位产品变动成本的变化

8. 影响财务风险的因素主要有（　　）。
A. 产品售价的变化　　B. 利率水平的变化　　C. 获利能力的变化
D. 资本结构的变化　　E. 资本供求的变化

9. 影响企业资本结构的因素有（　　）。
A. 企业偿债能力　　B. 企业获利能力　　C. 企业增长率
D. 税收政策　　E. 管理人员态度

10. 在企业资本结构决策中，可利用的杠杆原理有（　　）。
A. 营业杠杆　B. 销售杠杆　C. 财务杠杆　D. 金融杠杆　E. 联合杠杆

## 三、计算分析题

1. 某公司普通股现行市价每股 20 元，现增发新股 80000 股，预计融资费率 6%，第一年每股发放股利 2 元，股利增长率 5%。试计算本次增发普通股的资金成本率。

2. 某企业年销售净额为 280 万元，息税前利润为 80 万元，固定成本为 32 万元，变动成本率为 60%，资本总额为 200 万元，债权资本比率 40%，债务利率 12%。试分别计算该企业的营业杠杆系数、财务杠杆系数和联合杠杆系数。

3. 某公司在初创时拟融资 500 万元，现有甲、乙两个备选方案。有关资料经测算列入表 3-5，甲、乙方案其他有关情况相同。

表 3-5　甲、乙方案的相关情况

| 融资方式 | 融资方案甲 | | 融资方案乙 | |
|---|---|---|---|---|
| | 融资额/万元 | 个别资本成本率/% | 融资额/万元 | 个别资本成本率/% |
| 长期借款 | 80 | 7.0 | 110 | 7.5 |
| 公司债券 | 120 | 8.5 | 40 | 8.0 |
| 普通股 | 300 | 14.0 | 350 | 14.0 |
| 合计 | 500 | — | 500 | — |

试计算比较该公司甲、乙两个融资方案的综合资金成本并据以选择融资方案。

## 四、思考题

1. 简述企业融资动机。
2. 试述企业融资的要求。
3. 试述融资渠道和融资方式的类型。
4. 什么是资金成本？资金成本的作用有哪些？
5. 简述营业杠杆的基本原理。
6. 简要说明联合杠杆系数的含义和作用。
7. 简述影响资本结构的因素。

# 第四章　建筑工程项目资产管理

**知识目标**

- 了解资产的含义、特点及分类。
- 理解流动资产包括的内容。
- 掌握现金、应收账款、存货的日常管理、固定资产和无形资产的管理和投资。

**能力目标**

- 能够运用所学的方法计算最佳现金持有量、确定应收账款的收账政策、计算存货的经济批量、最佳订货点。
- 能够根据固定资产的投资方案，选择合适的财务评价指标选择方案。

**素质目标**

- 树立正确的资产管理理念。
- 引导学生合理使用谨慎性原则预估损失和减值。

## 第一节　资产管理概述

### 一、资产概述

#### 1. 资产的概念

资产是由企业过去的交易或事项形成的、由企业拥有或者控制、预期会给企业带来经济利益的资源。

#### 2. 资产的主要特点

① 资产预期会给企业带来经济利益。资产可以通过企业日常的生产经营活动或非生产经营活动直接或间接导致现金和现金等价物流入企业。此项特征是资产的重要特征，如果某项目预期不能给企业带来经济利益，那么就不能将其确认为企业的资产。

4-1　资产概述

② 资产是企业拥有或者控制的资源。具体来说，企业享有某项资源的所有权，或者该资源可以被企业所控制。

③ 资产是由企业过去的交易或者事项形成的，只有过去发生的交易或者事项才能产生资产。例如购买、生产、建造行为或者其他交易或事项。

**资产的确认条件**

① 经济利益可能流入企业。
② 取得资产的成本能够可靠计量。

### 二、资产的分类

建筑施工企业的资产可以用不同的分类标准进行划分，在这里以建筑施工企业常用的划分资产的标准进行介绍，将资产按照流动性划分可分为以下两类。

#### 1. 流动资产

流动资产是指建筑施工企业可以在一个会计年度内或者超过一个会计年度的一个营业周期内变现或者运用的资产，它是企业资产中必不可少的组成部分。流动资产在周转过程中，从货币形态开始，依次改变形态，最后又回到货币形态，各种形态的资金与生产流通环节紧密相结合，资产的周转速度越快，变现能力越强，给企业带来的效益就越高。

流动资产按照不同的分类标准又可以进行不同的划分。

（1）按照实物形态划分　把流动资产划分为现金、短期投资、应收及预付款项、存货等。

① 现金。是指可以直接用来购买物品、支付各类费用或者用于偿还各项债务的交换或支付手段。这里说的现金主要包括企业的库存现金、银行存款等内容。现金是流动资产中流动性最强的资产，可以直接支用和流通。建筑施工企业持有大量的现金，可以降低企业的财务风险，使企业具有较高的偿债能力，但同时也会因为现金不能带来或者只能带来极低的报酬，而影响企业的收益。因此在财务管理比较完善的企业，一般不保留大量的现金。

② 短期投资。是指建筑施工企业持有的各类准备随时变现的有价证券以及不超过一年的其他投资。建筑施工企业进行此类投资，一方面可以充分利用闲置资金获得一定的收益；另一方面又可以保证企业资产的流动性，降低企业的财务风险。所以，持有一等数量的有价证券对于建筑施工企业是一种可取的财务管理方法。

③ 应收以及预付款项。是指建筑施工企业在施工生产过程中所形成的应该收取但尚未收取，或者预先支付的各种款项，其形成的原因主要是建筑施工企业的已完工工程与建设单位进行价款结算，但建设单位尚未支付的款项。主要有应收账款、应收票据、其他应收款以及预付账款。在竞争激烈的市场条件下，企业为提高产品的市场占有率或其他原因，存在应收款项是不可避免的，但企业应该采取合理的方法加速应收款项的收回，减少坏账给企业带来的不必要的损失。

④ 存货。是指建筑施工企业在施工生产中为生产、销售而持有的各类物资。对于建筑施工企业而言，主要包括产成品、半成品、在产品、原材料、周转材料、低值易耗品等。存货因为其在企业的施工生产中用途特殊，所以在企业的流动资产中所占的比重相对较大。所以，企业加强对存货的管理与控制，将存货保持在最佳持有数量上，是建筑施工企业财务管理的又一项重要工作。

（2）按照在生产领域中的作用划分　把流动资产划分为生产领域中的流动资产和流通领域中的流动资产。

① 生产领域中的流动资产，是指在产品的生产过程中有助于产品形成的流动资产，包括原材料、辅助材料、低值易耗品。

② 流通领域中的流动资产，是指处于流通过程中的流动资产，包括产成品、外购商品、可出售的半成品。

### 2. 非流动资产

非流动资产是指除流动资产以外的资产，一般企业的非流动资产将会在超过一个会计年度或者超过一个正常的营业周期才变现、出售、被耗用的资产。这些资产对于建筑施工企业来说主要包括长期股权投资、固定资产、在建工程、无形资产等。

流动资产的特点，主要包括以下几个方面：
① 流动资产占用形态具有变动性；
② 流动资产占用数量具有波动性；
③ 流动资产循环与生产经营周期具有一致性。

## 第二节　流动资产管理

### 一、现金管理

现金是建筑施工企业流动资产中流动性最强的资产，现金对于降低财务风险、增强企业资金的流动性具有很重要的意义。现金，是指企业在施工生产过程中暂时处在货币形态的资金，具体包括库存现金、银行存款、其他货币资金、银行本票、银行汇票等内容。

现金是变现能力最强的资产，既可以满足企业生产经营的需要，同时又是企业支付职工薪酬、偿还借款、支付利息、履行纳税义务的保证。可见，企业拥有足够数量的现金可以有效降低企业的财务风险，增强企业信誉，对于企业债务的清偿具有重要的意义。

同时还要看到，现金属于企业的非盈利资产或基本不能盈利的资产。所以，如果企业的现金持有量过高，虽然可以充分降低企业的财务风险，但同时也会导致企业的收益水平下降。因此，企业有必要确定一个合理的现金持有量，使企业的现金收支在数量和时间上做到较好的衔接，从而保证既可以满足企业生产经营活动所需要的现金数量，又能尽量减少企业因为持有现金而丧失的机会成本，提高资金收益率。

企业筹集的资金，一般都以现金的形式存在。为了保证生产经营的正常进行，必须拿出一部分现金去采购材料，这样有一部分现金转化为材料；材料投入生产后，当产品尚未最后完工脱离加工过程以前，便形成在产品和自制半成品；当产品进一步加工完成后，就成为准备出售的产成品；产成品经过出售，有的可直接获得现金，有的则因赊销而形成应收账款；经过一定时期以后，应收账款通过收现又转化为现金。总之，流动资金每次循环都要经过采购、生产、销售过程，并表现为现金、材料、在产品、产成品、应收账款等具体形态。为此，在进行流动资产管理时，必须在各项流动资产上合理配置资金数额，以促进资金周转顺利进行。

#### 1. 现金的持有动机

建筑施工企业在日常的生产经营过程中持有一定数量的现金，总结起来主要基于以下几个动机。

（1）支付动机　建筑施工企业为了应付日常的生产经营，维持企业正常的生产经营秩序，满足日常的支付需要，必须持有一定数量的现金。例如，购买原材料、支付职工薪酬、支付股利、支付利息、履行纳税义务、偿还到期债务等。一般而言，企业为满足支付动机所持有的现金余额主要取决于企业的销售水平。企业销售扩大，销售额也将随之增加，所需要的现金余额也将随之增加。

（2）预防动机　建筑施工企业为了应付遇到的意外事件而需要持有一定数量的现金。一般企业预计的现金持有量是在正常情况下企业的现金需要量，但由于市场上瞬息万变，有许多意外事件可能会影响企业现金的收入与支出，或者由于各种原因企业不能准确估计未来现金流入量与现金流出量，这样必然会打破企业的现金收支计划，对企业的正常生产经营产生不利的影响。所以，企业有必要在正常的现金需要量的基础上，追加一定金额的现金，用于应付企业的突发事件。企业为应付紧急情况所持有的现金余额主要取决于三方面：一是企业能够承担风险的程度；二是企业临时举债能力的强弱；三是企业对现金流量收支预测的准确程度。

（3）投机动机　在市场上会有很多意想不到的事情发生，建筑施工企业为了抓住各种瞬息即逝的市场机会，例如可以在证券价格出现大幅变动时，从事投机活动，以便获取较大利益等原因而准备的现金余额。如果企业预期利率下降，有价证券的价格将要上涨时，企业可以将持有的现金投资于有价证券，以期在证券价格上涨时获利。反之，则出售有价证券，持有现金。在投机动机下，企业的现金持有量大小往往受企业在金融市场的投资机会以及企业对待风险的态度的影响。

(4) 其他动机　建筑施工企业还可能基于满足将来某一特定要求或者为在银行维持补偿性余额等其他原因而持有现金。

总之，对于建筑施工企业在确定其现金的持有数额时，一定要综合考虑各方面的持有动机，一般企业持有的现金总额并不等于各种动机所需要现金余额的简单相加，前者通常小于后者。

### 2. 现金成本

建筑施工企业因为持有一定数额的现金会产生与之相对应的成本，称为现金成本。现金成本通常由以下几个方面组成。

(1) 现金持有成本　是指企业因保留一定现金余额从而增加的管理费用以及失去的再投资收益（机会成本）。企业持有现金会发生一定的管理费用。例如，为保证现金的安全，采取必要的防范措施；现金管理人员的劳动报酬等方面的费用开支。这些管理费用具有固定成本的性质，它在一定范围内与现金持有量变动关系不大，属于决策无关成本，而再投资收益（机会成本），是企业因持有现金放弃的收益，属于变动成本，它与现金持有量成正比例关系。

机会成本是指为了得到某种东西所要放弃的另一样东西，被舍弃掉的选项中的最高价值者就是这次决策的机会成本。简单来讲，可以理解为把一定资源投入某一用途后所放弃的在其他用途中所能获得的利益。

现金的机会成本=现金持有数量×投资收益率

(2) 现金转换成本　指企业用现金购入有价证券以及转让有价证券换取现金时付出的交易费用。例如，委托买卖佣金、委托手续费、证券过户费等。那些依据委托成交金额计算的转换成本与证券变现次数关系不大，属于决策无关成本。因此，与证券变现次数密切相关的转换成本就只包括其中的固定性交易费用。固定性转换成本与现金持有量成反比变动关系。

现金转换成本=有价证券变现次数×有价证券每次转换费用

(3) 现金短缺成本　指企业在现金持有量不足而又无法及时通过有价证券变现加以补充而给企业造成的损失。现金短缺成本与现金持有量成反比变动关系。现金短缺成本主要包括以下三个方面的内容。

① 丧失购买能力的成本。建筑施工企业由于现金短缺而无法购进急需的原材料，从而使企业的施工生产或者投资活动中断给企业造成的损失。

② 信用损失和失去折扣优惠的成本。建筑施工企业由于现金的不足不能及时偿还债务给企业的信用造成不良影响或者因为现金不足不能在对方给予的折扣时间内偿还款项而丧失现金折扣给企业造成的损失。

③ 丧失偿债能力的成本。建筑施工企业在其现金持有量不足时，可能因此承担较高的财务风险，使企业的偿债能力下降，使得企业融资能力受到影响。

在实际财务管理工作中，有的现金短缺成本可以准确地进行计量，而有的现金短缺成本却需要通过一定的方法进行估算。一般说来，现金短缺数额越大，其导致的经济损失可能也越大，现金短缺成本将越高；反之，则低。因此，建筑施工企业一旦发现现金短缺的征兆，就应该立即采取补充措施，适时满足现金的供应，最大限度地降低因为现金短缺可能给企业造成的损失。建筑施工企业通过了解与现金有关的成本及其各个成本的特点，有助于企业从成本最低的角度出发，在综合考虑各个成本因素的相互关系下确定企业的最佳现金持有量。

### 3. 最佳现金持有量

通过上面的介绍我们已经明确建筑施工企业要通过分析，进一步确定最佳的现金持有量。目前财务管理中确定最佳现金持有量的方法主要包括成本分析模式、存货模式、现金周转期模式和随机模式几种，其中成本分析模式和存货模式在企业用于判断现金持有量时比较常用，下面分别进行介绍。

（1）成本分析模式　成本分析模式是指企业根据现金有关成本，分析预测使其总成本最低时现金持有量的一种方法。建筑施工企业运用成本分析模式时，可通过分析不同方案下现金持有成本的构成情况，从而选择使企业总成本最低的现金持有量。运用成本分析模式确定最佳现金持有量时，企业只需考虑因持有一定量的现金而产生的机会成本和短缺成本，而不考虑转换成本。因此，企业最佳现金持有数量就是持有现金而产生的机会成本与短缺成本之和最小时的现金持有量。如前所述，机会成本与现金持有量成正比变动关系，短缺成本与现金持有量成反比变动关系。公式为

机会成本＝企业现金持有量×有价证券利息率

建筑施工企业在具体运用成本分析模式确定最佳现金持有量的具体步骤如下。

① 进行不同现金持有量的测算，同时确定相关成本具体数值。

② 根据不同现金持有量方案以及成本资料编制最佳现金持有量测算表。

③ 从测算表中取得相关总成本最低的方案，即为企业要确定的最佳现金持有量。

在采用测算表确定最佳现金持有量的同时，企业还可以通过图例分析的方法确定企业的最佳现金持有量，具体步骤如下。

① 在平面坐标轴中分别绘制机会成本和短缺成本以及总成本曲线。

② 总成本曲线最低的点即为最佳现金持有量。

通过成本分析模型图可知，企业最佳现金持有量点，就是企业机会成本曲线和短缺成本曲线的交点。如图 4-1 所示。

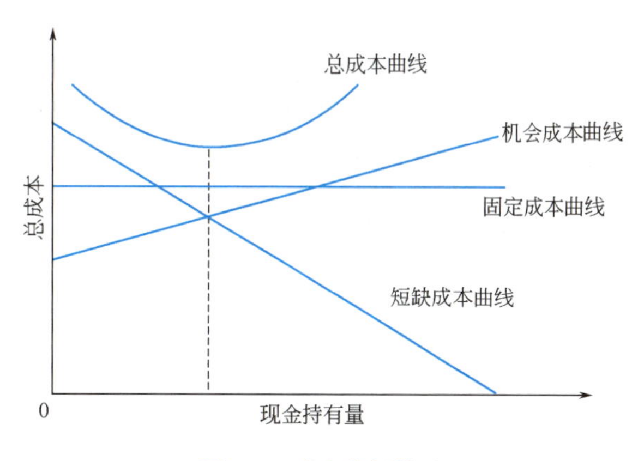


图 4-1　成本分析模型

**【例 4-1】** 某建筑施工企业经分析有四种现金持有方案可供企业选择，这四种现金持有方案各自的机会成本、管理成本、短缺成本如表 4-1 所示。

根据表 4-1 的资料，结合最佳现金持有量—成本分析模式的方法，编制最佳现金持有量测算表，见表 4-2 所示。

表 4-1 现金持有量备选方案表 单位：元

| 项目＼方案 | 甲 | 乙 | 丙 | 丁 |
|---|---|---|---|---|
| 现金持有量 | 30000 | 60000 | 90000 | 120000 |
| 机会成本 | 3000 | 6000 | 9000 | 12000 |
| 管理成本 | 20000 | 20000 | 20000 | 20000 |
| 短缺成本 | 12000 | 7500 | 2500 | 0 |

注：机会成本率为10%，是该企业的投资收益率。

表 4-2 最佳现金持有量测算表 单位：元

| 项目＼方案 | 甲 | 乙 | 丙 | 丁 |
|---|---|---|---|---|
| 机会成本 | 3000 | 6000 | 9000 | 12000 |
| 管理成本 | 20000 | 20000 | 20000 | 20000 |
| 短缺成本 | 12000 | 7500 | 2500 | 0 |
| 总成本 | 35000 | 33500 | 31500 | 33000 |

测算表中所示，四个方案的总成本分别为35000元、33500元、31500元和33000元。将各方案总成本加以比较可知，采用丙方案的现金持有量会使总成本最低，也就是说当企业持有90000元现金时，各方面的总代价最低，所以丙方案的现金持有量90000元是该企业的最佳现金持有量。

采用这种方案进行最佳现金持有量的判断，方法简单易行，但同时方法也存在一定的不足，由于所能够想到的方案数量有限，使得在选择的时候仅在有限的方案中进行筛选，就可能将最佳的现金持有方案遗漏。

（2）存货模式　存货模式又被称为鲍尔模式（Baumol model），它是由美国经济学家William. J. Baumol首先提出的。在该模式下认为企业的现金持有量在很多方面与存货非常相似，因此在此模式下将存货经济订货批量模型应用于确定目标最佳现金持有量。

存货模式下确定最佳现金持有量也是着眼于持有现金的相关总成本最低为目标，但是在这种模式下，由于企业发生的管理费用相对稳定，同时现金是否会出现短缺具有很大的不确定性，因此在存货模式中可以近似认为企业的管理成本和短缺成本为决策的无关成本。因此在此模型下，企业只需要对决策相关成本进行考虑，这些相关成本主要包括企业的机会成本和固定性转换成本。由于企业的机会成本与企业的现金持有量成正比变动关系，而企业的固定性转换成本与现金持有量成反比变动关系。因此，在确定最佳现金持有量时就要对企业的现金和有价证券的比例进行科学合理的安排，即找到使得现金管理的机会成本和固定性转换成本之和最低的数量，从而保证企业最佳的现金持有量。

企业在运用存货模式确定企业的最佳现金持有量时，必须要满足一定的假设条件，这些假设条件主要包括以下方面。

① 企业所需要的现金可以通过出售有价证券取得，并且有价证券变现的不确定性很小。

② 企业在预算期内现金需要总量可以通过合理预测得到。

③ 现金支付过程比较稳定，同时当企业的现金余额为零时，可以通过出售有价证券得

以补足。

④ 企业持有的有价证券的利率或报酬率以及每次的固定性交易费用能够掌握。

假设这些条件都能够得到满足，企业就可以利用存货模式确定现金的最佳持有量。因为在存货模式下，现金持有量管理的相关总成本就等于机会成本与固定性转换成本之和。公式为

$$现金管理总成本=机会成本+固定性转换成本$$

$$TC=(Q/2)K+(T/Q)F \tag{4-1}$$

式中　TC——现金管理的相关总成本；

$Q$——最佳现金持有量；

$K$——现金的机会成本，即有价证券的利息率；

$T$——某一时期内的现金需求量；

$F$——每次有价证券与现金的转换成本。

存货模式如图 4-2 所示。

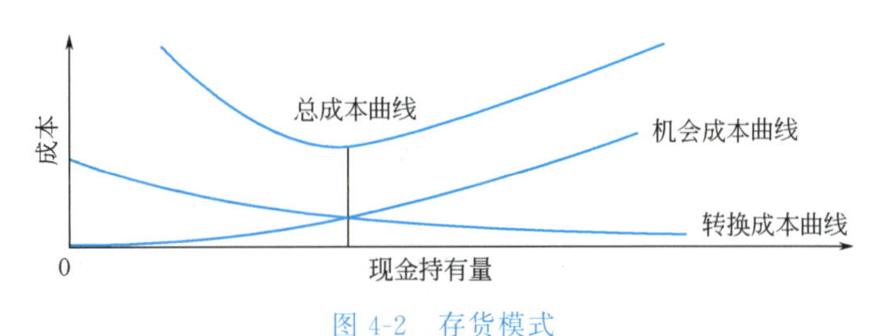


图 4-2　存货模式

从示意图中可以看出，企业现金管理的相关总成本与现金持有量的曲线关系。持有现金的机会成本与有价证券固定性转换成本相等时，现金管理的相关总成本最低，所以此时企业的现金持有量为最佳现金持有量。因此，$Q$（最佳现金持有量）应该满足关系式

$$(Q/2)K=(T/Q)F$$

整理后，可得出

$$Q=\sqrt{(2TF)/K}$$

其中，企业现金管理相关总成本的计算公式可表示为

$$TC=\sqrt{2TFK} \tag{4-2}$$

**【例 4-2】** 某建筑施工企业现金收支情况稳定，企业根据以往经验，预计企业全年需要支付现金 800000 元，市场上有价证券的年利息率为 6%，现金与有价证券每次的转换成本均为 80 元，假定全年按照 360 天计算。试根据存货分析模式确定企业的最佳现金持有量。

**解：** 最佳现金持有量 $Q=\sqrt{2\times800000\times80/6\%}=46188.02$(元)

最低现金管理相关总成本 $TC=\sqrt{2\times800000\times80\times6\%}=2771.28$(元)

其中　固定转换成本$=(800000\div46188.02)\times80=1385.64$(元)

持有机会成本$=46188.02\div2\times6\%=1385.64$(元)

有价证券交易次数$=800000\div46188.02\approx17$(次)

有价证券交易间隔期$=360\div17\approx21$(天)

(3) 现金周转模式　现金周转模式要求建筑施工企业从现金周转的角度出发，根据现金

的周转速度来确定最佳现金持有量的一种方法。现金的周转速度一般可以用现金周转期来衡量。

所谓现金周转期是指企业从使用现金购买原材料开始，到完成产品的销售并最终收回现金所花费的时间。具体包括以下三个方面内容。

① 存货周转期。是指企业将原材料转化成产成品并出售所需要的时间。

② 应收账款周转期。是指企业将应收账款收回变为现金所需要的时间，即从产品销售到收回现金的时间。

③ 应付账款周转期。是指企业从收到尚未付款的原材料开始到必须用现金支付货款所需要的时间。

确定出现金周转期后，便可确定现金周转期模式下的最佳现金持有量，其计算公式为

现金周转期＝存货周转期＋应收账款周转期－应付账款周转期

最佳现金持有量＝(企业年现金需求总额/360)×现金周转期

**【例4-3】** 某建筑施工企业根据以往经验预测，该企业的存货周转期为60天，应收账款周转期为60天，应付账款周转期为30天，另外企业预测全年需要现金360万元，根据现金周转期模式确定企业的最佳现金持有量。

**解：** 现金周转期＝60＋60－30＝90(天)

最佳现金持有量＝(360/360)×90＝90(万元)

(4) 随机模式 随机模式是企业在现金需求量难以预知的情况下进行现金持有量控制的方法。其基本原则是确定一个现金控制区域，即制订一个上限和一个下限，将现金余额控制在上下限之间。当现金持有量达到控制上限时，用现金购入有价证券，使现金持有量下降；反之，当现金持有量降到控制下限时，则出售有价证券换回现金，使现金持有量回升。其公式为

$$H=3R-2L \tag{4-3}$$

式中 $H$——现金持有量的上限；

$L$——现金持有量的下限；

$R$——最优现金返回线。

$$R=\sqrt[3]{3b\delta^2/4i}+L \tag{4-4}$$

式中 $b$——每次有价证券的固定性转换成本；

$\delta$——预期每天现金余额变化的标准差；

$i$——有价证券的日利息率。

需要强调的是公式中现金持有量下限 $L$ 的确定，可能会受到一些主客观因素的影响，例如，企业每天的最低现金需要量、企业管理人员对风险的预计以及对风险的承受能力、企业管理人员对市场的判断能力等方面的因素影响。

**【例4-4】** 某建筑施工企业目前持有一些有价证券，这些有价证券的年利率为10%，市场上现金与有价证券每次的固定性转换成本均为80元，企业设定的现金持有余额在任何时候均不能低于3000元，如企业根据历史数据预测出现金余额变化的标准差为800元。试计算随机模式预测最优现金返回线 $R$、现金持有量上限 $H$。

**解：** 有价证券日利率＝10%÷360≈0.028%

$$R=\sqrt[3]{3b\delta^2/4i}+L$$

$$=\sqrt[3]{3\times80\times800^2/4\times0.028\%}+3000=5678.57(\text{元})$$

$$H=3R-2L=3\times5678.57-2\times3000=11035.71(\text{元})$$

当企业的现金余额达到11035.71元时，应以5357.14(11035.71－5678.57)元的现金去投资于有价证券，使现金持有量回落为5678.57元；当企业的现金余额降到3000元时，则应转换2678.57(5678.57－3000)元的有价证券，使现金持有量回升为5678.57元。

### 4. 现金日常管理

4-2　现金的日常管理

建筑施工企业在确定了最佳现金持有量后，还要根据现金的特点，采取合理措施，加强对现金的日常管理，确保现金的安全、完整，同时也有利于最大限度地发挥现金的效用。企业可以采取的做法具体包括以下几个方面。

（1）完善企业内部现金收支管理制度　现金由于其流动性极强，因此在使用时可能会经常出现差错，为了避免不必要的损失，需要建筑施工企业建立健全一整套完善的管理制度和办法，保证现金的安全性。一般而言，企业可以从以下几个方面建立健全现金内部管理制度。

① 钱账分管制。钱账分管即是指管钱的不管账，管账的不管钱。一方面非出纳人员不得经管现金的日常收取支付业务以及现金的保管业务；另一方面，出纳人员不得兼管稽核、会计档案保管和收入、费用、债权、债务等账目的账簿登记工作。这样做可以有效做到会计人员和出纳人员互相监督和制约。另外，如果有条件企业还可以采取定期换岗的制度，在换岗过程中还应该按照《企业会计法》的相关要求办理必要的交接手续，以便相关责任人明确责任。

② 现金开支审批制。建筑施工企业应根据《现金管理暂行条例》及其实施细则的规定，确定现金开支范围，并在实际工作过程中按要求执行，不得任意扩大开支范围。还要制定各种报销凭证，规范报销手续和报销办法，确定各种现金支出的审批权限，没有经过审批并签章，或者超越规定审批权限的，出纳人员应该不予付款。

③ 日清月结制度。建筑施工企业对现金必须做到按日清点，按月结账，确保现金的实际金额与账面金额相符，银行存款余额与银行对账单相符。按现金管理规定企业实际库存现金持有金额不得超过库存现金限额，如果实际库存现金金额超过库存限额，则出纳人员应该将超过的部分及时送存银行；如果实际库存现金金额低于库存限额，则出纳人员应该及时补提现金。

④ 现金清查制度。建筑施工企业应该按照有关现金管理规定，组织有关人员对企业现金进行定期或者不定期的清查盘点，使现金和银行存款做到账实相符、账账相符、账证相符。清查结束后，应该由清查人填制“现金清查盘点报告单”，填列现金账存、实存情况以及现金溢余或者短缺的金额，同时说明原因，上报有关部门或负责人进行处理。

（2）现金回收管理　应收账款是赊销方式下的必然产物，赊销又是企业扩大销售的一个重要途径。但应收账款占用时间过长，必然使现金周转期延长，也会减慢现金周转速度并进而增加现金持有量。建筑施工企业为了增加收益，提高资金的使用效率应该尽快实现现金的收回，加速现金的周转。为此，企业应该建立销售与收款业务控制制度，并且根据成本与收益比较原则选用适当方法加速账款的收回。一般来说，企业款项收回主要经历四个时点，分别为：客户开出付款票据——企业收到票据——票据交存银行——企业收回现金。

可以看出，企业账款的收回时间包括票据邮寄时间、票据企业停留时间、票据结算时间。通过分析可知前两个阶段所需要的时间的长短受客户、企业、银行之间的距离的影响的同时，还和收款的效率有紧密关联。因此，有效地缩短这些阶段的时间，可以提高收款效率。这里主要介绍两种加速现金回收的方法。

① 银行业务集中法。银行业务集中法是指通过设立多个策略性的收款中心来代替通常在企业总部设立的单一收款中心，以加速账款的收回的一种方法。这种方法的目的是缩短从客户寄出账款到现金收入企业账户这个过程的时间。

银行业务集中法是一种通过建立多个收款中心来加速现金周转的方法。具体做法为：首先，企业需要指定一个主要开户行（通常是企业总部的所在地）为集中银行，并在收款额较集中的若干地区设立若干个收款中心。其次，客户收到账单后直接汇款到当地的收款中心，中心收款后可以立即存入当地开户银行。最后，当地开户银行在进行票据交换后立即转给企业总部所在地的银行。

银行业务集中法的优势在于可以大大缩短客户邮寄票据所需要的时间和票据托收所需要的时间，从而缩短了现金从客户到企业的中间周转时间。但同时采用银行业务集中法要求企业须在多处设立收账中心，因为每个收账中心的地区银行都会要求企业留有一定的补偿性余额，这样做就会导致企业开设的收账中心越多，支付补偿性余额带来的闲置资金也就越多，从而增加了相应的费用支出。同时，设置收账中心需要一定的人力和物力，这样也会增加企业的成本费用。

基于上述原因，企业应该在权衡利弊的基础上，选择是否采用银行业务集中法，需要企业通过计算确定分散收账收益净额从而做出选择。

分散收账收益净额＝(分散收账前应收账款投资额－分散收账后应收账款投资额)×企业综合资金成本率－因增设收账中心每年增加费用额

**【例 4-5】** 某建筑施工企业目前平均占用现金 1500 万元，企业根据情况准备改变收账办法，采用建立多个收款中心的方法来收账。经研究测算，企业增加收款中心预计每年多增加支出 10 万元，但可节约现金 120 万元，企业加权平均的资本成本为 10%，企业是否应采用多个收款中心制？

**解：** 建筑施工企业如果建立多个收款中心，可以从节约资金中获得的收益是 120×10%＝12 万元，比增加的支出 10 万元多 2 万元。因此，企业可以选择采用银行业务集中法。

② 锁箱法。锁箱法又可称为邮政信箱法，该方法最早是西方企业为加快资金周转较多使用的一种方法。其具体做法是，企业在各主要城市租用专门的邮政信箱，并开立分行存款账户，同时授权当地开户银行每日开启信箱，银行在取得客户支票后可以立即进行结算，并通过电汇的形式将货款拨付到企业所在地的银行。在这种方法下，客户可以直接将票据寄到企业所在地的邮箱而并非企业总部，从而可以有效缩短票据邮寄所用的时间，也节省了账款回收时需要先将支票交给企业的程序，银行收到支票后就可直接转账。但是采用这种方法用时会导致企业的管理成本升高，原因在于被授权开启邮政信箱的银行除了要求企业留有补偿性余额以外，还会另外向企业收取一定的劳务费用，这样就增加了企业的邮箱管理成本。因此，企业在决定是否采用锁箱法时，还需要根据能够提前收回的现金带来的收益和发生的成本的大小来决定。

对于建筑施工企业来说，为了能够及时收回款项，除采用上述方法以外，还可以根据具体情况选择其他有效的方法加速现金的回收。例如，大额汇款专人处理、企业内部往来多边结算、集中折抵、减少不必要的银行账户等。

(3) 现金支出管理　建筑施工企业在对现金支出的管理中的主要任务是，在合理的范围内尽可能地推迟现金的支出时间，因为现金在本企业停留的时间越长，企业可能获得的收益也就越多。企业具体做法如下。

① 推迟支付应付款项。建筑施工企业可以在不影响企业自身信誉的前提下，尽量把应付款项的支付时间向后推迟，这样就可以使现金在本企业停留相对较长的时间。

② 合理使用现金的"浮游量"。所谓现金的"浮游量"是指企业账户上现金余额和银行账簿上企业存款账户余额之间的差额。这些"浮游量"是由于企业和银行之间存在未达账项而引起的，是由于账款回收过程中存在时间差造成的。企业应该合理预测现金的"浮游量"，有效利用时间差，提高现金的使用效率。重视利用现金流量表中筹资与支付能力的分析来揭示企业在金融市场上的筹措资金能力以及偿付债务或现金的能力。充分利用现金"浮游量"是西方企业广泛采用的一种提高现金利用效率、节约现金支出总量的有效手段。

例如，某建筑施工企业，银行存款账户上的金额已为 200000 元，而银行账上所显示的该企业的现金余额还有 1000000 元，这是因为企业开出的付款票据正在传递的过程中，尚未送达银行，银行尚未付款出账。这时，企业就可以在正确预测"浮游量"的基础上对其加以利用，节约企业资金。

③ 改进薪酬支付方式。现在很多建筑施工企业为了方便向职工支付工资，都会选择在银行开设单独用于支付工资的存款账户。该存款账户余额的多少也同样会对企业现金的总额产生影响。因此，企业如果能够最大限度地减少这项存款金额，对企业资金周转也能起到一定的帮助。具体做法是，企业可以预先估计所需要支付的工资支票到银行兑现的具体时间，然后再进行合理的安排，利用职工提款在不同时点，将节约的资金用于其他方面。

例如，某建筑施工企业在每月的 6 日支付工资金额为 26 万元，根据以往经验，6 日、7 日、8 日、9 日的兑现率分别是 20%、30%、30%、20%。这样的话，企业就不需要在开始时点将全部金额 26 万元存够，而可以将结余的金额用于其他短期投资。

④ 采用汇票付款。由于汇票不是"见票即付"的付款方式，在持票人将汇票送达银行开户后，银行要将票据交付款人或者承兑人承兑，并由承兑人将相应金额存入银行后，银行才会向持票人或者收款人付款。因此，建筑施工企业还可以采用汇票付款的方式，这样就可以在合理的方式下延期支付。

### 5. 闲置现金投资管理

建筑施工企业通过各种渠道筹集资金时，通常能够取得大量的现金。这些资金在进行具体投资之前，可能会闲置一段时间。对于这些闲置资金，如果企业能够管理得当，同样可以为企业增加一定的收益。

建筑施工企业进行现金管理的目的，总结起来主要包括：第一，保证企业日常施工生产经营活动的现金需求；第二，利用这些现金获得尽可能的收益。基于这样的这两个目的，企业应该把闲置资金投入到流动性高、风险性低、交易期限短的交易性金融工具中，以期获得可观的收益。在我国的货币市场上，为满足上述目的，建筑施工企业可以选择的金融工具主要有国库券、可转让大额存单、回购协议等。

## 二、应收账款管理

应收账款，是指企业因销售产品、材料、提供劳务、让渡资产使用权等活动应该向购入产品、材料、接受劳务的单位收取的款项。对于建筑施工企业来说，应收账款主要指已办理工程价款结算手续，应该向建设单位收取而尚未收到的工程结算款项。一般而言，应收账款形成的原因主要包括两个方面：第一，企业销售与收款之间存在一定时间差。第二，激烈的商业竞争，建筑施工企业为了能够在竞争中保证自己的地位，很多时候会在不影响企业现金周转的基础上，允许赊销的存在，这样就形成了应收款项。

### 1. 应收账款管理的目标

应收账款可以认为是企业的一项资金投放，是企业为了提高自身的竞争力，扩大销售和盈利而进行的投资。企业为客户提供商业信用，允许采取赊销的方式，一方面会扩大企业销售，达到增加企业的市场占有率和盈利的目的；另一方面也会使企业应收账款的数额增加，收回现金的时间变长，回收成本增加，甚至还可能使企业遭到不能收回应收账款的损失。

应收账款收益与风险并存的客观现实，要求企业必须对增加应收账款而增加的收益与增加的成本和风险加以权衡，比较大小后，做出合理的安排。

建筑施工企业对应收账款管理的目标就是：充分发挥应收账款的功能，权衡应收账款可以给企业带来的收益、需要企业支出的成本和企业必须承担的风险，尽可能降低应收账款的成本和风险，最大限度地提高应收账款的收账率。

坏账损失是指建筑施工企业确定不能收回的各种应收款项。企业坏账损失根据《财政部关于建立健全企业应收款项管理制度的通知》（财企［2002］513号）的规定确认。一般来说，企业应收账款符合下列条件之一的，就应将其确认为坏账：①债务人死亡，以其遗产清偿后仍然无法收回的账款；②债务人破产，以其破产财产清偿后仍然无法收回的账款；③债务人较长时期内未履行其偿债义务，并有足够的证据表明无法收回或收回可能性极小的账款。

### 2. 应收账款的功能

应收账款的功能，是指在建筑施工企业的施工生产中所起到的作用，主要包括以下几个方面。

（1）增加企业销售的功能　在市场竞争比较激烈的情况下，企业想要完全依赖现销方式进行结算，显然是不太现实的。因此，赊销就成为企业为提高其产品市场占有率和扩大销售的一种重要方式。在赊销方式下，企业在向顾客销售产品的同时，其实也是在向顾客提供一定期限内可以无偿使用的短期资金，这种做法对客户非常具有吸引力。因此，赊销是现代企业的一种重要促销手段。尤其是当企业面临开拓市场，需要进行新产品促销或者产品销售不畅，市场低迷，竞争力不强的情况下，企业适时地选择赊销方式，就显得更加重要。

（2）减少企业存货的功能　企业持有存货，就会产生一定的保管费用、管理费用以及保险费用等成本支出。而企业在对应收账款进行管理时，则不会出现以上成本。采用赊销可以加速实现产品的销售，从而对降低存货中的产品数量有积极的作用。因此，当企业的存货达到一定数量时，为了降低因为管理存货而发生的成本支出，企业就应该考虑采取一定优惠的信用条件进行赊销，这样做可以尽快地实现产品向收入的转变，从而有效降低成本的支出。

### 3. 应收账款的成本

建筑施工企业因赊销形成应收账款，而企业持有应收账款，对应收账款进行管理要付出一定的代价，这种代价即为应收账款的成本。其具体内容如下。

（1）应收账款的机会成本　应收账款的机会成本是指企业将资金投放于应收账款上而使

企业丧失能够取得的其他收入，例如建筑施工企业可以将资金投资于有价证券能够取得的利息、股息收入等。这一成本的大小应该受企业维持赊销业务所需要的资金以及企业资金成本或有价证券利率的影响，其计算公式为

应收账款的机会成本＝维持赊销业务所需资金×资金成本率

式中的资金成本率一般可以根据企业综合资金成本率计算，也可以根据有价证券的利息率计算确定。

维持赊销业务所需要的资金数量企业可按下列步骤确定。

① 维持企业赊销业务所需资金＝应收账款平均余额×变动成本率。

② 变动成本率＝(变动成本÷销售收入)×100％。

③ 应收账款平均余额＝年赊销收入净额÷应收账款周转率（次数）。

④ 应收账款周转率＝360÷应收账款周转期（或收账天数）。

以上分析是建立在赊销数量在业务量的相关范围之内，即企业的成本水平保持不变（单位变动成本不变，固定成本总额不变）的基础上的。因为在一定范围内企业的固定成本总额与业务量的变动无关，只与特定期间有关。所以，应收账款的投资额仅指赊销收入总额中的变动成本部分。

**【例 4-6】** 某建筑施工企业全年赊销收入净额为 900 万元，若该企业的应收账款收账期为 60 天，变动成本率为 60％，资金成本率为 10％，计算应收账款的机会成本。

应收账款周转率＝360÷60＝6(次)

应收账款平均余额＝900÷6＝150(万元)

维持赊销业务所需资金＝150×60％＝90(万元)

应收账款机会成本＝90×10％＝9(万元)

一般情况下，企业应收账款的收账天数越短，固定数量的资金能够维持的赊销金额就越多；反之，企业应收账款的收账天数越长，固定数量的资金能够维持的赊销金额就越少。

(2) 应收账款的坏账成本　应收账款是建筑施工企业因给予客户商业信用而产生的，存在到期无法收回的可能性，由此给企业造成的损失，就是坏账成本。

该项成本一般与应收账款余额成正比例，即应收账款应收金额越多，坏账成本也就越大；反之，坏账成本则越小。为此，企业应该根据以往经验选择合理的方法，对企业的应收账款提取适当金额的坏账准备，做到防患于未然。

(3) 应收账款管理成本　应收账款的管理成本是指企业为管理应收账款所需要支付的所有费用，主要包括企业对客户信用状况调查的费用、收集整理信息的费用、收回应收款项的费用、账簿的记录费用等。

**提取坏账准备的方法**

《企业会计准则》规定：企业坏账损失的核算应采用备抵法，计提坏账准备的方法由企业自行确定，可以按余额百分比法、账龄分析法、赊销金额百分比法等计提坏账准备。

## 4. 信用政策

信用政策即企业对应收账款的管理政策，是指建筑施工企业对应收账款的投资进行规划和管理而确立的基本原则与行为规范，具体包括信用标准、信用条件和收账政策三部分内

容。企业通过制定并使用合理有效的信用政策，可以加强对应收账款的管理，提高应收账款投资效益。

（1）信用标准 信用标准是指客户能够获得企业商业信用所必须具备的最低条件，通常用预期坏账损失率来表示。企业到底该向客户提供什么样的信用标准，应综合分析影响信用标准的因素，制定合理的信用标准。如果标准定得太高，可能会因为很多客户达不到要求被拒之门外，这样做企业虽然可以降低坏账风险，但是不利于提高企业的市场竞争力；反之，如果标准定得太低，虽然可以提高市场占有率，但同时企业可能要因此承担较大的坏账损失的风险和过高的收账成本。

① 影响信用标准的因素分析。建筑施工企业在制定或选择信用标准时，要进行定性的分析。具体应该考虑如下三个基本因素。

第一，同行业竞争对手的情况。建筑施工企业由于其行业相对于其他企业较为特殊，竞争更为激烈。所以，企业主要要考虑在同行业的竞争中如何处于优势，并加以保持和扩大市场竞争力和占有率。当然，如果企业所面临的对手实力不强，那么企业就可以适当选择稍高的信用标准，反之，则应当适当降低信用标准，以吸引更多的客户。

第二，企业能够承担违约风险的能力。建筑施工企业由于其生产资金占用时间长，金额相对更大，这就更要求企业有较强的风险承受能力。如果在企业能够承担客户违约风险的能力较强的情况下，就可以选择稍低的信用标准，反之，则应当适当提高信用标准，降低因为客户违约而需要企业承担较高的风险。

第三，客户的信用状况。一般情况下，建筑施工企业可以考虑从五个方面来评价客户的信用状况，包括客户的信用品质（character）、偿付能力（capacity）、资本（capital）、抵押品（collateral）以及经济状况（condition），因为这几个评价标准的英文第一个字母都是“c”，所以有时我们将其简称为信用的“5C”系统。下面分别进行介绍。

a. 信用品质。指顾客或客户努力履行其偿债义务的可能性，是建筑施工企业评价顾客信用品质的首要标准，信用品质是企业应收账款的回收速度和回收数额的决定性因素。建筑施工企业在评价客户这项品质时可以通过了解客户以往履行付款义务的记录对客户进行评价。

b. 偿付能力。指顾客或客户的偿债能力，客户偿还债务能力的强弱，取决于其流动资产的数量和质量以及与流动负债的比例。一般情况下，企业流动资产的数量越高，流动负债的数量越低，其流动比率应该越高，表明该企业的偿债能力越强；反之，则偿债能力越低。建筑施工企业在判断客户偿债能力的强弱时，一方面可以分析反映偿债能力的各类指标，例如：流动比率、速动比率等定量的财务指标；另一方面可以通过了解客户资产的变现能力的强弱和客户短期融资的能力来对客户进行评价。如果其资产的变现能力越强或者短期融资能力越大，则表明其偿付能力较高；反之，则低。

c. 资本。指顾客或客户的财务实力和财务状况，表明顾客可能偿还债务的背景，是客户偿还债务的最终保证。建筑施工企业可以通过反映企业偿债能力的财务利率进行判断。例如：资产负债比率、流动比率、速动比率、有形资产净值等。这些财务比率越高，表明企业的财务实力和财务状况越好。

d. 抵押品。指顾客或客户拒付款项或无力支付款项时能被用作抵押的资产，建筑施工企业一旦不能收到这类客户的款项，一般的做法就是以该客户的抵押品抵补，这对于首次交易或信用状况有争议的顾客或客户尤为重要。当然，建筑施工企业在考虑这项因素时还要注意对抵押品的判断。一般能够作为抵押品的资产应该符合以下条件：第一，该项资产必须实际为客户所有；第二，该项资产具备较高的市场性，即资产在市场上的变现能力较强。

e. 经济状况。指可能影响顾客或客户付款能力的经济环境，这项因素虽然主要是受客观环境的影响，但也是建筑施工企业必须要考虑的一个要素。例如，顾客或客户在困难时期的付款历史、顾客或客户在经济不景气情况下的付款可能，即客户对不利环境因素的应变能力。

例如，某建筑施工企业，某年的主营业务收入 4 亿元，而呆账损失只有 4000 多万元。这个成绩来自该企业的信用等级管理。该企业就是根据 5C 分析法对客户进行评估后将其分为三类：A 级客户，企业可以继续满足其赊销的要求；B 级客户，即有回款不及时的客户，他们提出的延迟付款的要求，企业要严格调查该客户以往的付款记录和源文件后决定；C 级客户，即让企业出现呆账的，企业在以后拒绝交易。在做出严格划分后，企业就可以有效地减少呆账、坏账给企业的损失。

通过对客户进行信用等级管理，企业可以对不同信用等级的客户投入不同的人力和物力，采取不同的服务方式和给予不同的信用额度，促进企业销售额的增长和信用风险的降低，同时也为公司积累了一批优质的客户。

以上这些要素的考察，对于建筑施工企业确定信用标准是必不可少的参考项目。这些信息资料的取得，建筑施工企业可以从以下几个方面考虑。

第一，客户向社会公布的历年财务报告。

第二，与掌握该客户资料的其他建筑施工企业进行沟通，实现信息的共享。

第三，委托专业的代理机构或者资信调查机构对客户的资信情况进行合理的调查。

第四，采用合理的方法从银行信用部门取得资料。

第五，对于有多年经验的建筑施工还可以根据自己的实践经验进行合理的判断。

总之，建筑施工企业能否确定合理的信用标准是其提高应收账款投资收益，减少坏账损失的重要步骤。

② 确定信用标准的定量分析。建筑施工企业在判断客户的信用标准，除了依靠定性的分析以外，进行定量的分析也是不可或缺的一步。确定信用标准的定量分析，建筑施工企业主要解决两个问题：一是确定客户拒付账款的风险，即坏账损失率；二是具体确定客户的信用等级，作为制定信用标准的依据。建筑施工企业应该主要通过以下三个步骤来完成。

第一步：确定信用等级的评价标准。建筑施工企业可以根据对客户的信用资料的调查进行分析，确定评价信用的数量指标。分别确定信用优良和信用恶劣的客户的平均值，作为比较其他客户的信用标准，如表 4-3 所示。

第二步：确定拒付风险系数。建筑施工企业利用客户所提供的财务报告数据，计算各需要的指标值并与信用等级评价标准比较。

如果客户的某项指标值大于等于差的信用标准，那么企业就可以预计客户的坏账损失率增加 10%；如果客户的某项指标值介于好与差的信用标准之间，那么企业就可以预计客户的坏账损失率增加 5%；如果客户的某项指标值小于等于好的信用标准，那么企业可以预计客户的坏账损失率为零，也就是说该客户在这项指标上基本上不存在拒付的可能性。最后，建筑施工企业将某个客户所有指标值坏账损失率累加，得到该客户的坏账损失率总值。

表 4-3 信用标准

| 项目 | 信用标准 | |
|---|---|---|
| | 信用好 | 信用差 |
| 流动比率 | 2.5∶1 | 1.6∶1 |
| 速动比率 | 1.1∶1 | 0.8∶1 |
| 现金比率 | 0.4∶1 | 0.2∶1 |
| 产权比率 | 1.8∶1 | 4∶1 |
| 已获利息倍数 | 3.2∶1 | 1.6∶1 |
| 有形净值负债率 | 1.5∶1 | 2.9∶1 |
| 应收账款平均收账天数 | 26 | 40 |
| 存货周转率/次 | 6 | 4 |
| 总资产报酬率/% | 35 | 20 |
| 赊购付款履约情况 | 及时 | 拖欠 |

**【例 4-7】** 某建筑施工企业根据客户向其提供的财务报告，通过一系列的计算，确定出客户的各项指标值，如表 4-4 所示。其中，产权比率超出差的信用标准，所以发生的坏账损失率应该增加 10%，应收账款平均收账天数和存货周转率指标在好与差的信用标准之间，所以客户的坏账损失率应该各增加 5%；其他信用指标的坏账损失率均为 0；对这些指标的坏账损失率进行累加，企业可以得到该客户预期发生坏账损失率的大小为 20%。

表 4-4 客户信用状况评价

| 指标 | 指标值 | 拒付风险系数/% |
|---|---|---|
| 流动比率 | 2.6∶3 | 0 |
| 速动比率 | 1.1∶1 | 0 |
| 现金比率 | 0.5∶1 | 0 |
| 产权比率 | 4.2∶1 | 10 |
| 已获利息倍数 | 3.3∶1 | 0 |
| 有形净值负债率 | 1.5∶1 | 0 |
| 应收账款平均收账天数 | 36 | 5 |
| 存贷周转率/次 | 5 | 5 |
| 总资产报酬率/% | 34 | 0 |
| 赊购付款履约情况 | 及时 | 0 |
| 累计拒付风险系数 | | 20 |

此外，建筑施工企业如果认为有必要对客户进行更为详细的信用指标的分析，以便做出更为全面的判断，还可以选择性的增加信用指标，同时调整坏账损失率，进行更详细的判断。

第三步：进行风险排队，确定客户的信用等级。

建筑施工企业根据上步计算确定的客户预计坏账损失率，由小到大进行排序。再全面考虑企业能够承担违约风险的能力以及市场竞争的需要，划分出客户的信用等级。对于不同信用等级的客户，企业可以选择采用不同的信用政策，从而降低企业的坏账损失。

例如，预计坏账损失率小于5%的为A级信用客户；在5%～10%之间为B级客户；大于10%的为C级客户等。对A级信用客户采用一般的信用标准，对B级信用客户采用较严的信用标准（附加一些信用条款），对C级客户拒绝合作等。

仍然以上面的内容为例，该客户的坏账损失率为20%，即客户的拒付风险为20%。如果以上面的划分标准类衡量，该客户属于C级客户。对于拒付风险较高的客户，如果没有特殊原因，建筑施工企业从安全的角度考虑，就应该拒绝与该客户进行合作。

对于信用指标进行定量的分析，有利于建筑施工企业提高应收账款投资决策的效果。因此，就要求企业的决策者必须深刻考察各项指标内在质量的基础上，结合丰富的经验，对各项指标进行判断和分析，以便得到可靠的结果。但同时我们还要注意，受到企业规模、所处地区以及企业自身财务状况等方面的考虑，企业在确定信用指标时可能存在一定的差别，这就向建筑施工企业的财务人员提出了更高的要求。

（2）信用条件

4-3　信用条件

① 信用条件的构成。信用条件是指建筑施工企业提供商业信用时向客户所提出的付款要求，具体包括信用期限、折扣期限和现金折扣率。信用条件通常可表示为“2/10，*n*/30”，其含义是若客户在10天之内付款可享受2%的现金折扣；若放弃现金折扣，必须在30天内付清全部款项。其中，30天为信用期限，10天为折扣期限，2%为现金折扣率。

**【例4-8】** 建筑施工企业本月应向某建设单位收取工程账款金额为500万元，企业向客户提出的信用条件为：“3/10，2/20，*n*/45”。如果该客户10日内付款，则可以享受15万元（500×3%）的折扣优惠；如果该客户20日内付款，则可以享受10万元（500×2%）的折扣优惠；如果该客户不想享受折扣，那么必须在45日内全额付款。

a. 信用期限。信用期限是指建筑施工企业允许客户从工程结算到支付价款的时间间隔。一般而言，企业信用期限与所售产品存在相关关系：延长信用可以扩大销售量，进而增加企业利润，但是不恰当的延长信用期限也可能给企业带来损失。例如，增加坏账损失或者使收款成本增加。所以，企业决定是否向客户提供延长信用期限的过程中，应该在比较延长信用期限增加的边际成本和取得的边际收益的大小而定。

b. 现金折扣和折扣期限。现金折扣是指建筑施工企业为督促顾客及早付清货款而向客户提供的一种价格优惠。延长信用期限会增加应收账款占用的时间和金额。因此许多建筑施工企业为了加速资金周转，及时收回货款，减少企业自身的坏账损失，往往在延长信用期限的同时，还会给予客户一定的优惠。如果在规定的时间内提前偿还货款，客户可按销售收入的一定比率享受折扣。就如上面谈到的，“2/10，*n*/30”，即客户如果在10天内付款，则可以享受应付账款全部金额2%的优惠。

现金折扣实际上是对企业销售收入的扣减，所以企业在决定是否给客户提供现金折扣以及提供多大程度的现金折扣时，应该着重考虑提供折扣后客户一旦享受现金折扣时，企业需要为此支出的成本和能够取得的收益的大小。

仍然以上面的内容为例，该建筑施工企业为了提前收回500万元工程价款，向建设单位提出“3/10，2/20，*n*/45”信用条件，在其提出信用条件时，就应该考虑如果建设单位选择享受折扣而使企业少收回价款和提前收回款项进行其他投资可以取得的收益之间的大小关系。假设，建设单位在10天内付款，那么施工单位只能收回485万元（500－15）工程款。款项收回后，施工单位可以用于3个月的短期投资，若市场上短期投资的年收益率为15%，则施工单位通过短期投资可以获得的收益为 18.19 万元（485×0.15÷12×3），大于 15 万元，所以施工单位可以向建设单位使用这个信用条件。

② 信用条件的选择。建筑施工企业通过确定合理的信用条件，在信用条件的基础上进行相应的选择，即信用条件的选择。信用条件的选择，企业是通过比较不同信用条件下的销售收入及相关成本，选择净收益最大的信用条件。

商业折扣与现金折扣的比较

商业折扣是指对商品价目单中所列的商品价格，根据批发、零售、特约经销等不同销售对象，给予一定的折扣优惠。商业折扣通常作为促销的手段，目的是扩大销路，增加销量。现金折扣是指企业为了鼓励客户在一定期限内早日偿还货款而给予客户的折扣优惠。现金折扣对于销售企业来说，称为销货折扣；对于购货企业来说，称为购货折扣。

**【例 4-9】** 某建筑施工企业预测 2020 年赊销收入净额为 2280 万元，其当前信用条件是 $n/30$，变动成本率 60%，资金成本率为 18%。假如企业收账政策不变，固定成本总额不变，该企业准备了三个信用条件的备选方案：甲方案维持 $n/30$ 的信用条件，乙方案将信用条件放宽到 $n/60$，丙方案将信用条件放宽到 $n/90$。各备选方案的赊销收入、坏账损失率、收账费用等资料见表 4-5 所示。

表 4-5 信用条件情况表 单位：万元

| 项目 | 甲($n/30$) | 乙($n/60$) | 丙($n/90$) |
|---|---|---|---|
| 年赊销额 | 2280.00 | 2400.00 | 2640.00 |
| 应收账款周转率 | 12 | 6 | 4 |
| 应收账款平均余额 | 2280.00/12＝190.00 | 2400.00/6＝400.00 | 2640.00/4＝660.00 |
| 维持赊销所需资金 | 190.00×60%＝114.00 | 400.00×60%＝240.00 | 660.00×60%＝396.00 |
| 坏账损失率 | 2% | 3% | 5% |
| 坏账损失 | 2280×2%＝45.60 | 2400×3%＝72.00 | 2640×4%＝105.60 |
| 收账费用 | 23.40 | 40.00 | 56.00 |

根据上表资料，分析情况见表 4-6 所示。

表 4-6 信用条件分析表 单位：万元

| 项目 | 甲($n/30$) | 乙($n/60$) | 丙($n/90$) |
|---|---|---|---|
| 年赊销额 | 2280.00 | 2400.00 | 2640.00 |
| 变动成本 | 2280.00×60%＝1368.00 | 2400.00×60%＝1440.00 | 2640.00×60%＝1584.00 |
| 边际贡献 | 912.00 | 960.00 | 1056.00 |
| 应收账款机会成本 | 114×18%＝20.52 | 240×18%＝43.20 | 396×18%＝71.28 |
| 坏账损失 | 2280×2%＝45.60 | 2400×3%＝72.00 | 2640×4%＝105.60 |
| 收账费用 | 23.40 | 40.00 | 56.00 |
| 信用成本后收益 | 822.48 | 804.80 | 823.12 |

通过计算可知：在这三个方案的比较中，采取丙方案的信用条件可以使企业获得的净收益最大最优，因此，企业应选择丙方案的信用条件。

**【例 4-10】** 仍然以上面的内容为例，如果该建筑施工企业选择了丙方案的信用条件，但为了加速收回应收账款，决定将信用条件改为“2/30，1/60，*n*/90”，估计将有60%的客户会利用2%的现金折扣，30%的客户会利用1%的现金折扣，坏账损失率降为2%，收账费用降为32万元，那么该建筑施工企业的这项决策能否给企业带来更高的收益。进行分析如下。

应收账款周转期＝60%×30＋30%×60＋20%×90＝54(天)

应收账款周转率＝360/54＝6.67(次)

应收账款平均余额＝2640/6.67＝395.80(万元)

维持赊销所需资金＝395.80×60%＝237.48(万元)

应收账款机会成本＝237.48×18%＝42.75(万元)

坏账损失＝2640×2%＝52.80(万元)

现金折扣＝2640×(2%×60%＋1%×30%)＝39.60(万元)

将该企业提出的“2/30，1/60，*n*/90”的信用条件称为方案丁，则可以用表4-7反映采取该方案信用成本的情况。

表 4-7　信用成本情况表　　单位：万元

| 项目 | 丙(*n*/90) | 丁(2/30,1/60,*n*/90) |
|---|---|---|
| 年赊销额 | 2640 | 2640 |
| 减:现金折扣 | — | 39.60 |
| 年赊销净额 | 2640 | 2600.40 |
| 减:变动成本 | 1584.00 | 1584.00 |
| 边际贡献 | 1056 | 1016.40 |
| 信用成本 | | |
| 应收账款机会成本 | 71.28 | 42.75 |
| 坏账损失 | 105.60 | 52.80 |
| 收账费用 | 56.00 | 32.00 |
| 小计 | 216.88 | 127.55 |
| 信用成本后收益 | 823.12 | 888.85 |

由上表的结论可见：企业采用丁方案比丙方案可以增加收益65.73万元（888.85－823.12)，所以该建筑施工企业改变信用条件的做法是可取的。

(3) 收账政策　收账政策也称收账方针，是建筑施工企业针对客户违反信用条件，拖欠甚至拒付账款时采取的收账策略与措施。

一般而言，企业在向客户提供商业信用时，应该首先考虑以下三个方面的问题。

第一，客户是否有可能拖欠或拒付账款，如果会，程度怎样；第二，如何做能够最大限度地防止客户拖欠账款；第三，款项一旦遭到客户的拖欠或拒付，企业可以采取什么样的对策。其中，前两个问题的解决主要依靠建筑施工企业信用调查和信用审批制度来进行有效控制，最后一个问题则必须通过建筑施工企业制订完善的收账方针，采取有效的收账措施才能有效解决。所以，当建筑施工企业准备向客户提供信用时，就应该合理预计可能发生账款拖欠或拒付的各种可能性，并提前制订行之有效的收账方针，而不能在款项已被拖欠或拒付时才被动的寻求办法解决，可以说收账政策是建筑施工企业整个信用政策实施过程的一个有机组成部分。

从理论上说，履约付款是客户不容置疑的义务和责任，但如果企业对所有拖欠或拒付账款的客户均付诸法律解决，其效果并非最好，因为企业无论采取怎样的办法解决与客户在账款方面的纠纷，其最终目的都是最有成效地将款项收回。事实上，各个客户拖欠或拒付账款的原因也各不相同，许多信用品质良好的客户也可能会由于一些暂时的原因无法如期付款。这时，如果企业不分情况，都直接采用诉讼的解决方式，不仅会出现相当数额的诉讼费用的支出，而且除非法院裁决对方破产（这通常需要经过极为复杂的程序和相当长的时间），否则，效果也不是很理想。所以，通过法院强制收回账款一般是企业不得已而为之的最后的办法。基于这种考虑，建筑施工企业如果能够同客户协商出相互都能接受的方案，也能够将大部分款项收回。

一般而言，当客户预期拖欠或拒付款项时，建筑施工企业通常可以采用的收账管理办法是：首先，分析企业目前采用的信用标准及信用审批制度是否存在纰漏和不足，重新对违约客户的资信等级进行调查、评价。其次，对于信用品质确实恶劣的客户要从企业信用名单中剔除，对该客户所拖欠的款项可以先通过信函、电信、派员前往通知的方式进行催收，态度可以适时强硬，并提出警告。最后，当这些措施全部无效时，就可以诉诸法律。为了提高诉讼效果，企业有必要联合其他经常被该客户拖欠或拒付账款的企业共同向法院起诉，以增强该客户信用品质不好的有力证据。而对于信用记录一向良好的客户，在去电、去函的基础上，还可以直接派人与客户进行沟通，达成协议，这样做的好处是密切彼此之间关系的同时，还有助于更好地解决款项拖欠的问题，如果双方无法取得谅解，也只能选择法律进行裁决。

除了以上收账政策，有些国家还会选择一种新的收账代理业务，即企业委托收账代理机构催收账款，这样做可以使企业减少一定的工作量，收账效果也可以相对较好，但是由于委托手续费往往高达应收账款的近一半，因此选择这个方法对许多企业，尤其是实力较低、经济效益不佳的企业很难。

建筑施工企业在组织款项催收工作时，也必须权衡催账成本与预期的催账收益的大小。一般情况是在一定限度内，催账成本越高，采用的收账政策适当，坏账损失也会越小，催账收益越大，反之，催账收益越小。但二者也并非完全呈线性关系，最初的催账成本也许不会使坏账损失减少很多，随着企业后续支出的催账成本将对坏账损失的减少产生越来越大的效应，但超过饱和点后，催账成本的增加对进一步降低坏账损失的效力便会逐渐减弱，甚至不起作用。基于此建筑施工企业在组织催账时必须予以分析、判断催账费用是否已临饱和点。具体方法是：随着催账费用支出效果的减弱，如果坏账的边际减少额加上其边际再投资收益等于催账费用的边际增加额时，通常可以认为催账费用已抵饱和点。

在实际工作中，建筑施工企业为了提高市场占有率，留住客源，对于客户的逾期付款会规定一个允许的拖欠期限，但是超过期限仍未付款的，企业就要采取措施进行催收。而企业采取的催款政策可能影响收款效果。如果企业制定的收款政策过紧，就可能会对不是故意拖欠账款的客户造成伤害，影响客户的业务关系，进而影响未来企业的收益；反之，企业制定的收款政策过松，可能会使款项拖延的时间更长，给企业造成更为严重的损失。因此，企业在选择采用的收账措施时，要充分做好分析工作，选择合适的收账政策，这样才能保证达到较好的效果。

总之，企业合理的信用政策应该把信用标准、信用条件、收账政策结合起来，考虑三者的综合变化对销售额、应收账款机会成本、坏账成本和收账成本的影响。为了能够达到这个目的，通常企业可以形成专门的收账手册。收账手册的基本内容如下。

① 定义与收账任务有关的各种权利和义务。

② 建立“未逾期账款询问”制度以及实施方式。

③ 需要采用追收的警告和制裁手段（电话追讨、信函追讨和上门追讨等）。

④ 收账的时间安排。

⑤ 收账每个时间段的确定。

⑥ 最终追收方式的确定。

⑦ 使用抵押品的时机及处理抵押品的方法。

⑧ 转移到收账机构的时间和程序。

⑨ 转移到律师事务所的时间和程序。

⑩ 特殊情况下的选择。

### 5. 应收账款日常管理

制定合理的信用政策，优化应收账款的投资决策，是提高应收账款投资效率，降低风险损失的基本保证。建筑施工企业对于已经存在的应收账款，为了更有效地促进应收账款投资的良性循环，还应该强化日常管理工作，建立健全应收账款管理的责任制度与控制措施，以便顺利地实现企业应收账款投资的基本目标。

对于已经发生的应收账款，企业有必要进行分析、控制，以便及时发现问题，提前采取措施，加速应收账款的收回，最大限度地减少坏账损失对企业产生的不利影响。

（1）实施应收账款的追踪分析　应收账款一旦形成，建筑施工企业就必须考虑如何能够按期足额收回款项的问题。因此，企业有必要在收款之前，对该应收账款的运行过程进行追踪分析，分析的重点就要放在赊销商品的变现问题上。客户赊购的商品如果能够及时销售收回款项，那么企业应收款项的收回也就有了相应的保障。一般来说，客户能否严格履行付款义务，主要取决于两个因素：第一，客户现金持有量和能够对现金的调剂程度；第二，客户的信用品质。所以，建筑施工企业就要对赊购者今后的经营情况、偿付能力进行追踪分析，及时了解客户现金的持有量与调剂程度能否满足兑现的需要。应将那些挂账金额大、挂账时间长、经营状况差的客户的欠款作为考察的重点，以防患于未然。必要时可采取一些措施，例如要求这些客户提供担保等来保证应收账款的回收。

（2）进行应收账款的账龄分析　对于企业所持有的应收款项，其时间是长短不一的，有些款项已经超出收回时间，而有的还尚在信用期限内。一般而言，客户逾期拖欠账款时间越长，对于企业来说催收账款的难度就可能越大，应收款项成为呆坏账损失的可能性也越高。因此建筑施工企业必须要做好应收账款的账龄分析，密切注意应收账款的回收程度和可能出现的变化。

通过对应收账款的账龄分析，建筑施工企业可以有效获得以下信息：有多少客户在折扣期限内付款；有多少客户在信用期限内付款；有多少客户在信用期限过后才付款；有多少应收账款拖欠太久，可能会成为坏账。

如果账龄分析显示企业的应收账款的账龄开始延长或者过期账户所占比例逐渐增加，那么就必须及时采取措施，调整企业信用政策，努力提高应收账款的收现效率。对尚未到期的应收账款，也不能放松监督，以防发生新的拖欠。

**【例 4-11】** 某建筑施工企业，对应收账款通过账龄分析表进行分析得到以下结论：企业应收账款余额共计 120 万元，其中有 78 万元在信用期内，占全部应收账款的 65%；逾期未收回的款项 42 万元，占全部应收账款的 35%，按照逾期未收回的时间又可以进一步划分为逾期1个月、2个月、3个月的，其比率分别是20%、10%和5%。掌握这些信息后，建筑施工企业对逾期尚未收回的款项进行具体分析，发现其中逾期1个月和2个月尚未还款的客户是由于资金暂时的周转问题，已经基本得到了解决，款项能够收回；逾期3个月的款项中只有一小部分是由于客户恶意拖欠，企业已经派人和对方进行沟通，双方达成了协议。通过对应收账款的账龄分析，企业及时掌握了相关信息，解决了可能出现的问题，保证了应收款项的安全性。

（3）加强对应收账款的事前管理　建筑施工企业为了能够及时收回账款，要在事前就对应收账款做好管理工作，具体内容如下。

① 做好基础记录。建筑施工企业应该了解、掌握客户付款的及时程度。基础记录工作包括企业对用户提供的信用条件，建立信用关系的日期，用户付款的时间，目前尚欠款数额以及用户信用等级变化等，企业只有掌握这些信息，才能及时地采取相应的对策。

② 检查用户是否突破信用额度。建筑施工企业对客户提供的每一笔赊销业务，都要检查是否有超过信用期限的情况，并注意检验用户欠债总额是否突破了信用额度。

③ 掌握用户已过信用期限的债务。密切监控客户已到期债务的增减动态，以便及时采取措施与用户联系，提醒其尽快付款。

④ 分析应收账款周转率和平均收账期。流动资金是否处于正常水平是反映客户偿债能力的有效表现，建筑施工企业可通过对流动比率等指标的计算，与以前实际、现在计划及同行业相比，用以评价应收账款管理中的成绩与不足，并修正信用条件。

⑤ 考察拒付状况。建筑施工企业还应该注意考察应收账款被拒付的百分比，即坏账损失率，以决定企业信用政策是否应改变，如果实际坏账损失率大于或低于预计坏账损失率，企业必须考虑其信用标准是不是过于严格或太松，进而修正企业的信用标准。

（4）加强企业内部控制　建筑施工企业还应该在企业内部加强管理，具体做法如下。

① 加强企业内部的管理与监控职能，建立健全财务管理内部牵制原则。

② 改进企业内部核算方法。分别针对企业不同的销售业务，采用不同的核算方法与程序以示区别，并采取相应的管理对策。

③ 建立严明的资金回笼制度，成立专门收账机构，完善应收账款催收系统。

④ 定期或不定期对企业设立的营销网点进行巡视监察和内部审计。防范因管理不严而出现的挪用、贪污及资金体外循环等问题，降低风险。

⑤ 建立健全企业机构内部监控制度。针对应收账款在赊销业务中的每一个环节，健全应收账款的内部控制制度。努力形成一整套规范化的对应收账款的事前控制、事中控制、事后控制程序。

## 三、存货管理

### 1. 存货管理的目标

存货是指建筑施工企业在日常施工生产过程中持有以备出售，或者仍然处于生产过程，或者在生产或提供劳务过程中将被消耗的材料或物料等。主要包括库存、加工中、在途的各种物料、商品、在产品、产成品、半成品、低值易耗品等。

（1）按照存货的经济用途划分

① 原材料存货。是指建筑施工企业用于工程施工或产品制造并构成工程或产品实体的材料物资，包括主要材料和结构件等。这部分存货是企业准备用于建筑安装工程施工或产品生产的必要储备，经过施工或工业生产活动，会构成工程或产品的实体。

② 生产用品存货。是指建筑施工企业为了进行建筑安装工程施工生产或产品生产所需的生产用品存货，包括机械配件、其他材料、周转材料和低值易耗品等。生产用品存货本身并不构成工程或产品的一部分。

③ 在产品存货。是指建筑施工企业已经投入人工、材料等进行施工或生产，但尚未全部完工，在交付使用或销售之前还需要进一步加工的存货，包括企业在施工中的未完工程以及附属工业企业和辅助生产部门尚未完工的产品。

④ 产成品存货。是指建筑施工企业已经完成全部生产过程，可以对外销售的制成产品，包括企业可以作为商品房销售的已完工建筑产品以及附属工业企业和辅助生产部门的库存产成品。

⑤ 商品存货。是指建筑施工企业购入以备出售的各种货品。商品存货在其销售以前无需加工，仍保持其原有的实物形态。

（2）按照存货的存放地点划分　可以分为库存存货、在途存货、在制存货、寄存存货、委托外单位代销存货。

（3）按照存货来源划分　可分为外购存货、自制存货、委托加工的存货、投资者投入的存货、接受捐赠的存货、接受抵债取得的存货、非货币性交易换入的存货和盘盈的存货。

存货属于建筑施工企业的流动资产，并且在流动资产中所占比重较大，但又是流动资产中流动性较差的一项资产。企业为了满足正常的施工生产活动要有充足的存货，这样做不仅能够保证施工生产的顺利进行，节约采购成本和生产时间，同时能够快速满足客户的订货需求。保证企业的生产和供应环节有较大的灵活性。避免企业因为存货不足丧失收益。但同时也要看到由于存货的增加占用了一定的资金，这样可能使企业承担一定的机会成本，同时增加管理费用，降低企业的收益。因此，建筑施工企业就要在存货的持有量上找到一个合理的界限，使其数量既能保证企业的正常施工生产，又能不过多地占用企业的资金。建筑施工企业对存货的管理主要包括存货的信息管理和在此基础上的决策分析，最后进行有效控制，达到对存货进行管理的最终目的，从而提高企业经济效益。由此可见存货管理水平的高低对企业施工生产能否顺利进行具有直接影响，并且最终会影响到企业的收益、风险和流动性的综合水平。所以，存货管理在建筑施工企业对整个流动资产的管理中具有重要地位。

建筑施工企业对存货管理的目标总结起来就是在存货的功能（收益）与成本之间进行利弊分析，充分发挥存货功能的同时，降低成本，增加收益，实现它们之间的最佳组合。

### 2. 存货的功能和成本

（1）存货的功能　存货的功能是指存货在建筑施工企业施工生产过程中所起的作用。其作用主要通过以下几个方面体现。

① 防止施工生产的中断，企业适当的存货持有数量是其正常施工生产的保证，适量的存货能够保证企业不出现停工待料的状态，维持企业生产的连续性。

② 适应市场突变，企业适当的存货持有数量可以增强其在生产和销售环节的灵活性，适应市场的变化。只有当企业具备了足够的存货，才能有效地向市场供应产品，满足客户的需求；反之，企业可能会因为存货不足，丧失市场销售良机，失去客源，影响企业的效益和今后的发展。

③ 降低进货成本，企业在进货的过程中，采取批量集中进货的方法，可以获得供货方较多的商业折扣。同时，企业还可以通过增加每次采购的数量，从而减少购货次数。建筑施工企业这样做的好处是可以有效降低采购成本，节约资金。

④ 维持均衡生产，有些企业所生产的产品属于季节性产品，其生产所需的材料具有季

节性的特点。这时企业为了有效地降低生产成本，实现均衡生产，有必要适当储备一定的存货，以避免生产旺季企业超负荷运转，生产淡季企业停工待料，使企业生产能力得不到充分的利用。

⑤ 有利于产品销售，市场是瞬息万变的，企业为了能够在竞争中取胜，提高产品的市场占有率，就必须尽量做到能够向客户提供充足的货源，满足客户的需求。否则就可能因为不能提供足够的产品而丧失现有的和潜在的客户。因此企业拥有一定数量的存货就可以在需要的时候及时出售，保证产品的市场占有率。

（2）存货的成本　如前所述，建筑施工企业为发挥存货的功能，就必须储备一定数量的存货，但同时也会为此发生一定的支出。这些支出对于企业而言就是存货的成本。存货成本概括起来主要包括以下三个方面的内容。

① 进货成本　进货成本是指建筑施工企业取得存货时的成本费用支出，主要包括存货进价和进货费用两个方面的支出。存货进价还可称为购置成本，是指存货本身的价值，等于存货采购单价乘以采购数量。用公式表示如下。

$$\text{存货进价}=DU \tag{4-5}$$

式中　$D$——全年存货需求总量；

$U$——存货采购单价。

在企业进货总量确定的条件下，采购次数不会影响进货成本，使存货的成本保持稳定，所以存货的进价成本是决策无关成本。

进货费用还可称为订货成本，是建筑施工企业为组织和管理进货活动而发生的费用。例如，企业进货时发生的采购费、差旅费、运输费、搬运费等。存货的进货费用中有些费用（采购费、差旅费）与进货次数成正比关系，是决策相关成本。用公式表示如下。

$$\text{进货费用}=F_1+(D/Q)K \tag{4-6}$$

式中　$F_1$——固定性进货费用；

$Q$——每次进货量；

$K$——每次订货的变动进货费用。

因此，可以把存货的进货成本公式表示为

$$\text{进货成本}=\text{存货进价}+\text{进货费用}=DU+F_1+(D/Q)K \tag{4-7}$$

② 储存成本　储存成本是指建筑施工企业为持有存货而发生的成本费用支出，主要包括存货占用资金应支付的利息（企业使用借入资金购入存货）或存货占用资金的机会成本（企业以自有资金购入存货）、存货的仓储费用、保险费以及存货毁损变质给企业造成的损失等。

存货的储存成本可以按照其与储存数额的关系分为变动性储存成本和固定性储存成本两部分。其中固定性储存成本包括仓库管理员的工资、仓库折旧费等，这些费用在存货储存数量一定的范围内，对储存费用没有影响，属于决策无关成本。有些费用，如存货占用资金应支付的利息费用、存货毁损变质给企业造成的损失等支出与存货储存数量成正比变动关系，属于决策相关成本。用公式表示如下。

$$\text{储存成本}=F_2+K_CQ/2 \tag{4-8}$$

式中　$F_2$——固定性储存成本；

$K_C$——单位存货的变动储存成本；

$Q$——进货量。

③ 缺货成本　缺货成本是指建筑施工企业因存货不足而遭受的损失，主要包括由于材料供应中断造成企业的停工损失、产品供应中断导致延误发货的信誉损失和丧失销售机会的

损失等。企业的缺货成本是否会成为企业决策的相关成本，要根据企业是否允许出现存货短缺的不同情况而定。如果企业允许缺货，则缺货成本与存货数量成反比关系，属于决策相关成本，反之，则为决策无关成本。

如果企业缺货成本用 TCS 表示，则存货总成本用公式表示如下。

$$\text{存货总成本 TC}=\text{进货成本}+\text{储存成本}+\text{缺货成本} =DU+F_1+(D/Q)K+F_2+K_CQ/2+\text{TCS} \quad (4\text{-}9)$$

### 3. 存货经济批量决策

4-4 存货最佳经济批量

(1) 存货经济批量的含义　通过上面对存货成本构成的介绍可以得出，如果建筑施工企业的存货过多，容易造成存货过时、损坏、变质、增加机会成本和保险费用等不必要的成本费用支出；同样如果企业存货过少，则可能因为缺货，而出现缺货成本。因此，企业的财务管理部门有必要合理确定企业的进货批量和进货时间，使存货的总成本最低。综上所述，能够使一定时期企业存货的总成本最低的采购数量，就是存货的经济批量或经济订货量。因此，建筑施工企业要想取得存货的经济订货量，就必须协调各存货的决策相关成本之间的关系，使其成本总和保持最低水平。

(2) 存货经济进货批量基本模式　确定存货经济进货批量的基本模式，需要设立一定的假设条件，这些条件主要包括：

① 建筑施工企业有能力及时补充存货，即企业需要订货时便可立即取得存货；

② 进货时间可以完全由建筑施工企业自行决定，并且每次存货能集中到货，而不是陆续入库；

③ 建筑施工对存货的消耗或者销售相对均衡；

④ 不允许出现缺货情形，不存在缺货成本，这是因为良好的存货管理本来就不应该出现缺货；

⑤ 建筑施工企业在一定时期存货需求稳定，并且进货总量可以准确地予以预测；

⑥ 存货的价格稳定，且不存在商业折扣；

⑦ 建筑施工企业现金充足，不会因现金短缺而影响进货；

⑧ 建筑施工企业所需存货市场供应充足，不会因买不到需要的存货而影响其他工作。

在上述假设条件下，企业不允许出现缺货，因此与存货总成本直接相关的就只有相关进货费用和相关储存成本两项。

则有

$$\text{存货相关总成本}=\text{相关进货费用}+\text{相关储存成本}$$

即

$$\text{TC}=(D/Q)K+K_C\times Q/2 \quad (4\text{-}10)$$

在上式中，$D$、$K$、$K_C$ 为常数时，总成本 TC 的大小就取决于 $Q$，为了求出 TC 的极小值，可对上式求导数，得出如下公式。

$$\text{存货经济进货批量}(Q)=\sqrt{2KD/K_C} \quad (4\text{-}11)$$

上式称为存货经济进货批量的基本模式，$Q$ 即为经济进货量。根据此基本模式还可以计算出以下几个指标。

$$\text{经济进货批量的存货相关总成本}(\text{TC})=\sqrt{2KDK_C} \quad (4\text{-}12)$$

$$\text{经济进货批量平均占用资金}(W)=UQ/2=\sqrt{KD/2K_C} \quad (4\text{-}13)$$

$$\text{经济最佳进货批次}(N)=D/Q=\sqrt{DK_C/K} \quad (4\text{-}14)$$

**【例 4-12】** 某建筑施工企业每年需要耗用甲材料 480000 千克，该材料的单位采购成本为 50 元，每次的订货成本为 800 元，单位存货的储存成本为 3 元。求经济进货批量、经济订货量相关总成本、每年最佳订货次数、最佳订货周期、经济进货量占用资金数额。

**解：** 经济进货批量$=\sqrt{2\times480000\times800/3}=16000$(千克)

经济订货量的相关总成本$=\sqrt{2\times480000\times800\times3}=48000$(元)

每年最佳订货次数(N)＝480000/16000＝30(次)

最佳订货周期＝360/30＝12(天)

经济进货量占用资金＝(16000/2)×50＝400000(元)

经济进货批量也可以用图解法求得。先计算出一系列不同批量的各有关成本，然后在坐标上描出由各有关成本构成的订货成本线、储存成本线和总成本线。总成本线的最低点（或者是订货成本线和储存成本线的交接点）相应的批量，即经济订货批量。

不同批量下的有关成本指标见表 4-8 所示。

表 4-8 不同批量下的有关成本指标

| 订货批量/千克 | 4000 | 8000 | 12000 | 16000 | 20000 | 24000 |
|---|---|---|---|---|---|---|
| 平均存量/千克 | 2000 | 4000 | 6000 | 8000 | 10000 | 12000 |
| 储存成本/元 | 6000 | 12000 | 18000 | 24000 | 30000 | 36000 |
| 订货次数 | 120 | 60 | 40 | 30 | 24 | 20 |
| 订货成本/元 | 96000 | 48000 | 32000 | 24000 | 19200 | 16000 |
| 总成本/元 | 102000 | 60000 | 50000 | 48000 | 49200 | 52000 |

不同批量的有关成本变动情况可见图 4-3 所示。

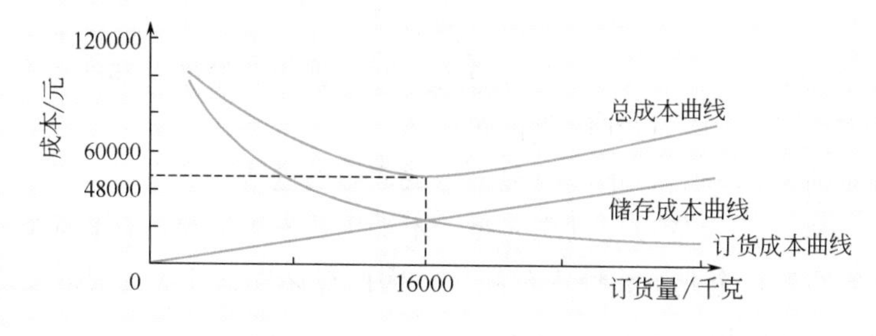


图 4-3 总成本与订货量的关系

从以上成本指标的计算和图形中能明显地看出，当企业的订货批量为 16000 千克时总成本最低，小于或大于这一批量都是不合理的。

以上经济进货批量决策是在许多假设条件下作出的，但在实践中，常常不能满足以上全部假设条件，从而需要对上述决策方法进行修正。

(3) 存在商业折扣的经济进货批量模式　上面也提到在实际工作中，很多企业为提高销售量，通常会根据客户购买产品的数量给予不同程度的价格优惠，即在经济进货批量基本模式其他各种假设条件均具备的前提下，存在商业折扣。此时建筑施工企业在确定经济进货批量时，在考虑进货费用和储存成本的同时，还需要考虑存货的进货成本，则相关总成本可按下式计算。

存货相关总成本＝存货进价＋相关进货费用＋相关存储成本

因此，企业如果实行商业折扣的话，存货的经济进货批量具体确定步骤如下。

第一步，按照经济进货批量基本模式确定经济进货批量及存货相关总成本。

第二步，计算享受商业折扣的最低进货批量的存货相关总成本。如果给予商业折扣的进货批量是一个范围，例如，企业进货数量在1000～1999千克之间可享受2.5%的价格优惠，此时需要按给予商业折扣的最低进货批量，即按1000千克计算存货相关总成本。因为销售企业给予商业折扣的进货批量范围内，无论进货量是多少，存货进价成本总额都是相同的，相关总成本的变动规律是：进货批量越小，相关总成本就越低。

第三步，比较不同进货批量的存货相关总成本，最低存货相关总成本对应的进货批量，就是存在商业折扣时的最佳经济进货批量。

**【例 4-13】** 某建筑施工企业每年需用某材料6000件，每次进货费用为150元，材料的单位储存成本为5元，该种材料的单价为20元，若一次订购量在2000件以上时，可获得2%的折扣，一次订购量在3000件以上时，可获得5%的折扣。试确定该公司的经济订货批量。

**解：** 建筑施工企业的具体做法如下。

第一步，按经济进货批量基本模式确定的经济进货批量为

$$经济进货批量(Q)=\sqrt{2\times6000\times150/5}=600(件)$$

$$存货相关总成本=\sqrt{2\times6000\times150\times5}+6000\times20=123000(元)$$

第二步，每次采购2000件时，存货的相关总成本为

$$存货相关总成本=6000\times20\times(1-2\%)+(6000/2000)\times150+(2000/2)\times5=123050(元)$$

每次采购3000件时，存货的相关总成本为

$$存货相关总成本=6000\times20\times(1-5\%)+(6000/3000)\times150+(3000/2)\times5=121800(元)$$

第三步，根据计算结果比较可知，每次进货3000件时的存货相关总成本最低，所以该公司的最佳经济进货批量为3000件。

(4) 允许缺货时的经济进货模式　前面的论述都是假设企业不存在缺货的情况下，但在实际的生产中企业无论采用何种预防措施都不可避免地会有缺货的现象发生。如果企业真的出现缺货，又该如何对存货的经济进货批量进行决策呢。下面讨论在允许缺货的情况下，建筑施工企业对经济进货批量的确定。这时，企业需要考虑的费用不仅包括进货费用与储存成本，而且还必须对可能的缺货成本也加以考虑，即能够使三项成本总和最低的进货批量就是经济进货批量。根据上面的分析，允许缺货时的经济进货模式公式为

$$Q=\sqrt{(2DK\div K_C)(K_C+K_U)\div K_U} \tag{4-15}$$

$$S=QK_C\div(K_C+K_U) \tag{4-16}$$

式中　$S$——缺货量；

$K_U$——单位缺货成本；

其他符号意义同前。

**【例 4-14】** 某建筑施工企业A材料年需要量为30000千克，每次进货费用40元，单位储存成本4元，单位缺货成本6元。试计算允许缺货情况下的经济进货批量及平均缺货量。

**解：** 允许缺货情况下的经济进货批量$=\sqrt{\frac{2\times30000\times40}{4}\times\frac{4+6}{6}}=1000$(千克)

平均缺货量$=1000\times4\div(4+6)=400$(千克)

### 4. 存货的日常管理

与现金一样，建筑施工企业为了保证存货的安全和完整，最大限度地发挥效用，企业对存货也要进行日常的管理。建筑施工企业对存货日常管理的目标是，在保证企业施工生产活动正常进行的前提下尽量减少库存，防止存货积压。企业在实践中形成的存货日常管理方法主要包括库存储存期控制、存货 ABC 分类管理、库存储存量控制、存货供应时点控制等。以下就介绍几个重点方法。

（1）存货储存期控制　建筑施工企业的材料等存货入库后，一方面面临着市场需求的不确定性，另一方面企业储存存货也要占用一定的资金。因此企业的首要问题就是如何能够尽快地进行生产，同时实现产品的销售，这样做可以加速存货的周转，提高资金使用效率。

建筑施工企业对存货进行投资所发生的费用支出，按照与储存时间的关系可以分为固定储存费与变动储存费两部分。前者由存货的进货费用、管理费用等构成，这些费用的金额多少与存货储存期的长短没有直接关系，是无关成本；后者由存货资金占用费（贷款购置存货的利息或现金购置存货的机会成本）、存货仓储管理费、仓储损耗（有些时候为计算方便，如果存货仓储损耗较小，也可以将这部分费用计入固定储存费中）等构成，这些费用的金额随存货期的变动成正比变动。

根据上面的分析，可以得出这些费用与利润存在如下的关系。

$$\text{利润}=\text{毛利}-\text{固定储存费}-\text{销售税金及附加}-\text{每日变动储存费}\times\text{储存期}$$

公式中的“每日变动储存费”应换算成存货的售价来计算。

对上面的公式进行变形即可得出存货保本储存期（利润为零）和存货保利储存期（利润为目标利润）的计算公式。

$$\text{存货保本储存期}=\frac{\text{毛利}-\text{销售税金及附加}-\text{固定储存费}}{\text{每日变动储存费}}$$

$$\text{存货保利储存期}=\frac{\text{毛利}-\text{销售税金有附加}-\text{固定储存费}-\text{目标利润}}{\text{每日变动储存费}}$$

存货的储存成本不断增加是由于变动储存费随着存货储存期的延长而不断增加，所以，利润与费用之间存在此消彼长的关系，这实际上是利润与变动储存成本之间的关系。因此能够得到结论，存货储存期越长，利润越低。

建筑施工企业通过对存货储存期的分析和管理，能够及时掌握企业存货的有关信息，企业的管理部门也就可以及时做出调整方案。例如，对于已经超过保本期的存货，企业应该积极推销，力求将损失降到最低限度；对于超过保利期但仍在保本期内的存货，企业应该进行市场调查，找到原因，采取相应的措施等。

**【例 4-15】** 某建筑施工企业购进甲商品 3000 件，单位进价（不含增值税）80 元，单位售价 100 元（不含增值税），经销该批商品的固定费用为 30000 元，销售税金及附加为 2500 元，每日变动储存费用为 250 元，企业拟实现的目标利润为 20000 元。试计算甲商品的保利储存期和保本储存期。

**解：** 甲商品的保利储存期$=\frac{(100-80)\times3000-2500-30000-20000}{250}=30$(天)

$$甲商品的保本储存期=\frac{(100-80)\times3000-2500-30000}{250}=110(天)$$

**【例 4-16】** 某建筑施工企业购进甲商品 2000 件，单位进价（不含增值税），100 元，单位售价 120 元（不含增值税），经销该批商品的一次费用为 20000 元，若货款来自银行贷款，年利率 10.8%，该批存货的月保管费用率 3‰，销售税金及附加 1600 元。要求：

① 计算该批存货的保本储存天数；

② 若企业要求获得 3%的投资利润率，计算保利期；

③ 若该批存货实际储存了 200 天，问能否实现 3%的目标投资利润，差额多少；

④ 若该批存货亏损了 4000 元，求实际储存天数。

**解：** ① 每日变动储存费=购进批量×购进单位×日变动储存费率

=2000×100×(10.8%/360+3‰/30)=80(元)

保本储存天数=(毛利−固定储存费−销售税金及附加)/每日变动储存费

=[(120−100)×2000−20000−1600]/80=230(天)

② 目标利润=投资额×投资利润率=2000×100×3%=6000(元)

保利储存天数=(毛利−固定储存费−销售税金及附加−目标利润)/每日变动储存费

=[(120−100)×2000−20000−1600−6000]/80=155(天)

③ 经销该商品实际获利额=每日变动储存费×(保本储存天数−实际储存天数)

=80×(230−200)=2400(元)

实际利润−目标利润=2400−6000=−3600(元)

所以储存 200 天，不能实现目标利润，差 3600 元。

④ 该批存货获利额=每日变动储存费×(保本储存天数−实际储存天数)

实际储存天数=保本储存天数−该批存货获利额/每日变动储存费

=230−(−4000/80)=280(天)

（2）存货 ABC 分类管理　存货 ABC 分类管理就是按照一定的标准，将建筑施工企业的存货划分为 A、B、C 三类，按照材料品种进行重点管理，按照材料的类别一般控制以及按照材料的总额灵活掌握的管理方法。

建筑施工企业为了能够保证施工生产的顺利进行，库存存货往往品种数量繁多。而在实际工作中，并非所有的存货都有同样重要的地位，有些存货虽然数量不多，但金额巨大，在施工生产中所起的作用也举足轻重，这样的存货如果管理不善就可能给企业带来很大的损失；而有些存货则相反，虽然数量很多，但是金额不高，在生产中起的作用也不是很重要，所以即使在管理过程中出现一些问题，也不至于使企业的损失过大。ABC 分类管理的目的就是使建筑施工企业分清主次，突出重点，以提高存货资金管理的整体效果。

① 存货 ABC 分类的标准。建筑施工企业存货的分类标准主要有两个：一是金额标准；二是品种数量标准。其中金额标准是考虑的重点，品种数量标准仅作为参考。

其中，A 类存货的特点是金额巨大，但品种数量较少；B 类存货的金额适中，品种数量相对 A 类存货较多；C 类存货品种数量最多，但价值金额却很小。该方法运用到建筑施工企业，就是对施工过程中所使用的各种材料，按照企业施工生产的需用量大小，占用资金多少，结合重要程度将存货分成 A、B、C 三类，对材料进行管理时采取不同的办法。

根据建筑施工工程材料的特点，对施工过程中需用量大、占用资金多、专用材料或备料难度大的材料，定为 A 类材料，对这类材料必须严格按照设计施工图，逐项进行认真仔细的审核，做到材料的规格、型号、数量完全准确，存放时也要给予特别的关注，经常进行清查。对资金占用少、需用量小、比较次要的定为 C 类材料，对这类材料的管理，企业可采用较为简便的系数调整办法进行估计，进行一般性的管理即可。对处于 A 类材料和 C 类材料中间状态的通用主材、资金占用属中等的辅助材料定为 B 类材料，企业对这类材料在管理时一般按常规的管理方法管理，确定其用量即可。

一般来说，建筑施工企业可以按照一定的金额比例和数量比例对存货进行划分，三类存货的金额比重大致为 A∶B∶C＝0.7∶0.2∶0.1，而品种数量比重大致为 A∶B∶C＝0.1∶0.2∶0.7。

② A、B、C 三类存货的具体划分。建筑施工企业在具体划分三类存货时，具体过程可以分成三个步骤进行（有条件企业还可以借助计算机进行工作）。

第一，列示企业全部存货的明细表，并计算出每种存货的价值总额。

第二，计算每一种存货占用资金在全部存货资金总额中的比例，并按照存货金额由大到小进行排序并累加金额百分比，编成表格。

第三，根据事先确定的标准把重要的材料划为 A 类，把一般的材料划为 B 类，把不重要的材料划为 C 类。一般来说，当存货金额百分比累加到 70％左右时，以上存货定为 A 类存货；百分比介于 70％～90％之间的存货定为 B 类存货，剩下的部分定为 C 类存货。

分类结束后，建筑施工企业应该对 A 类材料进行重点管理和控制，对 B 类材料进行次重点的管理，对 C 类材料则进行一般性的管理。

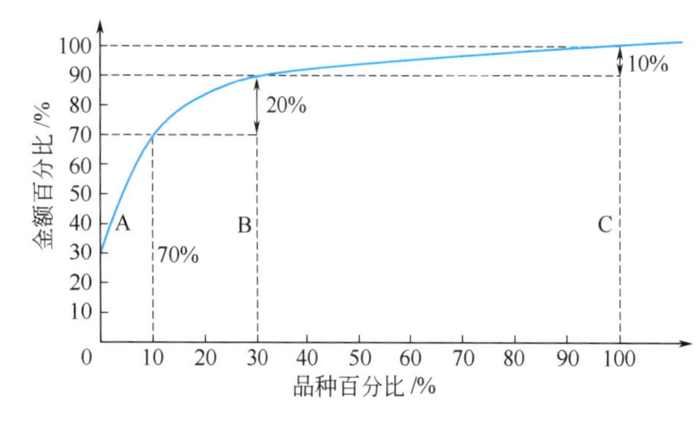


图 4-4 ABC 类材料的分析状况图

建筑施工企业可以通过计算出的表格绘制 ABC 分析图，具体做法如下。

以累计品种百分数为横坐标，以累计资金占用额百分数为纵坐标，按照 ABC 分析表中的金额比重和品种比重所提供的数据，在坐标轴上取点，并联结各点曲线，绘成 ABC 曲线。再按照 ABC 分析曲线对应的数据，按 ABC 分析表确定 A、B、C 三个类别的方法，在图上标明 A、B、C 三类，制成 ABC 分析图。ABC 类材料的分析状况图如图 4-4 所示。

**【例 4-17】** 某建筑施工企业甲项目部共有材料 20 种，共占用资金 800000 元，企业采用 ABC 分析法对材料进行管理，各种材料的归类情况详见表 4-9 所示。

表 4-9 材料 ABC 分析表

| 类别 | 品种数量 | 品种比重/％ | 资金数额/元 | 资金比重/％ |
|---|---|---|---|---|
| A 类存货 | 2 | 10 | 580000 | 72.5 |
| B 类存货 | 6 | 30 | 172000 | 21.5 |
| C 类存货 | 12 | 60 | 48000 | 6 |
| 合计 | 20 | 100 | 800000 | 100 |

试根据以上分类，提出该项目部对 A、B、C 三类材料应采取的不同控制措施。

**解：**A类材料品种少，但资金占用大，是企业材料管理的重点。抓好A类材料的管理，有利于降低成本，节约资金占用。对于A类材料甲项目部要实行分品种重点规划和管理，确定经济订货批量，经常检查其库存情况，严格控制库存数量，对材料的收、发、存进行详细记录，定期盘点，并努力加快其周转速度。

C类材料品种数量多，但资金占用较少，可以采用较为简化的方法进行管理，通常采用总额控制的方法。可以根据企业经验确定其资金占用量，或者规定一个订货点，当材料低于这个订货点时就组织进货，酌量增大每次订货量，减少订货次数。

B类材料的数量和资金占用均介于A、C两类之间，企业可以实行次重点管理，可按材料类别进行控制。可适当放宽经济批量，尽量节约人力、物力，以降低其成本。

（3）库存储存量控制　控制材料库存储存量同样是加强材料资金管理的重要环节。建筑施工企业为了做好这项工作，有必要分清存货的正常库存和超出积压的界限。存货的库存储存量控制可以通过存货的最高储备量、最低储备量和采购点储备量三个指标来反映。

① 最高储备量。是指供应间隔期储存的材料数量，加上加工整理材料和保险储备。它是库存材料将要超出储备数量的极限，一般情况下，存货处于最高储备量时，建筑施工企业应停止进货。

② 最低储备量。是指供应间隔储备的材料已经用完，仓库中仅存加工整理材料和保险储备。这是库存材料储量即将不足的信号，当建筑施工企业材料处于最低储备量时，应立即采取行动马上进货，以保证施工生产的顺利进行。

③ 采购点储备量。也称为订货点储备量，这是采购材料的信号，当库存材料达到采购点储备量时，建筑施工企业应及时组织进货，使库存材料保持必要的储备量。企业究竟要何时进行订货还要依靠准确地确定材料的采购周期。

所谓采购周期就是指从材料供应商办理订货手续到材料入库的全部时间。这是从发出订单、办理订货手续、运输到入库前验收等时间的总和。正确地确定采购周期，是使企业仓库保持合理储备的重要环节。因为如果采购周期过长，材料储备就会过多；反之，采购周期过短，材料储备就会过少，影响施工生产的正常进行。

最高储备量、最低储备量和采购点储备量的计算公式及它们之间的关系如下。

最高储备量＝平均每天耗用量×(供应间隔天数＋加工整理天数＋保险天数)

最低储备量＝平均每天耗用量×(加工整理天数＋保险天数)

采购点储备量＝平均每天耗用量×(加工整理天数＋保险天数＋采购周期)

在建筑施工企业的实际采购工作中，又可分为定量采购点和定期采购点两种。

① 定量采购点是指存货的库存数量固定，订货时间不固定，当库存量下降到采购点时，就发出订货单，而库存数量必须选择最经济合理的批量。这种方法一般适用于A类材料，有利于控制材料储备数量及其占用的资金。

② 定期采购点是指存货的订货时间固定，库存数量不固定，按规定订货时间发出订单。这种方法适用于B类和C类材料，该方法可以简化企业的管理工作。

## 第三节　非流动资产管理

### 一、固定资产管理

#### 1. 固定资产管理概述

（1）固定资产的含义及分类

① 固定资产是指同时具有以下两个特征的有形资产：为生产商品、提供劳务、出租或

经营管理而持有；使用寿命超过一个会计期间。

对于建筑施工企业而言固定资产主要包括房屋及建筑物、机器设备、运输设备、工具器具等。固定资产一般具有如下特点：第一，固定资产的使用期限超过一年或超过一年的一个经营周期，且在使用过程中保持原来的物质形态不变；第二，固定资产的使用寿命是有限的（土地除外）；第三，固定资产是企业用于生产经营活动，而不是为了出售的资产；第四，固定资产的单位价值较高。

② 固定资产的分类。建筑施工企业的固定资产种类繁多，规格不一。企业为加强对固定资产的管理，有必要对固定资产进行合理的分类。根据企业不同的管理需要和不同的分类标准，可以对固定资产进行以下的分类。

a. 固定资产按照经济用途划分，可分为生产经营用固定资产和非生产经营用固定资产。

生产经营用固定资产是指直接为企业生产、经营活动服务的各类固定资产，如企业生产经营用的房屋、建筑物、机器、设备、工器具等。

非生产经营用固定资产是指不直接为企业生产、经营活动服务的，但是可以为企业的正常生产经营活动提供帮助的各类固定资产，如职工宿舍、食堂、浴池、医院、疗养院等使用的房屋、设备和其他固定资产等。

b. 固定资产按照使用情况划分，可分为使用中固定资产、未使用固定资产和不需用固定资产。

使用中固定资产是指企业正在使用中的生产经营用和非生产经营用的固定资产。企业因为季节性经营或大修理等原因，暂时停止使用的固定资产仍属于企业使用中的固定资产；企业出租（指经营性租赁）给其他单位或部门使用的固定资产和内部替换使用的固定资产也属于使用中的固定资产。

未使用固定资产是指已完工或已购建的但尚未交付使用的新增固定资产或者因进行改建、扩建等原因暂停使用的固定资产，如企业购建的尚待安装的固定资产、经营任务变更停止使用的固定资产等。

不需用固定资产是指对于企业多余或者不适合使用，需要调配处理的固定资产。

c. 固定资产按照所有权划分，可分为自有固定资产和租入固定资产。

自有固定资产是指企业拥有的可供企业自由地支配使用的固定资产，即企业拥有所有权的固定资产。

租入固定资产是指企业采用租赁方式从其他单位租入的固定资产。即企业没有所有权，只有使用权的固定资产。企业对租入的固定资产依照租赁合同拥有使用权，同时负有支付租金的义务，但资产的所有权属于出租单位。租入固定资产可分为经营性租入固定资产和融资租入固定资产。

按照会计准则中实质重于形式的会计原则，企业融资租入固定资产，企业应该作为自有资产进行管理。

d. 固定资产按照经济用途和使用情况等方面划分，可把企业的固定资产分以下为七大类。生产经营用固定资产；非生产经营用固定资产；租出固定资产（租出固定资产是指在经营租赁方式下出租给外单位使用的固定资产）；不需用固定资产；未使用固定资产；土地（该处的土地是指过去已经估价单独入账的土地）；融资租入固定资产（融资租入固定资

4-5 租入固定资产——经营性租赁和融资租赁

产是指企业以融资租赁方式租入的固定资产）。

企业因征地而支付的补偿费，应计入与土地有关的房屋、建筑物的价值内，不单独作为土地价值入账。企业取得的土地使用权，不作为固定资产管理，而是作为企业的无形资产管理。

③ 固定资产分类的意义。建筑施工企业按照不同标准对固定资产进行分类，在实际工作中具有显著的作用，这些作用具体表现如下方面。

对固定资产按照经济用途分类，可以帮助建筑施工企业掌握和监督经营用固定资产和非经营用固定资产之间，以及经营用各类固定资产之间的组成和变化情况，以考核和分析企业固定资产的利用情况，促进企业合理地配置和使用固定资产，充分发挥其效用。

对固定资产按照使用情况分类，可以帮助建筑施工企业了解固定资产的使用情况及其比例关系，便于企业分析固定资产的利用效率，发掘固定资产的利用潜力，促进企业合理地使用固定资产。

（2）固定资产的管理要求　市场条件下，建筑施工企业面临的理财环境复杂多变。合理地制订固定资产投资决策，对节约固定资产投资，提高固定资产利用效果，加速固定资产更新改造，增强企业经济实力，具有非常重要的作用。所以固定资产管理是企业财务管理部门的一项重要工作。企业在对固定资产进行管理时，应该做到以下几个方面。

① 合理地对固定资产需要量进行预测。固定资产预测是指企业根据已经掌握的相关信息和数据，采用一定科学的方法，对企业未来一定期间的固定资产需要量和固定资产投资做出符合规律的测算和分析的工作，使企业的固定资产投资合理有效。企业固定资产预测由固定资产需要量的预测和固定资产投资效益的预测两个方面构成。

当前企业生产经营快速发展，企业所需要固定资产的数量、结构、效能也要不断变化和发展。能否正确预测固定资产需要量，是企业对固定资产进行管理的一项基础工作，也是固定资产管理的首要环节。在预测的过程中建筑施工企业要根据自身施工生产的任务、建设规模、生产能力等因素，运用科学合理的方法预测各类固定资产的需用量，对固定资产的使用进行合理的配置，力求以尽可能少的固定资产满足企业正常的施工生产的需要。

预测固定资产需用量对企业而言具有重要意义，首先有助于建筑施工企业准确掌握固定资产库存量，平衡生产任务和生产能力，发掘固定资产使用潜力，提高固定资产的利用效果；其次还可以为企业进行固定资产投资决策提供重要的依据。

② 科学地对固定资产投资进行预测。企业固定资产的特点决定了固定资产的投资金额大，使用时间长，对企业的生产经营能够产生重大影响。因此对固定资产的投资决策稍有闪失，对建筑施工企业而言，不仅可能造成投资不合理产生巨大的浪费，而且可能出现因为开始的投资失误而致使企业在日后生产经营上遇到这样或那样的困难。

基于上述原因建筑施工企业在对固定资产进行投资时，有必要根据企业自身的实际情况和所处的投资环境，认真研究投资项目的必要性，确定投资技术上的可行性，分析项目财务上的效益性。对各个固定资产投资方案的整体效益进行比较，从而在各种投资方案中，选择出投资少、收益高、投资回收期相对较短的最佳方案，在此基础上，再对固定资产的投资支出、资金来源和投资效果做出合理的计划安排，使企业固定资产的投资建立在科学的基础上。

③ 努力提高固定资产的利用效果。建筑施工企业通过分析决策，在选择出有效的固定

资产投资方案后，还要对企业已经拥有使用的固定资产进行合理有效的管理，这样做的好处在于可以节省固定资产的投资，最大限度地发挥固定资产的效能，提高企业的获利能力。企业在确定固定资产的投资方案、固定资产的购建、固定资产的更新、改扩建以及固定资产的使用等各个环节的工作中都应该注意，采用有效的措施提高固定资产的利用效率。

④ 利用科学的方法准确确定固定资产价值。固定资产价值确定的准确与否，是建筑施工企业确定资产价值的重要前提。《会计准则》中要求企业在一般情况下，确定固定资产价值要以历史成本（原始价值）为基础。

为了适应市场的变化要求，同时，由于固定资产价值较大，其价值会随着损耗而逐渐减少，企业还有必要揭示固定资产的折余价值。因此，固定资产的计价方式总结起来主要有以下几种。

a. 历史成本计价。历史成本又称原始成本或原始价值，是指企业购置、建造或取得某项固定资产所支付的全部货币支出。

现行企业财务制度规定，企业外购固定资产价值构成，应按买价加上支付的相关运输费、保险费、包装费、安装成本和缴纳的税金，以及使固定资产达到预计使用标准所发生的全部费用确认价值；企业自行建造固定资产价值构成，应按从建造工作开始使固定资产达到使用标准前所实际发生的全部费用支出确认价值；企业融资租入固定资产价值构成，应按承租双方签订的租赁协议或者合同确定的价款加运输费、保险费、安装调试费等确认价值；企业在原有固定资产基础上进行改建扩建的固定资产价值构成，应按原固定资产价值扣除已提折旧，加上改扩建发生的支出，减去改扩建过程中发生的固定资产变价收入后的金额确认价值。历史成本计价的方法具有客观性和可验证性的特点，因此成为固定资产的基本计价方法。

b. 完全重置成本计价。完全重置成本，是指在企业当前生产条件和市场情况下，全新购建同类固定资产所需支出的全部费用。一般情况下，企业盘盈固定资产或者接受捐赠的固定资产，可以按照完全重置成本确认价值。

c. 净值计价。固定资产净值也称为固定资产折余价值，是指固定资产的原始价值减去已计提折旧后的净额。固定资产净值可以反映企业实际占用在固定资产上的资金数额和固定资产的新旧程度。一般情况下，企业盘亏固定资产、毁损固定资产，可以按照净值确认价值。

d. 可变现净值计价。是指固定资产按照正常对外销售所能收到的现金或者现金等价物的金额扣减购置该固定资产将要发生的成本后的金额。

e. 公允价值。是指固定资产在公平交易中熟悉情况的交易双方自愿进行资产交换的金额。

建筑施工企业无论采用哪种价值模式确认固定资产的价值，都要在符合《会计准则》要求的前提下进行。

⑤ 采用合理的方法准确地计提固定资产折旧。固定资产在使用过程中会发生价值的损耗，建筑施工企业要通过对固定资产计提折旧的方式进行补偿。折旧的提取，是企业更新固定资产所需资金的来源，因此合理确定固定资产折旧的提取计划，及时提取固定资产折旧，使固定资产在施工生产中的损耗足额得到补偿，才能保证固定资产再生产的顺利进行。对于固定资产折旧形成的这一部分资金来源，企业应加以有效的管理。

⑥ 切实做好固定资产的保管和清查工作。固定资产是建筑施工企业满足日常施工生产活动的重要资源，能否保证固定资产的完整，是保证企业施工生产顺利进行的关键，也是企

业固定资产管理的基本要求。为了保证固定资产的完整性，企业应该做好对固定资产管理的各项基础工作，包括：明确固定资产的管理范围；编制固定资产明细；使用固定资产登记卡、账，及时准确地反映各类固定资产的数量变动，使用和节余情况；进行定期或者不定期的清查盘点，切实做到账、卡、物三者相符。在做好以上各项基础工作的同时，还要建立、健全固定资产竣工验收、调拨转移、清理报废等各项管理制度，这是实现固定资产完整无缺的保证。

（3）固定资产折旧概述

① 固定资产折旧含义。固定资产在使用过程中因损耗而转移到产品中去的那部分价值的补偿方式，叫做折旧。建筑施工企业在计提固定资产折旧时应考虑的因素主要包括固定资产原值、固定资产预计净残值、固定资产预计使用寿命。

② 固定资产的损耗。固定资产的价值是根据它自身的磨损程度逐渐转移到新产品中去的，固定资产的损耗包括两个方面，有形损耗和无形损耗。

a. 有形损耗。有形损耗又可称为物质磨损，是指固定资产在生产过程中使用或因自然力影响而引起的使用价值和价值上的损失。

按其损耗的发生分为两类。第一类有形损耗是指固定资产在使用中，因摩擦、腐蚀、振动、疲劳等原因造成的设备的损坏和变形。企业针对这一类有形损耗，日常过程中应注意在使用设备的同时，降低其磨损速度，减少或者消除非正常损耗。这就要求企业合理使用固定资产，做好日常的维护保养工作、及时检修。第二类有形损耗是指固定资产在自然力的作用下，造成设备实体锈蚀、风化、老化等的损耗。这类损耗与设备的闲置时间有密切关系。企业针对第二类有形损耗，应注意加强对设备的管理，减少设备闲置时间，做好闲置设备的养护工作。

b. 无形损耗又可称为精神磨损，是固定资产由于科学技术的进步而引起的贬值。按其产生的具体原因，同样可分为两类。第一类无形损耗是由于固定资产制造部门的劳动生产率提高，使得具有原技术结构和经济性能的机器设备，再生产费用降低而引起设备贬值。这类损耗不影响设备的使用性能，也不影响其技术性能。但企业要防止和减少这类损耗，应注意的问题是，合理购置设备；提高已有设备利用率，充分利用设备；对设备采用合理的方法提取折旧。第二类无形损耗是由于固定资产制造部门生产出新的、具有更高生产效率和经济效益的设备，使原有设备相对贬值。此类损耗会使设备的技术性能相对落后，从而影响企业的经济效益。企业要防止和减少这类损耗，应注意对设备加强管理，及时对设备进行必要的更新改造工作。

③ 固定资产折旧管理。

第一，计提折旧的固定资产。除了以下两种情况外，企业应对所有固定资产计提折旧：已提足折旧企业仍继续使用的固定资产；按照规定过去已经单独估价作为固定资产入账的土地。

企业不使用、不需用、大修理停用的固定资产应计提折旧。不使用、不需用、大修理停用的固定资产仍存在无形损耗或有形损耗，因此应计提固定资产折旧。

企业已达到预定可使用状态的固定资产，在年度内办理竣工决算手续的，按照实际成本调整原来的暂估价值，并调整已计提的折旧额，作为调整当月的成本、费用处理。如果在年度内尚未办理竣工决算的，应当按照估计价值先暂时入账，并计提折旧；待固定资产完工办理了竣工决算手续后，再按照实际成本调整原来的暂估价值，调整原已计提的折旧。

企业对固定资产进行更新改造时，应将更新改造的固定资产的账面价值转入在建工程，并在此基础上确定更新改造后的固定资产原价。处于更新改造过程而停止使用的固定资产，因已转入在建工程，因此不计提折旧，待更新改造项目达到预定可使用状态转为固定资产后，再按重新确定的折旧方法和该项固定资产尚可使用年限计提折旧。

企业对于接受捐赠的旧固定资产，企业应当按照规定的固定资产入账价值、预计尚可使用年限、预计净残值，以及企业所选用的折旧方法计提折旧。

融资租入的固定资产，按照实质重于形式的会计原则，企业应当将资产视作企业资产，采用与自有固定资产相一致的折旧政策。能够合理确定租赁期届满时将会取得租赁资产所有权的，应当在租赁资产尚可使用年限内计提折旧；无法合理确定租赁期届满时能够取得租赁资产所有权的，应当在租赁期与租赁资产尚可使用年限两者中较短的期间内计提折旧。

第二，计提固定资产折旧时应注意的问题。

a. 按月计提折旧。固定资产应当按月计提折旧，并根据用途分别计入相关资产的成本或当期费用。企业在实际计提固定资产折旧时，当月增加的固定资产，当月不提折旧，从下月起计提折旧；当月减少的固定资产，当月仍计提折旧，从下月起停止计提折旧。

b. 已提足折旧仍继续使用的固定资产。固定资产提足折旧后，不论能否继续使用，均不再提取折旧。所谓提足折旧是指已经提足该项固定资产应提的折旧总额。应提的折旧总额为固定资产原价减去预计残值。

c. 提前报废的固定资产。固定资产提前报废，即使该项固定资产没有提足折旧，也不再补提折旧，固定资产剩余价值计入企业的当期损益。

d. 已全额计提固定资产减值准备的固定资产也不再计提折旧。

④ 固定资产折旧方法。建筑施工企业可选用的固定资产的折旧方法包括三类，主要为年限平均法、工作量法、加速折旧法。其中加速折旧法又包括双倍余额递减法和年数总和法。由于固定资产折旧方法的选用直接影响到企业成本、费用的计算，也影响到企业的利润和国家的财政收入。因此，对固定资产折旧方法一经选定，不得随意调整。企业应当根据固定资产的性质和使用情况，合理确定固定资产的使用寿命和预计净残值。固定资产的使用寿命、预计净残值一经选定，一般不得随意调整。

第一，年限平均法。年限平均法又称直线法，是根据固定资产原值和确定的折旧年限平均计算折旧额的一种方法。采用这种方法计算的每期折旧额是相等的，因此这种方法实际上是将固定资产的应提折旧总额均衡地分摊到使用期限内各个会计期间的方法。计算公式如下。

$$年折旧率=\frac{1-预计净残值率}{预计使用年限}\times 100\%$$

$$月折旧率=\frac{年折旧率}{12}$$

或者

$$年折旧额=\frac{固定资产原值-预计净残值}{预计使用年限}\times 100\%$$

$$月折旧额=\frac{年折旧额}{12}$$

**【例 4-18】** 某建筑施工企业购置一台设备，原价为 100000 元，预计可使用 10 年，按照有关规定该设备报废时的预计净残值率为 5%。计算该设备采用平均年限法的折旧额。

**解：**　　　年折旧额＝100000×(1－5%)÷10＝9500(元)

月折旧额＝9500÷12＝791.67(元)

折旧率包括个别折旧率、分类折旧率和综合折旧率。

① 个别折旧率是指某项固定资产在一定期间的折旧额与该项固定资产原价的比率，是按个别固定资产单独计算的。

② 分类折旧率是指固定资产分类折旧额与该类固定资产原价的比率。采用这种方法，应先把性质、结构和使用年限接近的固定资产归为一类，再按类计算平均折旧率，用该类折旧率对该类固定资产计提折旧。如将房屋建筑物划分为一类，将机械设备划分为一类等。

采用分类折旧率计算固定资产折旧，其优点是计算方法简单，但准确性不如个别折旧率。

③ 综合折旧率是指某一期间企业全部固定资产折旧额与全部固定资产原价的比率。与采用个别折旧率和分类折旧率计算固定资产折旧相比，采用综合折旧率计算固定资产折旧，其计算结果的准确性较差。

年限平均法对固定资产计提折旧方法简便易行，工作量小，但同时也存在一定的不足，主要表现在固定资产在不同使用年限提供的经济效益是不同的。一般来说，固定资产在其使用前期工作效率相对较高，所带来的经济利益也就多；而在其使用后期，工作效率一般呈下降趋势，因而，所带来的经济利益也就逐渐减少，平均年限法不考虑这一事实，明显是不合理的；固定资产在不同的使用年限发生的维修费用也不一样。固定资产的维修费用将随着其使用时间的延长而不断增大，这也是年限平均法所不能考虑到的因素。最后，若企业固定资产各期负荷程度不同，采用年限平均法计算折旧时，不能反映固定资产的实际使用情况，提取的折旧数与固定资产的损耗程度也不相符。

第二，工作量法。工作量法是根据固定资产在施工生产经营过程中所完成的工作量计算折旧额的一种方法。该方法实际也是直线法，但这种方法弥补了平均年限法只重使用时间，不考虑使用强度的缺点，其计算公式为

$$\text{单位工作量折旧额}=\frac{\text{固定资产原价}\times(1-\text{残值率})}{\text{预计总工作量}}$$

$$\text{某项固定资产月折旧额}=\text{该项固定资产当月工作量}\times\text{单位工作量折旧额}$$

工作量法在建筑施工企业实际应用时包括台班折旧法、行驶里程法等。工作量法主要适用于运输车辆、各期使用时间不均衡的大型施工机械、大型精密设备的折旧计算。

**【例 4-19】** 某建筑施工企业的自卸汽车一辆，账面原价为 500000 元，预计的总行驶里程数是 500000 千米，本月实际行驶里程数为 2000 千米，预计净残值率为 5%。计算该汽车的月折旧额。

**解：**　单位工作量折旧额＝500000×(1－5%)÷500000＝0.95(元/千米)

本月应提折旧额＝0.95×2000＝1900(元)

第三，加速折旧法。加速折旧法也称为快速折旧法或递减折旧法。该方法主要特点是在固定资产有效使用年限的前期多提折旧，后期则少提折旧，从而相对加快折旧的速度，以使固定资产成本在有效使用年限中加快得到补偿。

建筑施工企业根据《企业会计准则》要求，可以采用加速折旧法主要的有双倍余额递减法和年数总和法两种。

a. 双倍余额递减法。双倍余额递减法是在不考虑固定资产残值的情况下，根据每期期

初固定资产账面余额和双倍的直线法折旧率计算固定资产折旧的一种方法。计算公式为

$$年折旧率=\frac{2}{预计的折旧年限}\times 100\%$$

$$月折旧率=\frac{年折旧率}{12}$$

$$月折旧额=固定资产账面净值\times 月折旧率$$

由于双倍余额递减法不考虑固定资产的残值收入，因此，在应用这种方法时必须注意不能使固定资产的账面折余价值降低到它的预计残值收入以下，即实行双倍余额递减法计提折旧的固定资产，应当在其固定资产折旧年限到期以前两年内，将固定资产净值扣除预计净残值后的余额平均摊销。

**【例 4-20】** 某建筑施工企业生产设备原值为 40000 元，预计残值 1000 元，预计的折旧年限 5 年。按双倍余额递减法计算折旧每年的折旧额。

**解：** ① 年折旧率＝(2/预计折旧年限)×100％＝(2/5)×100％＝40％

② 第一年折旧额＝40000×40％＝16000(元)

第二年折旧额＝(40000－16000)×40％＝9600(元)

第三年折旧额＝(40000－16000－9600)×40％＝5760(元)

第四年、第五年折旧额＝(40000－16000－9600－5760－1000)÷2＝3820(元)

③ 年折旧额的计算如表 4-10 所示。

**表 4-10 固定资产折旧计算表** 单位：元

| 年限 | 年初账面余额 | 折旧率/％ | 折旧额 | 累计折旧额 | 年末账面余额 |
|---|---|---|---|---|---|
| 1 | 40000 | 40 | 16000 | 16000 | 24000 |
| 2 | 24000 | 40 | 9600 | 25600 | 14400 |
| 3 | 14400 | 40 | 5760 | 31360 | 8640 |
| 4 | 8640 | — | 3820 | 35180 | 4820 |
| 5 | 4820 | — | 3820 | 39000 | 1000 |

b. 年数总和法。年数总和法又称年限积数法、合计年限法或者级数递减法，该方法是指将固定资产的原值减去净残值后的净额乘以一个逐年递减的分数计算每年的折旧额，这个分数的分子代表固定资产尚可使用的年数，分母代表使用年数的逐年数字总和。计算公式如下。

$$年折旧率=\frac{尚可使用年限}{预计使用年限的年数总和}\times 100\%$$

或者

$$年折旧率=\frac{预计使用年限-已使用年限}{预计使用年限\times(预计使用年限+1)\div 2}\times 100\%$$

$$月折旧率=\frac{年折旧率}{12}$$

$$月折旧额=(固定资产原值-预计净残值)\times 月折旧率$$

**【例 4-21】** 仍以上面内容为例，要求计算采用年数总和法的各年折旧额。

① 第一年到第五年各年折旧率：5/15、4/15、3/15、2/15 和 1/15。

② 第一年折旧额＝(40000－1000)×5/15＝13000(元)

第二年折旧额＝(40000－1000)×4/15＝10400(元)

第三年折旧额＝(40000－1000)×3/15＝7800(元)

第四年折旧额＝(40000－1000)×2/15＝5200(元)

第五年折旧额＝(40000－1000)×1/15＝2600(元)

③ 年折旧额的计算，如表 4-11 所示。

表 4-11　固定资产折旧计算表　　单位：元

| 年限 | 原值－残值 | 尚可使用年数 | 折旧率/% | 折旧额 | 累计折旧额 |
|---|---|---|---|---|---|
| 1 | 39000 | 5 | 5/15 | 13000 | 13000 |
| 2 | 39000 | 4 | 4/15 | 10400 | 23400 |
| 3 | 39000 | 3 | 3/15 | 7800 | 31200 |
| 4 | 39000 | 2 | 2/15 | 5200 | 36400 |
| 5 | 39000 | 1 | 1/15 | 2600 | 39000 |

采用加速折旧法后，在固定资产使用的早期多提折旧，后期少提折旧，其递减的速度逐年加快。加快折旧速度，目的是使固定资产成本在估计耐用年限内加快得到补偿。

建筑施工企业至少应当于每年年度终了，对固定资产的使用寿命、预计净残值和折旧方法进行复核。使用寿命预计数与原先估计数有差异的，应当调整固定资产使用寿命。预计净残值预计数与原先估计数有差异的，应当调整预计净残值。与固定资产有关的经济利益预期实现方式有重大改变的，应当改变固定资产折旧方法。固定资产使用寿命、预计净残值和折旧方法的改变应当作为会计估计变更。

(4) 固定资产日常管理

第一，编制固定资产目录。为了加强对固定资产的管理，企业财务部门要按照国家规定的固定资产划分标准会同固定资产的使用和管理部门，详细编制“固定资产目录”。在编制固定资产目录时，要统一固定资产的分类编号，各管理部门和各使用部门的账、卡、物要统一用此编号。

第二，实行固定资产归口分级管理。建筑施工企业的固定资产种类繁多，且使用部门和地点又分散。为此，要建立各职能部门、各级单位在固定资产管理方面的责任制，实行固定资产的归口分级管理。

所谓归口管理，就是指把固定资产按不同类别交相应职能部门负责管理。具体做法是：生产设备归生产部门管理；动力设备归动力部门管理；运输设备归运输部门管理；房屋、家具、用具归总务部门管理；各种科研开发设备由技术部门管理。各归口管理部门要对所分管的固定资产负责，保证固定资产的安全完整。

所谓分级管理就是指按固定资产的使用地点，由各级使用单位负责具体管理，并进一步落实到部门、落实到个人。做到层层有人负责，物物有人管理，以确保固定资产的安全管理和有效利用。

第三，建立固定资产卡片。固定资产卡片实际上是以每个独立的固定资产项目为对象开设的明细账，企业在取得固定资产时设立卡片，登记固定资产的名称、类别、编号、预计使用年限、原值、建造单位等相关原始数据，还要登记有关验收、启用、大修、内部转移、调出及报废清理等内容。这种办法可以有效保护企业固定资产的完整，促进使用部门关注对设备的保养和维护，提高设备的完好程度，有利于做到账账、账实相符，为提高固定资产的利用效果打下良好的基础。

第四，选择合理的方法准确地提取折旧。固定资产的价值在生产过程中逐渐地损耗，并转移到产品中去的。为了保证固定资产在报废时能够得到更新，企业在固定资产的使用过程中，要正确计算折旧，以便合理地计入相关成本和费用中，并以折旧的形式收回，以保证再生产活动的顺利持续地进行。

第五，合理安排固定资产的修理。为了保证生产经营活动的正常进行，固定资产处于良好的使用状态才能充分发挥能力，因此企业要经常对固定资产进行维修和保养。

第六，科学合理地对固定资产进行更新改造。财务管理的一项重要内容是根据企业折旧积累的程度和企业发展的需要，建立起企业固定资产适时更新规划，满足企业周期性固定资产更新改造的要求。

具体做法如下。

a. 制订分阶段固定资产更新改造的规划。必须尽可能地确定具体更新改造固定资产的种类、数量和质量标准。根据不同的更新种类和数量，确定预计要达到的经济合理的经营规模；然后再根据不同的质量要求，选择先进的技术装备。

b. 提出合理的固定资产更新的预算资金。企业要根据分阶段固定资产更新改造的规划，制订出各期所需资金量。企业内部资金来源包括一定时期的累计折旧、企业的盈余公积及未分配利润等。若企业现有资金不足，则要考虑对外筹措。

c. 正确估计所需流动资金的数量。固定资产的更新改造要结合流动资产的投入一并预算和规划，同时必须考虑各更新项目工程完工后将要配套发生的流动资金数。这样，固定资产的更新改造才能为企业形成预定的生产能力。

第七，建立固定资产清查盘点制度。企业为了保证固定资产的完整无缺，必须制订合理的时间对固定资产进行清查，每年至少一次。清查时，除了清点固定资产数量外，还要检查固定资产的使用情况和维护情况，检查有无长期闲置的不使用或多余不需用的固定资产，有无使用不当、保管不妥、维护保养不善的固定资产。对于存在的问题，要提出相应的措施，及时解决。

### 2. 固定资产投资

（1）固定资产投资概述

① 固定资产投资的分类。

a. 根据固定资产投资在生产过程中的作用划分。可分为新建企业投资、简单再生产投资和扩大再生产投资。新建企业投资是指为一个新企业建立生产、经营、生活条件所进行的投资。简单再生产投资是指为了更新生产经营中已经老化的物质资源和人力资源所进行的投资。扩大再生产投资是指为扩大企业现有的生产经营规模所进行的投资。

b. 根据固定资产对企业施工生产的影响进行划分。可分为战术性投资和战略性投资两大类。战术性投资是指不牵涉整个企业前途的投资。战略性投资是指对企业全局有重大影响的投资。

c. 根据固定资产投资项目之间的关系进行划分。分为相关性投资和非相关性投资两大类。如果采纳或放弃某一项目并不显著地影响另一项目，可以说这两个项目在经济上是不相关的。如果采纳或放弃某个投资项目，可以显著地影响另外一个投资项目，可以说这两个项目在经济上是相关的。

d. 根据增加利润的途径进行划分。可分为扩大收入投资与降低成本投资两类。扩大收入投资是指通过扩大企业生产经营规模，以便增加利润的投资。降低成本投资则是指通过降低营业支出，以便增加利润的投资。

e. 根据决策的分析思路来划分。可分为采纳与否投资和互斥选择投资。采纳与否投资决策是指决定是否投资于某一项目的决策。在两个或两个以上的项目中，只能选择其中之一的决策，叫互斥选择投资决策。

② 固定资产投资的特点。固定资产投资的特点主要从以下五个方面来说明。

第一，固定资产的回收时间较长。固定资产投资决策一旦做出，就会在较长时间内给建筑施工企业带来影响。一般而言，企业对固定资产投资都需要几年甚至十几年才能收回其初始投资。

第二，固定资产投资的变现能力较差。一般来说，建筑施工企业固定资产投资的实物形态主要是厂房和机器设备等固定资产。而这些资产一般不易改变用途，出售困难，所以其变现能力相对较差。

第三，固定资产投资的资金占用数量相对稳定。企业固定资产投资一旦完成，在资金占用数量上便保持相对稳定，而不像流动资产投资那样经常出现变动。

第四，固定资产投资的实物形态与价值形态可以分离。企业固定资产投资完成，投入使用以后，随着使用过程中固定资产的磨损，固定资产价值便会有一部分脱离其实物形态，转化为货币准备金，而其余部分仍存在于实物形态中。在固定资产的使用年限内，保留在固定资产实物形态上的价值逐年减少，而脱离实物形态转化为货币准备金的价值却逐年增加。直到固定资产报废，其价值才全部得到补偿，实物也才能得到更新。

第五，固定资产投资的次数相对较少。与流动资产相比，企业对固定资产的投资一般较少发生，特别是大规模的固定资产投资，一般要几年甚至十几年才发生一次。

③ 固定资产投资管理的程序。通过以上对固定资产特点的分析，明确了这些特点决定了建筑施工企业对固定资产投资具有相当大的风险，一旦决策失误，就会严重影响企业的财务状况和现金流量，甚至还可能会使企业走向破产。因此，企业在对固定资产进行投资时，不能在缺乏调查研究的情况下轻率地做出决策，而必须按照特定的程序，运用科学的方法进行可行性分析，这样才能保证决策的正确有效。企业固定资产投资决策的程序一般包括如下几个步骤。

第一，投资项目的提出。企业的相关管理者都可以根据掌握的情况，向企业提出新的投资项目。

第二，投资项目的评价。企业根据提出的投资项目方案需要进行进一步的评价。对固定资产投资项目的评价主要涉及如下几项工作：一是把提出的投资项目进行分类，为分析评价做好准备；二是计算有关项目的预计收入和成本，预测投资项目的现金流量；三是运用各种投资评价指标，把各项投资按可行性的顺序进行排序；四是编写评价报告，请示上级批准。

第三，投资项目的决策。对固定资产投资项目进行评价后，企业的决策者要根据结论做出最后决策。最后决策一般可分成以下三种。a. 接受这个项目，可以进行投资。b. 拒绝这个项目，不能进行投资。c. 发还给项目的提出部门，重新调查后，再做处理。

第四，投资项目的执行。企业决定对某个投资项目进行投资后，就要积极筹措资金，实施投资行动。在投资项目的执行过程中，还要对投资的工程进度、工程质量、施工成本进行控制，以便使固定资产投资按预算规定保质如期完成。

第五，投资项目的再评价。在固定资产投资项目的执行过程中，企业还应该随时分析判断原来选择的决策方案是否合理、可行，及时发现存在的问题，加以纠正。

（2）固定资产投资的现金流量

① 现金流量的构成。固定资产投资决策中所说的现金流量是指与固定资产投资决策有关的现金流入和现金流出的数量。这是建筑施工企业评价投资方案是否可行时必须事先计算的一个基础性指标。要想计算这些指标首先要明确这些指标涉及的内容。

a. 初始现金流量。初始现金流量是指固定资产投资开始时发生的现金流量，一般由以下的几个部分构成。

(a) 固定资产投资：主要包括企业对固定资产的购入或建造成本、运输成本和安装成本等的费用支出。

(b) 流动资产投资：主要包括企业对原材料、在产品、产成品、办公用品和现金等流动资产的投资。

(c) 其他投资费用：主要指与固定资产投资有关的职工培训费、谈判费、注册费用等。

(d) 原有固定资产的变价收入：这主要是指企业在对固定资产进行更新过程中对原有固定资产的变卖所得的现金收入。

b. 营业现金流量。营业现金流量是指企业的固定资产投资项目建成投入使用后，项目在其寿命周期内进行生产经营所带来的现金流入和流出的数量。对于这种现金流量企业一般以年为单位进行计算。这里所说的现金流入一般是指企业的营业现金收入，现金流出一般是指企业的营业现金支出和按照《中华人民共和国税法》的有关要求交纳的税金。如果一个企业的投资项目每年的销售收入等于营业现金收入，付现成本（指不包括折旧的成本）等于营业现金支出，那么，该企业的年营业现金净流量可用下列公式计算。

每年净现金流量(NCF)＝每年营业收入－付现成本－所得税

或者　每年净现金流量(NCF)＝净利＋折旧

c. 结束现金流量。结束现金流量是指企业投资项目完结时所发生的现金流量，主要包括处置固定资产的残值收入或变价收入；投资项目的初始阶段垫支在各种流动资产上的资金的收回；停止使用的土地的变价收入等几部分内容。

② 现金流量的计算。建筑施工企业为了正确地评价投资项目的优劣，必须准确地计算出投资项目的现金流量。在投资项目现金流量的计算中，为了简化计算步骤，一般都假定企业的各年投资在年初一次进行，各年营业现金流量则看作是各年年末一次发生，把终结现金流量看作是投资结束的最后一年年末发生。

计算确定投资项目现金流量的基本原则是：只有增量现金流量才是与项目相关的现金流量。计算时具体注意的问题如下。

首先，充分考虑项目投资的机会成本。企业在对在投资方案进行选择时，如果选择了一个投资方案，则必须放弃投资于其他方案的机会。而其他项目投资机会可能取得的收益就是实行本投资方案的一种代价，通常这就是这项投资方案的机会成本，企业要对机会成本加以重视。在这里，机会成本不是我们通常意义上的“成本”，它不是一种支出或费用，而是企业失去的收益。机会成本的具体金额总是针对具体方案的，离开被放弃的方案就无从计量确定。

其次，区分项目投资的相关成本和非相关成本。项目投资的相关成本是指与特定决策有关的、在分析评价时必须加以考虑的成本费用。例如，投资带来的差额成本、未来成本、重置成本、机会成本等均属于投资决策的相关成本。而对于对投资决策不产生影响的非相关成本企业就可以不进行过多地考虑。

再次，充分考虑项目投资对企业其他各个部门的影响。因为一个投资项目在投资建设过程中要得到各方面的配合，同时项目建成投入使用后也要兼顾各方面的利益。

最后，分析对企业净营运资金的影响。净营运资金，是指企业对项目进行投资过程中增加的流动资产与增加的流动负债之间的差额。

③ 投资决策中使用现金流量的原因。在确定项目投资决策的过程中，企业之所以要以

按收付实现制计算的现金流量作为评价项目经济效益的基础，归结起来主要包括以下两方面原因。

第一，采用现金流量有利于科学地考虑时间价值因素。科学的项目投资决策必须将考虑资金时间价值的问题放在首要的位置，因为资金时间价值是财务管理问题的基础。这就要求建筑施工企业在决策时一定要清楚每笔预期收入款项和支出款项的具体时间。而利润的计算，并不考虑资金收付的时间，它是以权责发生制为基础的。要在投资决策中考虑时间价值的因素，就不能利用利润来衡量项目的优劣，而必须采用现金流量。

第二，采用现金流量才能使投资决策更符合客观实际情况。在项目投资决策中，使用现金流量能科学、客观地评价投资方案的优劣，而利润评价则明显地存在不科学、不客观的成分。这是由于净利润的计算比现金流量的计算有更大的主观随意性；利润反映的是某一会计期间“应计”的现金流量，而不是实际的现金流量。

(3) 固定资产投资决策指标　项目投资决策指标是评价项目投资方案是否可行或者投资项目优劣的标准。固定资产投资决策的评价指标很多，但将这些指标按照是否考虑资金时间价值进行分类可以概括为两种类型的指标体系：静态财务指标和动态财务指标两大类。

① 静态财务指标。静态的财务指标是指不考虑资金时间价值的各种指标，有时也可把这些指标称为非贴现现金流量指标。这类指标主要包括：静态投资回收期指标、平均报酬率指标、投资利润率指标等。

a. 静态投资回收期。投资回收期（payback period，PP）是指投资项目回收初始投资所需要的时间，一般以年为单位，是一种使用很久很广的投资决策指标。投资回收期的计算，因每年的营业净现金流量不相等而有所不同。如果每年的营业净现金流量（NCF）相等，则静态投资回收期可以按照下面的公式计算。

静态投资回收期＝原始投资额÷投产后前若干年每年相等的净现金流量
＝原始投资额÷每年 NCF

如果每年 NCF 不相等，那么计算静态投资回收期企业就要根据每年年末尚未回收的投资额加以确定。

静态投资回收期是一个绝对量的反指标，静态投资回收期概念容易理解，计算也比较简便，并且该指标能够直观地反映原始投资的回本时间，企业在计算时可以直接利用回收期之前的净现金流量的信息。这一指标也存在不足，具体表现在，首先没有考虑资金的时间价值；其次没有考虑回收期满后的现金流量状况，另外也不能反映出不同投资方式对项目产生的影响，因而不能充分说明问题。利用该指标进行项目投资的判断时，只有指标小于或者等于基准的静态投资回收期时，投资项目才具有财务可行性。

**【例 4-22】** 某建筑施工企业，决策层拟对一个长期项目进行投资，项目投资后的现金流出量和流入量以及项目的寿命期等相关资料如下。项目建设期 1 年，初始投资金额为 1000 万元，项目建成后生产经营期为 9 年，经营期各年的净现金流量相等均为 360 万元。

企业计算项目的静态投资回收期：静态投资回收期＝1000÷360＝2.78（年），所以该项目的初始投资在不考虑资金时间价值的基础上，可以用 2.78 年全部收回。

b. 平均报酬率。平均报酬率（average rate of return，ARR）是投资项目寿命周期内平均的年投资报酬率，也称平均投资报酬率。平均报酬率最常见的计算公式为

平均报酬率＝(平均现金流量÷初始投资额)×100％

平均报酬率指标是一个相对量的正指标。平均报酬率指标的计算简单明了，易于操作。但该方法也存在不足，主要缺点是没有考虑资金的时间价值，同时项目所带来的第一年的现金流量与最后一年的现金流量被看作具有相同的价值，但在事实上这是绝不可能的，所以有时会使决策者做出错误的决策。在不考虑其他指标的前提下，平均报酬率指标大于或者等于基准平均报酬率指标时投资项目才具有财务可行性。

② 动态财务指标。动态的财务指标是指在考虑资金时间价值的基础上确定的评价指标，有时也可把这些指标称为贴现现金流量指标。这类指标主要包括：净现值、净现值率、内部报酬率、获利指数等。

a. 净现值。净现值（net present value，NPV）是指在投资项目的计算期内各年净现金流量现值的代数和。其计算公式为

$$NPV=\sum_{t=0}^{n}NCF_t(1+k)^{-t} \tag{4-17}$$

式中　$NCF_t$——第 $t$ 年的净现金流量；

$k$——折现率；

$n$——项目预计使用年限。

企业在计算净现值时，需要使用折现率，企业设定的折现率应该是投资该项目企业预期希望获得的最低收益率，一般来说多数企业通常采用资金成本作为该折现率或者选择行业基准折现率。净现值有时还可以有另外一种表述方法，即项目投产后各年净现金流量的现值之和与原始投资现值之和的差额。其计算公式为

$$NPV=-\sum_{t=0}^{s}I_t(1+k)^{-t}+\sum_{t=s+1}^{n}NCF_t(1+k)^{-t} \tag{4-18}$$

式中　$I_t$——第 $t$ 年的原始投资；

$s$——建设期；

其他字母的含义不变。

项目净现值是投资项目投产后所获得的净现金流量扣除按预定折现率计算的投资收益或资金成本（即投资者的必要收益），再扣除原始投资的现值（即投资的本钱），在建设起点上所能实现的净收益或净损失。净现值是投资项目所增加的企业价值。当 $NPV=0$ 时，表明投资项目的实际收益率（内部报酬率）等于设定的折现率；当 $NPV>0$ 时，表明投资项目的实际收益率（内部报酬率）大于设定的折现率；当 $NPV<0$ 时，表明投资项目的实际收益率（内部报酬率）小于设定的折现率。这样项目投资的决策者就可以根据净现值的大小对项目进行取舍了。

净现值的具体确定过程如下。

第一步：计算项目每年的营业净现金流量。

第二步：计算未来报酬的总现值。这一步又可以进行具体的划分：将每年的营业净现金流量折算成现值。如果每年的 NCF 相等，则按计算年金的方法折算成现值；如果每年的 NCF 不相等，则先对每年的 NCF 分别进行贴现，然后再加以合计。将终结现金流量折算成现值。计算未来报酬的总现值。

第三步：计算净现值。净现值＝未来报酬的总现值－初始投资现值

建筑施工企业采用净现值法选择投资项目。当只有一个备选方案的采纳与否的决策中，选择净现值为正的投资项目，舍去净现值为负的投资方案。当有多个备选方案的互斥项目的决策中，应该选用净现值是正值中的最大者。

净现值指标是一个折现的相对量的正指标。采用净现值指标作为项目选择的判断标准的优点是，指标考虑了资金的时间价值，能够反映各种投资方案的净收益，因而是一种较好的判断指标；同时，该指标也是企业运用动态评价指标进行判断的首选；最后，该指标在计算时，能够利用项目寿命期内的有关净现金流量的全部信息，计算结果全面。该指标的缺点在于，不能揭示各个投资方案本身可能达到的实际报酬率的大小。

**【例 4-23】** 某建筑施工企业要进行一个长期项目投资，所需初始投资额为 1250 万元，包括固定资产投资 1050 万元，其他为垫支流动资金投资，流动资金于建设期末投入。该项目建设期为 1 年，寿命期为 10 年。经预计项目投产后每年的净现金流量分别为 270 万元、320 万元、370 万元、420 万元、360 万元、400 万元、450 万元、500 万元、550 万元、900 万元。(其中最后一年已经包括了项目结束收回的流动资金投资)，项目的折线率为 10%。企业根据所掌握的资料计算财务净现值。

**解：** NPV＝－1050×0.9091－200×0.9091＋270×0.8264＋320×0.7513＋370×0.6830＋420×0.6209＋360×0.5645＋400×0.5132＋450×0.4665＋500×0.4241＋550×0.3855＋900×0.3505＝1103.14(万元)

b. 净现值率。净现值率是项目的净现值占原始投资额现值的比率，一般用字母 NPVR 表示。净现值率指标的计算公式为

$$\mathrm{NPVR}=\frac{\mathrm{NPV}}{\text{原始投资项目的现值之和}}\times 100\% \tag{4-19}$$

净现值率是一个折现的相对量的正指标。采用净现值率指标作为项目选择的判断标准的优点是，指标考虑了资金的时间价值，能够反映项目投入资金的投入和产出关系，比其他的折现指标计算更容易。该指标的缺点在于，不能揭示各个投资方案本身可能达到的实际报酬率的大小，同时要想计算这个指标就必须先取得净现值金额的相关资料。

在运用净现值率指标选择投资项目时，在只有一个备选方案的采纳与否决策中，如果计算出的净现值率大于或者等于零时，投资项目才具有财务可行性。

c. 内部报酬率。内部报酬率又称内含报酬率（internal rate of return，IRR）是使投资项目的净现值等于零时的贴现率。内部报酬率实际上反映了投资项目的真实报酬。内部报酬率的计算公式为

$$\sum_{t=0}^{n}\mathrm{NCF}_t(1+\mathrm{IRR})^{-t}=0 \tag{4-20}$$

建筑施工企业计算内部报酬率的具体过程如下。如果项目每年的 NCF 相等，首先计算项目的年金现值系数，利用公式，年金现值系数＝原始投资额÷每年 NCF。其次，查年金现值系数表，在相同的期数内，找出与上述年金现值系数相邻近的较大和较小的两个贴现率。最后，根据上述两个邻近的贴现率和已求得的年金现值系数，采用插值法就可以计算出该投资方案的内部报酬率。

如果项目每年的 NCF 不相等，第一，先预估一个贴现率，并按此贴现率计算净现值。如果计算出的净现值为正数，则表示预估的贴现率小于该项目的实际内部报酬率，应提高贴现率，再进行测算；如果计算出的净现值为负数，则表明预估的贴现率大于该方案的实际内部报酬率，应降低贴现率，再进行测算。经过如此反复测算，找到净现值由正到负并且比较接近于零的两个贴现率。第二，根据上述两个邻近的贴现率再来用插值法，计算出方案的实际内部报酬率。

内部报酬率是一个折现的相对量正指标。该指标的优点在于，考虑了资金的时间价值；能够直接反映项目投资的实际收益率的大小；计算指标时不用考虑行业基准折现率。该指标的不足在于，计算过程比较复杂，特别是每年 NCF 不相等的投资项目，一般要经过多次测算才能求得。

在运用内部报酬率指标选择投资项目时，在只有一个备选方案的采纳与否决策中，如果计算出的内部报酬率大于或者等于企业的资本成本或者必要报酬率时投资项目才具有财务可行性。

**【例 4-24】** 某建筑施工企业需要对一项目是否进行投资做出决策，该项目在建设初期一次性投资 254580 元，当年年底即可投入使用。经预计项目投产后每年都可以给企业带来净现金流量 50000 元，项目的寿命期为 15 年。计算投资项目的内部收益率。

**解：** 因为项目每年的 NCF 相等，所以可以采用简单的方法确定。

IRR=$(P/A,\mathrm{IRR},15)=254580\div50000=5.0916$。查年金现值系数表得到结果 $(P/A,18\%,15)=5.0916$。IRR=18%。

当然，这里给出的例题属于一个比较特殊的项目，在实际项目投资的分析中往往没有这么简单。还需要有关人员进行细致的计算才能得到结果。

d. 获利指数。获利指数又称利润指数（profitability index，PI），是投资项目未来报酬的总现值与初始投资额的现值之比。其计算公式为

$$PI=未来报酬的总现值\div原始投资额的现值$$

获利指数的具体计算过程如下。

第一，计算投资项目未来报酬的总现值，这与计算净现值所采用的方法相同。

第二，运用公式计算投资项目的获利指数，即根据未来的报酬总现值和初始投资额之比计算获利指数。

获利指数是一个折现的相对量正指标。获利指数的优点是，考虑了资金的时间价值，能够真实地反映投资项目的盈亏程度，由于获利指数是用相对数来表示，所以，有利于在初始投资额不同的投资方案之间进行对比；获利指数的缺点是获利指数这一概念不便于理解。在运用获利指数指标选择投资项目时，在只有一个备选方案的采纳与否决策中，获利指数大于或等于 1 时投资项目才具有财务可行性。

e. 动态财务指标之间的比较。净现值和内部报酬率的比较。在多数情况下，运用净现值和内部报酬率这两种方法得出的结论是相同的。但出现下面两种情况。

① 初始投资不一致；

② 现金流入的时间不一致。尽管是在这两种情况下使二者产生了差异，但引起差异的原因是共同的：净现值假定产生的现金流入量重新投资会产生相当于企业资金成本的利润率，而内部报酬率却假定现金流入量重新投资产生的利润率与此项目的特定的内部报酬率相同。当企业可投资的资本无资本限量时，净现值是一个比较好的判断指标。

净现值和获利指数的比较。由于净现值和获利指数使用的是相同的信息，在评价投资项目的优劣时，它们常常是一致的，但有时也会产生分歧。只有当初始投资不同时，净现值和获利指数才会产生差异。当获利指数与净现值得出不同结论时，应以净现值为准。

总之，在企业无资本限量的情况下，利用净现值指标在所有的投资评价中都能做出正确的决策，而利用内部报酬率指标和获利指数指标在选择与否的决策中也能做出正确的决策，但是在互斥选择决策中有时会做出错误的决策。因而，在这三种评价方法中，净现值是最好的判断财务可行性的指标。

③ 投资决策指标的评价。

第一，各种指标在投资决策中应用的变化趋势。投资回收期法，作为评价企业投资效益的主要方法，曾流行于全世界。但是，后来人们日益发现其局限性，于是，建立起以货币时间价值原理为基础的贴现现金流量指标。在时间价值原理基础上建立起来的贴现现金流量指标，在投资决策指标体系中的地位发生了显著变化。使用贴现现金流量指标的公司不断增多，从20世纪70年代开始，贴现现金流量指标已占主导地位，并形成了以贴现现金流量指标为主，以投资回收期为辅的多种指标并存的指标体系。

第二，动态财务指标广泛应用的原因。

a. 静态财务指标把不同时间点上的现金收入和支出用毫无差别的资金进行对比，忽略了货币的时间价值因素，这是不科学的。

b. 静态财务指标中的静态投资回收期只能反映投资的回收速度，而且夸大了投资的回收速度。

c. 静态财务指标对寿命不同、资金投入的时间和提供收益的时间不同的投资方案缺乏鉴别能力。

d. 静态财务指标中的平均报酬率、投资利润率等夸大了项目的盈利水平。

e. 在运用静态投资回收期这一指标时，标准回收期是方案取舍的依据。但标准回收期一般都是以经验或主观判断为基础来确定的，缺乏客观依据。

f. 管理人员水平的不断提高和电子计算机的广泛应用，加速了动态财务指标的使用。

（4）固定资产投资决策指标的应用

① 固定资产更新决策。建筑施工企业对固定资产更新改造决策一般可以考虑采用差量分析法进行分析。首先，从更新设备的角度计算差量现金流量 $\Delta NCF_t$；然后，根据差量现金流量计算差量净现值 $\Delta NPV$；当 $\Delta NPV \geqslant 0$，选择新设备；当 $\Delta NPV < 0$，继续使用旧设备。

② 资本限量决策。资本限量是指企业资金有一定限度，不能投资于所有可接受的项目。一般而言，建筑施工企业在选择投资时可能会面临很多决策方案，也就是说，有很多获利项目可供投资，但企业无法筹集到足够的资金，对所有方案都进行投资，这时企业就面临资本限量决策。企业可以选择以下两种做法。

a. 使用获利指数指标选择

第一，计算所有项目的获利指数，不能漏掉任何项目，并列出每一个项目的初始投资。

第二，接受 $PI \geqslant 1$ 的项目，如果所有可接受的项目都有足够的资金，则说明资本没有限量，这一过程即可完成。

第三，如果资金不能满足所有 $PI \geqslant 1$ 的项目，那么就要对第二步进行修正。这一修正的过程是：对所有项目在资本限量内进行各种可能的组合，然后计算出各种组合的加权平均获利指数。

第四，接受加权平均利润指数最大的一组项目。

b. 使用净现值指标选择

第一，计算所有项目的净现值，并列出项目的初始投资。

第二，接受 $NPV \geqslant 0$ 的项目，如果所有可接受的项目都有足够的资金，则说明资本没有限量，这一过程即可完成。

第三，如果资金不能满足所有的 $NPV \geqslant 0$ 的投资项目，那么就要对第二步进行修正。这一修正的过程是：对所有的项目都在资本限量内进行各种可能的组合，然后，计算出各种组合的净现值总额。

第四，接受净现值的合计数最大的组合。

③ 项目寿命不等的投资决策。大部分固定资产投资都会涉及两个或者两个以上的寿命不同的投资项目的选择问题。由于项目的寿命不同，因而就不能对它们的净现值、内部报酬率和获利指数进行直接比较。为了使投资项目的各项指标具有可比性，必须设法使两个项目在相同的寿命周期内进行比较，可以选择的做法有以下两种。

a. 最小公倍数寿命法。求出两个项目使用年限的最小公倍数，再通过比较在相同时间上几个方案的净现值的大小，做出选择的方法。

**【例 4-25】** 某建筑企业要在两个投资项目中选择一个进行投资，其中项目甲需要初始投资 160000 元，每年产生 80000 元的净现金流量，项目使用寿命 3 年，3 年后要对项目进行更新且无残值；项目乙需要初始投资 210000 元，每年产生 64000 元的净现金流量，项目使用寿命 6 年，6 年后要对项目进行更新且无残值。企业的预计报酬率为 16%，企业应该选择哪个项目进行投资？

**解：** 第一步，计算两个项目的净现值。

$$NPV_{甲}=80000\times PVIFA_{16\%,3}-160000=19680(元)$$

$$NPV_{乙}=64000\times PVIFA_{16\%,6}-210000=25840(元)$$

第二步，通过最小公倍数法，再次确定方案的净现值。

由于两个方案寿命期的最小公倍数为 6，所以只需将甲方案的寿命期调整为 6 年，并确定净现值。

$$\begin{aligned}NPV_{甲}&=第0年投资的净现值+第3年投资的净现值\times 1/(1+16\%)^3\\&=19680+19680\times 1/(1+16\%)^3=32288(元)\end{aligned}$$

第三步，根据结果做出选择。

因为甲项目的净现值大于乙项目的净现值，所以应选甲项目进行投资。

还要考虑到，对于有些项目如果寿命期相差较长，例如，一个项目寿命期为 9 年，一个项目寿命期为 10 年，那么其最小公倍数为 90。如果还采用此方法，就会增加很大的工作量。那么还可以选择另外的方法。

b. 年均净现值法。是把投资项目总的净现值转化为项目每年的平均净现值再进行判断。年均净现值的计算公式为

$$ANPV=\frac{NPV}{PVIFA_{k,n}} \tag{4-21}$$

式中 ANPV——年均净现值；

$PVIFA_{k,n}$——建立在公司资本成本和项目寿命周期基础上的年金现值系数。

对于上例中的两个项目，采用年均净现值法计算。

$$ANPV_{甲}=19680\div PVIFA_{16\%,3}=19680\div 2.246=8762.24(元)$$

$$ANPV_{乙}=25840\div PVIFA_{16\%,6}=25840\div 3.685=7012.21(元)$$

因为甲项目的年均净现值大于乙项目的年均净现值，所以应选甲项目进行投资。

(5) 有风险情况下的投资决策　建筑施工企业固定资产投资决策涉及的时间相对较长，对未来收益和成本很难准确预测，即有不同程度的不确定性或风险性。在前面的分析中都不考虑有关风险的问题，但在实际的决策中风险因素是不可能规避的。有风险情况下的投资决策的分析方法很多，主要介绍按风险调整贴现率和按风险调整现金流量两种方法。

① 按风险调整贴现率法。所谓按风险调整的贴现率法，是指将与特定投资项目有关的风险报酬，加入资本成本或企业要求达到的报酬率中，构成按风险调整的贴现率，并据以进行投资决策分析的方法。

按风险调整贴现率具体应用时包括以下几种方法。

a. 用资本资产定价模型来调整贴现率。

特定投资项目按风险调整的贴现率可按下式来计算。

$$K_j = R_f + \beta_j (R_m - R_f)$$

式中 $K_j$——项目 $j$ 按风险调整的贴现率或项目的必要报酬率；

$R_f$——无风险报酬率；

$\beta_j$——项目 $j$ 的不可分散风险的 $\beta$ 系数；

$R_m$——所有项目平均的贴现率或必要报酬率。

b. 按投资项目的风险等级来调整贴现率。这种方法是对影响投资项目风险的各因素进行评分，根据评分来确定风险等级，并根据风险等级来调整贴现率的一种方法。一般而言，企业在调整贴现率时考虑的风险等级、分数、贴现率的确定都由企业的管理人员根据以往经验来设定，具体的评分工作，企业可以组织生产、销售、技术、财务等部门的负责人组成专家组进行。

特定项目按风险调整的贴现率可按下式计算。

$$K_i = R_f + b_i V_i$$

式中 $K_i$——项目 $i$ 按风险调整的贴现率；

$b_i$——项目 $i$ 的风险报酬系数；

$V_i$——项目 $i$ 的预期标准离差率。

按风险调整贴现率以后，具体的评价方法与无风险的基本相同。这种方法，对风险大的项目采用较高的贴现率，对风险小的项目采用较低的贴现率，简单明了，易于理解。但这种方法把资金时间价值和风险价值混在一起，这样做的结果就是人为地假定风险随时间的增长也在不断增长，这在实际使用中缺乏合理性。

② 按风险调整现金流量法。风险的存在使得各年的现金流量变得不确定，因此，就需要按风险情况对各年的现金流量进行调整。这种先按风险调整现金流量，然后进行长期投资决策的评价方法，叫做按风险调整现金流量法。具体调整办法很多，这里介绍最常用的肯定当量法。

所谓肯定当量法就是把不确定的各年现金流量，按照一定的系数（通常称为约当系数）折算成大约相当于确定的现金流量的数量，再利用无风险贴现率来评价风险投资项目的决策分析方法。

约当系数是肯定的现金流量对与之相当的、不肯定的现金流量的比值，一般用 $d$ 来表示。在进行评价时可根据各年现金流量风险的大小，选用不同的约当系数。

在选用约当系数时会因人而异，一般情况下，勇于冒险的决策者会选用较高的约当系数，而不愿冒险的决策者可能会选用较低的约当系数。为了防止因决策者的偏好不同而造成决策失误，企业可以根据标准离差率来确定约当系数。采用确定当量法来对现金流量调整，进而做出投资决策，克服了调整贴现率法夸大远期风险的缺点，但如何准确、合理地确定约当系数是一个十分困难的问题。

## 二、其他长期资产管理

无形资产是指企业为生产、经营管理而持有的，没有实物形态的资产。企业的无形资产有时可以为其带来长期超额收益，因此无形资产管理是企业财务管理的重要组成部分。

（1）无形资产的内容　无形资产主要由以下几项内容构成。

① 专利制度和专利权。专利制度是一种用来确认和保护发明创造权利的法律制度，也是国际上通行的一种用法律和经济相结合的手段来推动科学技术进步的管理制度。这个制度的基本内容，是由国家的专利管理部门依据专利法，对申请专利的发明创造，经过审查批准授予专利权。根据法律的规定，授予申请者在一定期限内享有独占权或专利权。任何人如果要利用该项专利进行生产或出售使用该项专利制造的产品，需事先获得专利权所有人的许可，并付给报酬。

② 专有技术（非专利技术）。专有技术也称技术秘密和技术诀窍。它是指企业中实用的、先进的、未公开的和未申请专利的知识和技术，包括各种设计数据、图纸数据、技术规范、工艺流程和配方等。专有技术常常依据《中华人民共和国合同法》《中华人民共和国物权法》及《中华人民共和国反不正当竞争法》以及《中华人民共和国刑法》中的有关规定，实施间接保护。

③ 商标权。商标是工商企业在其经营的商品上所使用的一种标志。法律上为保护生产者的正当权益严禁出现假冒、仿用商标等侵犯他人权利的违法行为，受商标法保护的权利，称为商标权。商标权是以申请注册的时间先后为审批依据，而不以使用时间审批依据，按照《中华人民共和国商标法》的规定，商标权的有效期限为10年，期满可申请延期。商标权同其他商品一样，具有使用价值和价值，既可以作价转让，也可以有偿地许可他人使用，商标权的价值是由使用商标的商品质量、商品信誉、商品的获利能力、商标设计、注册、宣传以及保护商标等方面而支付的费用等多种因素决定的。

④ 著作权。著作权又称版权，是指对正式出版的某一作品或创作的某一艺术品给予的专属权利。非经作者和出版商（社）的共同授权，著作或艺术品不得私自翻印或复制。

⑤ 专营权。专营权包括两种：一种是指政府特许企业使用国有财产，或在一定区域享有经营某种业务的独占权，比如公共交通、电力、电信、煤气、自来水等；另一种专营权指一个企业依照合同，永久或有限期地使用另一个企业的商标、专利、专有技术等的权利。

⑥ 租赁权。是指出租人在承租人给予一定报酬的条件下，授予承租人在约定期限内占有和使用租赁材料（包括房地产、机器设备等）的权利。租赁权是通过双方签订并经公证有效的租约而取得的。租赁具有所有权与使用权分离的特点，即所有权归出租人，使用权归承租人。通常承租人负有维修、保养，使之处于良好状态的义务，并按租约规定数额和具体付款办法向出租人分期交付租金。

⑦ 土地使用权。在我国，土地所有权归国家，任何企业或个人对土地仅有使用权而无所有权。水利工程建设占地和水库淹没的土地，如果是采用划拨方式取得（即无偿取得）土地使用权，没有向政府交付土地使用权出让金，根据国家颁布的土地有偿使用的法规和条例，此时水利工程管理单位无权将土地自行转让、出租和抵押，因为并没有取得完全的土地使用权，当然不能作为无形资产。至于因占用土地而支付的淹没处理补偿费、青苗赔偿费、拆迁移民费等，应计入水利工程固定资产投资内。

（2）无形资产的分类　无形资产种类很多，为了方便评估和管理，应对其进行合理的分类。

① 按企业取得无形资产的渠道，可分为企业自创的或自身拥有的无形资产和外购的无形资产。前者是由企业自己研制创造获得的以及由于客观原因形成的，如自创的专利、

专有技术、商标等，后者则是企业以一定代价从其他单位购入的，如外购专利权、商标权等。

② 按有无法律保护可分为法定无形资产和收益性无形资产。专利权、土地使用权、商标权等均受国家有关法律保护，称为法定无形资产；专用技术等无法律保护的无形资产称为收益性无形资产。

③ 无形资产按是否有固定的寿命期可分为可摊销无形资产和不可摊销无形资产。可摊销无形资产有规定的生效期，企业必须在其寿命期内，将资产价值分期摊入各期费用。这类无形资产有专利权、特许权、著作权、版权、租赁权、专有技术等。不可摊销无形资产指没有固定的寿命期，这类无形资产有商标。

(3) 无形资产的特点　无形资产作为企业的一项特殊资产，具有如下特点。

① 非实体性。·方面无形资产没有人们感官可感触的物质形态，只能从观念上感觉它。它或者表现为人们心目中的一种形象，或者以特许权形式表现为社会关系范畴；另一方面，它在使用过程中没有有形损耗，报废时也无残值。

② 垄断性。无形资产的垄断性表现在以下几个方面：有些无形资产在法律制度的保护下，禁止非持有人无偿地取得；排斥他人的非法竞争。如专利权、商标权等；有些无形资产的独占权虽不受法律保护，但只要能保证秘密不向外界泄露，实际上也能独占，如专有技术，秘诀等；还有些无形资产不能与企业整体分离，除非整个企业产权转让，否则别人无法获得，如商业信誉。

③ 不确定性。无形资产的有效期受技术进步和市场变化的影响很难准确确定。

④ 共享性。是指无形资产有偿转让后，可以由几个主体同时共有，而固定资产和流动资产不可能同时在两个或两个以上的企业中使用，例如，商标权受让企业可以使用，同时出让企业也可以使用。

⑤ 高效性。无形资产能给企业带来远远高于其成本的经济效益。企业无形资产越丰富，则其获利能力越强，反之，企业的无形资产短缺，则企业的获利能力就弱，市场竞争力也就越差。

(4) 无形资产的日常管理　企业对无形资产的日常管理主要从以下几方面进行。

① 增加无形资产的管理。不管是购入的、自建的，还是其他单位投入的，都要办理合法手续，要按实际成本入账，或由评估机构评估计价。

② 无形资产摊销的管理。无形资产的有效使用年限：法律和合同都规定了有效期的按孰短的原则确定；法律没规定，合同规定了，就按合同中规定年限确定；均未规定的，按不少于10年的有效期确定。

③ 无形资产摊销额的计算。

$$年摊销额=无形资产的原始价值\div 预计使用寿命$$

④ 无形资产使用的管理。要挖掘潜力，提高无形资产的利用率；要实行归口分级管理。如专利权，必须技术由技术部门管理，专营权，场地使用权归生产销售部门管理。商标权由销售部门管理，以便明确责任，提高使用效果。

(5) 无形资产投资决策

① 无形资产投资决策应考虑的因素。无形资产投资涉及的时间一般超过一年且投资金额很大，所以其考虑的因素基本上与固定资产投资决策的因素相同。

第一，货币的时间价值。对于使用期限在一年以上的无形资产，在其使用期限内不同时点产生的现金净流量必须折合到同一时点才能累计。因此，可以用该项无形资产投资的资金成本作为折现率来折合，应用货币时间价值的概念和原理来计算。

第二，现金流量。包括现金流入量和现金流出量。与取得无形资产有关的现金流出量包括：开发、设计、研制或购置无形资产的全部支出；追加成本（在使用中进行改进、创新等投资）；取得和使用无形资产过程中的有关法律费用；其他有关的各项支出。有关的现金流入量包括：取得和使用该项无形资产而增加的收入；取得和使用该项无形资产而节约的成本；无形资产转让所得；使用无形资产过程中其他有关的收入。

第三，投资的风险价值。无形资产的非标准性决定了在其投资决策分析时必须考虑风险因素。根据风险与报酬的关系，风险越大，报酬也就越高。其基本公式为

$$无形资产投资的风险报酬=无风险的最低报酬率+风险报酬率$$

$$风险报酬率=风险系数\times风险程度$$

风险投资系数 $F$ 的确定要取决于全体投资者回避风险的态度，取值范围为 0～1。综上所述，可得

$$风险报酬率=风险系数\times风险程度$$

② 无形资产投资决策的评价标准和基本方法。如果建筑施工企业无形资产投资涉及的期限超过一年，属于长期投资决策，因此其评价标准应该是现金流量。

以现金流量为评价标准决定了无形资产投资的方法应采用动态的分析法。常用的分析方法包括净现值法（NPV）、内含报酬率法（IRR）和动态回收期法等。在上述方法中应注意的问题与固定资产投资基本一致，这里不再重复。

## 本章小结

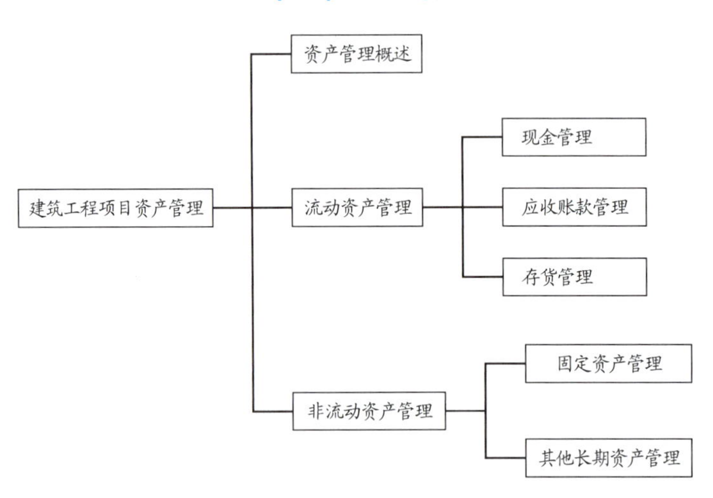


## 自测题

### 一、单项选择题

1. 下列进货费用中属于变动性成本的是（　　）。

A. 采购部门管理费用　　B. 采购人员的计时工资

C. 进货差旅费　　D. 预付订金的机会成本

2. 各种持有现金的动机中，属于应付未来现金流入和流出随机波动的动机是（　　）。

A. 交易动机　　B. 预防动机　　C. 投机动机　　D. 长期投资动机

3. 对应收账款信用期限的叙述正确的是（　　）。

A. 信用期限越长，企业坏账风险越小　　B. 信用期限越长，表明客户享受的信用条件越优越

C. 延长信用期限，不利于销售收入的扩大　　D. 信用期限越长，应收账款的机会成本越低

4. 由信用期限、折扣期限及现金折扣等三要素构成的付款要求（ ）。

A. 信用标准 B. 信用条件 C. 资信程度 D. 收账方针

5. 在允许缺货的情况下，经济进货批量是（ ）的进货批量。

A. 进货成本与储存成本之和最小 B. 进货费用等于储存成本

C. 进货费用、储存成本与短缺成本之和最小 D. 进货成本等于储存成本与短缺成本之和

6. 某企业若采用银行集中法，增设收款中心，可使企业应收账款平均余额由现在的400万元减至300万元。企业年综合资金成本率为12%，因增设收款中心，每年将增加相关费用8万元，则该企业分散收款收益净额为（ ）。

A. 4 B. 8 C. 12 D. 16

7. 某企业预测的年度赊销收入净额为3600万元，应收账款收账期为30天，变动成本率为60%，资金成本率10%，则应收账款的机会成本为（ ）万元。

A. 10 B. 6 C. 18 D. 20

8. 在对存货实行ABC分类管理的情况下，ABC三类存货的品种数量比重大致为（ ）。

A. 0.7∶0.2∶0.1 B. 0.1∶0.2∶0.7

C. 0.5∶0.3∶0.2 D. 0.2∶0.3∶0.5

9. 按照随机模式，确定现金存量的下限时，应考虑的因素有（ ）。

A. 企业现金最高余额 B. 有价证券的每次转换成本

C. 管理人员的风险承受倾向 D. 有价证券的日利息率

10. 某企业全年必要现金支付总额1600万元，其他稳定可靠的现金流入总额1200万元，应收账款总计金额1000万元，其应收账款收现保证率为（ ）。

A. 50% B. 40% C. 60% D. 70%

11. 项目投资决策中，完整的项目计算期是指（ ）。

A. 建设期 B. 生产经营期 C. 建设期+达产期 D. 建设期+运营期

12. 某项目投资需要的固定资产投资额为100万元，流动资金投资5万元，建设期资本化利息2万元，则该项目的原始投资为（ ）万元。

A. 105 B. 102 C. 107 D. 100

13. 下列指标的计算中，没有直接利用净现金流量的是（ ）。

A. 内部收益率 B. 获利指数 C. 投资收益率 D. 净现值率

14. 关于估计现金流量应当考虑的问题中说法错误的是（ ）。

A. 必须考虑现金流量的总量 B. 尽量利用现有会计利润数据

C. 不能考虑沉没成本 D. 充分关注机会成本

15. 某项目在建设期内投入全部原始投资，该项目的获利指数为1.25，那么项目的净现值率为（ ）。

A. 0.75 B. 0.8 C. 0.125 D. 0.25

16. 下列评价指标中，属于非折现正指标的是（ ）。

A. 静态投资回收期 B. 平均报酬率 C. 内部收益率 D. 净现值

17. 财务管理中，企业为使投资项目达到设计生产能力，投入的全部资金称为（ ）。

A. 建设投资 B. 现金流量 C. 固定资金投资 D. 原始总投资

18. 下列各项中，各类项目投资都会发生的现金流出是（ ）。

A. 流动资金投资 B. 固定资产投资 C. 无形资产投资 D. 建设投资

19. 某投资项目按14%的折现率确定的净现值为正数，按16%的折现率确定的净现值为负数，则项目的内部收益率（ ）。

A. 大于14%，小于16% B. 小于14%

C. 等于15% D. 大于16%

20. 下列投资项目评价指标中，不受建设期长短、投资回收时间先后及现金流量大小影响的评价指标是（ ）。

A. 静态投资回收期 B. 投资收益率 C. 净现值率 D. 获利指数

21. 不管其他投资方案是否被采纳和实施，其收入和成本都不因此受到影响的投资与其他投资项目彼此间是（ ）。

A. 互斥投资 B. 互补投资 C. 独立投资 D. 互不兼容投资

22. 某投资方案，当折现率为12%时，其净现值为38万元，当折现率为14%时，其净现值为－22万元。该方案的内部收益率（ ）。

A. 大于 14%　　B. 小于 12%

C. 介于 12%与 14%之间　　D. 无法确定

23. 对于多个互斥方案的比较和优选，采用年等额净回收额指标时（　）。

A. 选择投资额较大的方案为最优方案　　B. 选择投资额较小的方案为最优方案

C. 选择年等额净回收额最小的方案为最优方案　　D. 选择年等额净回收额最大的方案为最优方案

24. 如果某投资项目的建设期为 2 年，运营期为 5 年，要求的最低投资利润率为 10%，已知该项目的净现值为 15 万元，包括建设期的静态投资回收期为 4 年，投资利润率为 8%，则可以判断该项目（　）。

A. 完全具备财务可行性　　B. 完全不具备财务可行性

C. 基本具备财务可行性　　D. 基本不具备财务可行性

25. 长期投资决策中，不适合作为折现率用于投资项目评价的是（　）。

A. 投资项目的资金成本　　B. 投资的机会成本

C. 企业预期报酬率　　D. 银行短期存款利息率

## 二、多项选择题

1. 存货的进货成本通常包括（　）。

A. 订货成本　　B. 储存成本　　C. 采购成本　　D. 缺货成本

2. 所谓“5C”系统，是评估顾客信用品质的五个方面，即品质、能力、资本、抵押和条件，下列说法正确的是（　）。

A. 能力是指顾客的财务实力和财务状况，表明顾客可能偿还债务的背景。

B. 抵押是指顾客拒付款项或无力支付的经济环境

C. 条件是指可能影响顾客付款能力的经济环境

D. 资本是指顾客的信誉，即履行偿债义务的可能性

E. 品质是指顾客的信誉，即履行偿债义务的可能性

3. 对信用期限的叙述不正确的是（　）。

A. 信用期限越长，企业坏账风险越小　　B. 延长信用期限，有利于销售收入的增加

C. 延长信用期限，不利于销售收入的增加　　D. 信用期限越长，应收账款的机会成本越低

4. 在存货经济进货批量基本模型中，导致经济订货量增加的因素有（　）。

A. 存货年需要量增加　　B. 每次订货的变动成本增加

C. 存货变动储存成本降低　　D. 缺货的可能性增加

5. 下列说法正确的是（　）。

A. 订货的变动成本与订货量有关，而与订货次数无关

B. 储存的变动成本与存货的数量有关，例如：存货资金的应计利息

C. 采购人员的差旅费属于固定订货成本

D. 订货成本加上购置成本等于存货的进货成本

6. 缺货成本中包括（　）。

A. 材料供应中断造成的停工损失　　B. 产成品库存缺货造成的拖欠发货的损失

C. 主观估计的商誉损失　　D. 紧急外购成本

7. 采用随机模式控制现金持有量，计算现金返回线的各项参数中包括（　）。

A. 每次有价证券的变动转换成本　　B. 有价证券的日利息率

C. 现金存量的下限　　D. 预期每日现金余额变化的标准差

8. 存货管理的经济进货批量基本模型建立于下列假设条件之上（　）。

A. 企业能及时补充所需存货　　B. 存货单价不考虑销售折扣

C. 每批订货之间相互独立　　D. 年需求量稳定，并且能预测

E. 存货的单位储存变动成本不变

9. 在供货企业提供数量折扣的情况下，影响经济订货批量的因素是（　）。

A. 购置成本　　B. 储存成本中的固定成本

C. 储存成本中的变动成本　　D. 订货成本中的固定成本

E. 订货成本中的变动成本

10. 通常情况下，企业持有现金的机会成本（　）。

A. 与现金余额成正比　　B. 等于有价证券的利息率

C. 与持有时间成反比　　　　D. 是决策的无关成本

## 三、计算分析题

1. 已知：某建筑施工现金收支平衡，预计全年（按 360 天计算）现金需要量为 250000 元，现金与有价证券的转换成本为每次 500 元，有价证券年利率为 10%。

要求：

(1) 计算该企业最佳现金持有量。

(2) 计算该企业最佳现金持有量下的全年现金管理相关总成本、全年现金转换成本和全年现金持有机会成本。

(3) 计算该企业最佳现金持有量下的全年有价证券交易次数和有价证券交易间隔期。

(4) 若企业全年现金管理的相关总成本想控制在 4500 元以内，想通过控制现金与有价证券的转换成本达到此目标，则每次转换成本的限额为多少?

2. 假如某建筑施工企业认为任何时候其现金余额不能低于 1600 元，并根据以往的经验测算出现金余额变化的标准差为 1000 元，当现金多余时投资有价证券，当现金不足时则出售有价证券。现金与有价证券的每次转换成本为 60 元，假定有价证券的年利率为 9%。

要求：计算当该企业的现金余额达到控制上限时，它将以多少现金去投资有价证券。

3. 某建筑施工企业全年从外部购零件 1200 件，每批进货费用 400 元，单位零件的年储存成本 6 元，该零件每件进价 10 元。销售企业规定：客户每批购买量不足 600 件，按标准计算，每批购买量超过 600 件，价格优惠 3%。

要求：

(1) 计算该企业进货批量为多少时才是有利的。

(2) 计算该企业最佳的进货次数。

(3) 计算该企业最佳的进货间隔期为多少天。

(4) 计算该企业经济进货批量的平均占用多少资金。

4. 某建筑施工企业全年耗用某种材料 1600 千克，该材料单位成本 10 元，每单位年储存成本为 4 元，一次订货成本为 800 元，如一次订货量超过 1000 千克，可给予 2%的批量折扣；超过 1200 千克，可享受 3%的价格优惠；超过 1500 千克以上，可享受 4%的价格优惠，计算该企业应以多大批量进货。

5. 某建筑施工企业预测的年度赊销额为 3000000 元，应收账款平均收账天数为 60 天，变动成本率为 60%，资金成本率为 10%，计算应收账款的机会成本。

6. 某建筑施工企业的一台挖掘机，原始价值为 640000 元，预计使用 5 年，期末净残值为 20000 元。请企业采用双倍余额递减法对该设备计提折旧。

7. 某建筑施工企业的一台施工用机器，设备原始价值为 640000 元，预计使用 5 年，期末净残值为 20000 元。请企业采用年数总和法对该设备提取折旧。

8. 某建筑施工企业投资一项固定资产，投资金额为 100 万元，按直线法计提折旧，预计使用寿命 10 年，期末无残值。项目当年投产，投产后每年带来的现金流入量为 10 万元，企业对项目要求的必要报酬率为 10%。计算项目的净现值，并判断项目的财务可行性。

9. 某建筑施工企业投资一项固定资产，投资金额为 100 万元，按直线法计提折旧，预计使用寿命 10 年，期末无残值。项目当年投产，投产后每年带来的现金流入量为 10 万元，企业对项目要求的必要报酬率为 10%。计算项目的净现值率，并判断项目的财务可行性。

10. 某建筑施工企业投资一项固定资产，投资金额为 100 万元，按直线法计提折旧，预计使用寿命 10 年，期末无残值。项目当年投产，投产后每年带来的现金流入量为 10 万元，企业对项目要求的必要报酬率为 12.5%。计算项目的内部收益率，并判断项目的财务可行性。

# 第五章　建筑工程项目成本管理

**知识目标**

- 掌握工程成本预测的方法、工程成本计划的编制方法以及工程成本差异分析。
- 熟悉成本费用构成、工程成本控制要求及程序。
- 了解工程成本的概念、工程成本预测的含义及作用、工程成本计划的概念和成本责任制度。

**能力目标**

- 能解释建筑工程项目成本的概念及其构成。
- 会选择合适的方法预测工程成本。
- 会对工程成本进行差异分析。

**素质目标**

- 准确识别工程项目成本与费用、正确确定成本项目。
- 正确进行成本预测，避免资金闲置与浪费。
- 制定成本控制与考核方案、客观评价成本计划完成情况。

## 第一节　工程成本概述

### 一、工程成本的概念

成本是企业生产经营过程中所耗费的生产资料转移的价值和劳动者劳动所创造的价值的货币表现。成本具体表现为企业在生产经营过程中所耗费的资金的总和。

工程成本是建筑工程成本和安装工程成本的简称，它是考核建筑施工企业经济效益的一个重要指标。建筑工程成本主要指各种房屋以及设备基础、支柱、操作平台、烟囱、凉水塔等建筑工程成本；矿山开凿、井巷掘进延伸、露天矿剥离、石油和天然气钻井工程和铁路、公路、港口、桥梁等工程成本；水利工程和防空地下建筑等特殊工程成本等。安装工程成本则是指因生产、动力、起重、运输、传动和医疗、试验等需要安装设备的装配和安装工程成本。

### 二、成本费用的构成

成本费用的构成是指根据成本管理制度及成本计算方法规范的成本项目内容。我国在很长一段时间内曾实行完全成本法，而根据现行成本管理制度的规定，成本核算从传统的完全成本法改为制造成本法。两者的区别在于对期间费用的处理不同。在完全成本法下，将企业在生产经营中所发生的全部费用（包括企业管理费用）都计入产品成本，形成产品完全成本，也称全部成本。制造成本法是国际上通用的计算产品生产成本的方法，其基本特点是：将企业在生产经营活动中所发生的费用分为制造成本和期间费用两部分，制造成本作为产品成本进行归集，而期间费用则在发生的会计期间直接计入当期损益的减项。采用制造成本法，简化了成本的归集和分配，能更好地贯彻权责发生制，符合收入与费用配比原则的要求。

根据制造成本法，建筑施工企业成本费用构成如下。

#### 1. 工程成本

工程成本按其是否直接耗用于工程的施工过程，分为直接成本和间接成本。

（1）直接成本　直接成本又称直接费用，是指施工过程中耗费的构成工程实体或有助于工程实体形成的各项支出，由以下项目组成。

① 材料费。指在施工过程中所耗用的、构成工程实体或有助于工程实体形成的各种主要材料、外购结构件成本以及周转材料的摊销和租赁费。

② 人工费用。指直接从事工程施工的工人的工资和职工福利费，包括施工现场制作构件工人、施工现场水平、垂直运输等辅助工人，但不包括机械施工人员。

③ 机械使用费。指建筑安装工程施工过程中使用施工机械所发生的费用和按规定支付的施工机械进出场费等，包括机上作业人员工资、福利费，燃料、动力费，机械折旧、修理费，替换工具及部件非润滑剂擦拭材料费，安装、拆卸及辅助设施费，养路费，牌照税，使用外单位施工机械的租赁费以及保管机械而发生的保管费等。

④ 其他直接费。指现场施工用水、电、气费，冬季、雨季施工增加费，夜间施工增加费，工程定位复测费，工程点交、场地清理费用等。

（2）间接成本　间接成本又称间接费用，是指企业所属各施工单位如分公司、项目部为组织和管理施工生产活动所发生的各项费用，包括临时设施摊销费、施工单位管理人员工资、职工福利费、折旧费、修理费、工具用具使用费、办公费、差旅交通费、劳动保护费等。

直接成本加上分配的间接成本，构成工程总成本。工程成本不是工程完全成本，它不包括企业管理费用、财务费用等期间费用。因为按照现行会计制度的规定，期间费用直接计入当期损益，不分配计入工程成本。

### 2. 期间费用

期间费用是指企业当期发生的必须从当期收入中得到补偿的费用。它与企业的全部施工生产经营活动相联系，容易确定其发生的期间，但一般难以辨别其应归属的具体工程或产品，因而不构成工程或产品成本，而应在发生时直接计入当期损益。期间费用主要由以下三项费用构成。

（1）管理费用　管理费用是指企业行政管理部门为管理和组织生产经营活动所发生的各项费用，包括公司经费、工会经费、职工教育经费、劳动保险费、董事会费、咨询费、审计费、诉讼费、排污费、绿化费、房产税、车船使用税、土地使用税、印花税、土地损失补偿费、技术转让费、技术开发费、无形资产摊销、开办费摊销、业务招待费、坏账损失、存货盘亏、损毁和报废（减盘盈）损失以及其他管理费用。

（2）财务费用　财务费用是指企业为筹集资金而发生的各项费用，包括企业生产经营期间发生的利息支出、汇兑净损失、调剂外汇手续费、金融机构手续费以及企业融资所发生的其他财务费用等。

（3）销售费用　销售费用是指企业在销售过程中发生的费用，包括运输费、装卸费、包装费、保险费、展览费和广告费以及为销售本企业产品而专设的销售机构（含销售网点、售后服务网点等）的职工工资及福利费、类似工资性质的费用、业务费等经营费用。建筑施工企业一般不设置“销售费用”账户，如发生有关销售费用，可在“管理费用”账户中核算。

划分成本费用既能明确工程成本与期间费用的界限，又能划清生产成本与经营管理成本的界限，可以正确地反映工程成本的构成，便于检查各项定额或计划的执行情况，分析和考核各项施工费用的支出是否节约、合理，有利于促使企业更加有效地节约费用开支，降低工程成本。

# 第二节 建筑工程成本的预测与计划

## 一、建筑工程成本预测

建筑工程成本预测是指通过取得的历史数字资料，采用经验总结、统计分析及数学模型的方法进行判断和推测。通过项目成本预测，可以为建筑施工企业经营决策和项目管理部门编制成本计划等提供数据。它是实行工程项目科学管理的一项重要工具，越来越被人们所重视，并日益发挥其作用。

5-1 工程成本和期间费用

成本预测在实际工作中虽然不常提到，但实际上人们往往在不知不觉中用到，例如建筑施工企业在工程投标时或中标施工时都往往根据过去的经验对工程成本进行估计，这种估计实际上是一种预测，其发挥的作用是不能低估的。但是如何能更加准确、更加有效地预测工程项目成本，仅依靠经验的估计很难做到，这需要掌握科学的系统的预测方法，以使其在工程经营和管理中发挥更大的作用。

### 1. 工程成本预测的作用

（1）投标决策的依据　建筑施工企业在选择投标项目过程中，往往需要根据项目是否盈利、利润大小等诸因素确定是否对工程投标。这样在投标决策时就要估计项目施工成本的情况，通过与施工图预算的比较，才能分析出项目是否盈利、利润大小等。

（2）编制成本计划的基础　计划是管理的关键的第一步。因此，编制可靠的计划具有十分重要的意义。但要编制出正确可靠的工程项目计划，必须遵循客观经济规律，从实际出发，对工程项目未来实施做出科学的预测。在编制成本计划之前，要在收集、整理和分析有关工程项目成本、市场行情和施工消耗等资料基础上，对项目进展过程中的物价变动等情况和工程项目成本做出符合实际的预测。这样才能保证工程项目成本计划不脱离实际，切实起到控制工程项目成本的作用。

（3）成本管理的重要环节　成本预测是在分析项目施工过程中各种经济与技术要素对成本升降影响的基础上，推算其成本水平变化的趋势及其规律性，预测工程项目的实际成本。它是预测和分析的有机结合，是事后反馈与事前控制的结合。通过成本预测，有利于及时发现问题，找出工程项目成本管理中的薄弱环节，通过采取措施控制成本。

### 2. 工程成本预测的程序

（1）环境调查　环境调查包括市场需求量、成本水平及技术发展情况的调查。目的是了解工程项目的外界环境对项目成本的影响。

（2）收集资料　收集资料主要包括：企业下达的有关成本指标、历史上同类项目的成本资料、项目所在地成本水平、工程项目中与成本有关的其他预测资料，如计划、材料、机械台班等。

（3）选择预测方法，建立预测模型　选择预测方法时，应考虑到时间、精度上的要求，如定性预测多用于10年以上的长期预测，而定量预测则多用于10年以下的中期和短期预测。另外，还应根据已有数据的特点，选择相应的模型。

（4）成本预测　成本预测是根据选定的预测方法和有关的历史数据和资料，推测施工项目的成本情况。

（5）预测结果分析　通常利用模型进行预测的结果只是反映历史的一般发展情况，并不能反映可能出现的突发性事件对成本变化趋势的影响，况且预测模型本身也有一定的误差。因此，必须对预测结果进行分析。

(6) 确定预测结果，提出预测报告 根据预测分析的结论，最终确定预测结果，并在此基础上提出预测报告，确定目标成本，作为编制成本计划和进行成本控制的依据。

### 3. 工程成本预测的方法

(1) 定性预测方法 主要是利用已掌握的数据资料，根据个人的经验和知识进行综合分析和判断，从而对未来成本做出预测。常用的定性预测方法是德尔菲法。

德尔菲法（Delphi method）起源于20世纪40年代末期，最初由美国兰德公司（The Rand Corporation）首先使用，很快就在世界上盛行起来。在初始阶段，大多数预测案例都是科技预测的内容，因而，许多人误解它只不过是科技预测的一种方法，实际上并非如此，现在此法的应用已遍及经济、社会、工程技术等各个领域。德尔菲是古希腊的一座城市，因阿波罗神殿而出名，相传阿波罗太阳神有很高的预测未来的能力，因此，德尔菲便成为预测未来的神谕之地，故将此法命名为德尔菲法，德尔菲法的预测过程程序概述如下。

首先是挑选专家，具体人数视预测课题的大小而定，一般的问题需20人左右，专家选定后，即开始函询工作。在进行的整个过程中，自始至终不让专家彼此发生联系，直接由预测单位函询或派专人与专家联系。

第一轮函询，一方面向专家寄去预测目标的背景材料；另一方面提出所需预测的具体项目。这轮调查，任凭专家回答，完全没有框框，专家可以各种形式回答有关问题，也可向预测单位索取更详细的统计材料，预测单位对专家的各种回答进行综合整理，把相同的事件、结论统一起来，剔除次要的、分散的事件，用准确的术语进行统一的描述。然后，反馈给各位专家，进行第二轮的函询。

第二轮函询，要求专家对与所预测目标有关的各种事件发生的时间、空间、规模大小等提出具体的预测，并说明理由，预测单对专家的意见进行处理，统计出每一件事可能发生日期的中位数，再次反馈给有关专家。

第三轮函询，是各位专家再次得到函询综合统计报告后，对预测位提出的综合意见和论据进行评价，重新修正原先各自的预测值，对预测目标重新进行预测。

上述步骤，一般通过四轮，预测的主持者应要求各位专家根据提供的全部预测资料提出最后的预测意见，若这些意见基本一致，即可以此为根据进行预测。

以上所述是德尔菲法的基本过程。它是在专家会议基础上发展起来的一种预测方法，其主要优点是简明直观，预测结果可供用户参考，受到用户的欢迎，避免了专家会议的许多弊病。

**【例 5-1】** 某建筑公司（简称B公司）承建位于某市的商住楼的主体结构工程（框剪结构）的施工（以下简称A工程），建筑面积为15000平方米，有20层，工期由2020年1月至2021年2月。公司在施工之前将进行A工程的成本预测工作。试采用德尔菲法对未来建材价格的变化做出预测。

建筑材料价格受到通货膨胀的影响，尤其对基建规模的变化很敏感，实际上很难用一个简单方便的数学模型来描述它。对于施工企业来说，预测材料价格变化的最好方法是采用德尔菲法。具体的做法是以每年初或年末，采用德尔菲法预测以后1～2年内的价格变动情况（通常是以上涨或下降的百分率表示）。由于单位工程的工期往往在2年内，选择预测期为1年和2年可以满足实际需要。

**解**：B公司指定由经营科组织和领导进行专家调查，对未来一年内建材价格变化进行预测。选择的专家分布在该市的建筑行业的主管部门、建材业的主管部门及建材企业等，共10人。给专家发送的“征询函”的内容有：

① 征询的目的和要求，即要求专家预测2021年建材价格平均变化率；

② 向专家提供一些必要的资料供预测时参考，主要有2014～2019年的建材价格行情、基建规模、物价指数和建材供求情况。经过四轮征询，专家的意见集中在8%(1人)、9%(2人)、9.5%(2人)、10.5%(2人)、11%(2人)和12%(1人)。

采用平均法求得预测值

$$r=(8\%+9\%\times2+9.5\%\times2+10.5\%\times2+11\%\times2+12\%)/10=10\%$$

(2) 定量预测方法　定量预测法包括回归分析法、高低点法、量本利分析法等。

① 回归分析法。回归分析法是利用事物内部因素间发展的因果关系来预测其发展变化的趋势，即按照影响成本的诸因素变化来预测成本的变化。这种方法计算的数值准确，但计算过程较复杂，如果可能，借助计算机计算会更好。

回归分析有一元线性回归、多元线性回归和非线性回归等。下面简单介绍一元线性回归在成本预测中的应用。

根据成本和产值之间的依存关系，以产值为自变量，用 $X$ 表示；以成本为因变量，用 $Y$ 表示，于是有

$$Y=a+bX \tag{5-1}$$

式中　$a$，$b$——待辨识参数。

应用最小二乘法原理，$a$、$b$ 可用式(5-2)分别求得

$$b=\frac{\sum XY-\overline{X}\sum Y}{\sum X^2-\overline{X}\sum X} \qquad a=\overline{Y}-b\overline{X} \tag{5-2}$$

式中　$\overline{Y}=\frac{1}{n}\sum Y$，$\overline{X}=\frac{1}{n}\sum X$ 这里的 $n$ 为样本个数，即历史数据的个数。

**【例5-2】** 某项目的产值与成本的历史资料见表5-1所示，要求依据资料应用回归分析法进行成本预测。

表5-1　产值与成本的历史资料

| 样本期(季度资料) | 1 | 2 | 3 | 4 | 5 |
|---|---|---|---|---|---|
| 施工产值/千元 | 540 | 560 | 590 | 640 | 680 |
| 总成本/千元 | 506 | 516 | 536 | 588 | 616 |

由于项目为临时组织，所以在进行成本预测时，或是使用本项目的成本数据（如用季、月资料来进行季、月预测），或是使用类似项目的历史资料，因而，在求得预测值后还要根据实际情况做必要的修正。

**解**：根据表5-1的资料，得出表5-2的结论。

$$\overline{X}=\frac{1}{5}\times(540+560+590+640+680)=602(\text{千元})$$

$$\overline{Y}=\frac{1}{5}\times(506+516+536+588+616)=552.4(\text{千元})$$

表 5-2　结论

| 样本期 | 施工产值 X/千元 | 总成本 Y/千元 | XY | XX |
|---|---|---|---|---|
| 1 | 540 | 506 | 273240 | 291600 |
| 2 | 560 | 516 | 288960 | 313600 |
| 3 | 590 | 536 | 316240 | 348100 |
| 4 | 640 | 588 | 376320 | 409600 |
| 5 | 680 | 616 | 418880 | 462400 |
| 合计 | 3010 | 2762 | 1673640 | 1825300 |

于是

$$b=\frac{\sum XY-\overline{X}\sum Y}{\sum X^2-\overline{X}\sum X}=\frac{1673640-602\times 2762}{1825300-602\times 3010}=\frac{10916}{13280}=0.822(\text{千克})$$

$$a=\overline{Y}-b\,\overline{X}=552.4-0.822\times 602=57.56(\text{千克})$$

从而，该项目的总成本公式为 $Y=57.56+0.822X$

② 高低点法。高低点法是成本预测的一种常用方法，它是以统计资料中业务量（产量或产值）最高和最低两个时期的成本数据，通过计算总成本中的固定成本、变动成本和变动成本率来预测成本的。高低点法依据式(5-3) 和式(5-4) 所示

$$b=\frac{Y_1-Y_2}{X_1-X_2} \tag{5-3}$$

式中　$Y_1$——最高点总成本；

$Y_2$——最低点总成本；

$X_1$——最高点产值；

$X_2$——最低点产值。

总成本＝固定成本＋变动成本，即 $Y=a+bX$　(5-4)

**【例 5-3】** 某项目根据本企业同类项目的产值和历史成本，如表 5-3 所示。做出项目的成本预测。该项目的合同价为 1950 万元。

表 5-3　同类项目的产值和历史成本

| 期数 | 1 | 2 | 3 | 4 | 5 |
|---|---|---|---|---|---|
| 施工产值/万元 | 1700 | 1720 | 1750 | 1820 | 2000 |
| 总成本/万元 | 1650 | 1670 | 1700 | 1750 | 1850 |

应用式 (5-3) 有

$$b=\frac{1850-1650}{2000-1700}=0.6667(\text{万元})$$

$$a=1850-0.6667\times 2000=516.6(\text{万元})$$

从而，总成本计算公式为

$$Y=516.6+0.6667X$$

该项目的预测成本为

$$Y=516.6+0.6667\times 1950=1816.67(\text{万元})$$

③ 量本利分析方法。量本利分析方法通过揭示产量、成本、利润之间的内在联系来确定企业的保本点、保利点，以此来挖掘企业的内在潜力，寻求扩大生产、降低成本、增加盈利、提高效益的新途径。它既是一种重要的预测方法，也是一种科学的决策方法。量本利分析方法也有其局限性。它必须在价格、销量无显著变化的基本假定下进行，否则，这种方法将无从解释和应用。在市场经济条件下，由于企业的生产经营是在风险和不确定情况下进行的商品的销量往往是不确定的随机变量，在这种情况下，量本利分析的基本假定得不到满足，所以，无法进行简单的量本利分析。下面将以数理统计为工具，在需求符合正态分布条件下探讨量本利分析方法。

a. 量本利分析的基本原理

(a) 量本利分析的基本数学模型。设某企业生产甲产品，本期固定成本总额为 $C_1$，单位售价为 $P$，单位变动成本为 $C_2$，销售量为 $Q$ 单位，销售收入为 $Y$，总成本为 $C$，利润为 TP。

则成本、收入、利润之间存在以下的关系

$$C=C_1+C_2Q$$

$$Y=PQ$$

$$\mathrm{TP}=Y-C=(P-C_2)Q-C_1$$

(b) 盈亏平衡点。在盈亏平衡图中，收入线与成本线的交点称之为盈亏平衡点。在该点上，企业该产品收入与成本正好相等，即处于不亏不盈或损益平衡状态，也称为保本状态。

5-2 盈亏平衡分析计算

(c) 保本销售量和保本销售收入。也就是对应盈亏平衡点，销售量 $Q$ 和销售收入 $Y$ 的值，分别以 $Q_0$ 和 $Y_0$ 表示。由于在保本状态下，销售收入与生产成本相等，即

$$Y_0=C_1+C_2Q_0$$

因此，

$$PQ_0=C_1+C_2Q_0$$

$$Y_0=PC_1/(P-C_2)=\frac{C_1}{(P-C_2)/P}$$

5-3 盈亏平衡分析

式中 $(P-C_2)$——称为边际利润；

$(P-C_2)/P$——称为边际利润率。

保本销售量=固定成本/(单位产品销售价－单位产品变动成本)

保本销售收入=单位产品销售价×固定成本/(单位产品销售价－单位产品变动成本)

b. 量本利分析方法的因素特征

(a) 量 施工项目成本管理中，量本利分析的量不是一般意义上单件工业产品的生产数量或销售数量，而是指一个施工项目的建筑面积或建筑体积（以 $S$ 表示）。对于特定的施工项目，由于建筑产品具有“期货交易”特征，所以其生产量即是销售量，且固定不变。

(b) 成本 量本利分析是在成本划分为固定成本和变动成本的基础上发展起来的，所以进行量本利分析首先应从成本性态入手，即把成本按其与产销量的关系分解为固定成本和变动成本。在施工项目管理中，就是把成本按是否随工程规模大小而变化划分为固定成本（以 $C_1$）的关系和变动成本（以 $C_2$ 表示，这里指单位面积变动成本）。问题是确定 $C_1$ 和 $C_2$ 往往很困难，这是由于变动成本变化幅度较大，而且历史资料的计算口径不同。一个简便而适用的方法是建立以 $S$ 为自变量，$C$（总成本）为因变量的回归方程（$C_1+C_2S$），通过历史工程成本数据资料（以计算期价格指数为基础）用最小二乘法计算回归系数 $C_1$

和 $C_2$。

(c) 价格　不同的工程项目其单位平方价格是不相同的，但在相同的施工期间，同结构类型的项目的单位平方价格则是基本接近的。因此，施工项目成本管理量本利分析中可以按工程结构类型建立相应的盈亏分析图和量本利分析模型。某种结构类型项目的单方价格可按实际历史数据资料计算，并按物价上涨指数修正，或者和计算成本一样建立回归方程求解。

c. 量本利分析法的方法特征。与一般量本利分析方法不同，施工企业在建立了自己的各种结构类型工程的量本利盈亏分析图之后，对于特定的施工项目来说，其量（建筑面积）是固定不变的，从成本预测和定价方面考虑，变化的是成本（包括固定成本和变动成本）以及投标价。其作用在于为项目投标报价决策和制订项目施工成本计划提供依据。

d. 量本利盈亏分析图。假设项目的建设面积（或体积）为 $S$，合同单位平方造价为 $P$，施工项目的固定成本为 $C_1$，单位平方变动成本为 $C_2$，项目合同总价为 $y$ 元，项目总成本为 $C$ 元，则量本利盈亏分析如图 5-1 所示。项目保本规模 $S_0=C_1/(P-C_2)$，项目保本合同 $y=PC_1/(P-C_2)$。

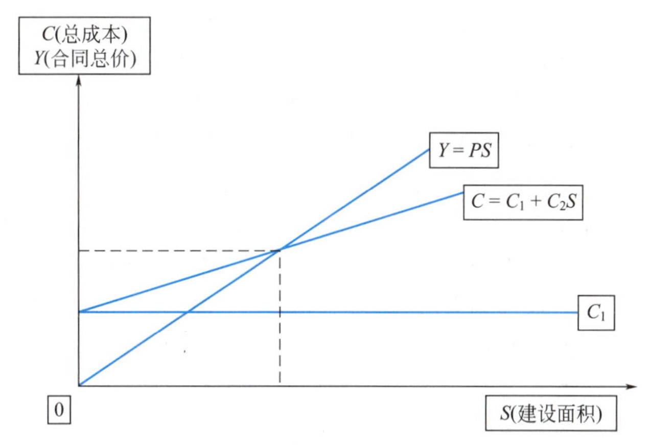


图 5-1　量本利盈亏分析图

**【例 5-4】** A 公司施工的砖混结构工程的量本利分析模型：$C_1=138266$ 元，$C_2=211$ 元/平方米，当年的砖混结构工程的合同价为 410 元/平方米。据此建立 A 公司施工的砖混结构工程的量本利盈亏分析图，如图 5-2 所示。

项目保本规模

$$S_0=C_1/(P-C_2)=138266/(410-211)=695(\text{平方米})$$

项目保本合同价

$$Y_0=PC_1/(P-C_2)=410\times138266/(410-211)=284870(\text{元})$$

由图 5-4 中可以看出，A 公司承建的砖混结构工程项目的建筑面积不能低于 695 平方米，或者合同价不能低于 284870 元，否则不宜承建施工。如果承担施工，则会亏本。对于现承建 K 施工项目（面积 1000 平方米），通过量本利分析模型，可估算总成本。

$$\text{总成本 } C=138266+211\times1000=349266(\text{元})$$

$$\text{可达到投标总价 } Y=410\times1000=410000(\text{元})$$

$$\text{可达到的利润 } TP=410000-349266=60734(\text{元})$$

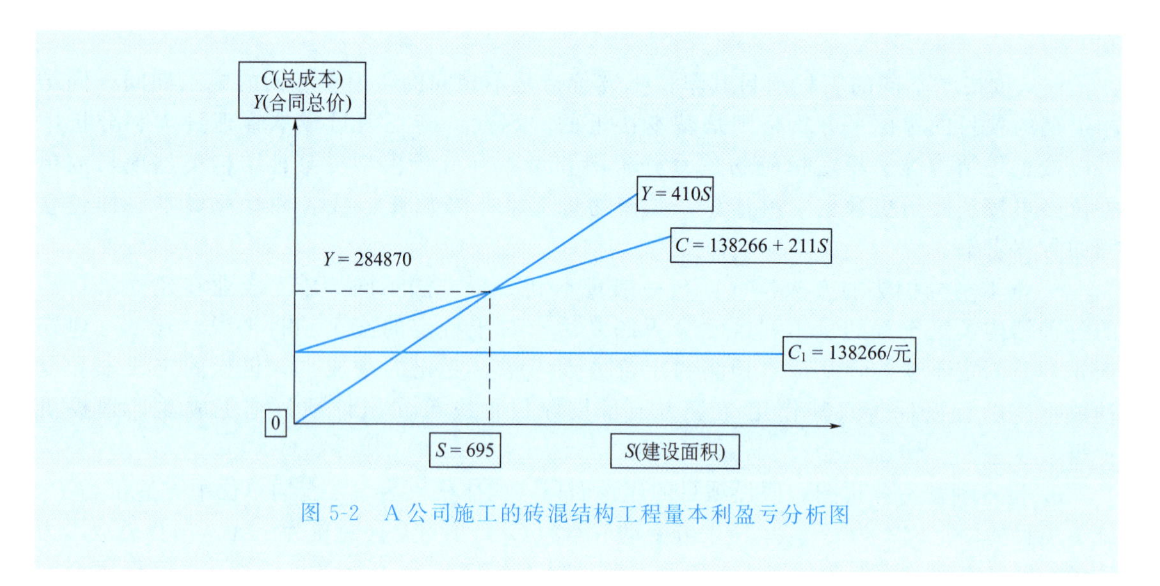


图 5-2　A 公司施工的砖混结构工程量本利盈亏分析图

## 二、工程成本计划

### 1. 工程成本计划的概念

成本计划是在多种成本预测的基础上，经过分析、比较、论证、判断之后，以货币形式预先规定计划期内项目施工的耗费和成本所要达到的水平，并且确定各个成本项目比预计要达到的降低额和降低率，提出保证成本计划实施所需要的主要措施方案。

工程项目成本计划是项目全面计划管理的核心。其内容涉及项目范围内的人、财、物和项目管理职能部门等方方面面，是受企业成本计划制约而又相对独立的计划体系，并且工程项目成本计划的实现，又依赖于项目组织对生产要素的有效控制。项目作为基本的成本核算单位，就更加有利于项目成本计划管理体制的改革和完善，更有利于解决传统体制下施工预算与计划成本、施工组织设计与项目成本计划相互脱节的问题，为改革施工组织设计，创立新的成本计划体系，创造有利条件和环境。改革、创新的主要措施，就是将编制项目质量手册、施工组织设计、施工预算或项目计划成本、项目成本计划有机结合，形成新的项目计划体系，将工期、质量、安全和成本目标高度统一，形成以项目质量管理为核心，以施工网络计划和成本计划为主体，以人工、材料、机械设备和施工准备工作计划为支持的项目计划体系。

### 2. 工程成本计划的特点

（1）具有积极主动性　成本计划不再仅仅是被动地按照已确定的技术设计、工期、实施方案和施工环境来预算工程的成本，更注重进行技术经济分析，从总体上考虑项目工期、成本、质量和实施方案之间的相互影响和平衡，以寻求最优的解决途径。

（2）动态控制的过程　项目不仅在计划阶段进行周密的成本计划，而且要在实施过程中将成本计划和成本控制合为一体，不断根据新情况，如工程设计的变更、施工环境的变化等，随时调整和修改计划，预测项目施工结束时的成本状况以及项目的经济效益，形成一个动态控制过程。

（3）采用全寿命周期理论　成本计划不仅针对建设成本，还要考虑运营成本的高低。在通常情况下，对施工项目的功能要求高、建筑标准高，则施工过程中的工程成本增加，但今后使用期内的运营费用会降低；反之，如果工程成本低，则运营费用会提高。这就在确定成本计划时产生了争执，于是通常通过对项目全寿命期作总经济性比较和费用优化来确定项目的成本计划。

（4）成本目标的最小化与项目盈利的最大化相统一　盈利的最大化经常是从整个项目的角度分析的。如经过对项目的工期和成本的优化选择一个最佳的工期，以降低成本，但是如果通过加班加点适当压缩工期，使得项目提前竣工投产，根据合同获得的奖金高于工程成本的增加额，这时成本的最小化与盈利的最大化并不一致，从项目的整体经济效益出发，提前完工是值得的。

### 3. 工程成本计划的组成

（1）直接成本计划　直接成本计划的具体内容如下。

① 编制说明。指对工程的范围、投标竞争过程及合同条件、承包人对项目经理提出的责任成本目标、项目成本计划编制的指导思想和依据等的具体说明。

② 项目成本计划的指标。项目成本计划的指标应经过科学的分析预测确定，可以采用对比法、因素分析法等进行测定。

③ 按工程量清单列出的单位工程计划成本汇总表，内容见表 5-4 所示。

表 5-4　单位工程计划成本汇总表

| 项目 | 清单项目编码 | 清单项目名称 | 合同价格 | 计划成本 |
|---|---|---|---|---|
| 1 | | | | |
| 2 | | | | |
| … | | | | |

按成本性质划分的单位工程成本汇总表，根据清单项目的造价分析，分别对人工费、材料费、机械费、措施费、企业管理费和税费进行汇总，形成单位工程成本计划表。

项目计划成本应在项目实施方案确定和不断优化的前提下进行编制，因为不同的实施方案将导致直接工程费、措施费和企业管理费的差异。成本计划的编制是项目成本预控的重要手段。因此，应在工程开前编制完成，以便将计划成本目标分解落实，为各项成本的执行提供明确的目标、控制手段和管理措施。

（2）间接成本计划　间接成本计划主要反映施工现场管理费用的计划数、预算收入数及降低额。间接成本计划应根据工程项目的核算期，以项目总收入费的管理费为基础，制订各部门费用的收支计划，汇总后作为工程项目的管理费用的计划。在间接成本计划中，收入应与取费口径一致，支出应与会计核算中管理费用的二级科目一致。间接成本的计划的收支总额，应与项目成本计划中管理费一栏的数额相符。各部门应按照节约开支、压缩费用的原则，制订“管理费用归口包干指标落实办法”，以保证该计划的实施。

### 4. 工程成本计划的编制方法

（1）施工预算法　施工预算法，是指以施工图中的工程实物量，套用施工工料消耗定额，计算工料消耗量，并进行工料汇总，然后统一以货币形式反映其施工生产耗费水平。以施工工料消耗定额所计算的施工生产耗费水平，基本是一个不变的常数。一个工程项目要实现较高的经济效益（即较大降低成本水平），就必须在这个常数基础上采取技术节约措施，以降低单位消耗量和降低价格等措施，来达到成本计划的成本目标水平。因此，采用施工预算法编制成本计划时，必须考虑结合技术节约措施计划，以进一步降低施工生产耗费水平。用公式表示为

施工预算法的计划成本＝施工预算施工生产耗费水平（工料消耗费用）－技术节约措施计划节约额

**【例 5-5】** 某工程项目按照施工预算的工程量，套用施工工料消耗定额，所计算消耗费用为 580.98 万元，技术节约措施计划节约额为 20.64 万元。计算计划成本。

**解：** 工程项目计划成本＝580.98－20.64＝560.34（万元）

（2）技术节约措施法　技术节约措施法是指以工程项目计划采取的技术组织措施和节约措施所能取得的经济效果为项目成本降低额，然后求工程项目的计划成本的方法。用公式表示为

工程项目计划成本＝工程项目预算成本－技术节约措施计划节约额（成本降低额）

**【例 5-6】** 某工程项目造价为 571.38 万元，扣除计划利润和税金以及企业管理独立费，经计算其预算成本为 465.78 万元，该工程项目的技术节约措施节约额为 31.23 万元。计算计划成本。

**解：** 工程项目计划成本＝465.78－31.23＝434.55（万元）

（3）成本习性法　成本习性法是固定成本和变动成本在编制成本计划中的应用，主要按照成本习性，将成本分成固定成本和变动成本两类，以此计算计划成本。划分可采用按费用分解的方法，具体费用如下。

① 材料费。与产量有直接联系，属于变动成本。

② 人工费。在计时工资形式下，生产工人工资属于固定成本，因为不管生产任务完成与否，工资照发，与产量增减无直接联系。如果采用计件超额工资形式，其计件工资部分属于变动成本，奖金、效益工资和浮动工资部分，亦应计入变动成本。

③ 机械使用费。其中有些费用随产量增减而变动，如燃料费、动力费等，属变动成本。有些费用不随产量变动，如机械折旧费、大修理费、机修工和操作工的工资等，属于固定成本。此外，还有机械的场外运输费和机械组装拆卸、替换配件、润滑擦拭等经常修理费，由于不直接用于生产，也不随产量增减成正比变动，而是在生产能力得到充分利用，产量增长时，所分摊的费用就少些，在产量下降时，所分摊的费用就要大一些，所以这部分费用为介于固定成本和变动成本之间的半变动成本，可按一定比例划为固定成本和变动成本。

④ 措施费。水、电、风、气等费用以及现场发生的其他费用，多数与产量发生联系，属于变动成本。

⑤ 施工管理费。施工管理费中大部分在一定产量范围内与产量的增减没有直接联系，如工作人员工资、生产工人辅助工资、工资附加费、办公费、差旅交通费、固定资产使用费、职工教育经费、上级管理费等，基本上属于固定成本。检验试验费、外单位管理费等与产量增减有直接联系，则属于变动成本范围。此外，劳动保护费中的劳保服装费、防暑降温费、防寒用品费，劳动部门都有规定的领用标准和使用年限，基本上属于固定成本范围。技术安全措施费、保健费，大部分与产量有关，属于变动成本。工具用具使用费中，行政部门使用的家具费属固定成本。工人领用工具，随管理制度不同而不同，有些企业对机修工、电工、钢筋工、车工、钳工、刨工的工具按定额配备，规定使用年限，定期以旧换新，属于固定成本；而对木工、抹灰工、油漆工的工具采取定额人工数、定价包干，属于变动成本。在成本按习性划分为固定成本和变动成本后，可用下列公式计算。

工程项目计划成本＝工程项目变动成本总额＋工程项目固定成本总额

**【例 5-7】** 某工程项目经过分部分项测算，测得其变动成本总额为 512.71 万元，固定成本总额为 60.11 万元。计算计划成本。

**解：** 工程项目计划成本＝512.71＋60.11＝572.82(万元)

(4) 按实计算法　按实计算法就是工程项目经理部有关职能部门（人员）以该项目施工图预算的工料分析资料作为控制计划成本的依据，根据工程项目经理部执行施工定额的实际水平和要求，由各职能部门归口计算各项计划成本。

① 人工费的计划成本，由项目管理班子的劳资部门（人员）计算。具体公式为

人工费的计划成本＝计划用工量×实际水平的工资率

式中，计划用工量＝∑(分项工程量×工日定额)；工日定额可根据实际水平，考虑先进性，适当提高定额。

② 材料费的计划成本，由项目管理班子的材料部门（人员）计算。具体公式为

材料费的计划成本＝∑(主要材料的计划用量×实际价格)＋∑(装饰材料的计划用量×实际价格)＋∑(周转材料的使用量×使用期×租赁价格)＋∑(构配件的计划用量×实际价格)＋工程用水的水费

③ 机械使用费的计划成本，由项目管理班子的机管部门（人员）计算。具体公式为

机械使用的计划成本＝∑(施工机械的计划台班数×规定的台班单价)

或　＝∑(施工机械计划使用台班数×机械租赁费)＋机械施工用电的电费

④ 措施费的计划成本，由项目管理班子的施工生产部门和材料部门（人员）共同计算。计算的内容包括现场二次搬运费、临时设施摊销费、生产工具用具使用费、工程定位复测费、工程交点费以及场地清理费等项费用的测算。

⑤ 间接费用的计划成本，由工程项目经理部的财务成本人员计算。一般根据工程项目管理部内的计划职工平均人数，按历史成本的间接费用以及压缩费用的人均支出数进行测算。

### 5. 项目成本计划表

(1) 项目成本计划任务表　项目成本计划任务表主要是反映项目预算成本、计划成本、成本降低额、成本降低率的文件，如表 5-5 所示。

表 5-5　项目成本计划任务表

工程名称：　　工程项目：　　项目经理：　　日期：　　单位：元

| 项目 | 预算成本 | 计划成本 | 计划成本降低额 | 计划成本降低额 |
|---|---|---|---|---|
| 1. 直接费用 | | | | |
| 人工费 | | | | |
| 材料费 | | | | |
| 机械使用费 | | | | |
| 措施费 | | | | |
| 2. 间接费用 | | | | |
| 施工管理费 | | | | |
| 合计 | | | | |

(2) 项目间接成本计划表　项目间接成本计划表主要指施工现场管理费计划表，如表 5-6 所示。

表 5-6 施工现场管理费计划表

单位：元

| 项目 | 预算收入 | 计划数 | 降低额 |
|---|---|---|---|
| 1. 工作人员工资 | | | |
| 2. 生产工人辅助工资 | | | |
| 3. 工资附加费 | | | |
| 4. 办公费 | | | |
| 5. 差旅交通费 | | | |
| 6. 固定资产使用费 | | | |
| 7. 工具用具使用费 | | | |
| 8. 劳动保护费 | | | |
| 9. 检验试验费 | | | |
| 10. 工程保养费 | | | |
| 11. 财产保险费 | | | |
| 12. 取暖、水电费 | | | |
| 13. 排污费 | | | |
| 14. 其他 | | | |
| 15. 合计 | | | |

(3) 项目技术组织措施表　项目技术组织措施表由项目经理部有关人员分别就应采取的技术组织措施预测它的经济效益，最后汇总编制而成。编制技术组织措施表的目的，是为了在不断采用新工艺、新技术的基础上提高施工技术水平，改善施工工艺过程，推广工业化和机械化施工方法，以及通过采纳合理化建议达到降低成本的目的，如表 5-7 所示。

表 5-7 项目技术组织措施表

工程名称：　　日期：

项目经理：　　单位：元

| 措施项目 | 措施内容 | 涉及对象 | | | 降低成本来源 | | | 成本降低额 | | | |
|---|---|---|---|---|---|---|---|---|---|---|---|
| | | 实务名称 | 单价 | 数量 | 预算收入 | 计划开支 | 合计 | 人工费 | 材料费 | 机械费 | 措施费 |
| | | | | | | | | | | | |

(4) 项目降低成本计划表　根据企业下达给该项目的降低成本任务和该项目经理部自己确定的降低成本指标而制订出项目成本降低计划。它是编制成本计划任务表的重要依据，是由项目经理部有关业务和技术人员编制的。其依据是项目的总包和分包的分工，项目中的各有关部门提供的降低成本资料及技术组织措施计划。在编制降低成本计划表时还应参照企业内外以往同类项目成本计划的实际执行情况，如表 5-8 所示。

表 5-8 项目降低成本计划表

工程名称：　　日期：

项目经理：　　单位：元

| 分项工程名称 | 成本降低额 | | | | | |
|---|---|---|---|---|---|---|
| | 总计 | 直接成本 | | | | 间接成本 |
| | | 人工费 | 材料费 | 机械费 | 措施费 | |
| | | | | | | |

## 第三节 建筑工程成本的控制与分析考核

### 一、建筑工程成本控制

#### 1. 工程成本控制的定义

工程成本控制是建筑施工企业成本管理体系中的决定性环节。预测阶段和计划阶段规定了成本目标，但目标能不能实现，关键在于工程成本的日常控制。工程成本控制的要求是：在成本形成过程中及时发现偏差，采取纠正措施，使各项生产耗费被控制在规定的范围之内，杜绝一切超支浪费。

工程成本控制一般包括以下几个基本程序。

（1）根据施工定额制订工程成本标准，并据之制订各项降低成本的技术组织措施。工程成本标准是对各项费用开支和资源消耗规定的数量界限，是成本控制和成本考核的依据。工程成本标准可以根据成本形成的不同阶段和成本控制的不同对象确定，主要有目标成本、计划指标、消耗定额和费用预算等几种。

（2）执行标准　即对工程成本的形成过程进行具体的计算和监督。根据工程成本指标，审核各项费用开支和各种资源的消耗，实施降低成本的技术组织措施，保证工程成本计划的实现。

（3）确定差异　核算实际消耗脱离工程成本指标的差异，分析工程成本发生差异的程度和性质，确定制造差异的原因和责任归属。

（4）消除差异　组织挖掘增产节约的潜力，提出降低工程成本的新措施或修订工程成本标准的建议。

（5）考核奖惩　考核工程成本指标执行的结果，把工程成本指标的考核纳入经济责任制，实行物质奖励。

#### 2. 工程成本控制的内容和方法

（1）建立责任成本制度　责任成本是成本管理的一个重要方法，其主要内容是计量企业内部责任部门的工作绩效，即将已完成的降低成本指标与成本的实际耗费相比较，从而进行评价和考核。

责任成本制度的内容，主要包括以下四个方面。

① 确定责任成本单位。根据施工生产经营管理组织形式，划分工程成本责任归属层次，按照分层责任制的原则，明确各层责任划分，组成一个上下左右纵横连锁的责任成本体系。实际上就是根据分权原理和授权办法，确定责任成本的目标层次和层次间联系的内容。要分层负责，必须分层授权。责任是权限运用的结果，权限是履行责任的保证。责任必须是可控的，不可控的就不承担责任，因而权责必须相当。

② 确定责任成本的内容。在经营决策和计划成本的总目标下，按照责任单位的权责范围和施工生产经营活动的内容，确定可以衡量的责任目标和考核范围，从成本管理的角度形成以成本指标为标志的各种责任成本中心。所有责任成本中心，都要对自己单位在经济活动中所发生的成本负责，并分清各责任成本中心的责任。责任成本对责任者来说，应是可控成本。可控成本必须同时具备以下四个条件：可以预计、可以计量、可以施加影响、可以落实责任。所有可控成本加在一起，就是责任成本。

如对项目经理部一级的责任成本来说，可包括以下内容：a. 工程人工费，按劳动定额、人工结算价格和工程量计算；b. 工程材料费，按材料消耗定额、材料结算价格和工程量计算；c. 工程机械使用费，按机械台班定额、机械台班结算价格和工程量计算；d. 工程其他直接费，按工程人工费、材料费、机械使用费和其他直接费定额计算；e. 间接费用、管理费用和财务费用中的可控部分。

③ 确定责任成本的控制信息。在确定责任成本单位和责任成本内容的同时，还要按责任归属原则形成一套完整的计算、记录和报告的责任成本账务处理原则和程序，提供及时、准确、可靠的责任成本信息，借以反映和衡量责任单位的行动是否与预期成本目标一致，以便考核各有关责任层次在一定期间成本管理中的成绩和问题。这样，不仅使上一级了解情况，可以决定奖惩，而且可使责任单位本身也明确自己的功过，从而达到按责任成本控制的目的。

④ 确定责任功过的原因。对实际成本和责任成本的差异，要分析责任成本发生差异的原因，如对施工生产单位耗用的材料，应分清用量差异和价格差异，确定材料供应部门和施工生产单位的责任。

（2）进行成本差异分析　在掌握有关成本核算数据的基础上，应作成本差异分析，以揭示成本节约或超支的内在原因。成本差异分析通常应用因素分析法分析实际成本脱离预算成本或计划成本的偏差，以便进一步查找差异的原因。通过成本差异分析，及时揭示有利差异（节约）和不利差异（超支），以便分清成本责任，进而采取相应对策，扩大有利差异，消除不利差异。

成本差异分析的形式有：成本项目差异分析，耗用各种工料、机械费用等具体内容的成本差异分析，以及成本效益指标的差异分析等。总之，只要产生成本差异，就应该进行成本差异分析，找出成本差异形成的原因，以便更有效地发挥成本控制的作用。

① 材料费差异分析。材料费差异包含用量差异和价格差异两部分。用量差异是指材料实际耗用量和定额耗用量的差异；价格差异是指材料实际价格和计划价格的差异。计算公式为

用量差异=(实际耗用量－计划耗用量)×计划价格

价格差异=实际耗用量×(实际价格－计划价格)

**【例 5-8】** 元和建筑工程公司某工程队完成 200 立方米混凝土工程，耗用水泥、砂子成本见表 5-9 所示。

**表 5-9　某工程队混凝土工程耗用水泥、砂子成本**

| 名称 | 计划成本 | | | 实际成本 | | |
|---|---|---|---|---|---|---|
| | 计划单价 | 计划用量 | 金额/元 | 实际单价 | 实际用量 | 金额/元 |
| 水泥 | 350 元/吨 | 36 吨 | 12600 | 400 元/吨 | 40 吨 | 16000 |
| 砂子 | 40 元/平方米 | 100 平方米 | 4000 | 45 元/平方米 | 96 平方米 | 4320 |
| 合计 | | | 16600 | | | 20320 |

计算该公司该项工程材料费差异。

**解：**

材料费差异=20320－16600=3720(元)

水泥用量差异=(40－36)×350=1400(元)

水泥价格差异=40×(400－350)=2000(元)

砂子用量差异=(96－100)×40=－160(元)

砂子价格差异=96×(45－40)=480(元)

在本例中，200 立方米混凝土工程量材料费共超支 3720 元，其中，由于水泥消耗超支使材料费增加 1400 元，由于水泥价格提高使材料费增加 2000 元；由于砂子消耗节约使材料费减少 160 元，由于砂子价格提高使材料费增加 480 元。

用量差异为施工可控成本差异，价格差异为材料部门可控差异，分别由责任部门查找原因并采取相应纠偏措施。

材料耗用方面的差异主要有以下一些原因：a. 没有贯彻好降低成本措施；b. 技术管理不善，工程发生返工事故；c. 没有按照图样施工，如基础挖深、垫层加厚、任意提高混凝土标号或混凝土捣厚而多用材料；d. 没有按照规定堆放材料、构件，多次驳运时发生损耗断裂；e. 供应部门没有及时供应合格和配套的材料，因而大材小用，优才劣用，以及在耗用、管理方面的浪费、短缺现象等。

材料价格方面的超支主要由于：a. 原价变动；b. 没有充分利用当地材料或就近采购，发生远距运输增加费用；c. 没有经济合理地组织材料运输，发生多次中转费用等。

② 人工费差异分析。人工费差异包含用工数的差异和人工单价的差异两部分。用工数的差异是指实际用工数与计划用工数的差异；人工单价的差异是指实际人工单价与计划人工单价的差异。计算公式为

用工数的差异＝(实际用工数－计划用工数)×计划人工单价

人工单价的差异＝实际用工数×(实际人工单价－计划人工单价)

**【例 5-9】** 元和建筑工程公司某工程队完成 200 立方米混凝土工程，耗用人工及人工单价见表 5-10 所示。计算该企业人工费差异。

**表 5-10　混凝土工程相关数据**

| 工种 | 计划成本 | | | 实际成本 | | |
|---|---|---|---|---|---|---|
| | 计划单价/(元/工日) | 计划用量/工日 | 金额/元 | 实际单价/(元/工日) | 实际用量/工日 | 金额/元 |
| 钢筋工 | 25 | 800 | 28000 | 38 | 750 | 28500 |
| 混凝土工 | 30 | 1000 | 30000 | 30 | 1100 | 33000 |
| 合计 | | | 58000 | | | 61500 |

**解：**

人工费差异＝61500－58000＝3500(元)

钢筋工用工数的差异＝(750－800)×35＝－1750(元)

钢筋工人工单价的差异＝750×(38－35)＝2250(元)

混凝土工用工数的差异＝(1100－1000)×30＝3000(元)

混凝土工人工单价的差异＝1100×(30－30)＝0(元)

在本例中，200 立方米混凝土工程量人工费共超支 3500 元，其中，由于钢筋工用工数减少使人工费减少 1750 元，由于钢筋工人工单价提高使人工费增加 2250 元；由于混凝土工用工数增加使人工费增加 3000 元。

实际用工数超过预算的主要原因有：a. 没有搞好班组建设，劳动纪律松弛，工时利用不足；b. 没有根据机械装备情况和施工工艺的变化，及时调整劳动组织，发生窝工浪费；c. 没有搞好现场布置，增加了材料、构件的两次驳运用工；d. 学徒工太多，工人操作不熟练；e. 没有正确处理各工种工人之间的关系，没有搞好前后工序之间的协作；f. 没有实行定额管理，没有开展劳动竞赛，实行合理奖励制度等。

③ 机械使用费差异分析。机械使用费差异包含台班数量差异和台班价格差异两部分。台班数量差异是指实际台班数与计划台班数的差异；台班价格差异是指实际台班成本与计划台班成本的差异。计算公式为

台班数量差异=(实际台班数－计划台班数)×计划台班成本

台班价格差异=实际台班数×(实际台班成本－计划台班成本)

**【例 5-10】** 元和建筑工程公司土方机械作业班组，2004 年 7 月挖土机作业数据见表 5-11所示。计算该公司土方机械作业班组机械使用费差异。

**表 5-11 土方机械作业班组数据**

| 工程 | 计划成本 | | | 实际成本 | | |
|---|---|---|---|---|---|---|
| | 台班数量 | 台班成本/(元/台班) | 金额/元 | 台班数量 | 台班成本/(元/台班) | 金额/元 |
| 挖土 | 120 | 280 | 33600 | 110 | 300 | 33000 |

**解：** 机械使用费差异=33000－33600=－600(元)

台班数量差异=(110－120)×280=－2800(元)

台班价格差异=110×(300－280)=2200(元)

在本例中，土方机械作业班组机械使用费共节约 600 元，其中，由于实际台班数量减少使机械使用费节约 2800 元，由于台班成本增加使机械使用费超支 2200 元。

机械台班数增减的分析，应从机械是否配套，工作线准备是否及时，机械维修、保养制度是否健全，机械操作人员技术是否熟练，是否严格遵守操作规程，以及是否实行定额管理、开展淡季竞赛、实行合理奖励等方面进行。

机械台班成本增减的分析，应分别从变动费用和固定费用进行，每一台班成本负担的固定费用如折旧修理费、替换设备工具费，取决于这些支出的绝对数和机械的运转时间，每一台班成本负担的变动费用，取决于燃料、动力等消耗定额的遵守情况和价格的变动。因此，提高机械利用率，充分利用施工机械，便会相对地减少台班成本中的固定费用；降低动力、燃料等消耗定额，会减少变动费用。

④ 其他直接费差异分析。由于其他直接费用项目较多，且零星细小，其差异分析应从以下几方面入手。其他直接费用中的水、电、气费用产生差异的原因应从工程耗用水、电、气的管理和辅助生产单位成本等方面进行分析；材料二次搬运费、土方运输费产生差异的原因应从现场平面布置、材料构件堆放、运输工具的完好率和利用率等方面进行分析；冬季、雨季施工增加费产生差异的原因应从是否根据节约原则搭建保温、防雨设施等方面进行分析。

⑤ 间接费用差异分析。间接费用差异包含万元工作量定额标准差异和每人支用间接费用差异两部分。计算公式为

万元工作量定额标准差异=(实际定额标准－计划定额标准)×每人支用间接费用标准

每人支用间接费用差异=实际万元工作量定额标准×(实际支用标准－计划支用标准)

**【例 5-11】** 元和建筑工程公司某项目部，2020 年度与间接费用有关的数据如表 5-12 所示。计算该公司该项目部 2020 年度间接费用差异。

**表 5-12 某项目部与间接费用有关的数据**

| 项目 | 计划数 | 实际数 | 差异数 |
|---|---|---|---|
| 工程收入/万元 | 650 | 650 | 0 |
| 万元工作量定员标准/(人/万元) | 1.2 | 1.24 | 0.04 |
| 每人支用间接费用标准/(元/人) | 850 | 840 | －10 |
| 间接费用/元 | 663000 | 677040 | 14040 |

万元工作量定额标准差异=(650×1.24−650×1.2)×850=22100(元)

每人支用间接费用差异=650×1.24×(840−850)=−8060(元)

在本例中，该项目部2020年度间接费用共超支14040元，其中，由于万元工作量定额标准超支使间接费用超支22100元，由于每人支用间接费用标准减少使间接费用节约8060元。

工程成本的间接费用，它的预算成本，是按照规定取费标准和直接费（或人工费）预算成本计算的。当超额完成施工计划时，间接费用预算成本也就增大；反之，就减少。但间接费用的实际成本，由于间接费用中大部分费用，都属于固定费用，并不随着工作量的增减而增减，因而当超额完成施工计划时，工程成本中分摊的间接费用就会相对减少；反之，就会增加。因此，工程成本中间接费用的实际成本和预算成本进行比较，并不能说明施工单位在间接费用的开支上的节约或浪费。如超额完成了施工计划，在间接费用项目就会出现相对的节约，但在这种节约下，也可能掩盖着间接费用本身的浪费。所以在考核间接费用支出情况时，还必须将本期实际发生的间接费用与间接费用计划数逐一进行比较。同时，还要对其中差异较大的项目的超支原因进行分析，并分清责任，以便进一步采取节约间接费用的措施。

由于间接费用的发生，大都与职工人数直接或间接有关，职工人数越多，发生的间接费用越多。因此，每一职工支用间接费用的多少，能够说明施工单位间接费用开支的水平。

## 二、建筑工程成本的分析与考核

5-4　成本报表数量分析方法

### 1. 成本分析的意义及任务

（1）成本分析的意义　成本分析是根据有关成本资料对成本指标所进行的分析。分析的目的不同所需的资料不一样，采取的分析方法也不相同。成本分析包括事前、事中和事后分析三个方面。

成本事前分析是指在成本未形成之前所进行的成本预测。进行成本事前分析，主要是为了在各种生产方案中，选择成本较低的方案，并确定目标成本，据此编制成本计划。进行事前成本分析，可使企业的成本控制有可靠的目标。

成本事中分析是指对正在执行的结果所进行的分析。事中分析主要是为了随时检查各项定额和成本计划的执行情况，控制生产过程中各种消耗和费用的支出，使实际成本数额控制在确定的目标成本范围之内。成本事中分析主要是为了进行成本控制，防止实际成本超过目标成本核算的范围。

成本事后分析是指对成本实际执行的结果所做的分析。事后分析是在实际成本核算资料形成之后，根据实际资料及其他的有关资料，对成本执行的结果进行评价，分析产生问题的原因，总结成本降低的经验，以利于下一期成本核算控制活动的开展。

成本分析的三个阶段是相辅相成的，各自发挥着不同的作用。成本的事前分析可使企业在成本计划的执行过程中有成本控制的目标；事中分析则可以使成本控制目标得以实现；事后分析可以总结经验教训，以便开展下一个循环的成本控制。但这三者之间也有主次之分。在一般情况下，事前分析和事中分析的作用大于事后分析，但事后成本分析对于检查成本计划的执行情况，评价工作业绩等方面都有着事前成本分析和事中成本分析不可替代的作用。事前的成本分析包括在成本预测的内容当中，事中的成本分析包括在成本控制的内容当中。这里所要介绍的成本分析主要是事后的成本分析。

成本分析是成本管理的一项重要工作，它主要是以成本核算提供的资料为基础，并结合其他的有关资料，如计划、定额、统计、技术等资料，按照一定的原则，采用一定的方法，对影响成本的各种因素进行计算分析，找出成本升降的主要原因，并根据企业目前的实际情况和各种条件，制订出切实可行的降低成本的方案，以便以较少的劳动消耗取得较大的经济效益。

（2）成本核算分析的任务　企业进行成本核算分析的主要任务包括如下几个方面。

① 正确计算成本计划的执行结果，计算产生的差异。在进行成本分析时，首要的任务是要对成本计划的执行结果进行计算。在计算时，应先计算出实际成本资料，将其与计划指标进行对比。这是进行成本分析的基础。在计算时，要收集实际成本资料、计划资料及其他有关的资料，按规定的方法进行计算。将各种差异通过一定的方式反映出来，以便于进行分析，如可采取编制“成本差异计算表”等形式。

② 找出产生差异的原因。实际成本与计划成本产生差异的原因很多，应根据具体情况，找出其中影响成本高低的主要因素。在一般情况下，影响成本计划结果的因素有客观因素、主观因素、技术因素、经济因素等。在进行分析时，应采用科学的分析方法，计算出各种不同的因素对成本升降的影响数额，并分析产生差异的具体原因。对于影响成本升降的每个因素，都应计算出具体的数据。根据数据变化的情况，找出成本核算升降的规律，从而提出进一步改进的措施。

③ 正确对成本计划的执行情况进行评价。在计算成本差异及找出产生差异原因的基础上，应对成本计划的执行结果进行实事求是的评价。对于执行过程中的成绩，应总结出经验，在下一个成本计划执行时予以巩固，并对取得较好成绩的单位和个人予以奖励，以调动各单位和个人降低成本的积极性。同时，对于出现的问题，也应找出具体承担责任的单位和个人，并进行必要的处罚。在进行评价时应注意各种因素的影响，得出正确的结论，以免由于评价不准确而得出错误的结论。

④ 提出进一步降低成本的措施和方案。成本事后分析的目的就是为了提出进一步降低成本的措施和方案。成本分析不是目的，目的是要降低成本。因此，应结合每个车间、部门的具体情况，找出产生差异的具体原因，提出切实可行的降低成本的措施方案，以提高企业的经济效益。

（3）工程项目成本分析的主要内容　项目成本分析的内容就是对项目成本变动因素的分析。影响项目成本变动的因素有两个方面：一是外部的属于市场经济的因素；二是内部的属于企业经营管理的因素。这两方面的因素在一定条件下，是相互制约和相互促进的。影响项目成本变动的市场经济因素主要包括施工企业的规模和技术装备水平，施工企业专业化和协作的水平以及企业员工的技术水平和操作的熟练程度等几个方面，这些因素不是在短期内所能改变的。因此，应将项目成本分析的重点放在影响项目成本升降的内部因素上。一般来说，项目成本分析的内容主要包括以下几个方面。

① 人工费用水平的合理性。在实行管理层和作业层两层分离的情况下，项目施工需要的工人数量和人工费，由项目经理部与施工队签订劳务承包合同，明确承包范围、承包金额和双方的权利、义务。对项目经理部来说，除了按合同规定支付劳务费以外，还可能发生一些其他人工费支出，这些费用支出如下。

a. 因实物工程量增减而调整的人工所发生的人工费。

b. 定额人工以外的估点工工资（已按定额人工的一定比例由施工队包干，并已列入承包合同的，不再另行支付）。

c. 对在进度、质量、节约、文明施工等方面作出贡献的班组和个人进行奖励的费用。

项目经理部应分析上述人工费的合理性。人工费用合理性是指人工费既不过高，也不过低。如果人工费过高，就会增加工程项目的成本，而人工费过低，工人的积极性不高，工程项目的质量就有可能得不到保证。

② 材料、能源利用效果。在其他条件不变的情况下，材料、能源消耗定额的高低，直

接影响材料、燃料成本的升降。材料、燃料价格的变动，也直接影响产品成本的升降。可见，材料、能源利用的效果及其价格水平是影响产品成本升降的重要因素。

③ 机械设备的利用效果。施工企业的机械设备有自有和租用两种。在机械设备的租用过程中，存在着两种情况：一种是按产量进行承包，并按完成产量计算费用的，如土方工程，项目经理部只要按实际挖掘的土方工程量结算挖土费用，而不必过问挖土机械的完好程度和利用程度。另一种是按使用时间（台班）计算机械费用的。如塔吊、搅拌机、砂浆机等，如果机械完好率差或在使用中调度不当，必然会影响机械的利用率，从而延长使用时间，增加使用费用。自有机械也要提高机械完好率和利用率，因为自有机械停用，仍要负担固定费用。因此，项目经理部应该给予一定的重视。

由于建筑施工的特点，在流水作业和工序搭接上往往会出现某些必然或偶然的施工间隙，影响机械的连续作业。有时，又因为加快施工进度和工种配合，需要机械日夜不停地运转。这样，难免会有一些机械利用率很高，也会有一些机械利用不足，甚至租而不用。利用不足，台班费需要照付；租而不用，则要支付停班费。总之，都将增加机械使用费支出。因此，在机械设备的使用过程中，必须以满足施工需要为前提，加强机械设备的平衡调度，充分发挥机械的效用。同时，还要加强平时的机械设备的维修保养工作，提高机械的完好率，保证机械的正常运转。

④ 施工质量水平的高低。对施工企业来说，提高工程项目质量水平就可以降低施工中的故障成本，减少未达到质量标准而发生的一切损失费用，但这也意味着为保证和提高项目质量支出的费用就会增加。可见，施工质量水平的高低也是影响项目成本的主要因素之一。

⑤ 其他影响项目成本变动的因素。其他影响项目成本变动的因素，包括除上述四项以外的措施费用以及为施工准备、组织施工和管理所需要的费用。

### 2. 工程项目成本分析的方法

在工程项目成本分析活动中，常用的基本方法包括比较法、因素分析法、差额计算法、比率法、“两算对比”法等。

（1）比较法　比较法又称指标对比分析法，是通过技术经济指标的对比，检查目标的完成情况，分析产生差异的原因，进而挖掘内部潜力的方法。这种方法具有通俗易懂、简单易行、便于掌握的特点，因而得到了广泛的应用，但在应用时必须注意各项技术经济指标的可比性。比较法的应用通常有下列形式。

① 将实际指标与目标指标对比，以此检查目标的完成情况，分析完成目标的积极因素和影响目标完成的原因，以便及时采取措施，保证成本目标的实现。在进行实际指标与目标指标对比时，还应注意目标本身的质量。如果目标本身出现质量问题，则应调整目标，重新正确评价实际工作的成绩，以免挫伤人的积极性。

② 本期实际指标与上期实际指标对比。通过这种对比，可以看出各项技术经济指标的动态情况，反映施工项目管理水平的提高程度。在一般情况下，一个技术经济指标只能代表施工项目管理的一个侧面，只有成本指标才是施工项目管理水平的综合反映，因此，成本指标的对比分析尤为重要，一定要真实可靠，而且要有深度。

③ 与本行业平均水平、先进水平对比。通过这种对比，可以反映本项目的技术管理和经济管理水平与其他项目管理的平均水平和先进水平的差距，进而采取措施赶超先进水平。

以上三种对比可以在一张表上同时反映出来。例如，某项目本年节约“三材”的目标为100万元，实际节约120万元，上年节约95万元，本企业先进水平节约130万元。根据上述资料编制分析表，如表5-13所示。

表 5-13 工程项目成本分析表 单位：万元

| 指标 | 本年计划数 | 上年实际数 | 企业先进水平 | 本年实际数 | 差异数 | | |
|---|---|---|---|---|---|---|---|
| | | | | | 与计划比 | 与上年比 | 与先进比 |
| “三材”节约额 | 100 | 95 | 130 | 120 | 20 | 25 | −10 |

（2）因素分析法 因素分析法又称连锁置换法或连环替代法。可用这种方法分析各种因素对成本形成的影响程度。在进行分析时，首先要假定从多因素中的一个因素发生了变化，而其他因素则不变，然后逐个替换，并分别比较其计算结果，以确定各个因素变化对成本的影响程度。

因素分析法的计算步骤如下。

① 确定分析对象（即所分析的技术经济指标），并计算出实际值与目标（或预算）值的差异。

② 确定该指标是由哪几个因素组成的，并按其相互关系进行排序。

③ 以目标（或预算）值为基础，将各因素的目标（或预算）值进行计算，作为分析替代的基数。

④ 将各个因素的实际值按照上面的排列顺序进行替换计算，并将替换后的实际值保留下来。

⑤ 将每次替换计算所得的结果与前一次的计算结果相比较，两者的差异即为该因素对成本的影响程度。

⑥ 各个因素的影响程度之和应与分析对象的总差异相等。

**【例 5-12】** 某工程浇筑一层结构商品混凝土，目标成本为 364000 元，实际成本 383760 元，比目标成本增加 19760 元。根据表 5-13 资料，用“因素分析法”分析其成本增加的原因。

表 5-14 商品混凝土成本目标与实际成本对比表

| 项目 | 计划 | 实际 | 差额 |
|---|---|---|---|
| 产量/立方米 | 500 | 520 | 20 |
| 单价/元 | 700 | 720 | 20 |
| 损耗率/% | 4 | 2.5 | −0.5 |
| 成本/元 | 364000 | 383760 | 19760 |

**解：**① 分析对象是浇筑一层结构商品混凝土的成本，实际成本与目标成本的差额为 19760 元。

② 该指标是由产量、单价、损耗率三个因素组成的，其排序见表 5-14。

③ 以目标数 364000（500×700×1.04）元为分析替代的基础。

④ 替换

第一次替换 产量因素：以 520 元替代 500 元，得 520×700×1.04=378560(元)

第二次替换 单价因素：以 720 元替代 700 元，并保留上次替换后的值，得 389376 元，即 520×720×1.04=389376(元)

第三次替换 损耗率因素：以 1.025 替代 1.04，并保留上两次替换后的值，得 383760 元。

⑤ 计算差额

第一次替换与目标数的差额＝378560－364000＝14560(元)

第二次替换与第一次替换的差额＝389376－378560＝10816(元)

第三次替换与第二次替换的差额＝383760－389376＝－5616(元)

产量增加使成本增加了14560元，单价提高使成本增加了10816元，而损耗率下降使成本减少了5616元。

⑥ 各因素的影响程度之和＝14560＋10816－5616＝19760(元)，与实际成本和目标成本的总差额相等。

为了使用方便，企业也可以通过运用因素分析表来求出各因素的变动对实际成本的影响程度，其具体形式见表5-15所示。

表5-15　商品混凝土成本变动因素分析　单位：元

| 顺序 | 循环替换计算 | 差异 | 因素分析 |
|---|---|---|---|
| 计划数 | 500×700×1.04＝364000 | | |
| 第一次替代 | 520×700×1.04＝378560 | 14560 | 由于产量增加20立方米，成本增加14560元 |
| 第二次替代 | 520×720×1.04＝389376 | 10816 | 由于单价提高20元，成本增加10816元 |
| 第三次替代 | 520×720×1.025＝383760 | －5616 | 由于损耗下降1.5%，成本减少5616元 |
| 合计 | 14560＋10816－5616＝19760 | 19760 | |

必须说明，在应用因素分析法时，各个因素的排列顺序应该固定不变。否则，就会得出不同的计算结果，也会产生不同的结论。

(3) 差额计算法　差额计算法是因素分析法的一种简化形式，它是利用各个因素的目标值与实际值的差额来计算其对成本的影响程度。

**【例5-13】** 某施工项目某月的实际成本降低额比目标值提高了2.40万元，具体数据见表5-16所示。

表5-16　降低成本目标与实际对比表

| 项目 | 目标 | 实际 | 差异 |
|---|---|---|---|
| 预算成本/万元 | 310 | 320 | ＋10 |
| 成本降低率/% | 4 | 4.5 | ＋0.5 |
| 成本降低额/万元 | 12.4 | 14.4 | ＋2.00 |

根据表5-16的资料，应用差额计算法分析预算成本和成本降低率对成本降低额的影响程度。

**解：** ① 预算成本增加对成本降低额的影响程度

(320－300)×4%＝0.80(万元)

② 成本降低率提高对成本降低额的影响程度

(4.5%－4%)×320＝1.60(万元)

以上两项合计：0.80＋1.60＝2.40(万元)

(4) 比率法　比率法是用两个以上指标的比例进行分析的方法。它的基本特点是：先把对比分析的数值变成相对数，再观察其相互之间的关系。常用的比率法有以下几种。

① 相关比率。由于项目经济活动的各个方面是互相联系，互相依存又互相影响的，因而将两个性质不同又有部分关系的指标加以对比，求出比率，并以此来考察经营成果的好

坏。例如，产值和工资是两个不同的概念，但它们的关系又是投入与产出的关系，在一般情况下，都希望以最少的人工费支出完成最大的产值。因此，用产值工资率指标来考核人工费的支出水平就很能说明问题。

② 构成比率。通过构成比率，可以考察成本总量的构成情况以及各成本项目占成本总量的比例，同时也可看出量、本、利的比例关系（即预算成本、实际成本和降低成本的比例关系），从而为寻求降低成本的途径指明方向，如表 5-17 所示。

表 5-17 成本构成比例分析表 单位：万元

| 成本项目 | 预算成本 | | 实际成本 | | 降低成本 | | |
|---|---|---|---|---|---|---|---|
| | 金额 | 比重/% | 金额 | 比重/% | 金额 | 占本项比率/% | 占总量比率/% |
| 一、直接成本 | 1263.79 | 93.20 | 1200.31 | 92.38 | 63.48 | 5.02 | 4.68 |
| 1. 人工费 | 113.36 | 8.36 | 119.28 | 9.18 | −5.92 | −1.09 | −0.44 |
| 2. 材料费 | 1006.56 | 74.23 | 939.67 | 72.32 | 66.89 | 6.65 | 4.93 |
| 3. 机械使用费 | 87.60 | 6.46 | 89.65 | 6.90 | −2.05 | −2.34 | −0.15 |
| 4. 措施费 | 56.27 | 4.15 | 51.71 | 3.98 | 4.56 | 8.10 | 0.34 |
| 二、间接成本 | 92.21 | 6.80 | 99.01 | 7.62 | −6.80 | −7.37 | 0.50 |
| 成本总量 | 1356.00 | 100.00 | 1299.32 | 100.00 | 56.68 | 4.18 | 4.18 |
| 量本利比例/% | 100.00 | | 95.82 | | 4.18 | | |

③ 动态比率。动态比率法就是将同类指标不同时期的数值进行对比，求出比率，用以分析该项指标的发展方向和发展速度。动态比率的计算通常采用基期指数（或稳定比指数）和环比指数两种方法，见表 5-18 所示。

表 5-18 指标动态比较表

| 项目 | 第一季度 | 第二季度 | 第三季度 | 第四季度 |
|---|---|---|---|---|
| 降低成本/万元 | 45.6 | 47.8 | 52.50 | 64.30 |
| 基期指数/%(一季度=100) | | 104.82 | 115.13 | 141.01 |
| 环比指数/%(上一季度=100) | | 104.82 | 109.83 | 122.48 |

（5）“两算对比”法

①“两算对比”的概念。“两算对比”，即施工预算和施工图预算进行对比。施工图预算确定的是工程预算成本，施工预算确定的是工程计划成本，它们是从不同角度计算的两本经济账。“两算”的核心是工程量对比。尽管“两算”采用的定额不同、工序不同、工程量有一定区别，但二者的主要工程量应当是一致的。如果“两算”的工程量不一致，必定有一部分出现了问题，应当认真检查并解决问题。

“两算对比”是建筑施工企业加强经营管理的手段。通过施工预算和施工图预算的对比，可预先找出节约或超支的原因，研究解决措施，实现对人工、材料和机械的事先控制，避免发生计划成本亏损。

②“两算对比”方法。“两算对比”以施工预算所包括的项目为准，对比内容包括主要项目工程量、用工数及主要材料消耗量，但具体内容应结合各项目的实际情况而定。“两算对比”可采用实物量对比法和实物金额对比法。

a. 实物量对比法。实物量是指分项工程中所消耗的人工、材料和机械台班消耗的实物数量。对比是将“两算”中相同项目所需要的人工、材料和机械台班消耗量进行比较，或以分部工程及单位工程为对象，将“两算”的人工、材料汇总量相比较。因“两算”各自的项目划分不完全一致，为使两者具有可比性，常常需要经过项目合并、换算之后才能进行对比。由于预算定额项目的综合性较施工定额项目大，故一般是合并施工预算项目的实物量与预算定额项目相对应，然后再进行对比。表 5-19 提供了砌筑砖墙分项工程的“两算对比”情况。

表 5-19 砌筑砖墙工程的“两算对比”表

| 项目名称 | 数量/立方米 | 内容 | 人工材料种类 | | |
|---|---|---|---|---|---|
| | | | 人工/工日 | 砂浆/立方米 | 砖/千块 |
| 一砖墙 | 245.8 | 施工预算 | 322.00 | 54.80 | 128.10 |
| | | 施工图预算 | 410.60 | 55.10 | 128.60 |
| 1/2 砖墙 | 6.4 | 施工预算 | 10.30 | 1.24 | 3.56 |
| | | 施工图预算 | 11.50 | 1.39 | 4.05 |
| 合计 | 252.2 | 施工预算 | 332.30 | 56.04 | 131.66 |
| | | 施工图预算 | 422.10 | 56.49 | 132.65 |
| | | “两算对比”差额率/% | +89.8 | +0.45 | +0.99 |
| | | “两算对比”差额 | +21.27 | +0.80 | +0.75 |

b. 实物金额对比法。实物金额是指分项工程所消耗的人工、材料和机械台班的金额费用。由于施工预算只能反映完成项目所消耗的实物量，并不反映其价值，为使施工预算与施工图预算进行金额对比，就需要将施工预算中的人工、材料和机械台班的数量乘以各自的单价，汇总成人工费、材料费和机械台班使用费，然后与施工图预算的人工费、材料费和机械台班使用费相比较。表 5-20 提供了某项目若干分部工程实物金额对比的“两算对比”表。

表 5-20 实物金额对比的“两算对比”表

| 项目 | 施工图预算 | | | 施工预算 | | | 数量差 | | | 金额差 | | |
|---|---|---|---|---|---|---|---|---|---|---|---|---|
| | 数量 | 单价 | 合计 | 数量 | 单价 | 合计 | 节约 | 超支 | 百分比 | 节约 | 超支 | 百分比 |
| 一、直接费/元 | | | 10456.7 | | | 9451.86 | | | | 1004.8 | | 9.61 |
| 1. 人工费/元 | | | 971.92 | | | 882.58 | | | | 89.34 | | 9.19 |
| 2. 材料费/元 | 131.62 | 68 | 8950.12 | 127.9 | 63 | 8057.54 | 3.72 | | 2.83 | 892.58 | | 6.2 |
| 3. 机械费/元 | 5.75 | 93 | 534.64 | 5.69 | 90 | 511.74 | 0.06 | | 1.09 | 22.9 | | 4.28 |
| 二、分部工程 | | | | | | | | | | | | |
| 1. 土方工程/元 | 2.54 | 90 | 228.55 | 2.19 | 96 | 210.29 | 0.35 | | 13.74 | 18.26 | | 8 |
| 2. 砖石工程/元 | 15.2 | 180 | 2735.36 | 14.8 | 176 | 2605.1 | 0.39 | | 2.6 | 130.26 | | 4.76 |
| 3. 钢筋混凝土工程/元 | 8.78 | 255 | 2239.52 | 8.65 | 246 | 2126.84 | 0.13 | | 1.56 | 112.68 | | 9.49 |
| 4. 其他 | | | | | | | | | | | | |
| 三、材料 | | | | | | | | | | | | |
| 1. 板方料/立方米 | 2.132 | 154 | 328.33 | 2.09 | 154 | 322.01 | 0.04 | | 1.97 | 6.32 | | 1.92 |
| 2. 钢筋/吨 | 1.075 | 595 | 639.63 | 1.044 | 595 | 621.18 | 0.03 | | 2.88 | 18.45 | | 2.88 |
| 3. 其他 | | | | | | | | | | | | |

③“两算对比”的有关说明

a. 人工数量。一般施工预算应低于施工图预算工日数的10%～15%，这是因为施工定额与预算定额水平不一样。在预算定额编制时，考虑到在正常施工组织的情况下工序搭接及土建与水电安装之间的交叉配合所需停歇时间，工程质量检查及隐蔽工程验收而影响的时间和施工中不可避免的少量零星用工等因素，留有10%～15%定额人工幅度差。

b. 材料消耗。一般施工预算应低于施工图预算的消耗量。由于定额水平不一致，有的项目会出现施工预算消耗量在于施工图预算消耗量的情况，这时，需要调查分析，根据实际情况调整施工预算用量后再分析对比。

c. 机械台班数量及机械费的“两算对比”。由于施工预算是根据施工组织设计或施工方案规定的实际进场施工机械种类、型号、数量和工作时间编制计算机械台班，而施工图预算的定额的机械台班是根据一般配置，综合考虑，大多以金额表示。所以，一般以“两算”的机械费用相对比，且只能核算搅拌机、卷扬机、塔吊、汽车吊和履带吊等大中型机械台班费是否超过施工图预算机械费。如果机械费大量超支，在没有特殊情况下，应改变施工采用的机械方案，尽量做到不亏本，略有盈余。

d. 脚手架工程无法按实物量进行“两算”对比，只能用金额对比。施工预算是根据施工组织设计或施工方案规定的搭设脚手架内容计算工程量和费用的，而施工图预算按定额综合考虑，按建筑面积计算脚手架的摊销费用。

### 3. 工程项目成本考核

（1）工程项目成本考核的概念　工程项目成本考核，是指对项目成本目标（降低成本目标）完成情况和成本管理工作业绩两方面的考核。这两方面的考核，都属于企业对项目经理部成本监督的范畴。应该说，成本降低水平与成本管理工作之间有着必然的联系，又同受偶然因素的影响，但都是对项目成本评价的一个方面，都是企业对项目成本进行考核和奖罚的依据。

项目的成本考核，特别要强调施工过程中的中间考核，这对具有一次性特点的施工项目来说尤为重要。因为通过中间考核发现问题，还能及时弥补；而竣工后的成本考核虽然也很重要，但对成本管理的不足和由此造成的损失，已经无法弥补。

（2）项目成本考核的意义　项目成本考核的目的，在于贯彻落实责权利相结合的原则，促进成本管理工作的健康发展，更好地完成工程项目的成本目标。在工程项目的成本管理中，项目经理和所属部门、施工队直到生产班组，都有明确的成本管理责任，而且有定量的责任成本目标。通过定期和不定期的成本考核，既可对他们加强督促，又可调动他们对成本管理的积极性。

（3）项目成本考核的要求　项目成本考核是项目落实成本控制目标的关键。是将项目施工成本总计划支出，在结合项目施工方案、施工手段和施工工艺、讲究技术进步和成本控制的基础上提出的，针对项目不同的管理岗位人员，而作出的成本耗费目标要求。具体要求如下。

① 组织应建立和健全项目成本考核制度，对考核的目的、时间、范围、对象、方式、依据、指标、组织领导、评价与奖惩原则等作出规定。

② 组织应以项目成本降低额和项目成本降低率作为成本考核主要指标。项目经理部应设置成本降低额和成本降低率等考核指标。发现偏离目标时，应及时采取改进措施。

③ 组织应对项目经理部的成本和效益进行全面审核、审计、评价、考核和奖惩。

（4）成本考核的内容　成本考核，可以分为两个层次：一是企业对项目经理的考核；二是项目经理对所属部门、施工队和班组的考核。通过层层考核，督促项目经理、责任部门和责任者更好地完成自己的责任成本，从而形成实现项目成本目标的层层保证体系。

① 企业对项目经理考核的内容

a. 项目成本目标和阶段成本目标的完成情况。

b. 建立以项目经理为核心的成本管理责任制的落实情况。

c. 成本计划的编制和落实情况。

d. 对各部门、各作业队和班组责任成本的检查和考核情况。

e. 在成本管理中贯彻责权利相结合原则的执行情况。

② 项目经理对所属各部门、各作业队和班组考核的内容

a. 对各部门的考核内容如下。

本部门、本岗位责任成本的完成情况。

本部门、本岗位成本管理责任的执行情况。

b. 对各作业队的考核内容如下。

对劳务合同规定的承包范围和承包内容的执行情况。

劳务合同以外的补充收费情况。

对班组施工任务单的管理情况，以及班组完成施工任务后的考核情况。

c. 对生产班组的考核内容（平时由作业队考核）。以分部分项工程成本作为班组的责任成本。以施工任务单和限额领料单的结算资料为依据，与施工预算进行对比，考核班组责任成本的完成情况。

（5）项目成本考核的实施

① 项目成本考核采取评分制。项目成本考核是工程项目根据责任成本完成情况和成本管理工作业绩确定权重后，按考核的内容评分。

具体方法为：先按考核内容评分，然后按 7∶3 的比例加权平均，即责任成本完成情况的评分为 7，成本管理工作业绩的评分为 3。这是一个假设的比例，工程项目可以根据自己的具体情况进行调整。

② 项目的成本考核要与相关指标的完成情况相结合。项目成本的考核评分要考虑相关指标的完成情况，予以嘉奖或扣罚。与成本考核相结合的相关指标，一般有进度、质量、安全和现场标准化管理。

③ 强调项目成本的中间考核。项目成本的中间考核，一般有月度成本考核和阶段成本考核。成本的中间考核，能更好地带动今后成本的管理工作，保证项目成本目标的实现。

a. 月度成本考核。一般是在月度成本报表编制以后，根据月度成本报表的内容进行考核。在进行月度成本考核的时候，不能单凭报表数据，还要结合成本分析资料和施工生产、成本管理的实际情况，然后才能做出正确的评价，带动今后的成本管理工作，保证项目成本目标的实现。

b. 阶段成本考核。项目的施工阶段，一般可分为基础、结构、装饰、总体等四个阶段。如果是高层建筑，可对结构阶段的成本进行分层考核。

阶段成本考核能对施工告一段落后的成本进行考核，可与施工阶段其他指标（如进度、质量等）的考核结合得更好，也更能反映工程项目的管理水平。

④ 正确考核项目的竣工成本。项目的竣工成本，是在工程竣工和工程款结算的基础上

编制的，它是竣工成本考核的依据，也是项目成本管理水平和项目经济效益的最终反映，也是考核承包经营情况、实施奖罚的依据，必须做到核算无误，考核正确。

⑤ 项目成本的奖罚。工程项目的成本考核，可分为月度考核、阶段考核和竣工考核三种。为贯彻责权利相结合原则，应在项目成本考核的基础上，确定成本奖罚标准，并通过合同的形式明确规定，及时兑现。

由于月度成本考核和阶段成本考核属假设性的，因而，实施奖罚应留有余地，待项目竣工成本考核后再进行调整。

项目成本奖罚的标准，应通过合同的形式明确规定。因为，合同规定的奖罚标准具有法律效力，任何人都无权中途变更，或者拒不执行。另外，通过合同明确奖罚标准以后，职工群众就有了奋斗目标，因而也会在实现项目成本目标中发挥更积极的作用。

在确定项目成本奖罚标准的时候，必须从本项目的客观情况出发，既要考虑职工的利益，又要考虑项目成本的承受能力。在一般情况下，造价低的项目，奖金水平要定得低一些；造价高的项目，奖金水平可以适当提高。具体的奖罚标准，应该经过认真测算再行确定。

除此之外，企业领导和项目经理还可对完成项目成本目标有突出贡献的部门、作业队、班组和个人进行随机奖励。这是项目成本奖励的另一种形式，显然不属于上述成本奖罚的范围，但往往能起到很好的效果。

## 第四节 建筑工程成本报表

### 一、建筑工程成本报表的概念和内容

#### 1. 成本报表的定义

5-5 成本报表概述

成本报表是用以反映企业生产费用与产品成本的构成及其升降变动情况，以考核各项费用与生产成本计划执行结果的会计报表，是会计报表体系的重要组成部分。

成本报表资金耗费和产品成本及其升降变动情况，用以考核成本计划执行结果。产品成本作为反映企业生产经营活动情况的综合性指标，是企业经营管理水平的重要尺度。

#### 2. 成本报表的意义

成本报表是为企业内部管理需要而编制，对加强成本管理，提高经济效益有着重要的作用。

（1）综合反映报告期内的产品成本　产品成本是反映企业生产经营各方面工作质量的一项综合性指标，也就是说，企业的供、产、销的各个环节的经营管理水平，最终都直接、间接地反映到产品成本中来，通过成本报表资料，能够及时发现在生产、技术、质量和管理等方面取得的成绩和存在问题。

（2）评价和考核各成本环节成本管理的业绩　利用成本报表上所提供的资料，经过有关指标计算、对比，可以明确各有关部门和人员在执行成本计划、费用预算过程中的成绩和差距，以便总结工作的经验和教训，奖励先进，鞭策后进，调动广大职工的积极性，为全面完成和超额完成企业成本费用计划预算而努力奋斗。

（3）可利用成本资料进行成本分析　通过成本报表资料的分析，可以揭示成本差异对产品成本升降的影响程度以及发现产生差异的原因和责任，从而可以有针对性地采取措施，把注意力放在解决那些属于不正常的、对成本有重要影响的关键性差异上，这样对于加强日常

成本的控制和管理就有了明确的目标。

（4）成本报表资料为制定成本计划提供依据 企业要制订成本计划，必须明确成本计划目标。这个目标是建立在报告年度产品成本实际水平的基础上，结合报告年度成本计划执行的情况，考虑计划年度中可能变化的有利因素和不利因素，来制订新年度的成本计划。所以说本期成本报表所提供的资料，是制订下期成本计划的重要参考资料。同时，管理部门也根据成本报表资料来对未来时期的成本进行预测，为企业制订正确的经营决策和加强成本控制与管理提供必要的依据。

### 3. 成本报表的分类

（1）编制时间 成本报表根据管理上的要求一般可按月、按季、按年编报。但对内部管理的特殊需要，也可以按日、按旬、按周，甚至按工作班来编报，目的在于满足日常、临时、特殊任务的需要，使成本报表资料及时服务于生产经营的全过程。

（2）对外成本报表 对外成本报表是指企业向外部单位，如上级主管部门和联营主管单位等报送的成本报表。在市场经济中，成本报表一般被认为是企业内部管理用的报表，为了保守秘密，按惯例不对外公开发表，但在我国国有企业和国有联营企业中，为了管理的需要，目前或者相当长的一段时间还需要分管和托管这些企业的主管部门，主管部门为了监督和控制成本费用，了解目标成本完成的情况，进行行业的分析对比，并为成本预测和成本决策提供依据以及投资者等需要了解企业经营状况和效益，都要求企业提供成本资料。这实际上也还是一种扩大范围的内部报表。

（3）对内成本报表 对内成本报表是指为了企业本单位内部经营管理需要而编制的各种报表。这种报表的内容、种类、格式、编制方法和程序、编制时间和报送对象，均由企业根据自己生产经营和管理的需要来确定。成本报表就是其中的一种，它的编制目的，主要在于让企业领导者和职工了解日常成本费用中计划预算执行的情况，以便调动大家的积极性来控制费用的发生，为提高经济效益服务。同时为企业领导者和投资者提供经营的成本费用信息，以便进行决策和采取有效措施不断降低成本费用。

（4）反映费用情况的报表 反映费用情况的报表有制造费用明细表、营业费用明细表、管理费用明细表等。通过它们可以了解到企业在一定期间内费用支出总额及其构成，并可以了解费用支出合理性以及支出变动的趋势，这有利于企业和主管部门正确制订费用预算，控制费用支出，考核费用支出指标合理性，明确有关部门和人员的经济责任，防止随意扩大费用开支范围。

（5）反映成本情况的报表 反映成本情况的报表有产品生产成本表或产品生产成本及销售成本表、主要产品生产成本表、责任成本表、质量成本表等。这类报表侧重于揭示企业为生产一定种类和数量产品所花费的成本是否达到了预定的目标，通过分析比较，找出差距，明确薄弱环节，进一步采取有效措施，为挖掘降低成本的内部潜力提供有效的资料。

### 4. 成本报表的特点

成本报表从实质上看，它是企业内部成本管理的报表。企业内部成本报表主要特点如下。

（1）编制报表的目的主要服务于内部 过去在计划经济下的成本报表和新体制下的成本报表编报服务对象和目的是有差别。在计划经济模式下，成本报表与其他财务报表一样都是向外向上编报，为上级服务为主。在市场经济模式下，成本报表主要为企业内部管理服务，满足企业管理者、成本责任者对成本信息的需求，有利于观察、分析、考核成本的动态，有利于控制计划成本目标的实现，也有利于预测工作。

（2）内部成本报表的内容灵活　对外报表的内容由国家统一规定，强调完整性。内部成本报表主要是围绕着成本管理需要反映的内容，没有明确规定一个统一的内容和范围，不强调成本报告内容的完整性，往往从管理角度出发对某一问题或某一侧面进行重点反映，揭示差异，找出原因，分清责任。因此，内部成本报表的成本指标可以是多样化，以适应不同使用者和不同管理目的对成本信息的需求，使内部成本报表真正为企业成本管理服务。

（3）内部成本报表格式与内容相适应　对外报表的格式与内容一样，都由国家统一规定，企业不能随意改动。而内部成本报表的格式是随着反映的具体内容，可以自己设计，允许不同内容有不同格式，同一内容在不同时期也可有不同格式，总之，只要有利于为企业成本管理服务，可以拟订不同报表格式进行反映和服务。

（4）内部成本报表编报不定时　对外报表一般都是定期的编制和报送，并规定在一定时间内必须报送。而内部成本报表主要是为企业内部成本管理服务，所以，内部成本报表可以根据内部管理的需要适时地、不定期地进行编制，使成本报表及时地反映和反馈成本信息，揭示存在的问题，促使有关部门和人员及时采取措施，改进工作，提高服务效率，控制费用的发生，达到节约的目的。

（5）内部成本报表按生产经营组织体系上报　对外报表一般是按时间编报的，目前主要是报送财政、银行和企业主管部门。而内部成本报表是根据企业生产经营组织体系逐级上报，或者是为解决某一特定问题的权责范围内进行传递，使有关部门和成本责任者及时掌握成本计划目标执行的情况，揭示差异，查找原因和责任，评价内部环节和人员的业绩。

## 二、建筑工程成本报表的编制

### 1. 编制成本报表的依据

① 报告期的成本账簿资料。

② 本期成本计划及费用预算等资料。

③ 以前年度的会计报表资料。

④ 企业有关的统计资料和其他资料等。

### 2. 编制成本报表的要求

为了提高成本信息的质量，充分发挥成本报表的作用，成本报表的编制应符合下列基本要求。

（1）真实性　即成本报表的指标数字必须真实可靠，能如实地集中反映企业实际发生的成本费用。

（2）重要性　即对于重要的项目（如重要的成本、费用项目），在成本报表中应单独列示，以显示其重要性；对于次要的项目，可以合并反映。

（3）正确性　即成本报表的指标数字要计算正确；各种成本报表之间、主表与附表之间、各项目之间，凡是有钩稽关系的数字，应相互一致；本期报表与上期报表之间有关的数字应相互衔接。

（4）完整性　即应编制的各种成本报表必须齐全；应填列的指标和文字说明必须全面；表内项目和表外补充资料不论根据账簿资料直接填列，还是分析计算填列，都应当准确无缺，不得随意取舍。

（5）及时性　即按规定日期报送成本报表，保证成本报表的及时性，以便各方面利用和分析成本报表，充分发挥成本报表的应有作用。

### 3. 工程项目成本表

工程项目成本表如表5-21所示。

表 5-21 工程项目成本表

编报单位： 年 月 单位：元

| 项目 | 行次 | 本期数 | | | | 累计数 | | | |
|---|---|---|---|---|---|---|---|---|---|
| | | 预算成本 | 实际成本 | 降低额 | 降低率/% | 预算成本 | 实际成本 | 降低额 | 降低率/% |
| | | 1 | 2 | 3 | 4 | 1 | 2 | 3 | 4 |
| 人工费 | 1 | | | | | | | | |
| 外清包人工费 | 2 | | | | | | | | |
| 材料费 | 3 | | | | | | | | |
| 结构件 | 4 | | | | | | | | |
| 周转材料费 | 5 | | | | | | | | |
| 机械使用费 | 6 | | | | | | | | |
| 措施费 | 7 | | | | | | | | |
| 间接成本 | 8 | | | | | | | | |
| 工程成本合计 | 9 | | | | | | | | |
| 分建成本 | 10 | | | | | | | | |
| 工程结算成本合计 | 11 | | | | | | | | |
| 工程结算其他收入 | 12 | | | | | | | | |
| 工程结算成本总计 | 13 | | | | | | | | |

企业负责人： 财会负责人： 制表人：

项目成本表要求按“工程施工”参照“工程结算收入”“工程结算成本”“工程结算税金及附加”发生额填列。要求预算成本按规定折算，实际成本账表相符，按月填报。

### 4. 在建工程成本明细表

在建工程成本明细表编排时要求分单位工程列示，账表相符，按月填报，编制方法同上，如表 5-22 所示。

表 5-22 在建工程成本明细表

编报单位： 年 月 单位：元

| 单位名称 | 本月数 | | | | | | | |
|---|---|---|---|---|---|---|---|---|
| | 预算成本 | 人工费 | 外包费用 | 材料费 | 周转材料费 | 结构件 | 机械费 | 措施费 |
| | | | | | | | | |
| | | | | | | | | |
| | | | | | | | | |
| | | | | | | | | |
| | | | | | | | | |
| | | | | | | | | |
| | | | | | | | | |
| | | | | | | | | |
| | | | | | | | | |

续表

| 单位名称 | 本月数 | | | | | 本年度累计 | | |
|---|---|---|---|---|---|---|---|---|
| | 施工间接费 | 分包成本 | 实际成本合计 | 降低额 | 降低率/% | 工程其他收入 | 预算成本 | 实际成本 |
| | | | | | | | | |
| | | | | | | | | |
| | | | | | | | | |
| | | | | | | | | |
| | | | | | | | | |
| | | | | | | | | |
| | | | | | | | | |
| | | | | | | | | |
| | | | | | | | | |
| | | | | | | | | |
| | | | | | | | | |
| | | | | | | | | |
| | | | | | | | | |
| | | | | | | | | |
| | | | | | | | | |
| | | | | | | | | |
| | | | | | | | | |
| | | | | | | | | |
| | | | | | | | | |
| | | | | | | | | |

单位负责人： 成本员： 编报日期： 年 月 日

### 5. 竣工工程成本明细表

竣工工程成本明细表编制时要求分单位工程填列，竣工工程全貌预算成本完整折算，竣工点交应当调整与已结数之差，实际成本账表相符。按月填报（有竣工点交工程后），方法如上，如表5-23所示。

表5-23 竣工工程成本明细表

编报单位： 年 月 单位：元

| 单位名称 | 人工费 | | | 材料费 | | 周转材料费 | | 结构件 | |
|---|---|---|---|---|---|---|---|---|---|
| | 预算 | 实际 | 外包费用 | 预算 | 实际 | 预算 | 实际 | 预算 | 实际 |
| | | | | | | | | | |
| | | | | | | | | | |
| | | | | | | | | | |
| | | | | | | | | | |
| | | | | | | | | | |
| | | | | | | | | | |
| | | | | | | | | | |

续表

| 单位名称 | 机械费 | | 措施费 | | 施工间接费 | | 分建成本 | |
|---|---|---|---|---|---|---|---|---|
| | 预算 | 实际 | 预算 | 实际 | 预算 | 实际 | 预算 | 实际 |
| | | | | | | | | |
| | | | | | | | | |
| | | | | | | | | |
| | | | | | | | | |
| | | | | | | | | |
| | | | | | | | | |
| | | | | | | | | |
| | | | | | | | | |
| | | | | | | | | |
| | | | | | | | | |
| | | | | | | | | |
| | | | | | | | | |
| | | | | | | | | |
| | | | | | | | | |
| | | | | | | | | |
| | | | | | | | | |
| | | | | | | | | |
| | | | | | | | | |
| | | | | | | | | |
| | | | | | | | | |

单位负责人：　　　　成本员：　　　　编报日期：　　　　年　　月　　日

### 6. 施工间接费用表

此表系符合表又称费用表，包括企业和项目均可通用。根据“施工间接费用”账户发生额填列，要求账表相符，按季填报，如表 5-24 所示。

表 5-24　施工间接费用表

编报单位：　　　　年　　月　　　　单位：元

| 行次 | 项目 | 管理费用 | 财务费用 | 施工间接费 | 小计 | 备注 |
|---|---|---|---|---|---|---|
| 1 | 工作人员薪金 | | | | | |
| 2 | 职工福利费 | | | | | |
| 3 | 工会经费 | | | | | |
| 4 | 职工教育经费 | | | | | |
| 5 | 差旅交通费 | | | | | |
| 6 | 办公费 | | | | | |
| 7 | 固定资产使用费 | | | | | |
| 8 | 低值易耗品摊销 | | | | | |
| 9 | 劳动保护费 | | | | | |
| 10 | 技术开发费 | | | | | |

续表

| 行次 | 项目 | 管理费用 | 财务费用 | 施工间接费 | 小计 | 备注 |
|---|---|---|---|---|---|---|
| 11 | 业务活动经费 | | | | | |
| 12 | 各种税金 | | | | | |
| 13 | 上级管理费 | | | | | |
| 14 | 劳保统筹费 | | | | | |
| 15 | 离退休人员医疗费 | | | | | |
| 16 | 其他劳保费用 | | | | | |
| 17 | 利息支出 | | | | | |
| 17-1 | 其中:利息收入 | | | | | |
| 18 | 银行手续费 | | | | | |
| 19 | 其他财务费用 | | | | | |
| 20 | 内部利息 | | | | | |
| 21 | 资金占用费 | | | | | |
| 22 | 房改支出 | | | | | |
| 23 | 坏账损失 | | | | | |
| 24 | 保险费 | | | | | |
| 25 | 其他 | | | | | |
| 26 | 合计 | | | | | |

行政领导人:　　　　　　　　财会主管人员:　　　　　　　　制表人:

## 本章小结

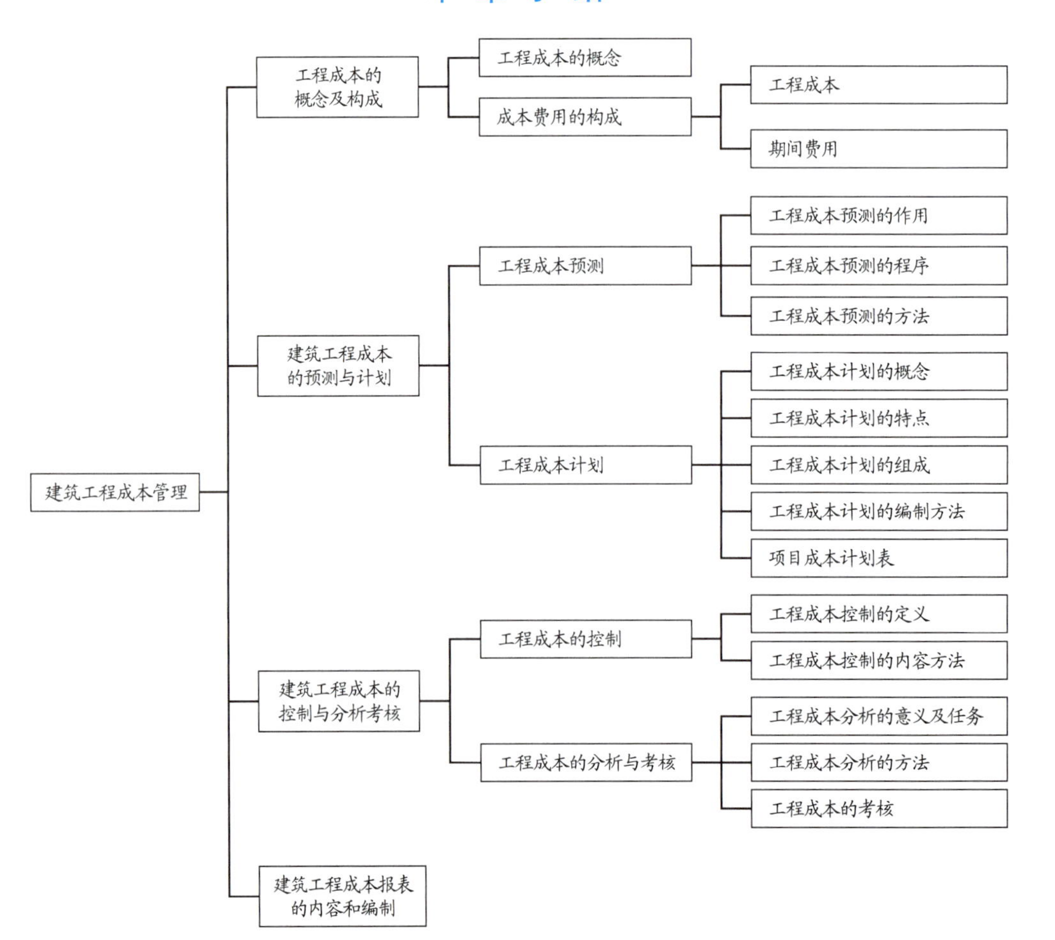

# 自　测　题

## 一、选择题

1. 工程成本定性预测的方法有（　　）。

A. 回归分析法　　B. 高低点法　　C. 量本利分析法　　D. 德尔菲法

2. 某工程项目，经过分部分项测算，测得其变动成本总额为 512.71 万元，固定成本总额 60.11 万元。其计划成本为（　　）万元。

A. 572.82　　B. 512.71　　C. 60.11　　D. 452.60

3. 成本差异分析的内容包括（　　）。

A. 材料差异分析　　B. 人工差异分析

C. 机械使用费差异分析　　D. 其他直接费差异分析

E. 间接费用差异分析

4. 在对成本进行分析时，比率法是用两个以上指标的比例进行分析的方法。它的基本特点是先把对比分析的数值变成相对数，再观察其相互之间的关系。常用的比率法有（　　）。

A. 相关比率　　B. 构成比率　　C. 动态比率　　D. 环形比率

5. 关于成本报表的特点，下列描述正确的是（　　）。

A. 编报的目的主要服务于内部

B. 内部成本报表的内容要按国家要求，有一定的统一性

C. 内部成本报表格式与内容相适应，可以根据企业实际情况改动

D. 内部成本报表同对外报表一样，一般都是定期的编制和报送

E. 内部成本报表是根据企业生产经营组织体系逐级上报

## 二、计算分析题

某施工企业承包一工程，计划砌砖工程量 1200 立方米，按预算定额规定，每立方米耗用空心砖 510 块，每块空心砖计划价格为 0.12 元；而实际砌砖工程量却达 1500 立方米，每立方米实耗空心砖 500 块，每块空心砖实际购入价为 0.18 元。试用连环代替法进行成本分析。

## 三、思考题

1. 什么是工程成本？建筑施工企业成本费用由哪些方面构成？

2. 工程成本预测的方法都有哪些？分别具有什么样的特点？

3. 工程成本控制的基本程序是什么？

# 第六章　建筑施工企业收入、利润及利润分配管理

**知识目标**

- 了解收入的构成、收入的确认及收入的日常管理。
- 熟悉工程价款结算方式，利润的作用和股份制企业利润的分配。
- 掌握工程价款结算的方法及程序、施工企业利润的构成、利润的预测和利润的分配。

**能力目标**

- 具有进行工程价款结算的能力。
- 具有熟练进行利润预测、利润分配的能力。

**素质目标**

- 正确识别收入的构成，把握收入确认时间。
- 及时、合理计算缴纳税金，培养纳税意识。
- 准确计算利润、合理制定分配方案，促使股东利益最大化。

## 第一节　收入的管理

建筑施工企业日常经营活动中最主要的目标之一，是通过获得的收入补偿为此而发生的成本费用支出，并获得一定的利润。这里所说的收入主要指营业收入，建筑施工企业在销售商品、提供劳务及让渡资产使用权等日常活动中所形成的经济利益的总流入。

按经营业务收入的主次，建筑施工企业的收入可以分为主营业务收入和其他业务收入。施工企业的主营业务收入主要是指所承包工程的工程价款结算收入，它在建筑施工企业的营业收入中占有极大的比重。其他如销售产品或材料、提供机械作业和运输作业、提供劳务、出租固定资产等取得的收入属于其他业务收入。其他业务收入是对主营业务收入的补充，一般每笔业务金额较小，收入不太稳定，服务对象也不十分固定，这些收入尽管在企业总收入中所占比重不大，但随着市场经济的发展，这部分收入有不断增加的趋势。

建筑施工企业的营业收入包括工程价款结算收入、劳务与作业收入、产品销售收入、材料销售收入、多种经营收入、设备租赁收入以及其他业务收入。

### 一、收入的构成

建筑施工企业的工程价款收入，又称合同收入。合同收入的构成包括两部分，即合同中规定的初始收入和因合同变更、索赔、奖励等形成的追加收入。

#### 1. 初始收入

合同中规定的初始收入是指施工企业与客户在双方签订的合同中最初商定的总金额，它构成合同收入的基本内容。

#### 2. 合同的追加收入

合同的追加收入是在合同执行过程中由于合同变更、索赔、奖励等原因而形成的。施工

企业不能随意确认这部分收入，工程承包商只有在经过发包单位签证同意后，才能将其计入施工企业的工程价款收入。

合同变更，是指客户为改变合同规定的作业内容而提出的调整。因合同变更而增加的收入，应在同时具备下列条件时予以确认。

① 客户能够认可因变更而增加的收入。

② 收入能够可靠的计量。

索赔款，是指因客户或第三方的原因造成的，由施工企业向客户或第三方收取的，用于补偿不包括在合同造价中的成本的款项。因索赔款而形成的收入，应在同时具备下列条件时予以确认。

① 根据谈判情况，预计对方能够同意这项索赔。

② 对方同意接受的金额能够可靠的计量。

奖励款，是指工程达到或超过规定的标准时，客户同意支付给施工企业的额外款项。因奖励而形成的收入，应在同时具备下列条件时予以确认。

① 根据目前合同完成情况，足以判断工程进度和工程质量能够达到或超过既定的标准。

② 奖励金额能够可靠地计量。

## 二、收入的确认

6-1　新收入准则

企业应当根据收入的性质，按照收入确认的原则，合理地确认和计量各项收入。施工企业按照其工程施工和提供劳务、机械作业的进度，填写“工程价款结算账单”，经建设方、监理方签证认可后，以此确认营业收入的实现。由于施工企业与发包单位在办理工程价款结算时，往往采用多种不同的结算方式，所以工程价款收入的确认，应区别情况，作不同处理。

① 实行合同完成后一次结算工程价款办法的工程合同，应于合同完成，施工企业与发包单位进行工程合同价款结算时，确认为收入实现，实现的收入额为承发包方双方结算的合同价款总额。

② 实行旬末或月中预支，月终结算，竣工后清算办法的工程合同，应于各月份终了，与发包单位进行已完工工程价款结算时，确认为承包合同已完工部分的工程收入实现，本期收入额为月终结算的已完工工程价款的金额。

③ 实行按工程形象进度划分不同阶段，分段结算工程价款办法的工程合同，应于完成合同规定的工程形象进度或工程阶段，与发包单位进行工程价款结算时，确认为工程收入的实现。本期实现的收入额，为本期已结算的分段工程价款金额。

④ 实行其他结算方式的工程合同，其合同收益应按合同规定的结算方式和结算时间，与发包单位结算工程价款时确认为收入一次或分次实现。本期实现的收入额，为本期结算的已完工工程价款或竣工一次结算的全部合同价款。

施工企业于发包单位办理工程价款结算时，不论采用竣工后一次结算还是按月结算或分段结算，都应填制“工程价款结算账单”，经发包单位审核签证后，送交开户银行办理结算。采用按月结算或分段结算办法的工程，递交的“工程价款结算账单”还应随附“已完工程月报表”。

## 三、工程价款结算

工程价款结算是最终实现企业经营利润的过程。施工企业取得的工程结算收入，用以补偿企业垫支的各项生产消耗，实现企业利润。与其他企业相比，施工企业无论在结算程序或结算方法上，都有其自身的特点。

### 1. 建筑安装工程价款结算

(1) 建筑安装工程价款结算的特点

① 工程价款结算是依据工程承包合同中规定的结算办法和工程合同价款进行的。因为建筑产品生产过程与一般工业产品不同，建筑施工企业是受发包单位的委托，根据双方签订的工程承包合同进行施工的。

② 根据工程实际情况确定工程价款结算方式。建筑产品生产周期比较长，需要占用大量资金。而建筑施工企业无法独立垫支全部资金，否则会导致建筑施工企业资金紧张和资金周转困难。为了保证施工的顺利进行，必须根据实际情况及时结算工程款。

③ 工程价款收入具有个别性的特征。建筑安装工程产品具有单件性的特点，每一工程产品具有自己独特的结构、造型和用途，即使根据标准设计进行的施工，也会由于自然条件的差异，其施工工艺、材料用量也会有所不同，造价也是不相同的，因此，进行工程价款结算不适用统一价或标准价。

(2) 建筑安装工程价款结算的主要方式　建筑安装工程价款结算方式是指建筑施工企业因承包建筑安装工程，按照承包合同的规定向发包建设单位交付已完工程，收取工程价款的行为。建筑安装工程价款结算方式主要有以下几种。

① 竣工后一次结算。竣工后一次结算是在单项工程或建设项目全部竣工后结算工程价款。建设项目或单项工程全部建筑安装工程建设期在12个月以内，或者工程承包合同价值在100万元以下的，可以实行工程价款每月月终预支，竣工后一次结算的办法。工期在一年以内，当年竣工的工程，可以实行竣工后一次结算的办法。竣工后一次结算不仅结算手续简便，而且有利于促进缩短建设周期、压缩在建工程、加速资金周转、减少资金占用。但对工期较长的工程，竣工后一次结算则不能及时反映经营情况和成果。

② 按月结算。按月结算是每月终了按已完工部分分项工程结算工程价款。按月结算工程价款的，可实行旬末或月中预支，月末结算。跨年度施工的工程，在年末进行工程盘点，办理年度结算。按月结算一般适用于工期较长的工程。

按月结算有利于建设单位和银行根据建筑安装工程进度控制分期拨款额度；有利于建筑施工企业施工过程中所发生的各种消耗的及时补偿和利润的实现；有利于加快工程进度，及时收回工程款，按时反映企业的经营情况和成果。这种结算方式的主要缺陷是：建筑企业为了达到在一定时间内获得更多的工程款的目的，往往会对高产值的工程部位（如主体工程）有极大的兴趣，而对耗工多、造价低、工程价款收入少的收尾工程不加重视，这就不利于建筑施工企业集中使用人力、物力、财力去保证工程项目提前或按时交付使用等。另外，每月办理已完工工程结算，跨年度工程年终要办理已完工工程盘点和年度结算，计算工作量大，手续烦琐。

③ 分段结算。分段结算是按工程形象进度划分的不同阶段（部位）结算工程价款。当年开工，当年不能竣工的单项工程或单位工程，可按照工程形象进度，划分不同阶段进行结算。按照有关规定，分段结算可以按月预支工程款。

分段结算适用于工期较长、造价较高的工程，有利于及时结算工程价款。但计算工作较频繁，段落不易划分清楚，往往在结算时容易出现漏项或重复，需要在竣工时作最后的清算和结算。

④ 完工百分比法。完工百分比法是根据合同完工进度确认合同收入和费用的方法。运用这种方法确认合同收入和费用，能够为报表使用者提供有关合同进度及本期业绩的有用信息，体现了权责发生制的要求。正确运用完工百分比法确认建造合同收入和费用，首先必须

采用适当的方法计算完工进度。

建筑施工企业确定合同完工进度可以按累计实际发生的合同成本占合同预计总成本的比例、已经完成的合同工作量占合同预计总工作量的比例、已完成合同工作的测量等方法计算完工百分比。

a. 根据累计实际发生的合同成本占合同预计总成本的比例确定。该方法是确定合同完工进度较常用的方法。计算公式为

$$合同完工进度=\frac{累计实际发生的合同成本}{合同预计总成本}\times100\% \tag{6-1}$$

**【例 6-1】** 永安建筑安装工程有限公司签订了一份总金额为2000万元的建造合同，合同规定建设期为3年。第一年实际发生合同成本600万元，年末预计为完成合同尚需发生成本1000万元；第二年，实际发生合同成本为800万元，年末预计为完工合同尚需发生成本300万元。根据上述资料，试计算合同完工进度。

**解：**

$$第一年合同完工进度=\frac{600}{600+1000}\times100\%=37.50\%$$

$$第二年合同完工进度=\frac{600+800}{600+800+300}\times100\%=82.35\%$$

根据完工百分比法确定合同完工进度时，累计实际发生的合同成本不包括与合同未来活动相关的合同成本（如施工中尚未安装的、使用或耗费的材料成本以及在分包工程的工作量未完成前预付给分包单位的款项）。

b. 根据已经完成的合同工作量占合同预计总工作量的比例确定。该方法适用于合同工作量容易确定的建造合同，如道路工程、土石方挖掘工程、砌筑工程等。计算公式为

$$合同完工进度=\frac{已经完成的合同工作量}{合同预计总工作量}\times100\% \tag{6-2}$$

**【例 6-2】** 永安建筑安装工程有限公司签订了一份总金额为20000万元的修建一段100公里的高速公路的建造合同，合同规定建设期为3年。第一年实际修建40公里，第二年实际修建了40公里。根据以上资料，计算合同完工进度。

**解：**

$$第一年合同完工进度=\frac{40}{100}\times100\%=40\%$$

$$第二年合同完工进度=\frac{40+40}{100}\times100\%=80\%$$

c. 已完工合同工作量的测定。该方法是在无法根据上述两种方法确定合同完工进度所采取的一种特殊的技术测量方法，适用于一些特殊的建造合同，如水下施工工程等。需要注意，这种技术测量并不是由建筑承包商自主随意测定的，而应由有关专业技术人员进行现场科学测定。

⑤ 其他结算方式。结算双方约定并经开户银行同意，还可以采取其他结算方式。

（3）工程价款结算的程序　建筑施工企业预支工程价款，应根据工程进度填写“工程价款预支账单”，送发包单位和开户银行办理付款手续。预支的款项，应在月末或竣工结算时抵充应收的工程款。“工程价款预支账单”的一般格式，如表6-1所示。

表 6-1 工程价款预支账单

发包单位名称： ×年×月×日 单位：元

| 单项工程项目名称 | 合同造价 | 本旬(或半月)完成数 | 本旬(或半月)预支工程款 | 本月预支工程款 | 应扣预收款项 | 实支款项 | 备注 |
|---|---|---|---|---|---|---|---|
| 1 | 2 | 3 | 4 | 5 | 6 | 7 | 8 |
| 1 号仓库 | 500000 | | 60000 | | | 60000 | |
| | | | | | | | |

建筑施工企业： 财务负责人：

建筑施工企业于月终完成合同规定的工程形象进度或工程竣工办理工程价款结算时，应根据实际完成的工程量，对照中标书或施工图预算所列工程单价和有关取费标准，计算已完工工程价款，编制“已完工工程月报表”和“工程价款结算账单”，经发包单位审查签证后，送开户行办理结算。“已完工工程月报表”和“工程价款结算账单”的一般格式如表 6-2、表 6-3 所示。

表 6-2 已完工工程月报表

发包单位名称： ×年×月 单位：元

| 单项工程项目名称 | 合同造价/元 | 建筑面积/平方米 | 开竣工日期 | | 实际完成数/元 | | 备注 |
|---|---|---|---|---|---|---|---|
| | | | 开工日期 | 竣工日期 | 至上月止已完工程累计/元 | 本月份已完工程/元 | |
| 1 | 2 | 3 | 4 | 5 | 6 | 7 | … |
| 1 号仓库 | 500000 | 2000 | | | 200000 | 100000 | … |
| … | … | … | … | … | … | … | … |

建筑施工企业： 编制日期：

表 6-3 工程价款结算账单

发包单位名称： ×年×月 单位：元

| 单项工程项目名称 | 合同造价 | 本期应收工程款 | 应扣款项 | | | 本期实收工程款 | 备料款余额 | 本期止已收工程价款累计 | 备注 |
|---|---|---|---|---|---|---|---|---|---|
| | | | 合计 | 预收工程款 | 预收备料款 | | | | |
| 1 | 2 | 3 | 4 | 5 | 6 | 7 | 8 | 9 | 10 |
| 1 号仓库 | 500000 | 80000 | 64000 | 60000 | 4000 | 64000 | … | … | … |
| | | | | | | | | | |

建筑施工企业： 编制日期：

建筑施工企业不管采取何种工程价款结算方式，不论工期长短，其施工期间结算的工程价款总额一般不得超过工程承包合同价值的 95%。结算双方可以在 5% 的幅度内协商确认尾款比例，并在工程承包合同中说明。工程尾款在工程竣工后再进行结算。如果建筑施工企业已向发包单位出具履约保函或其他保证的，可以不留尾款。

### 2. 预付备料款结算

我国建筑安装工程施工，有出包和自营两种方式。两种方式下备料资金的拨付、使用、结算方法也有所不同。

（1）出包工程预付备料款　出包工程，施工企业所需要的主要材料资金，由建设单位于开工之前以预付款的形式提供。预付备料款的数额，应以保证正常的储备需要为原则。建筑工程预付备料款一般不得超过当年建筑工作量的25%。对于施工期在6个月以内的小型工程，或大量采用预制构件的工程，预付备料款的数额可以适当增加。安装工程一般不得超过当年安装工作量的10%，安装材料用量较大的工程可适当增加。具体额度由各地银行根据不同性质的工程和工期的长短，在调查测算的基础上分类确定。建设单位和施工企业在签订施工合同时，应根据所在地区的规定，具体确定预付备料款的数额，经办银行审查符合规定后，即从建设单位账户中一次拨付施工企业。如果年内调整计划，致使工作量发生较大变化时，备料款应作相应调整。对未签合同，或不具有施工条件的，不得拨付备料款。施工企业收取备料款两个月后，仍不开工的，经办银行可将备料款如数收回。

预付款是为满足工程所需建筑材料的必要储备，因此，在工程后期，随着工程所需材料储备的减少，预付款应以抵充工程价款的方式陆续扣回。如果工程是跨年施工的，下年度仍由同一企业施工，预付款就可以不扣或少扣，次年再按发包工程工作量的备料需要予以调整，至工程竣工前全部扣清。扣回预付款不能过早或过晚，扣得过早，会影响材料的正常合理储备；扣得过晚，又会积压资金，使竣工前不能全部扣清。因此，为了准确、合理、及时扣回预付款，以承包方包工包料为例，可采用以下三种扣回方法。

① 按照公式计算起扣点和抵扣额。这种办法原则上应以未完工工程所需材料的价值相当于备料款数额时起扣，于每次结算工程价款时，按材料比重扣抵工程价款，至工程竣工前全部扣清，其计算公式如下。

$$\text{预付备料款数额}=\text{工程合同造价}\times\text{预付备料款额度} \tag{6-3}$$

$$\text{起扣点未完工程价值}=\text{预付备料数额}\div\text{主要材料比重} \tag{6-4}$$

$$\text{达到起扣点的已完工工程价值}=\text{年度承包工程总价值}-\text{起扣点未完工程价值} \tag{6-5}$$

在达到起扣点后，再完成的工程在进行工程价款结算时，应抵扣工程价款，其计算公式如下。

$$\text{第一次应扣回预付备料款}=(\text{累计已完工程价值}-\text{达到起扣点已完工程价值})\times\text{主要材料的比重} \tag{6-6}$$

$$\text{以后每次抵扣额}=\text{达到起扣点后每次完成的工程价款}\times\text{主要材料的比重} \tag{6-7}$$

**预付备料款额度的要求**

建筑工程一般不应超过年建筑工程（包括水、电、暖）工程量的30%；安装工程一般不应超过年安装工程量的10%；材料占比重较大的安装工程按年计划产值的15%左右拨付。对于材料由建设单位供给的只包工不包料，则可以不预付备料款。

**【例6-3】** 某建筑施工企业承包一工程项目，按合同规定年度承包工程总价值为1000万元，主要材料的比重为60%，预付备料款的额度为30%。截至7月份，累计已完工程价值为480万元，8月份已完工程价值为50万元，9月份已完工程价值为70万元。计算预付备料款数额。

**解：**

$$预付备料款数额=1000\times30\%=300(万元)$$

$$起扣点未完工程价值=300\div60\%=500(万元)$$

$$起扣点已完工程价值=1000-500=500(万元)$$

$$8月份应扣回预付备料款=[(480+50)-500]\times60\%=18(万元)$$

$$9月份应扣回预付备料款=70\times60\%=42(万元)$$

② 按照规定办法扣回预付款。按照第一种方法扣回预付款，从理论上讲较为合理，因为当未完工程所需材料等于预付备料款时，证明所需材料业已全部备足，以后无须再购材料，预付备料款的需要也逐渐减少，开始扣还预付款，既不会影响施工企业的材料储备，也避免了资金占有过多。这种方法虽较合理，但手续烦琐，因此，在实际工作中，常采用按公式计算出的起扣点，在工程价值结算办法中规定固定的比例扣回备料款办法，甲乙双方共同遵守。

③ 按照工程最后一次扣抵备料款办法。这种方式适合于投资不大、施工期短的工程。预付备料款在施工前一次拨付，到工程后期一次抵作工程进度款，在施工过程中不分次抵扣，当预付备料款加上已付工程进度款达到总值的95%时，便停付工程进度款，待工程竣工验收后，一并结算。

**发包单位供料**

按承包工程合同规定由发包单位供料的，其材料可按材料预算价格转给承包单位，应付发包建设单位购料款在结算工程价款时陆续抵扣，工程完工全部扣清。这部分材料，承包单位不应另外预收备料款。

没有签订承包工程合同和不具备施工条件的工程，不得预收备料款。承包企业收取备料款后两个月仍不开工，开户银行可按合同规定从企业账户收回备料款。

（2）自营工程备料资金　自营工程即自建工程。对于规模较大的自营工程，按照国家要求，一般应在建设单位统一领导下，设立一个独立进行经济核算的施工企业，担负着同一般施工企业大致相同的经济责任。施工单位所需的备料款，也可依照上述出包工程从建设单位的账户中，投入施工企业开立的结算户，供其周转使用。所不同的是国家对自营单位不核拨流动资金，银行也不提供流动资金贷款，其施工所需要的备料资金和其他流动资金，统由建设单位投资中解决，到工程后期，同样以抵充工程款方式收回。

对于规模小、施工期短的自营工程，为了简化手续，可不单独核拨备料资金，由建设单位在核定的投资指标内，根据合理储备物资和大体符合工程进度的原则，按实际需要核实拨付。

### 3. 设备款结算

设备款结算，是指在基本建设过程中对建设单位购买当年不需要安装或需要安装的符合固定资产标准的设备、机器、工具、器具，按设备厂的出厂价格或制造费用以及有关的运杂费所办理的货币支付。设备储备工作具有特殊性，主要表现在以下方面。

① 设备种类繁多，配套复杂，且单位价值大。

② 设备的专用性很强。每个建设项目所需要的设备，各有其特定的用途和要求。如果采购订货当中发生失误，形成积压后，就难以调剂处理，不仅造成资金和物资闲置，而且由于资金短缺将直接影响工程的顺利进行。

③ 设备的供应渠道复杂。根据货源不同，有国外进口和国内供应两大渠道。国内供应部分，通用设备是由设备成套供应机构供货。还有一些专用设备需由建设单位自制或委托加工。这就造成设备订货、采购、供应工作的复杂性。

④ 设备供应必须与建设进度相衔接。需要安装的设备，在建筑工程进行到一定部位时，建设单位就要及时将设备交付建筑安装企业进行安装。设备储备过早，会积压资金。但如不按时到货，则会影响工程进度和及时竣工投产，不能尽早发挥投资效果。

以国家财政安排的基本建设项目为例，根据设备储备工作的特点，为了使用好设备储备资金，必须注意以下问题。

① 建设单位应根据批准的年度基建计划、初步设计文件库存设备情况，编好设备供应计划，分别列明当年工程需要的设备和为以后年度储备的设备。

② 建设单位应按设备供应计划，与供货单位或生产企业签订订货合同，合同应经建设单位财务部门签字同意。对需要预先安排生产的大型成套设备的订货，应通知经办行审查签订，否则，生产单位不得安排生产，银行也不预付款，以防止计划外的盲目订货。

③ 对国内订购的设备应坚持钱货两清的原则，除按国家规定对制造期在 6 个月以上的大型专用设备（以单台计）和船舶，为了不影响生产企业资金周转，可在投料生产以后按实际制造进度分次付款外，其他设备订货一般不得预付货款。为了监督供需双方遵守合同和结算纪律，在设备到货后，建设单位应做好检查验收工作，如发现到货与合同不符，应立即向供货单位或运输部门追查；对符合合同规定的货款，建设单位应按时承付，不得拖欠。对于因设计、计划变更，应退货而未发退货手续的设备到货，经办行应按照合同规定付款，并监督建设单位设法处理，由此而影响计划内工程用款，应由建设单位自行负责。对于单位盲目采购设计以外的设备，经办银行有权拒绝付款。

④ 建设单位需要的国外设备，一般由其主管部门统一订货。进口设备到货后，建设单位应认真检查、验收，如与发货清单不符，应立即报请主管部门及时向国外厂商查询。进口设备的价款，先由主管部门偿付，后再与建设单位结算，经办银行应凭总分行下达的进口设备转账通知，办理转账手续。

### 4. 其他基本建设费用结算

其他基本建设费用结算主要包括建设单位管理费、土地征用费、施工机构迁移费、联合试运转费等费用的支付活动。

其他基本建设费用，具有使用零散、不易管理以及伸缩性、灵活性、政策性强等特点。

（1）建设单位管理费　建设单位管理费，是指建设项目的设计任务书批准后，建设单位为进行建设项目筹建、建设、联合试运转、验收总结算工作所发生的管理费用。在使用财政资金的基本建设中，为了节约这项费用，国家规定：属于改、扩建项目，一般不应单独设立筹建机构，其管理工作应由生产单位兼办，所需费用由生产费用内开支；新建项目需要设立筹建机构的，应按照精简节约的原则，机构设立不能过早，人员编制不能过多，应报经主管部门批准。

银行对建设单位管理费的支付，应在年度基建预算的范围内从严控制。各项管理费用必须严格执行有关规定标准。对于一切违反财经制度、铺张浪费和请客送礼等，应坚决制止，不予拨款。

（2）土地征用费　土地征用费是指按照国务院关于《国家建设使用土地条例》规定所支付的土地补偿费，青苗补偿费，被使用土地上的房屋、水井、树木等补偿费，迁坟费和安置补助费以及土地使用管理费。这部分费用的多少，主要取决于建设用地面积。建设项目所需占用土地面积，是由初步设计确定的。

银行应参与设计、概算的审查，对不符合征用土地政策的，应积极提出意见，并根据审定后的设计文件规定的面积，在年度基本建设计划投资范围内掌握支付；对建设场地上原有的房屋，应尽量设法利用；支付房屋拆迁补偿费应考虑扣除回收价值；支付给全民所有制企业、单位的补偿，应由使用单位在银行专户存储，按指定用途支用。

（3）施工机构迁移费　施工机构迁移费，是指施工企业根据建设任务书的需要，经有关部门决定，施工机构由原驻地迁移到另一地区所发生的一次性搬迁费用。

这项费用应列入设计概算和年度基本建设计划之内。目前对这项费用的支付，有以下两种办法。

① 按实际发生的费用，核实拨付。

② 由施工单位按费用标准编制预算，经建设项目的主管部门同意，按照建筑安装工程费用的百分比，支付施工单位包干使用。但不论采用哪种办法，银行都应按照规定的取费标准审查，年度计划投资范围内控制支款。

（4）联合试运转费　联合试运转费是指新建企业或新增生产工艺流程的扩建企业，在竣工验收前，按照设计规定的工程质量标准，进行整个车间的负荷或无负荷联合试运转所发生的费用支出大于试运转收入的亏损部分。

不包括应由设备安装费用开支的试车费用。其费用内容包括：试运转所需的原料、燃料、油料和动力的消耗费用，机械使用费，低值易耗品及其他物品的费用和施工单位参加联合试运转人员的工资等。

列入年度投资计划和概算的联合试运转费，是预计试车费用超过试车纯收入的差额部分。经办银行除按计划指标控制付款外，还应注意促进建设单位尽量节约试车费用，并核实试车产品的销售收入。如果试车收入大于试车费用，其盈利部分应作为基本建设收入。

对使用财政资金的基本建设结算进行审查监督，是银行的重要工作，是国家通过银行对基本建设经济活动进行管理的重要方法。同时，基本建设结算监督是银行运用结算这个经济杠杆，采用经济手段，对建设单位和施工企业的经济活动进行的经济监督。这一经济监督是国家授予银行的职权，也是一种国家监督。银行对基本建设的审查监督主要有以下两个方面的内容。

① 进行结算纪律的监督。主要是审查基本建设结算中是否严格遵守财经纪律和结算纪律。审查有无拖欠货款、赊销商品等现象；防止计划外订货、采购的发生；注意存款余额、贷款指标、拨款资金的变动情况等。对违反财经纪律和结算纪律的应予以经济制裁。

② 对结算凭证的监督。结算凭证是银行办理结算业务的依据。银行对结算凭证应审查凭证的有效期；凭证的内容、金额填写是否正确、完整、真实；是否符合计划和合同的规定；凭证是否有涂改等。对凭证内容和结算手续不符合规定的，不予办理结算。

## 四、收入的日常管理

建筑施工企业在编制工程价款结算收入计划后，应加强管理，认真执行规定的计划。具体内容如下。

① 严格按施工生产计划和工程承包合同组织生产，为保证施工生产、完成工程承包合同任务，及时取得工程结算收入创造条件。

② 及时组织工程价款结算，加强已完待结算工程和未完施工的管理。

③ 及时办理工程款的结算，加速资金周转。

## 第二节　利润的管理

建筑施工企业的利润是一定会计期间的施工生产经营成果。利润总额集中反映了企业施工生产经营活动各个方面的效益，是衡量企业经营管理水平和经济效益的重要综合指标。

### 一、利润的作用

企业利润的作用主要表现在以下几个方面。

#### 1. 利润是实现建筑施工企业财务管理目标的重要保证

企业财务管理的目标是企业价值最大化，要实现这一目标，应从两方面入手：一是不断提高企业的盈利水平；二是不断降低企业的风险。所以，在考虑风险的同时，不断提高企业的盈利水平，增加企业的投资收益率，是实现建筑施工企业财务管理目标的重要保证。

#### 2. 利润是建筑施工企业自我发展的资金来源

建筑施工企业要想在竞争激烈的市场上立足并获得快速发展，必须不断增加企业的财力。增加企业财力的途径有两种：一是增加自有资金；二是增加借入资金。而增加借入资金必须以一定数量的自有资金为前提，因此，壮大企业财力的根本在于企业自有资金，而增加企业自有资金的根本途径就是不断提高企业盈利水平。

#### 3. 利润是投资者获得投资回报的前提

投资者将资金投入企业，是为了获得比银行存款利息更多的投资收益，而投资收益只有在企业盈利的前提下，才能通过分配的利润或股利获得。因此，只有不断提高企业盈利水平，投资者才能获得更多的投资回报。

#### 4. 利润是保证社会正常活动的必要条件

企业的利润中有相当一部分以所得税的形式上缴给国家，国家通过财政预算，将其形成社会消费基金然后将它用于行政、国防、文教卫生等部门的支出。因此，增加企业利润，为国家多上缴税金，可以保证社会正常活动，巩固国家政权。

### 二、利润的构成

利润包括收入减去费用后的净额、直接计入当期利润的利得和损失等。直接计入当期的利得和损失，是指计入当期损益、会导致所有者权益发生增减变动的、与所有者投入资本或者向所有者分配利润无关的利得或者损失。

#### 1. 营业利润

营业利润是指建筑施工企业一定时期内从事施工生产经营活动实现的利润。计算公式为

营业利润＝营业收入－营业成本－营业税金及附加－管理费用－销售费用－
财务费用－资产减值损失＋公允价值变动收益
(－公允价值变动损失)＋投资净收益(－投资损失)　　(6-8)

营业收入是指企业经营业务所确定的收入总额，包括主营业务收入和其他业务收入。营业成本是指企业经营业务所发生的实际成本总额，包括主营业务成本和其他业务成本。资产减值损失是指企业计提各项资产减值准备所形成的损失。公允价值变动收益（或损失）是指企业交易性金融资产等公允价值变动形成的应计入当期损益的利得（或损失）。

投资收益（或损失）是指企业以各种方式对外取得的收益（或发生的损失）。投资收益

包括：①对外投资应享有的利润、股利、债券利息；②投资到期收回或中途转让取得款项高于账面价值的差额；③按照权益法核算的股权投资在被投资单位增加的净资产中所拥有的数额等。投资损失包括：①对外投资分担的亏损；②投资到期收回或者中途转让取得款项低于账面价值的差额；③按照权益法核算的股权投资在被投资单位减少的净资产中所分担的数额等。

### 2. 利润总额

利润总额＝营业利润＋营业外收入－营业外支出　　(6-9)

营业外收支虽然与企业的施工生产经营活动没有直接关系，但从企业主体来考虑，同样是增加或减少利润的因素，对企业的利润总额及净利润会产生较大的影响。

（1）营业外收入　营业外收入是指与企业施工生产经营活动没有直接关系的各项收入。建筑施工企业的营业外收入主要包括：固定资产盘盈、处置固定资产净收益、处置无形资产净收益、罚款收入、赔偿金收入、违约金收入、非货币性交易等。

（2）营业外支出　营业外支出是指不属于企业生产经营费用，与企业施工生产经营活动没有直接关系，但应从企业实现的利润总额中扣除的支出。建筑施工企业的营业外支出主要包括：固定资产盘亏、处置固定资产净损失、处置无形资产净损失、计提的固定资产减值准备、计提的无形资产减值准备、非常损失、罚款支出、债务重组损失、捐赠支出等。

### 3. 净利润

净利润又称税后利润，是指企业的利润总额扣除应该交纳的所得税费用后所剩余的利润。公式为

净利润＝利润总额－所得税费用　　(6-10)

## 三、利润预测

利润预测是在对建筑施工企业工程收入预测的基础上，通过对固定成本、变动成本、工程任务量以及对影响利润的其他因素进行分析研究，测算企业在未来某一会计期间可以实现的利润。通过利润预测，进而编制企业利润计划，分解落实企业利润指标，以保证目标利润的实现。由于工程结算利润在建筑施工企业的利润总额中占有较大的比重，因而工程结算利润成为利润预测的重点。

建筑施工企业年度计划中工程结算利润的预测方法主要有以下两种。

### 1. 根据计划利润和工程成本降低额预测

工程结算利润＝计划利润＋工程成本降低额　　(6-11)

计划利润＝工程结算收入×(1－税费率)×预期利润/(1＋预期利润率)　　(6-12)

利用式(6-11)、式(6-12) 测算工程结算利润时，需要注意以下几个问题。

① 由于计划年度施工的工程不一定就是结算工程，所以当年初在建工程等于年末在建工程时，可以用施工产值代替工程结算收入。但当年初在建工程与年末在建工程不相等时，需要对工程结算收入加以调整。

② 由于在年度计划中很难分别计算各个工程项目的成本降低额，因此，应根据结算工程和施工工程比例对工程成本降低额加以调整。

**【例 6-4】** 某建筑施工企业计划年度施工产值为 1500 万元，计划年初在建工程为 300 万元，年末在建工程为 200 万元，年度施工工程成本降低额为 10 万元，工程结算收入税费为 3.3%，预期利润率为 7%，预测该企业计划年度工程结算利润。

**解**：① 由于年初在建工程与年末在建工程不相等，应对工程结算收入加以调整

计划年度工程结算收入＝300＋1500－200＝1600(万元)

② 根据计划年度工程结算收入，计算计划年度工程计划利润

计划年度工程计划利润＝1600×(1－3.3%)×7%/(1＋7%)＝101.22(万元)

③ 根据结算工程和施工工程比例对工程成本降低额加以调整

计划年度结算工程成本降低额＝10×1600/1500＝10.67(万元)

④ 计算计划年度工程结算利润

工程结算利润＝101.22＋10.67＝111.89(万元)

### 2. 利用量本利分析法预测

(1) 建筑施工企业从事单一工程的施工生产　其计算公式如下。

工程结算利润＝预计工程数量×(单位结算价格－单位税金－单位变动成本)－固定成本总额　(6-13)

或　工程结算利润＝工程结算收入×(1－税费率－变动成本率)－固定成本总额　(6-14)

其中，单位结算价格－单位税金－单位变动成本＝单位边际贡献（单位贡献毛益）。

**【例 6-5】** 某建筑施工企业，预计 2020 年从事一大型工程项目的施工，预计年施工产值为 2000 万元，工程结算税金 3.3%，预计单位变动率为 70%，预计全年固定成本总额为 120 万元。计算该企业 2020 年预计可实现工程结算利润。

**解**：　2000×(1－3.3%－70%)－120＝414(万元)

根据式(6-14)，也可推导得出完成目标利润的施工产值

工程结算收入(施工产值)＝(工程目标利润＋固定成本总额)/(1－税费率－变动成本率)　(6-15)

**【例 6-6】** 承【例 6-5】，上例中建筑施工企业计划年度的目标利润为 300 万元，计算该企业完成目标利润的工程任务。

**解**：　施工产值＝(300＋120)/(1－3.3%－70%)＝1573.03(万元)

(2) 施工企业同时从事多种工程产品的施工生产　其预测分析的计算步骤如下。

① 计算各种工程产品的边际贡献率。

② 计算各工程产品的工程结算价款收入占全部工程结算价款收入的比重。

③ 计算加权平均边际贡献率。

④ 计算全部工程产品的工程结算利润。

全部产品的工程结算利润＝预测工程结算收入×加权平均边际贡献率－固定成本总额

**【例 6-7】** 某建筑施工企业预计 2020 年将从事以下几项工程的施工生产，有关数据见表 6-4 所示。

表 6-4　某企业几项工程有关数据

| 工程项目 | 甲 | 乙 | 丙 | 合计 |
|---|---|---|---|---|
| 预计完工工程量/平方米 | 100000 | 150000 | 200000 | |
| 预计结算单价/元 | 1000 | 800 | 9900 | |
| 预计单位变动成本/元 | 700 | 600 | 630 | |
| 预计固定成本总额/元 | | | | 60000000 |

计算边际贡献率、工程结算收入，加权平均边际贡献，2020年预计利润。

**解：**① 各工程项目的边际贡献率

甲工程：$(1000-700)\div1000=30\%$

乙工程：$(800-600)\div800=25\%$

丙工程：$(900-630)\div900=30\%$

② 各工程预计工程结算收入

甲工程：$1000\times100000=10000$（万元）

乙工程：$800\times150000=12000$（万元）

丙工程：$900\times200000=18000$（万元）

合计40000（万元）

甲工程的比重：$10000\div40000=25\%$

乙工程的比重：$12000\div40000=30\%$

丙工程的比重：$18000\div40000=45\%$

③ 加权平均边际贡献

$$30\%\times25\%+25\%\times30\%+30\%\times45\%=28.5\%$$

④ 该企业2020年预计利润

$$40000\times28.5\%-6000=5400\text{（万元）}$$

在制造成本法下，预测工程结算利润的计算公式如下。

$$\text{工程结算利润}=\sum\{\text{预测工程数量}\times[\text{工程单位结算价格}\times(1-\text{税率})-\text{单位工程成本}]\}-\text{预测期间费用} \quad (6\text{-}16)$$

**【例6-8】**某建筑施工企业2020年预计从事一大型工程项目的施工生产，预计全年完工工程量为30万平方米，合同结算单价为1000元，工程结算税金为3.3%，预计单位成本为800元，预计全年期间费用为2000万元，计算该企业2020年预计工程结算利润。

**解：** $30\times[1000\times(1-3.3\%)-800]-2000=3910$（万元）

# 第三节　利润分配的管理

利润分配是企业财务管理的一个重要组成部分。利润分配政策是否适当，直接关系国家、企业、投资者、职工个人等利益集团的利益划分是否适当，即直接关系国家的财税收入、企业的经营积累、投资者的投资回报以及职工个人的福利待遇是否得到保障。因此企业必须根据国家有关法律、法规、方针政策和企业的实际情况，制定合理的利润分配政策。

## 一、利润分配的概念和项目

### 1. 利润分配的概念

利润是指企业在一定时期内创造的剩余价值，是企业经营者为企业所有者实现的经营成果。利润分配是指企业在一定时期内创造的剩余价值总额在企业内外的利益主体之间分割的过程。有广义的利润分配和狭义的利润分配两种，广义的利润分配是指对企业收入和利润进行分配的过程；狭义的利润分配则指对企业净利润的分配，是对企业当年所实现的税后利润按照国家有关规定在国家、企业和投资者之间进行分配，以维护国家、企业、职工个人和投资者各方的利益。

### 2. 利润分配的项目

按《中华人民共和国公司法》规定，公司企业利润分配的项目包括以下内容。

（1）提取盈余公积　盈余公积是从税后利润中提取形成的，其主要用途是弥补亏损、扩大公司生产经营或转增公司资本。盈余公积分为法定盈余公积和任意盈余公积。公司分配当年税后利润时应当按照10%的比例提取法定盈余公积；当盈余公积累计额达到注册资本的50%时，可以不再继续提取。任意盈余公积的提取由股东会根据需要决定。

（2）提取公益金　公益金也是从公司税后利润中提取的。专门用于职工集体福利设施的建设。公益金按税后利润的5%～10%的比例提取。

（3）分配股利　公司向股东（投资者）分配利润，要在提取盈余公积、公益金之后。股利（利润）分配应以股东（投资者）持有股份（投资额）的多少为依据。每一股东（投资者）取得的股利（分得的利润）与其持有的股份数（投资额）成正比。股份有限公司原则上从累计盈利中分配股利，无盈利不得支付股利。但若公司用盈余公积弥补亏损后，为维护其股票信誉，经股东大会特别会议，也可用盈余公积支付股利，这样支付股利后留存的法定盈余公积不得低于公司注册资本的25%。

## 二、利润分配的顺序

6-2　利润分配的原则

在实际工作中，企业收益分配具体表现为对企业一定时期实现的利润总额的分配，因此利润分配要按照一定的顺序进行分配。具体顺序如下。

（1）弥补企业亏损　按照《企业财务通则》规定，企业发生的年度亏损，可以用下一年度的税前利润弥补；下一年度不足弥补的，可以在今后5年内用所得税前利润连续弥补，连续5年未弥补完的亏损，用缴纳所得税后的利润弥补。

（2）缴纳所得税　所得税按年计征，分期预交。企业应从全局利益出发，正确计算和缴纳所得税。其计算公式如下。

应纳所得税税额＝应纳税所得额×所得税税率

所得税税率是由国家税法规定的，企业必须严格执行，不得随意改变，正确计算应纳所得税税额的关键是正确计算应税所得额。应税所得额是根据国家规定，在企业实现的利润总额的基础上增加或扣减有关收支项目的办法加以计算的，其计算公式如下。

应纳税所得额＝实现利润总额＋经批准增加的收入项目－经批准减少的支出项目

（3）税后利润分配

① 支付被没收财务的损失和违反税法规定而支付的滞纳金和罚款。把这项支出作为税后利润分配的首要项目，也是为了维护国家的法律权威，促使企业遵纪守法。违约金、罚款和没收财物等具有赔偿性和惩罚性，是企业经营管理不善形成的支出，而不是生产经营活动中应该发生的费用，因而不能列入成本，冲减当期损益。如果计入成本冲减当期损益，结果就使得企业将因违法支出的惩罚性支出的一部分转嫁给国家负担。为维护国家法纪，这种惩罚性支出必须由税后利润开支，以增强企业的法治观念。

② 弥补以前年度亏损。如果企业的亏损额较大，用税前利润在5年的限制期内抵补不完，就转由企业的税后利润弥补，以保证企业简单再生产的正常进行，为扩大再生产创造条件。所以把弥补以前年度亏损作为税后利润分配的第二顺序。

③ 提取公积金。施工企业应根据税后利润扣除前述两项分配数额后余额的10%提取公积金，主要用于弥补企业亏损，补充投资者分利的不足，以及按规定转增资本金。

④ 提取公益金。公益金是企业用于职工集体福利设施支出的基金。它是按企业决议确

定的比例，从税后利润扣除前三项分配数额后的余额提取基金。

⑤ 向投资者分配利润。向投资者分配利润是税后利润分配的最后一项，但这并不意味着向投资者分配利润不重要。投资者一般以年底从被投资企业分得的红利份额被投资企业经营绩效指标。如果一个企业税后利润分配率变化较大，这必然影响投资者对其投资的热情。所以当企业发生亏损、无利分配时，企业管理当局在保证法定盈余公积金的余额不低于企业注册资本金的25%的条件下，用法定盈余公积金的一部分分配给投资者，以维护企业的声誉。可见，向投资者分配税后利润是十分重要。但把此项放在分配顺序的最后，是因为生产是继续取得投资报酬的前提，只有先保证简单再生产和扩大再生产的顺利进行，才能继续取得或提高投资报酬。同时，也是为了使投资者的权益与责任相结合，在未弥补亏损和提取公积金和公益金之前，不得向投资者分配利润。向投资者分配股利，首先应支付优先股股利；其次，按公司的章程或董事会决议，提取任意盈余公积；最后向企业普通股股东支付股利。

## 三、股份有限公司股利政策

股利政策是指在法律允许的范围内，可供企业管理当局选择的，有关净利润分配事项的方针及对策。

可供分配的净利润既可以用于向投资者分红，也可以留存企业。在这部分净利润数额相对有限的情况下，如何合理确定分红与留存的比例，直接关系到有关短期利益与长远利益、股东与企业等关系能否得到妥善处理的问题。确定或选择正确的利润分配政策，对企业具有特别重要的意义。一方面，分配政策在一定程度上决定企业对外再融资能力。如果企业分配政策得当，除了能直接增加企业积累能力外，还能够吸引投资者（包括潜在的投资者）对企业的投资，增强其投资信心，从而为融资提供基础。另一方面，分配政策在一定程度上还决定企业市场价值的大小。如何确定较好的分配政策，并保持一定程度上的连续性，有利于提高企业的财务形象，从而提高企业发行在外的股票价格和企业的市场价值。

### 1. 股利理论

股利分配作为财务管理的一部分，同样要考虑其对公司价值的影响。围绕公司股利政策对公司股票价值或者公司价值有无影响问题的研究，形成了股利政策的基本理论。在西方学术界以及实务界中，对理论的研究存在着不同的观点和理论，现就其主要内容做简要介绍。

（1）股利无关论　股利无关论认为，公司的股利政策不会对公司价值（股票价格）产生影响。其代表人物是美国财务学家米勒和莫迪格莱尼，因此，该理论又称为MM理论。他们指出，在满足一定条件下，公司的股利政策对股价和公司价值没有任何影响。其假设前提如下。

① 现行市场价格反映了所有已公开或者未公开的信息，公司的投资者和管理当局可相同地获得关于未来投资机会的信息（即投资不受股利政策的影响）。

② 没有融资费用（即不存在股票发行和交易费用）。

③ 不存在个人和公司所得税。

④ 公司的投资决策与股利政策彼此独立（即投资决策不受股利分配的影响）。

上述假设下的市场是一种完美的市场，所以，MM理论又称完全市场理论。基于这些假设，MM理论认为投资者并不关心公司股利的分配情况，公司盈余在股利和保留盈余之间的分配，并不影响公司的价值，公司的股价完全取决于投资方案和获利能力，既然投资者不关心股利分配，那么公司在较好投资机会的情况下，如果股利分配少、留利多，公司可将留存较多的利润用于再投资，公司的股票价格也会上升，需用现金的投资者可以通过出售股票来换现金。同样，即使公司有了理想的投资机会而又支付了较高的股利，公司也可以在证券市场上顺利地筹集到新股，新的投资者会认为公司有投资机会。这样，投资者对股利和资本利得并无偏好。所以，股票价格与公司的股利政策是无关的。

（2）股利相关论　股利相关论认为，公司的股利政策会影响到公司股票的价格，公司的股利政策对公司的市场价值并非无关而是相关的。股利相关论的代表性观点如下。

① 一鸟在手论。这种理论认为，投资者对股利收益与资本利得收益是有偏好的，大部分投资者更偏向于股利利益，特别是正常的股利收益。因为正常的股利收益是投资者按时按量有把握取得的现实收益，好比在手之鸟，抓在手中是飞不掉的。而资本利得收益要靠出售股票才能得到，但抛售股祟的价格起伏不定，具有很大的不确定性。一旦股价大跌，则资本利得收益会大幅减少，好比在林之鸟，看上去很多，却不一定能够抓住。因此，资本利得风险比股利风险大得多。在两者之间，投资者更偏向于选择股利支付比率较高公司的股票。随着公司股利支付率的下降，股票价格因此下跌。用谚语来形容就是：“一鸟在手胜过双鸟在林”，该理论因此得名。

② 投资者类别效应理论。这种理论认为，投资者不仅仅是对资本利得和股票收入有偏好，即使是投资者本身，因其类别不同，对公司股利政策的偏好也是不同的。那些低收入阶层比较偏好经常性的高额现金股利，因为较多的现金股利可以弥补其收入的不足，并可以减少不必要的交易费用，而那些高收入阶层则比较偏好少分现金股利，多些留成，用于再投资，这样既可以避免因取得股利收入而进一步增加其按高税率计算并支付的个人所得税，又可以为将来积累财富，因此较高的现金股利满足不了高收入阶层的需要，而较少的现金股利又会引起低收入阶层的不满。所以投资者会因为自己的类别不同、偏好不同而选择股利政策不同的公司，低收入者会选择股利较高的公司，高收入者会选择股利支付率较低的公司，从而使投资者各取所需，各得其所。

③ 信息效应理论。这种理论认为，MM 理论中关于投资者和管理当局可相同地获得关于未来投资机会信息的这一假设是不存在的。这是因为投资者一般只能通过公司的财务报告及其他公司的财务信息来了解公司的经营状况和盈利能力，并据此来判断股票的价格是否合理。但是，财务报告在一定时期内可以调整、润色，甚至还有虚假的成分。因此，投资者对未来发展和收益的了解远不如公司管理人员清晰，即存在着某种信息不对称。在这种信息不对称的情形下，现金股利的分配就成了一个难得的信息传播渠道，股利政策因此就有了信息效应，即股利的分配给投资者传递了关于公司盈利能力的信息（对一个盈利能力不足的公司来说，是无法定期按量支付现金股利的），而这一信息自然会引起股票价格的变化。通常增加现金股利的支付，向投资者传递的是公司盈利能力充足的信息，会导致股票价格上升；反之，减少现金股利的支付，可能给投资者传递的是公司经营状况恶化、前途不甚乐观的信息，会导致股票价格下跌。这就是说，股利政策所产生的信息效应会影响股票的价格。

④ 税收效应理论。这种理论认为，MM 理论中关于不存在个人及公司所得税这一假设也是不存在的。在现实生活中，不仅存在着个人和公司所得税，而且在西方国家，对资本利得收入计征的所得税的课税比率也是不同的。一般而言，资本利得的所得税率较低，鼓励收入的所得税率较高，另外，如果投资者不出售股票，就不会获得资本利得，也不需要纳税；

再者，如果投资者一直将资金保留在公司中继续增值，则直到出售股票获得资本利得时，才需要纳税，还具有推迟纳税的效果，即公司的股利政策采取多留少分，有利于投资者减少纳税的所得税，使投资者获得更多的投资收益，这就是股利政策的所得税效应。从该效应来看，那些能够利用留存收益进行有效投资、增加股东财富的公司，不发或少发股利对投资者更为有利。

总之，MM 理论中的假设在现实生活中是不存在的，完全市场也是不存在的，因此，公司的股利政策与公司价值和股票价格是相关的。我们可以将上述四种理论通称为股利相关理论。

### 2. 影响股利政策制定的相关因素

由于现实生活中不存在股利无关论提出的假设前提，公司的股利政策是在种种制约因素下进行的，公司也不可能摆脱这些因素的影响，正因为股利政策与公司的股价是相关的，所以制订一个合理的股利政策对公司的股价、投资和融资等财务活动来说都至关重要。相反，公司的种种因素也对其股利产生种种影响。一般而言，公司的股利政策的形成受以下几种因素的影响。

（1）法律因素　为了保护债权人和股东的利益，有关法律法规对公司的股利分配经常有如下限制。

① 资本保全限制。资本保全是企业财务管理应遵循的一项重要原则。它要求企业发放的股利或投资分红不得来源于原始投资，而只能来源于企业当期利润或留存收益。其目的是为了防止企业任意减少资本结构中所有者权益的比例，以维护债权人利益。

② 资本积累限制。资本积累限制要求企业在分配收益时，必须按一定的比例和基数提取各种公积金。另外，它要求在具体的分配政策上，贯彻“无利不分”原则，即当企业出现年度亏损时，一般不得分配利润。

③ 净利润限制。通常规定企业年度累计净利润必须为正数时才可以发放现金股利，以前年度亏损必须足额弥补。

④ 无偿债能力限制。有些国家法律规定，禁止缺乏偿债能力的企业支付现金股利。无偿债能力包括两种含义：一是企业的负债总额超过了资产的公允价值总额；二是企业不能向债权人偿还到期债务。由于企业清偿债务的能力取决于企业的流动性，而不是其资产的多少，所以第二种含义的无偿债能力限制给予了债权人更大程度上的保护。目前，无偿债能力限制在我国尚未纳入法律规范的范畴，但在企业长期借款或发行企业债券的相关条款中已有所涉及。

⑤ 超额累积利润限制。由于股东接受现金股利缴纳的所得税率高于其进行股票交易的资本利得税，于是很多国家规定企业不得超额累积利润，一旦企业的保留盈余超过法律许可的水平，将被加征额外税收。由于我国目前股东接受现金股利缴纳的所得税率为 20%，未开征股票交易的资本利得税，也未规定超额累积利润限制，故在我国，企业税后留成比例相当大。

（2）公司因素　公司资金的灵活周转是公司生产经营得以正常进行的必要条件。就公司的生产经营需要来讲，也存在一些影响股利分配的因素。这些因素如下。

① 盈余的稳定性。一个公司是否能获得长期稳定的盈余是其股利决策的重要基础。盈余相对稳定的公司有可能支付较高的股利，而盈余不稳定的公司一般采用低股利政策。对于盈余不稳定的，低股利政策可以减少因盈余下降而造成的股利无法支付、股价急剧下降的风险，还可将更多的盈余用于再投资，以提高公司的权益资本比重，减少财务风险。

② 资产的流动性。在股利决策中，资产的流动性是应该考虑的一个重要方面。由于股

利代表现金流出，现金状况和资产流动性越好，其支付股利的能力就越强。高速成长中的营利性企业，其资产可能缺乏流动性，因为它们的大部分资金投资在固定资产和永久性流动资产上了。这类高速成长的营利性企业，由于其资产的流动性差，其管理部门为了保持财务灵活性，一般不愿意为了支付大额股利而危及企业的安全。

③ 举债能力。如果一个公司举债能力强，能够及时地从资金市场筹措到所需要的资金，则有可能采取较为宽松的利润分配政策；而对于一个举债能力较弱的公司而言，宜保留较多的盈余，往往采取较紧的利润分配政策。

④ 投资机会。利润分配政策要受到企业未来投资机会的影响。主要表现在：当企业预期未来有较好的投资机会，且预期投资收益率大于投资者期望收益率时，企业经营者会首先考虑将实现的收益用于再投资，减少用于分配的收益金额。这样有利于企业的长期发展，同时也能被广大的投资者所理解。相反，如果企业缺乏良好的投资机会，保留大量盈余会造成资金的闲置，可适当增大分红数额。正因为如此，处于成长中的企业多采取少分多留政策，而陷于经营收缩的企业多采取多分少留政策。

⑤ 资本成本。与增发普通股相比，保留盈余不需花费融资费用，其资本成本较低，是一种比较经济的融资渠道。所以，从资本成本考虑，如果企业扩大规模，需要增加权益资本时，不妨采取低股利政策。

⑥ 偿还债务需要。具有较高债务偿还需要的企业，可以通过举借新债务、发行新股筹集偿债需要的资金，也可以用保留盈余偿还债务。如果举借新债的资本成本高或受其他限制而难以进入资本市场时，企业也应当减少现金股利的支付。

（3）股东因素　股东出于对自身利益的考虑，可能对公司的利润分配提出限制、稳定或提高股利发放率等不同意见。

① 控制权考虑。公司的股利支付率高，必然导致保留盈余减少，这又意味着将来发行新股的可能性加大，而发行新股会稀释公司的控制权。因此，公司的老股东往往主张限制股利的支付，而愿意较多地保留盈余，以防止控制权旁落他人。

② 避税考虑。一些高收入的股东出于避税考虑（股利收入的所得税高于交易的资本利得税），往往要求限制股利的支付，而较多地保留盈余，以便从股价上涨中获利。

③ 稳定收入考虑。一些股东往往靠定期的股利维持生活，他们要求公司支付稳定的股利，反对公司留存较多的利润。

④ 规避风险考虑。在某些股东看来，通过增加留存收益引起股价上涨而获得的资本利得是有风险的，而目前所得股利是确定的，即便是现在较少的股利，也强于未来较多但是存在较大风险的资本利得，因此他们往往要求较多地支付股利。

（4）其他因素

① 债务合同限制。企业的债务合同，特别是长期债务合同，往往有限制企业现金支付程度的条款，以保护债权人的利益。通常包括：a. 未来的股利只能以签订合同之后的收益来发放，也就是说不能以过去的留存收益来发放；b. 营运资金低于某一特定金额时不得发放股利；c. 将利润的一部分以偿债基金的形式留存下来；d. 利息保障倍数低于一定水平时不得支付股利。企业出于方便未来负债融资的考虑，一般都能自觉恪守与债权人事先签订的有关合同的限制性条款，以协调企业与债权人之间的关系。

② 机构投资者的投资限制。机构投资者包括养老基金、储蓄银行、信托基金、保险企业和其他一些机构。政府对机构投资者所能进行的投资限制往往与股利，特别是稳定股利的支付有关。如果某一企业想更多地吸引机构投资者，它一般应采用较高而且稳定的股利支付政策。

③ 通货膨胀。通货膨胀会带来货币购买力水平下降，固定资产重置资金来源不足，此时企业往往不得不考虑留用一定的利润，以便弥补由于货币购买力水平下降而造成的固定资产重置资金缺口。因此，在通货膨胀时期，企业一般采取偏紧的利润分配政策。

### 3. 股利分配政策的主要类型

企业在确定利润分配政策时，应综合考虑各种影响因素，结合自身实际情况，权衡利弊得失，从优选择。企业经常采用的股利政策主要有以下几种。

（1）剩余股利政策　剩余股利政策主张企业的盈余首先用于可接受投资项目的资金需要，在满足了可接受投资项目资金需要之后，若还有剩余，企业才能将剩余部分作为股利发放给股东。剩余股利政策的依据是股利无关论。

剩余股利政策的具体应用程序如下。

① 设定目标资本结构，即确定权益资本与债务资本的比率，在此资本结构下，加权平均资本成本将达到最低水平。

② 确定目标资本结构下投资所需的权益资本数额。

③ 最大限度地使用保留盈余来满足可接受投资项目所需的权益资本数额。

④ 可接受投资项目所需权益资本已经满足后若还有剩余，再将其作为股利发放给股东。

**【例 6-9】** 某建筑施工企业 2019 年度净利润为 4000 万元，2020 年度投资计划所需资金 3500 万元。企业的目标资本结构为：权益资本占 60%，债务资本占 40%。按照目标资本结构的要求，计算公司应发放的股利。

**解：** 公司投资方案所需的权益资本数额为

$$3500\times60\%=2100(\text{万元})$$

按照剩余股利政策的要求，该企业 2019 年度可向投资者发放的股利额为

$$4000-2100=1900(\text{万元})$$

假设该企业当年发行在外的普通股为 1000 万股，那么每股现金股利即为

$$1900\div1000=1.9(\text{元})$$

剩余股利政策的优点是充分利用留存收益这一融资成本最低的资金来源，保持理想的资本结构，使综合资本成本最低，实现企业价值的长期最大化。其缺陷表现在：完全遵照执行剩余股利政策，将使股利发放额每年随投资机会和盈利水平的波动而波动，不利于投资者安排收入与支出，也不利于公司树立良好的形象。剩余股利政策一般适用于公司初创阶段。

（2）固定股利政策　固定股利政策是公司将每年派发的股利额固定在某一特定水平上，然后在一段时间内不论公司的盈利情况和财务状况如何，派发的股利额均保持不变。只有当企业对未来利润增长确有把握，并且这种增长被认为是不会发生逆转时，才增加每股股利额。固定股利政策的理论依据是股利相关论。

这种策略对公司而言有如下好处。

a. 固定的股利有利于公司树立良好的形象，有利于稳定公司股票价格，从而增强投资者对公司的信心。

b. 稳定的股利有利于投资者安排收入与支出，特别是那些对股利有较强依赖性的股东更是如此。

这种策略对公司而言的主要缺陷表现在如下方面。

a. 公司股利支付与公司盈利相脱离，造成投资的风险与投资的收益不对称。

b. 由于公司盈利较低时仍要支付较高的股利，容易引起公司资金短缺，导致财务状况

恶化，甚至侵蚀公司留存收益和公司资本。

固定股利政策一般适用于经营比较稳定或正处于成长期、信誉一般的公司，但该政策很难被长期采用。

（3）固定股利支付率政策　固定股利支付率政策是企业确定一个股利占盈余的比率，并长期按此比率从净利润中支付股利的政策。在这一股利政策下，各年股利额随企业经营的好坏而上下波动，获得较多盈余的年份股利额高，反之获得盈余少的年份股利额就低。固定股利支付率政策的理论依据是股利相关论。

固定股利支付率政策的优点如下。

① 股利与企业盈余紧密结合，体现多盈多分、少盈少分、不盈不分的原则。

② 由于公司的盈利能力在年度间是经常变动的，因此每年的股利也应随着公司收益的变动而变动，保持股利与利润间的一定比例关系，体现投资风险与收益的对等。

固定股利支付率政策的不足之处如下。

① 由于股利的波动传递的是经营业绩不稳定的信息，容易使外界产生企业经营不稳定的印象，不利于股票价格的稳定和上涨，也不利于树立企业良好的财务形象。

② 公司每年按固定比例从净利润中支付股利，缺乏财务弹性。

③ 确定合理的固定股利支付率难度很大。

固定股利支付率政策只能适用于稳定发展的公司和公司财务状况较稳定的阶段。

（4）低正常股利加额外股利政策　低正常股利加额外股利政策是公司事先设定一个较低的经常性股利额，一般情况下，公司每期都按此金额支付正常股利，只有企业盈利较多时，再根据实际情况发放额外股利。额外股利不固定化，意味着企业不是永久地提高了规定的股利。这是一种介于固定股利和变动股利政策之间的折中股利政策，是对上述股利政策的综合。低正常股利加额外股利政策的依据是股利相关论。

低正常股利加额外股利政策的优点如下。

① 具有较大的灵活性，给企业以较大的弹性。由于平常股利发放水平较低，故在企业净利润很少或需要将相当多的净利润留存下来用于再投资时，企业仍旧可以维持既定的股利发放水平，避免股价下跌的风险；而企业一旦拥有充裕的现金，就可以通过发放额外股利的方式，将其转移到股东的手中，也有利于股价的提高。

② 它既可以在一定程度上维持股利的稳定性，又有利于企业的资本结构达到目标资本结构，使灵活性与稳定性较好地相结合，为许多企业所采用。

低正常股利加额外股利政策的缺点如下。

① 股利派发仍然缺乏稳定性，额外股利随盈利的变化而变化，时有时无，给人漂浮不定的印象。

② 如果公司较长时期一直发放额外股利，股东就会误认为这是正常股利，一旦取消，极易造成公司“财务状况”逆转的负面影响，股价下跌在所难免。

以上介绍的几种股利政策中，固定股利政策和低正常股利加额外股利政策是被企业普遍采用，并为广大投资者所认可的两种基本政策。企业在进行利润分配时，应充分考虑各种政策的优缺点和企业的实际情况，选择适宜的净利润分配政策。

#### 4. 股利分配方案的确定

股利分配方案的确定，主要是考虑确定以下四个方面的内容：第一，选择股利政策类型；第二，确定股利支付水平的高低；第三，确定股利支付形式，即确定合适的股利分配形式；第四，确定股利发放的日期等。

（1）选择股利政策类型　企业选择股利政策类型通常需要考虑以下几个因素。

①企业所处的成长与发展阶段；②企业支付能力的稳定情况；③企业活力能力的稳定情况；④目前的投资机会；⑤投资者的态度；⑥企业的信誉状况。公司在不同成长与发展阶段所采用的股利政策，如表 6-5 所示。

表 6-5　公司股利分配政策的选择

| 公司发展阶段 | 特点 | 适应的股利政策 |
| --- | --- | --- |
| 公司初创阶段 | 公司经营风险高，融资能力差 | 剩余股利政策 |
| 公司高速发展阶段 | 产品销量急剧上升，需要进行大规模的投资 | 低正常股利加额外股利政策 |
| 公司稳定增长阶段 | 销售收入稳定增长，公司的市场竞争力增强，行业地位已经巩固，公司扩张的投资需求减少，广告开支比例下降，净现金流入量稳步增长，每股净利呈上升态势 | 固定股利支付率政策 |
| 公司成熟阶段 | 产品市场趋于饱和，销售收入难以增长，但盈利水平稳定，公司通常已积累了相当的盈余和资金 | 固定股利政策 |
| 公司衰退阶段 | 产品销售收入锐减，利润严重下降，股利支付能力下降 | 剩余股利政策 |

（2）确定股利支付水平　股利支付水平通常用股利支付率来衡量。股利支付率是当年发放股利与当年净利润之比，或每股股利除以每股收益。一般来说，公司发放股利越多，股利的分配率越高，因而对股东和潜在投资者的吸引力越大，也就越有利于建立良好的公司信誉。但过高的股利分配率政策也会产生不利效果：一是会使公司的留存收益减少；二是如果公司要维持高股利分配政策而对外大量举债，会增加资本成本，最终必会影响公司的未来收益和股东权益。

是否对股东发放股利以及比率高低，取决于企业对下列因素的权衡：①企业所处的成长周期及目前的投资机会；②企业的再融资能力及融资成本；③企业的控制权结构；④顾客效应；⑤股利信号传递功能；⑥贷款协议以及法律限制；⑦通货膨胀等因素。

（3）确定股利支付形式　股份有限公司支付股利的基本形式主要有现金股利和股票股利。

① 现金股利形式。现金股利是股份公司以现金的形式发放给股东的股利。发放现金股利的多少主要取决于公司的股利政策和经营业绩。上市公司发放现金股利主要出于三个原因：投资者偏好、减少代理成本和传递公司的未来信息。

公司采用现金股利形式时，必须具备两个基本条件：第一，公司要有足够的未指明用途的留存收益（未分配利润）；第二，公司要有足够的现金。一般来说，现金流入超出现金流出的余额越多，现金的可调剂头寸与机动弹性也就越大，也就越有能力支付较高的现金股利。相反，当企业的现金头寸吃紧时，企业为了保证应付意外情况的机动性，通常是不愿意也不应当承受太大的财务风险而动用现金支付巨额的股利。

② 股票股利形式。股票股利形式是指企业以股票形式发放的股利，即按股东股份的比例发放股票作为股利的一种形式。

6-3　股票股利形式发放

当公司注册资本尚未足额投入时，公司可以以股东认购的股票作为股利支付；也可以是发行新股支付股利。实际操作过程中，有的公司增资发行新股时，预先扣除当年应分配股利，减价配售给老股东；也有的发行新股时进行无偿增资配股，即股东不须缴纳任何现金和实物，即可取得公司发行的股票。

发放股票股利的优点主要有：a. 企业发放股票股利可免付现金，保留下来的现金，可用于追加投资，扩大企业经营；同时减少融资费用。b. 股票变现能力强，易流通，股东乐于接受。c. 可传递公司未来经营绩效的信号，增强经营者对公司未来的信心。d. 便于今后配股融通更多资金和刺激股价。

股票股利不会引起公司资产的流出或负债的增加，而只涉及股东权益内部结构的调整，即在减少未分配利润项目金额的同时，增加公司股本额，同时还可能引起资本公积的增减变化，而股东权益总额并不改变。发放股票股利会因普通股股票股数的增加而引起每股利润下降，每股市价有可能因此而下跌，但发放股票股利后股东所持股份比例并未改变，因此每位股东所持股票的市场价值总额仍能保持不变。

除上述两种基本股利形式外，还有财产股利（如实物股利、证券股利）、负债股利（如公司债券股利）和股票回购等形式。

(4) 确定股利发放日期　股份有限公司分配股利必须遵循法定的程序，先由董事会提出分配政策，然后提交股东大会审议，股东大会决议通过分配预案之后，向股东宣布发放股利的方案，并确定股权登记日、除息日（或除权日）和股利支付日等。制定股利政策时必须明确这些日期界限。

① 股利宣告日。股利宣告日是公司董事会将股利支付情况予以公告的日期。公告中将宣布每股股利、股权登记日、除息日和股利支付日等事项。我国的股份有限公司通常一年派发一次股利，也有在年中派发中期股利的。

② 股权登记日。股权登记日是有权领取股利的股东资格登记截止日期。只有在股权登记日前在公司股东名册上有名的股东，才有权分享股利，证券交易所的中央清算登记系统为股权登记提供了很大的方便，一般在营业结束的当天即可打印出股东名册。

③ 除息日。除息日是指领取股利的权利与股票相分离的日期。在除息日之前，股利权从属于股票，持有股票者即享有领取股利的权利；从除息日开始，股利权与股票相分离，新购入股票的人不能分享股利。通常在除息日之前进行交易的股票，其价格高于在除息日之后进行交易的股票价格，其主要原因就在于前种股票的价格包含应得的股利收入在内。

## 本章小结

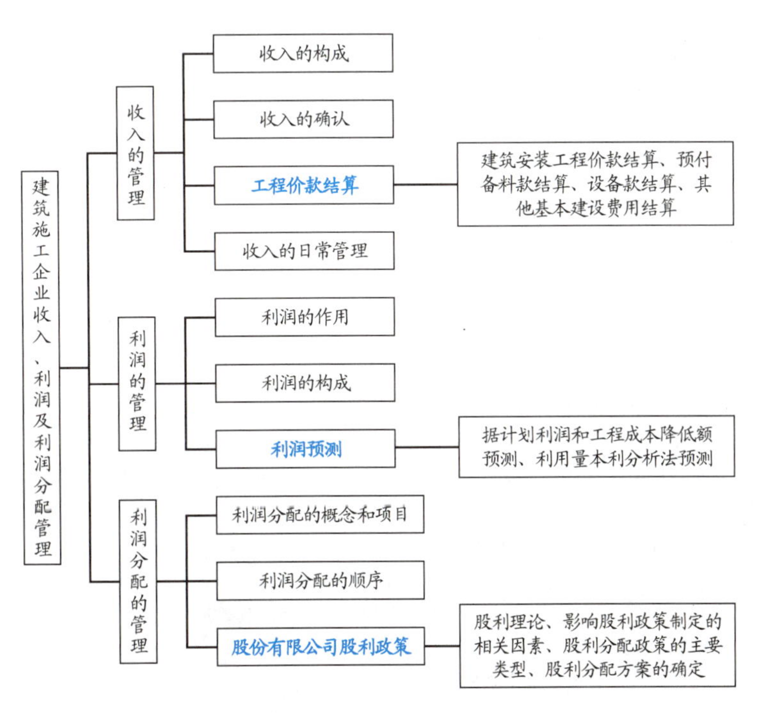

# 自 测 题

## 一、单项选择题

1. 工程价款结算双方可以在（　　）的幅度内协商确认尾款比例，并在工程承包合同中说明。

A. 3%　　B. 5%　　C. 7%　　D. 10%

2. 法定盈余公积按照税后利润的（　　）提取。

A. 3%　　B. 5%　　C. 7%　　D. 10%

3. 预付备料款的数额，应以保证正常的储备需要为原则，建筑工程一般不得超过当年建筑工作量的（　　）。

A. 25%　　B. 35%　　C. 40%　　D. 20%

4. 某建筑施工企业2020年度计划施工产值为500万元，年初在建工程为100万元，计划年末在建工程为120万元，则2020年度该企业的工程结算收入为（　　）。

A. 480万元　　B. 500万元　　C. 600万元　　D. 620万元

5. 某建筑施工企业2020年税后利润总额为300万元，其中从被投资单位分配利润40万元，该单位所得税税率与本企业相同，无其他纳税调整项目，则该公司2020年的应纳所得税额为（　　）。

A. 300万元　　B. 340万元　　C. 260万元　　D. 200万元

6. 承包企业收取备料款后（　　）仍不开工，开户建设银行可按合同规定从企业的银行账户收回备料款。

A. 1个月　　B. 2个月　　C. 3个月　　D. 4个月

7. 剩余股利政策一般适用于（　　）。

A. 公司初创阶段　　B. 公司高速发展阶段

C. 公司稳定增长阶段　　D. 公司成熟阶段

8. 某股份有限公司2020年每股收益为20元，当年发放每股股利4元，则该公司2020年的股利支付率为（　　）。

A. 20%　　B. 30%　　C. 40%　　D. 10%

9. （　　）是有权领取股利的股东资格登记截止日期。

A. 股利宣告日　　B. 股权登记日　　C. 除息日　　D. 股利支付日

## 二、多项选择题

1. 建筑施工企业工程价款结算方式有（　　）。

A. 按月结算　　B. 按年结算　　C. 竣工后一次结算　　D. 分段结算

2. 下列各项有关利润的表达式正确的有（　　）。

A. 利润总额＝营业利润＋投资净收益＋补贴收入＋营业外收支净额

B. 营业利润＝主营业务利润＋其他业务利润

C. 主营业务利润＝主营业务收入－主营业务成本－营业税金及附加

D. 其他业务利润＝其他业务收入－其他业务支出

3. 企业利润的作用主要表现在以下（　　）方面。

A. 利润是实现建筑施工企业财务管理目标的重要保证

B. 利润是建筑施工企业自我发展的资金来源

C. 利润是投资者获得投资回报的前提

D. 利润是保证社会正常活动的必要条件

4. 关于预付备料款的叙述，以下说法正确的有（　　）。

A. 预付备料款的数额，建筑工程一般不得超过当年建筑工作量的25%

B. 预付备料款的数额，安装工程一般不得超过当年安装工作量的10%

C. 施工企业收取备料款一个月后，仍不开工的，经办银行可将备料款如数收回

D. 预付款是为满足工程所需建筑材料的必要储备，因此，在工程后期随着工程所需材料储备的减少，预付款应以抵充工程价款的方式陆续扣回

5. 被企业普遍采用，并为广大投资者认可的两种基本股利政策是（　　）。

A. 剩余股利政策　　B. 固定股利政策

C. 固定股利支付率政策　　D. 低正常股利加额外股利政策

6. 固定股利支付率政策的优点有（　　）。

A. 保持理想的资金结构，使综合资金成本最低

B. 使股利与企业盈余紧密结合，体现多盈多分，少盈少分，不盈不分的原则

C. 保持股利与利润间的一定比例关系，体现投资风险与投资收益的对等

D. 有利于稳定公司股票价格，进而增强投资者对公司的信心

7. 股份有限公司发放现金股利主要出于（　　）原因。

A. 投资者偏好　　B. 公司有大量闲置资金

C. 减少代理成本　　D. 传递公司未来信息

8. 公司采用现金股利形式时，必须具备的基本条件有（　　）。

A. 公司当年有盈利　　B. 公司要有足够的未指明用途的未分配利润

C. 公司要有足够的现金　　D. 公司当年未增发新股

## 三、计算分析题

1. 某建筑施工企业与业主签订了某建筑安装工程项目施工总承包合同。承包范围包括土建工程和水、电、通风设备的安装工程，合同总价为2000万元，工期为1年。主要材料的比重为60%，预付备料款额度为30%。

该建筑施工企业各月计划和实际完成的建安工作量见表6-6。

表6-6　工程结算数据表　　单位：万元

| 月份 | 1～6 | 7 | 8 | 9 | 10 | 11 | 12 |
|---|---|---|---|---|---|---|---|
| 计划完成建安工作量 | 900 | 200 | 200 | 220 | 190 | 190 | 100 |
| 实际完成建安工作量 | 900 | 180 | 220 | 205 | 195 | 180 | 120 |
| 累计完成建安工作量 | 900 | 1080 | 1300 | 1505 | 1700 | 1880 | 2000 |

根据以上资料，计算该企业预收备料款额、起扣点未完工程价值、起扣点已完工程价值起扣点以后各月应扣回预收备料款。

2. 某建筑施工企业在预测2020年度工程结算利润时，有如下资料：

（1）2020年度计划施工产值2000万元；

（2）2019年末在建工程为400万元，预计2020年末有在建工程600万元；

（3）根据测算2020年度施工工程成本降低额为15万元；

（4）工程结算收入税费率为3.3%；

（5）预期利润率为7%。

要求：根据上述资料，为企业计算如下数据：

（1）2020年度工程结算收入；

（2）2020年度计划利润；

（3）2020年度工程成本降低额；

（4）2020年度工程结算利润；

（5）若在预测2020年度工程结算利润时，没有2020年工程成本降低额资料，但根据测算取得了变动成本占工程造价比重的68%，固定成本总额为280万元，据此为企业测算2020年度工程结算利润；

（6）若企业2020年计划完成260万元利润，为企业计算2020年度应完成多少工程任务。

3. 某公司采用剩余股利政策，公司的目标资本结构为权益资本与债务资本各占50%，公司当年的税后利润为500万元，预计公司来年投资计划所需资金1200万元，现有的权益资本为250万元（不含当年税后利润）。

要求：

（1）计算来年所需的权益资本。

（2）计算从当年的税后利润中应补增的权益资本。

（3）计算当年的股利支付率。

# 第七章　建筑工程项目财务评价与功能评价

**知识目标**

- 了解工程项目财务评价作用和内容。
- 理解工程项目财务评价的概念，掌握财务管理的内容及其财务关系。
- 理解房屋、建筑物的概念和意义。
- 掌握建筑工程项目财务评价、功能评价的基本方法和具体指标的运用。

**能力目标**

- 能运用所学知识对建筑工程项目进行财务评价。
- 会选择合适的方法对建筑工程项目进行功能评价。

**素质目标**

- 树立客观的工程项目财务评价理念。
- 正确理解与运用财务评价体系，客观评价工程项目的可行性。

## 第一节　建筑工程项目财务评价

### 一、建筑工程项目财务评价概述

#### 1. 建筑工程项目财务评价的概念

建筑工程项目财务评价是根据国家现行财税制度和价格体系，从工程项目的角度出发，根据已知及预测的财务数据，分析计算工程项目的财务效益和费用，编制有关报表，计算评价指标，考察工程项目的盈利能力和清偿能力等财务状况，据以判别工程项目的财务可行性的方法。工程项目财务评价的主要目的有如下四个方面。

① 从工程项目角度出发，分析投资效果，评价工程项目未来的盈利能力。

② 从工程项目角度出发，分析工程项目贷款的偿还能力。

③ 确定进行工程项目所需资金来源，编制相应的资金规划。

④ 为协调企业利益和国家利益提供依据。对于一些国民经济效益非常显著但其财务评价又不可行的工程项目，需要国家采用某些经济手段予以调节（例如对此类工程项目进行财政补贴等），使财务评价可行，最终使企业利益和国家利益趋于一致。

#### 2. 财务评价的作用

工程项目财务评价是工程项目经济评价的重要环节，在市场经济条件下，财务评价的结论是判别工程项目在经济上是否可行的基本依据之一。财务评价在衡量项目财务盈利能力及筹措资金方面有着特殊的意义和作用，主要体现在如下方面。

① 在社会主义市场经济条件下，作为自主经营、自负盈亏的经济实体，企业对拟投资的工程项目能否盈利，投资能否在规定期限内收回，能否按时归还银行贷款等必然会十分关注，工程项目的财务评价则是项目决策的重要依据之一。

② 财务评价报告可提供项目实施所需的固定资产投资额、流动资金投资额、资金的可

能来源、用款计划及还贷能力等信贷部门所关注的问题。因此，工程项目的财务评价报告是投资信贷部门决定是否发放贷款的重要依据之一。

③ 工程项目财务评价是工程项目可行性研究组成部分之一。根据国家发改委与住房和城乡建设部发布的《项目可行性研究报告编制指南》，可行性研究中应包括财务评价。根据财务评价的资金规划等报表，项目投资者可以此保证资金到位，使项目能按计划顺利实施。

④ 对于一些公益性或准公益性工程项目来说（如公路、水利工程、教育、卫生等项目），除了进行财务评价，还需进行国民经济评价，此时，财务评价是进行其国民经济评价的重要基础。

### 3. 工程项目财务评价的内容

围绕以上工程项目财务评价的目的，工程项目财务评价的主要包括以下内容。

（1）财务数据的预测和估算　在对拟投资的工程项目的总体了解和对市场、环境、技术方案充分调查与掌握的基础上，收集相关数据和资料，利用科学系统的方法分析及预测财务评价所需的基础数据。这些数据主要包括：预计产品各年的销售量（或产量），预计产品销售价格和未来的价格走势，估算固定资产投资、流动资金投资及其他投资，估算各年总成本费用及其构成等。这些数据大部分都是预测数据，因此其可靠性和准确度是决定财务评价成败的关键。

（2）编制各种报表，进行财务分析　根据预测的财务数据编制各种财务报表，进行必要的财务分析，计算经济效果指标并进行评价。对于工程项目来说，主要需要编制的财务报表有：①资产负债表；②利润表；③全部投资现金流量表；④权益投资现金流量表；⑤资金来源与运用表。

（3）编写工程项目财务评价报告　将工程项目财务评价的步骤、所采用的方法、得出的相关数据和分析的结果写成报告，并最终从财务角度提出工程项目是否可行的结论，以作为工程项目决策的重要依据之一。

工程项目财务评价的程序：①收集、整理和计算有关基础数据；②编制基本财务报表；③财务评价指标的计算与评价；④进行不确定性分析；⑤作出项目财务评价的最终结论。

### 4. 财务效益和费用识别与计算

项目在财务上的生存能力取决于项目的财务效益和费用的大小及其在时间上的分布情况，正确识别项目的财务效益和费用应以项目为界，以项目的直接收入和支出为目标对项目的财务效益和财务费用进行计算和识别。在进行识别时，财务效益和财务费用的计算所采用的价格体系要一致，采用预测价格的，有要求时可考虑价格变动因素。

（1）财务效益　财务效益项目主要为营业收入。营业收入包括销售产品或提供服务所获得的收入，由产品数量、产品结构、产品质量与价格决定。产品数量、产品结构、产品质量可以根据市场调查确定的技术方案、技术装备、原材料来源、资源条件等确定。价格采取以现行价格体系为基础的预测价格。

（2）财务费用

① 建设项目投资。包括固定资产投资（含工程费用、设备费用及其他费用）、固定资产投资方向调节税、无形资产投资、建设期贷款利息及开办费（形成递延资产）等。

递延资产是指不能全部计入当期损益，应当在以后年度内分期摊销的各项费用。包括开办费、租入固定资产的改良支出以及摊销期限在一年以上的长期待摊费用。递延资产实质上是一种费用，但由于这些费用的效益要期待于未来，并且这些费用支出的数额较大，是一种资本性支出，其受益期在一年以上，若把它们与支出年度的收入相配比，就不能正确计算当期经营成果，所以应把它们作为递延处理，在受益期内分期摊销。开办费应当自公司开始生产经营当月起，分期摊销，摊销期不得少于 5 年。租入固定资产改良及大修理支出应当在租赁期内分期平均摊销。

② 流动资金。流动资金是指营运期内长期占用并周转使用的营运资金，不包括营运中需要的临时性营运资金。

③ 经营成本。是指项目总成本费用扣除固定资产折旧、无形资产及其他资产摊销费和利息支出以后的全部费用，其计算公式如下。

经营成本＝总成本－折旧费－摊销费－利息支出

其中，总成本＝外购原材料、燃料及动力费＋工资及福利费＋修理费＋折旧费＋摊销费＋利息支出＋其他费用。

其他费用是指从制造费用、管理费用、营业费用中扣除了折旧、摊销、修理、工资及福利以后的剩余部分。

④ 相关税费。包括关税、增值税、营业税、消费税、所得税、资源税、城市维护建设税和教育费附加等内容。有些行业还包括土地增值税。税种和税率的选择，应根据相关税法和项目的具体情况确定。如有减免税优惠，应说明依据及减免方式并按相关规定估算。

⑤ 维持运营投资。某些项目在运营期需要投入一定的固定资产投资才能维持正常运营，例如设备更新费用、油田的开发费用、矿山的井巷开拓延伸费用等。

### 5. 财务评价指标体系

财务评价效果的好坏，取决于基础数据的可靠性和选取的评价指标体系的合理性，只有选择正确的评价指标体系，财务评价的结果才能与客观实际情况相吻合，评价才具有实际意义。建设项目的财务评价指标体系根据不同的标准，可进行不同的分类。

（1）按是否考虑资金时间价值划分　可分为动态指标（财务净现值、财务内部收益率）。

（2）按是否考虑资金时间价值划分　可分为静态评价指标、动态评价指标。具体内容见图 7-1 所示。

（3）根据指标的性质划分　可分为时间性、价值性和比率性指标。具体内容见图 7-2 所示。

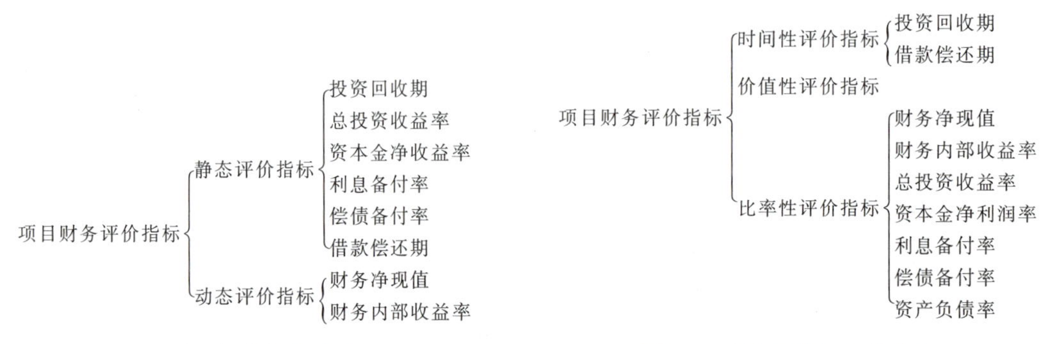


图 7-1　财务评价指标分类之一

图 7-2　财务评价指标分类之二

## 二、财务分析报表的编制

在财务评价中，财务报表的编制是与项目财务分析的目的相关联的。项目的评价指标是根据项目的有关财务分析报表中的数据计算得到的，所以在计算财务指标之前，需要编制相应的财务报表。一般来讲，为分析项目的盈利能力需编制的主要报表有现金流量表、损益表及相应的辅助报表；为分析项目的清偿能力需编制的主要报表有资产负债表、现金流量表及相应的辅助报表；为分析项目的外汇平衡情况需编制项目的财务外汇平衡表等。下面主要介绍现金流量表、利润与利润分配表、资产负债表、借款还本付息计划表等报表。

### 1. 现金流量表

现金流量表是指能够直接、清楚地反映出项目在整个计算期内各年的现金流量情况的一种表格，利用它可以进行现金流量分析，计算各项静态和动态评价指标，从而进行项目的财务盈利能力分析。按照投资计算基础的不同，现金流量表分为项目投资现金流量表、项目资本金现金流量表和投资各方现金流量表。

（1）项目投资现金流量表　该表不分投资资金来源，以全部投资作为计算基础，用于计算全部投资所得税前及所得税后财务内部收益率、财务净现值及投资回收期等评价指标，考察项目全部投资的盈利能力。该报表属于融资前的分析报表，排除了融资方案变化的影响，从项目投资总获利的角度，考察项目方案设计的合理性。具体格式见表 7-1 所示。

表 7-1　项目投资现金流量表　　单位：元

| 序号 | 项目 | 合计 | 计算期 | | | | | |
|---|---|---|---|---|---|---|---|---|
| | | | 1 | 2 | 3 | 4 | … | $n$ |
| 1 | 现金流入 | | | | | | | |
| 1.1 | 营业收入 | | | | | | | |
| 1.2 | 补贴收入 | | | | | | | |
| 1.3 | 回收固定资产余值 | | | | | | | |
| 1.4 | 回收流动资金 | | | | | | | |
| 2 | 现金流出 | | | | | | | |
| 2.1 | 建设投资 | | | | | | | |
| 2.2 | 流动资金 | | | | | | | |
| 2.3 | 经营成本 | | | | | | | |
| 2.4 | 营业税金及附加 | | | | | | | |
| 2.5 | 维持运营投资 | | | | | | | |
| 3 | 所得税前净现金流量(1)－(2) | | | | | | | |
| 4 | 累计所得税前净现金流量 | | | | | | | |
| 5 | 调整所得税 | | | | | | | |
| 6 | 所得税后净现金流量(3)－(5) | | | | | | | |
| 7 | 累计所得税后净现金流量 | | | | | | | |

注：1. 现金流入＝营业收入＋补贴收入＋回收固定资产余值＋回收流动资金。
2. 现金流出＝建设投资＋流动资金＋经营成本＋营业税金及附加＋维持运营投资。
3. 所得税前净现金流量＝现金流入－现金流出。
4. 调整所得税＝EBIT×所得税税率。
5. 所得税后净现金流量＝所得税前净现金流量－调整所得税。

现金流量表反映项目在计算期内逐年发生的现金流入和现金流出。与常规的会计方法不同，现金收支何时发生就在何时计算，不作分摊。

（2）项目资本金现金流量表　该表从投资者角度出发，以投资者的出资额作为计算基础，把借款本金偿还和利息支付作为现金流出，用以计算资本金内部收益率等评价指标，考察项目自有资金的盈利能力。从项目权益投资者整体的角度，考察项目给项目权益投资者带来的收益水平。其净现金流量可以表示在缴税和还本付息之后的剩余，即项目增加的净收益。具体格式见表 7-2 所示。

表 7-2　项目资本金现金流量表　　单位：元

| 序号 | 项目 | 合计 | 计算期 | | | | | |
|---|---|---|---|---|---|---|---|---|
| | | | 1 | 2 | 3 | 4 | … | $n$ |
| 1 | 现金流入 | | | | | | | |
| 1.1 | 营业收入 | | | | | | | |
| 1.2 | 补贴收入 | | | | | | | |
| 1.3 | 回收固定资产余值 | | | | | | | |
| 1.4 | 回收流动资金 | | | | | | | |
| 2 | 现金流出 | | | | | | | |
| 2.1 | 项目资本金 | | | | | | | |
| 2.2 | 借款本金偿还 | | | | | | | |
| 2.3 | 借款利息支付 | | | | | | | |
| 2.4 | 经营成本 | | | | | | | |
| 2.5 | 营业税金及附加 | | | | | | | |
| 2.6 | 所得税 | | | | | | | |
| 2.7 | 维持运营投资 | | | | | | | |
| 3 | 净现金流量(1)－(2) | | | | | | | |

注：1. 现金流入＝营业收入＋补贴收入＋回收固定资产余值＋回收流动资金。

2. 现金流出＝项目资本金＋借款本金偿还＋借款利息支付＋经营成本＋营业税金及附加＋所得税＋维持运营投资。

3. 净现金流量＝现金流入－现金流出。

## 2. 利润与利润分配表

反映项目计算期内各年的营业收入、总成本费用、利润总额等情况，以及所得税后利润的分配情况，用以计算总投资收益率、资本金净利润率等指标。具体格式见表 7-3 所示。

表 7-3　利润与利润分配表　　单位：元

| 序号 | 项目 | 合计 | 计算期 | | | | | |
|---|---|---|---|---|---|---|---|---|
| | | | 1 | 2 | 3 | 4 | … | $n$ |
| 1 | 营业收入 | | | | | | | |
| 2 | 营业税金及附加 | | | | | | | |

续表

| 序号 | 项目 | 合计 | 计算期 | | | | | |
|---|---|---|---|---|---|---|---|---|
| | | | 1 | 2 | 3 | 4 | … | $n$ |
| 3 | 总成本费用 | | | | | | | |
| 4 | 补贴收入 | | | | | | | |
| 5 | 利润总额(1)－(2)－(3)＋(4) | | | | | | | |
| 6 | 弥补以前年度亏损 | | | | | | | |
| 7 | 应纳税所得额(5)－(6) | | | | | | | |
| 8 | 所得税 | | | | | | | |
| 9 | 净利润(5)－(8) | | | | | | | |
| 10 | 期初未分配利润 | | | | | | | |
| 11 | 可供分配的利润(9)＋(10) | | | | | | | |
| 12 | 提取法定盈余公积金 | | | | | | | |
| 13 | 可供投资者分配的利润(11)－(12) | | | | | | | |
| 14 | 应付优先股股利 | | | | | | | |
| 15 | 提取任意盈余公积金 | | | | | | | |
| 16 | 应付普通股股利 | | | | | | | |
| 17 | 各投资方利润分配 | | | | | | | |
| | 其中：××方 | | | | | | | |
| | ××方 | | | | | | | |
| 18 | 未分配利润(13)－(14)－(15)－(16) | | | | | | | |
| 19 | 息税前利润(利润总额＋利息支出) | | | | | | | |
| 20 | 息税折旧摊销前利润(息税前利润＋折旧＋摊销) | | | | | | | |

注：1. 利润总额＝营业收入－营业税金及附加－总成本费用＋补贴收入。

2. 净利润＝利润总额－所得税。

3. 可供分配的利润＝净利润＋期初未分配利润。

4. 可供投资者分配的利润＝可供分配的利润－提取法定盈余公积金。

5. 未分配利润＝可供投资者分配的利润－应付优先股股利－提取任意盈余公积金－应付普通股股利。

《中华人民共和国税法》规定，纳税人发生年度亏损的，可以用下一纳税年度的所得弥补；下一纳税年度的所得不足弥补的，可以逐年延续弥补，但是延续弥补期最长不得超过五年。

### 3. 资产负债表

资产负债表是综合反映项目计算期内各年末资产、负债和所有者权益的增减变化及其对应关系，以考察项目资产、负债和所有者权益的结构是否合理的报表。该表用以计算资产负债率，进行偿债能力分析。具体格式见表 7-4 所示。

### 4. 借款还本付息计划表

借款还本付息计划表反映项目计算期内各年借款本金偿还和利息支付情况，用于计算借款偿付备付率和利息备付率等指标。该表可以和“建设期利息估算表”合二为一编制。具体格式见表 7-5 所示。

表 7-4　资产负债表

单位：元

| 序号 | 项目 | 合计 | 计算期 | | | | | |
|---|---|---|---|---|---|---|---|---|
| | | | 1 | 2 | 3 | 4 | … | $n$ |
| 1 | 资产 | | | | | | | |
| 1.1 | 流动资产 | | | | | | | |
| 1.1.1 | 货币资金 | | | | | | | |
| 1.1.2 | 应收账款 | | | | | | | |
| 1.1.3 | 预付账款 | | | | | | | |
| 1.1.4 | 存货 | | | | | | | |
| 1.1.5 | 其他 | | | | | | | |
| 1.2 | 在建工程 | | | | | | | |
| 1.3 | 固定资产净值 | | | | | | | |
| 1.4 | 无形及其他资产净值 | | | | | | | |
| 2 | 负债及所有者权益 | | | | | | | |
| 2.1 | 流动负债总额 | | | | | | | |
| 2.1.1 | 短期借款 | | | | | | | |
| 2.1.2 | 应付账款 | | | | | | | |
| 2.1.3 | 预收账款 | | | | | | | |
| 2.1.4 | 其他 | | | | | | | |
| 2.2 | 建设投资借款 | | | | | | | |
| 2.3 | 流动资金借款 | | | | | | | |
| 2.4 | 所有者权益 | | | | | | | |
| 2.4.1 | 资本金 | | | | | | | |
| 2.4.2 | 资本公积 | | | | | | | |
| 2.4.3 | 累计盈余公积金 | | | | | | | |
| 2.4.4 | 累计未分配利润 | | | | | | | |

注：1. 资产＝负债＋所有者权益。

2. 资产＝流动资产＋在建工程＋固定资产净值＋无形及其他资产净值。

3. 流动资产＝货币资金＋应收账款＋预付账款＋存货＋其他。

4. 负债＝流动负债总额＋建设投资借款＋流动资金借款。

5. 流动负债总额＝短期借款＋应付账款＋预收账款＋其他。

6. 所有者权益＝资本金＋资本公积＋累计盈余公积金＋累计未分配利润。

表 7-5　借款还本付息计划表

单位：元

| 序号 | 项目 | 合 计 | 计算期 | | | | | |
|---|---|---|---|---|---|---|---|---|
| | | | 1 | 2 | 3 | 4 | … | $n$ |
| 1 | 借款 1 | | | | | | | |
| 1.1 | 期初借款余额 | | | | | | | |
| 1.2 | 当期还本付息 | | | | | | | |

续表

| 序号 | 项目 | 合 计 | 计算期 | | | | | |
|---|---|---|---|---|---|---|---|---|
| | | | 1 | 2 | 3 | 4 | … | $n$ |
| | 其中:还本 | | | | | | | |
| | 付息 | | | | | | | |
| 1.3 | 期末借款余额 | | | | | | | |
| 2 | 借款 2 | | | | | | | |
| 2.1 | 期初借款余额 | | | | | | | |
| 2.2 | 当期还本付息 | | | | | | | |
| | 其中:还本 | | | | | | | |
| | 付息 | | | | | | | |
| 2.3 | 期末借款余额 | | | | | | | |
| 3 | 债券 | | | | | | | |
| 3.1 | 期初债务余额 | | | | | | | |
| 3.2 | 当期还本付息 | | | | | | | |
| | 其中:还本 | | | | | | | |
| | 付息 | | | | | | | |
| 3.3 | 期末债务余额 | | | | | | | |
| 4 | 借款和债券合计 | | | | | | | |
| 4.1 | 期初余额 | | | | | | | |
| 4.2 | 当期还本付息 | | | | | | | |
| | 其中:还本 | | | | | | | |
| | 付息 | | | | | | | |
| 4.3 | 期末余额 | | | | | | | |

按现行财务制度规定，归还固定资产投资借款资金的来源主要是项目投产后的折旧费、摊销费和未分配利润等。因流动资金借款本金在项目计算期末用回收流动资金一次偿还，在此不必考虑流动资金借款偿还问题。

常见的还本付息方式有：最大额偿还方式；逐年等额还本、年末付息方式；本利等额偿还方式；年末付息、期末一次还本方式；期末本息和一次付清方式。

## 三、建筑工程项目财务分析指标

### 1. 项目盈利能力分析指标

项目的盈利能力是指分析和测算建设项目计算期的盈利能力和盈利水平。主要分析指标包括项目投资财务内部收益率和财务净现值、项目资本金财务内部收益率、投资回收期、总投资收益率和项目资本金净利润率，可根据项目的特点及财务分析的目的和要求等选用。

(1) 财务净现值　财务净现值 (FNPV) 是指按行业的基准收益率或投资主体设定的折现率，将方案计算期内各年发生的净现金流量折现到建设期初的现值之和。它是考察项目能

力的绝对指标。其表达式为

$$FNPV=\sum_{t=1}^{n}(CI-CO)_t(1+i_c)^{-t} \tag{7-1}$$

式中 $i_c$——基准收益率或投资主体设定的折现率；

$n$——项目计算期；

CI——现金流入量；

CO——现金流出量；

$(CI-CO)_t$——项目在第 $t$ 年的净现金流量。

财务净现值大于零，表明项目的盈利能力超过了基准收益率或折现率；财务净现值小于零，表明项目的盈利能力达不到基准收益率或设定的折现率的水平；财务净现值为零，表明项目的盈利能力水平正好等于基准收益率或设定的折现率。因此，财务净现值指标判别准则是：若 $FNPV\geqslant 0$，则方案可行；若 $FNPV<0$，则方案应予拒绝。

财务净现值全面考虑了项目计算期内所有的现金流量大小及分布，同时考虑了资金的时间价值，因而可作为项目经济效果评价的主要指标。

(2) 财务内部收益率 财务内部收益率（FIRR）本身是一个折现率，它是指项目在整个计算期内各年净现金流量现值累计等于零时的折现率，是评价项目盈利能力的相对指标。财务内部收益率可通过下述方程求解：

$$\sum_{t=1}^{n}(CI-CO)_t(1+FIRR)^{-t}=0 \tag{7-2}$$

式中 FIRR——财务内部收益率；

其他符号意义同前。

财务内部收益率是反映项目盈利能力常用的动态评价指标，可通过财务现金流量表计算。

判别准则：设基准收益率为 $i$，若 $FIRR\geqslant i$，则 $FNPV\geqslant 0$，方案财务效果可行；若 $FIRR<i$，则 $FNPV<0$，方案财务效果不可行。

由于财务内部收益率是净现值为零时的折现率，在计算财务内部收益率时，要经过多次试算，使得净现金流量现值累计等于零。所以，财务内部收益率的计算应先采用试算法，后采用内插法求得。即先按目标收益率或基准收益率求得项目的财务净现值，如为正，则采用更高的折现率使净现值为接近于零的正值和负值各一个，最后用内插法公式求出。其公式如下。

$$FIRR=i_1+[|NPV_1|\times(i_2-i_1)]/(|NPV_1|+|NPV_2|) \tag{7-3}$$

式中 $i_1$——当净现值为接近于零的正值时的折现率；

$i_2$——当净现值为接近于零的负值时的折现率；

$NPV_1$——采用低折现率时净现值的正值；

$NPV_2$——采用高折现率时净现值的负值。

式中 $i_1$ 和 $i_2$ 之差不应超为 1%～2%，否则折现率 $i_1$ 和 $i_2$ 的净现值之间不能近似于线性关系，从而使所求得的内部收益率失真。

(3) 投资回收期 投资回收期指以项目净收益回收项目投资所需要的时间，一般以年为单位。项目投资回收期已从项目建设开始年算起，若从项目投产开始年算起，应予以特别注明。其表达式为

$$\sum_{t=1}^{P_t}(CI-CO)_t=0 \tag{7-4}$$

式中　$(CI-CO)_t$——第 $t$ 年的净现金流量；

$P_t$——投资回收期。

项目投资回收期可借助项目投资现金流量表计算。项目投资现金流量表中累计净现金流量由负值变为零的时点，即为项目的投资回收期。项目投资回收期更为实用的表达式为

$$P_t=T-1+\frac{\left|\sum_{t=1}^{T-1}(CI-CO)_t\right|}{(CI-CO)_t} \tag{7-5}$$

式中　$T$——项目各年累计净现金流量首次为正值的年份数。

投资回收期短，表明项目投资回收期快，抗风险能力强。

（4）总投资收益率　总投资收益率（ROI）指项目达到设计能力后正常年份的年息税前利润或运营期内年平均息税前利润（EBIT）与项目总投资（TI）的比率。它考察项目总投资的盈利水平。计算公式为

$$ROI=\frac{EBIT}{TI}\times 100\% \tag{7-6}$$

式中　EBIT——项目正常年份的年息税前利润或运营期内年平均息税前利润；

TI——项目总投资（建设投资＋流动资金）。

在财务评价中，总投资收益率高于同行业收益率参考值，表明用总投资收益率表示的盈利能力满足要求。

（5）项目资本金净利润率　项目资本金净利润率（ROE）指项目达到设计能力后正常年份的年净利润或运营期内年平均净利润（NP）与项目资本金（EC）的比率。其表达式为

$$ROE=\frac{NP}{EC}\times 100\% \tag{7-7}$$

式中　NP——项目正常年份的年净利润或运营期内年平均净利润；

EC——项目资本金。

项目资本金净利润率表示项目资本金的盈利水平，项目资本金净利润率高于同行业的净利润率参考值，表明用项目资本金净利润率表示的盈利能力满足要求。

### 2. 项目偿债能力分析指标

（1）利息备付率　利息备付率（ICR）是指项目在借款偿还期内，各年可用于支付利息的税息前利润（EBIT）与当期应付利息（PI）费用的比值，其表达式为

$$ICR=EBIT/PI \tag{7-8}$$

其中，税息前利润（EBIT）＝利润总额＋计入总成本费用的利息费用。当期应付利息是指计入总成本费用的全部利息。

利息备付率应当按年计算，利息备付率表示项目的利润偿付利息的保证率。对于正常运营的企业，利息备付率应当大于1，否则，表示付息能力保障程度不足。

（2）偿债备付率　偿债备付率（DSCR）是指项目在借款偿还期内，各年可用于还本付息资金与当期应还本付息金额（PD）的比值。其表达式为

$$DSCR=\frac{EBITDA-T_{AX}}{PD} \tag{7-9}$$

式中　EBITDA——息税前利润加折旧和摊销；

$T_{AX}$——企业所得税；

PD——应还本付息金额，包括还本金额和计入总成本费用的全部利息。融资租赁费用可视同借款偿还。运营期内的短期借款本息也应纳入计算。

偿债备付率应分年计算。偿债备付率表示可用于还本付息的资金偿还借款本息的保证倍率。偿债备付率在正常情况下应当大于 1。当指标小于 1 时，表示当年资金来源不足以偿付当期债务，需要通过短期借款偿付已到期债务。

（3）资产负债率　资产负债率（LOAR）指各期末负债总额（TL）同资产总额（TA）的比率，应按下式计算。

$$LOAR=(TL/TA)\times 100\% \tag{7-10}$$

式中　TL——期末负债总额；

TA——期末资产总额。

适度的资产负债率，表明企业经营安全、稳健，具有较强的融资能力，也表明企业和债权人的风险较小。对该指标的分析，应结合国家宏观经济状况、行业发展趋势、企业所处竞争环境等具体条件判定。项目财务分析中，在长期债务还清后，可不再计算资产负债率。

**【例 7-1】** 某市一家房地产开发公司以 BOT 方式，投资 11700 万元，获得某学校新校区公寓区的 20 年经营使用权，20 年后返还给学校，预计当公寓第三年正常运营后，每年的纯收益为 2000 万元，从第三年起，纯收益每 5 年增长 5%，该公寓园区的建设期为 2 年，总投资分两年投入：一期 6000 万元，二期为 5700 万元。试计算项目的财务净现值、财务内部收益率和动态投资回收期，并判断项目的财务可行性（假设投资发生在年初，其他收支发生在年末，基准收益率取 12%）。

**解：**

（1）现金流量图见图 7-3 所示及现金流量表见表 7-6 所示。

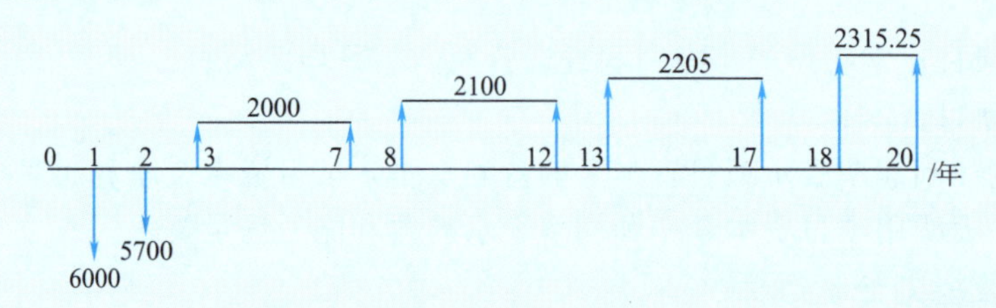


图 7-3　现金流量图

**表 7-6　现金流量表**　　单位：万元

| 年份 | 1 | 2 | 3 | 4 | 5 | 6 | 7 | 8 | 9 | 10 |
|---|---|---|---|---|---|---|---|---|---|---|
| 净现金流量 | −6000 | −5700 | 2000 | 2000 | 2000 | 2000 | 2000 | 2100 | 2100 | 2100 |
| 净现金流量现值 | −5357 | −4544.01 | 1423.56 | 1271.04 | 1134.85 | 1013.26 | 904.7 | 848.15 | 757.28 | 676.14 |
| 累计净现金流量现值 | −5357 | −9901.15 | −8477.59 | −7206.55 | −6071.7 | −5058.44 | −4153.74 | −3305.59 | −2548.31 | −1872.17 |
| 年份 | 11 | 12 | 13 | 14 | 15 | 16 | 17 | 18 | 19 | 20 |
| 净现金流量 | 2100 | 2100 | 2205 | 2205 | 2205 | 2205 | 2205 | 2315.25 | 2315.25 | 2315.25 |
| 净现金流量现值 | 603.7 | 539.02 | 505.33 | 451.19 | 402.85 | 359.68 | 321.15 | 301.07 | 268.82 | 240.01 |
| 累计净现金流量现值 | −1268.47 | −729.05 | −224.12 | 227.07 | 629.92 | 989.6 | 1310.75 | 1611.82 | 1900.64 | 2120.65 |

(2) 财务净现值 FNPV=2120.65(万元)

当取 $i_1=14\%$ 时，$NPV_1=665.99$(万元)

取 $i_2=16\%$ 时，$NPV_2=-475.50$(万元)

$$财务内部收益率\ FIRR=14\%+\frac{665.99}{665.99+475.5}\times(16\%-14\%)=15.17\%$$

$$动态投资回收期\ P'_t=14-1+\frac{224.12}{451.19}=13.50(年)$$

综上所述，FIRR>基准收益率，在基准收益率为12%时，FNPV>0，该项目在财务上是可行的。

**【例7-2】** 某集团公司以400万元购得一商业楼15年的使用权，用于出租经营，投资资金以分期付款方式支付，第一年年初支付40%，第二年年初支付60%，为使出租较为顺利，第一年年初进行了装修，总费用为50万元，第二年正式出租，从第二年到第四年的净租金收入为70万元、70万元、70万元，从第5年全部租出，纯收入为100万元，以后每5年增长5%，若该类投资的基准收益率为12%，试计算该投资的财务净现值、财务内部收益率和动态投资回收期，并判断财务可行性。(假设投资发生在年初，其他收支发生在年末)

**解：**(1) 现金流量图如图7-4所示及现金流量表如表7-7所示。

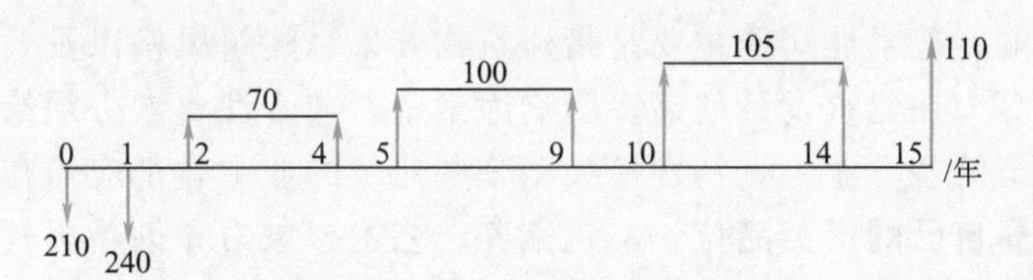


图7-4　现金流量图

表7-7　现金流量表　　单位：万元

| 年份 | 0 | 1 | 2 | 3 | 4 | 5 | 6 | 7 |
|---|---|---|---|---|---|---|---|---|
| 净现金流量 | −210 | −240 | 70 | 70 | 70 | 100 | 100 | 100 |
| 净现金流量现值 | −210 | −214.29 | 55.8 | 49.82 | 44.49 | 56.74 | 50.66 | 45.23 |
| 累计净现金流量现值 | −210 | −424.29 | −368.49 | −318.67 | −274.18 | −217.44 | −166.78 | −121.55 |
| 年份 | 8 | 9 | 10 | 11 | 12 | 13 | 14 | 15 |
| 净现金流量 | 100 | 100 | 105 | 105 | 105 | 105 | 105 | 110 |
| 净现金流量现值 | 40.39 | 36.06 | 33.81 | 30.18 | 26.95 | 24.06 | 21.49 | 20.10 |
| 累计净现金流量现值 | −81.16 | −45.1 | −11.29 | 18.89 | 45.84 | 69.9 | 91.39 | 111.49 |

(2) 财务净现值 FNPV=111.49(万元)

动态投资回收期 $P'_t=10.37$(年)

财务内部收益率 FIRR=17.35%

综上所述，财务内部收益率值 FIRR=17.35%>基准收益率12%，在基准收益率为12%时，财务净现值 FNPV>0，所以该投资在财务上是可行的。

# 第二节　建筑工程项目功能评价

## 一、建筑工程项目功能评价的内容

### 1. 概念、目的和内容

建筑功能评价，就是对建筑产品能够提供的功能效果加以分析和评价论证，衡量其满足社会需要的程度。对于不同的建筑工程，由于建设目的不同，在功能评价方面的内容也不尽相同。概括起来，建筑工程功能评价的主要内容包括社会性功能、适用性功能、安全性功能、艺术性功能和经济消耗等方面。

（1）社会性功能　对建筑工程的功能评价不能局限于其本身，要把其作为整体社会环境的组成部分，使之与周围环境结合进行整体评价。所以建筑工程社会性功能评价其实质是对居住区环境质量的评价。

（2）适用性功能　适用性功能是指建筑物适合居住者使用的性能，是建筑物最基本的使用功能，建筑物是否符合建设目的，首先体现在其适用性方面。例如学校的总体平面布置、各种面积的分配、各种不同功能的区间布置等均属于适用性功能。

（3）安全性功能　安全性功能是指在综合利用建筑物的结构、构件、使用的材料及建筑物建造等方面的安全效果。它不仅取决于住宅建筑结构的安全可靠，建筑防火满足规范要求，还与日常安全防范及室内空气清洁度和供水、防止有毒有害物质等方面有密切关系。

（4）艺术性功能　艺术性功能主要是指建筑物效果、建筑风格以及式样、色调、风格和周围环境的协调性等。在建筑设计的诸多影响因素中，艺术性要素必须给予充分重视，无论是建筑师，还是建筑的各方业主，特别是大型公共建筑的业主，都应当在遵循功能适用原则的前提下，努力提高自己的审美品位、文化素养、艺术想象力和创新勇气，只有这样，才能生产出更多功能性与艺术性完美结合、既中用又中看的建筑产品。

（5）经济消耗　经济消耗也是建筑物满足社会需要的一个方面，其具体体现在建筑物建造过程中人力、物力、时间的消耗量，已经在使用过程中的能耗和维护支出使用费等几个方面。如国务院于2008年7月23日国务院第18次常务会议通过并公布，自2008年10月1日起施行的《民用建筑节能条例》就是为了加强民用建筑节能管理，降低民用建筑使用过程中的能源消耗，提高能源利用效率的具体要求，充分体现了经济消耗功能在建筑物的众多功能中的地位得到提升。

总之，建筑物的各部分建筑功能在建筑功能评价中所起的作用是不同的，在评价过程中要与人们对各种功能的需要程度、建筑物本身的用途、国家的经济条件、技术发展水平和政策导向等有关。功能评价是根据功能系统图，在同一级的各功能之间，运用一定的技法，计算并比较各功能价值的大小，从而寻找功能与成本在量上不匹配的具体改进目标以及大致经济效果的过程。

### 2. 功能评价的目的

（1）找出低价值功能区域或功能单元　即从众多的价值工程对象中进一步缩小范围，选定价值工程的重点对象，并定出需要改进的具体课题和先后次序。

（2）定出目标成本　就是在分析对象改进后，成本能降低到的程度。即为功能设置的成本目标值，也称为预计成本。目标成本的确定要考虑许多制约条件，如市场情况、竞争对手情况以及本企业的技术和管理水平等。通过功能评价能定出目标成本的大致范围。

（3）取得工作的动力　通过科学分析，明确了改进的课题，看到了改进的潜力，对即将取得的经济效益已初步估算出来时，人们必将为实现这一目标而努力工作。

功能评价的程序、确定功能评价的一般步骤是：①确定对象的功能评价值；②计算对象功能的目前成本；③计算分析对象的价值；④计算成本改进期望值；⑤根据对象价值的高低及成本降低期望值的大小，确定改进的对象即优先次序。

### 3. 建筑物功能评价指标

建筑物的功能是指建筑产品满足社会需要的各种性能的综合。不同的建筑物有着不同的使用功能，建筑物的功能可以用一系列功能因素来表现，对建筑工程功能的评价，总是通过一系列反映这些因素的指标来实现。对于公共建筑、工业建筑、住宅建筑和住宅小区的功能，应采用不同的指标体系进行评价。

（1）公共建筑功能评价指标

① 建设用地面积　是指项目用地红线范围内的土地面积，一般包括建筑区内的道路面积、绿地面积、建筑物所占面积、运动场地等。

② 总建筑面积　指在建设用地范围内单栋或多栋建筑物地面以上及地面以下各层建筑面积之总和。

③ 建筑体积　按建筑物横断面面积乘长度计算，横断面积是指外墙外表面。

④ 基底面积　指根据用地性质和使用权属确定的建筑工程项目的使用场地，该场地的面积称为基地面积。

⑤ 建筑密度　建筑物底层占地面积与建筑基地面积的比率（用百分比表示）。即建筑基底面积/用地面积。

|  |  |
| --- | --- |
| 人(座)均建筑面积 | 平方米/(人·座) |
| 人(座)均使用面积 | 平方米/(人·座) |
| 建设总投资 | 万元 |
| 单方造价 | 元/平方米 |
| 建设工期 | 天 |
| 建筑物单方重量 | 千克/平方米 |

（2）工业建筑

|  |  |
| --- | --- |
| 厂区占地面积 | 平方米 |
| 总建筑面积 | 平方米 |
| 建筑物及构筑物占地面积 | 平方米 |

建筑密度= 建筑物、构筑物、露天仓库、露天操作场地面积之和/厂区总占地面积×100%

|  |  |
| --- | --- |
| 建设总投资 | 万元 |
| 单方造价 | 元/平方米 |
| 建设工期 | 天 |

（3）住宅建筑功能评价指标　住宅建筑功能评价的指标体系由两级构成，一级为控制指

标，二级为表述指标。一级指标从住宅建筑满足适用性、安全性、经济性和艺术性四方面需求考虑，二级指标根据一级指标的技术经济内容和特性设定，并直接反映住宅技术经济多方面的具体特征。住宅建筑功能评价指标体系如表 7-8 所示。

表 7-8 住宅建筑功能评价指标体系

| 序号 | 指标类型 | 一级指标 | 二级指标 | 具体内容 |
|---|---|---|---|---|
| 1 | 建筑功能效果 | 适用性 | 平均指标 | 平均每套建筑面积 |
| | | | | 平面系数 $k$(套内使用面积与建筑面积的比例) |
| | | | | 平均每套住宅面宽(户型单元平面宽度) |
| 2 | | | 空间布置 | 平均每套卧室、起居室数 |
| | | | | 平均每套良好朝向卧室、起居室面积 |
| | | | | 平面空间布置合理程度 |
| | | | | 家具布置适宜程度 |
| | | | | 储藏设施利用合理程度 |
| 3 | | | 物理性能 | 采光、通风、保温、隔热、隔声等 |
| 4 | | | 配套设施 | 电视、网络通信、燃气热力、供电空调系统等 |
| 5 | | | 厨卫位置 | 厨房平面形状、固定设备、通风排烟、管道布置 |
| | | | | 卫生间设备、采光、排气、管道布置 |
| 6 | | | 结构安全 | 满足设计规范和抗震要求、满足国家工程建设标准强制性条文规定 |
| 7 | | 安全性 | 耐久性 | 结构耐久性，设备、设施防腐性能，设备耐久性 |
| 8 | | | 使用安全 | 防火安全、燃气、电气设施安全，日常安全与防范措施 |
| 9 | | | 环保 | 装修材料的安全环保性能、室内空气和供水，有毒有害物质的危害性 |
| 10 | | | 私密性 | 隔声、隔视线 |
| 11 | | | 劳动消耗 | 每平方米建筑面积造价、平均每套造价 |
| | | | | 工期 |
| | | | | 日常运行耗能指数 |
| 12 | | 经济性 | 室内效果 | 室内空间比例、色调、观感 |
| 13 | | 艺术性 | 外观效果 | 体型、立面、色彩、比例、协调效果 |
| 14 | | | 环境效果 | 体型、比例、色彩与环境的协调性 |

注：住宅小区功能评价的指标。

1. 容积率＝总建筑面积/居住小区用地总面积。
2. 居住建筑密度＝总建筑面积×100%/居住建筑基地面积之和。
3. 居住建筑面积密度＝居住建筑基地面积之和/居住建筑用地面积（平方米/公顷）。
4. 建筑面积密度＝开发小区内总建筑面积/居住小区用地总面积（平方米/公顷）。
5. 建筑毛密度＝居住建筑、公共建筑基地面积之和×100%/居住小区用地总面积。

## 二、建筑工程项目功能评价的方法

建筑工程项目功能评价是一种综合评价，它通过对一系列相互关联的指标进行综合评价实现。建筑工程项目功能评价的方法有多种，常用的评价方法有专家评议法和综合评分法。

### 建筑工程项目功能评价指标设置原则

①指标的设置要能反映建筑工程技术方案的特点。不同类型的建筑物，应该选用不同的评价指标。②指标的设置要因地制宜。对于不同地区、不同条件的建筑工程，指标设置要体现差别。③评价指标的设置及其衡量标准应随着国民经济的发展而进行修改。④评价指标必须准确简练、概念清晰、尽可能定量化。

### 1. 专家评议法

在对建筑工程功能评价之前，选择专家组成评议小组，对建筑工程各种功能进行定义、整理，共同协商拟定评价的内容，经过对拟定内容进行认真分析、横向比较和调查后进行综合评议，确定建筑物功能评价的结果。这种方法实际上是一种定性的评价方法，其优点是评价过程简单、评价时间短，虽然能深入地听取各方面的意见，但由于没有进行量化评定和比较，评价的科学性较差。

### 2. 综合评分法

综合评分法又叫定量评价方法，采用该方法时，首先对建筑工程功能评价的各指标进行评分，其中定性指标采用专家打分的方法确定分值，定量指标按照其实现功能的满足程度转化为相应的评分，最后将各项指标的得分累加，求出综合得分。计算公式为

$$v=\sum_{i=1}^{n}v_i \tag{7-11}$$

式中 $v$——功能评价综合得分；

$v_i$——各评价指标得分。

若评价指标过多，应对各指标的重要程度有所区分，结合各指标对实现建筑工程功能贡献大小，由专家确定指标权重，再用这些指标对建筑工程进行衡量，视其符合程度确定得分，最后将每项指标权数与指标分值相乘，累计求出综合评价分。计算公式为

$$v=\sum_{i=1}^{n}v_i w_i \tag{7-12}$$

综合评价法具体步骤如下。

(1) 建立评价指标体系　通过对研究对象的分析与整理，找出局部功能与整体功能之间的关系，按照一定的逻辑顺序，将建筑物各组成部分的功能联系起来，建立系统化的评价指标体系。

(2) 确定指标权重　确定指标权重的方法有直接打分法、对比求和评分法、环比评分法、逻辑判断评分法和功能系统评分法等。

① 直接打分法。这种方法适用评价对象功能重要程度差别不大的情况，若差别较大或可比性较差，则这种方法评分结果不够准确。

② 对比求和评分法。对比求和评分法，是指把某个评价指标同其他评价指标逐个进行对比，根据功能重要程度，按对比分值和一定限值评分，然后计算该指标同其他指标两两比较时的评分之和，即得该评价指标功能评分的方法。根据指标比较时评分值规定的不同，对比求和法可分为 01 法、04 法和多比例评分法三种。

a. 01 法。将每个评价指标同其他评价指标逐个进行比较，根据指标重要程度，对比较重要的指标评为 1 分，较次要的指标评为 0 分，然后计算该指标同其他指标两两比较时的评分之和，为防止出现指标得分为零的情况，对所有指标总得分加 1 进行修正，最后用各指标修正得分除以所有指标得分之和即为该指标的权重值。这种方法准确性较差，主要用于评价指标重要程度排序。具体过程见表 7-9 所示。

表 7-9　01 法指标权重值的确定表

| 指标 | A | B | C | D | E | 得分 | 修正得分 | 指标权重 |
|---|---|---|---|---|---|---|---|---|
| A | — | 0 | 0 | 1 | 1 | 2 | 3 | 0.20 |
| B | 1 | — | 1 | 1 | 1 | 4 | 5 | 0.33 |

续表

| 指标 | A | B | C | D | E | 得分 | 修正得分 | 指标权重 |
|---|---|---|---|---|---|---|---|---|
| C | 1 | 0 | — | 1 | 1 | 3 | 4 | 0.27 |
| D | 0 | 0 | 0 | — | 0 | 0 | 1 | 0.07 |
| E | 0 | 0 | 0 | 1 | — | 1 | 2 | 0.13 |
| 合计 | | | | | | 10 | 15 | 1.00 |

b. 04 法。04 法评分中，对功能非常重要的指标得 4 分，比较重要的得 3 分，两个指标同样重要的得 2 分，不太重要的得 1 分。具体过程见表 7-10 所示。

表 7-10　04 法指标权重值的确定表

| 指标 | A | B | C | D | E | 得分 | 指标权重 |
|---|---|---|---|---|---|---|---|
| A | — | 3 | 1 | 3 | 4 | 3 | 0.275 |
| B | 1 | — | 3 | 2 | 3 | 5 | 0.225 |
| C | 3 | 1 | — | 4 | 4 | 4 | 0.300 |
| D | 1 | 2 | 0 | — | 3 | 1 | 0.150 |
| E | 0 | 1 | 0 | 1 | — | 2 | 0.050 |
| 合计 | | | | | | 40 | 1.00 |

c. 多比例评分法。仅用上两种方法仍不能充分反映指标重要性量的差别，因此，运用 9∶1，8∶2，7∶3，6∶4，5∶5 和 0∶10 等多种比例，拉开评分差距，提高比分伸缩性，使评分结果更客观。具体过程见表 7-11 所示。

表 7-11　多比例评分法指标权重值的确定表

| 指标 | A | B | C | D | E | 得分 | 指标权重 |
|---|---|---|---|---|---|---|---|
| A | — | 4 | 2 | 6 | 7 | 19 | 0.19 |
| B | 6 | — | 4 | 8 | 7 | 25 | 0.25 |
| C | 8 | 6 | — | 9 | 9 | 32 | 0.32 |
| D | 4 | 2 | 1 | — | 4 | 11 | 0.11 |
| E | 3 | 3 | 1 | 6 | — | 13 | 0.13 |
| 合计 | | | | | | 100 | 1.00 |

注：这种方法规定，功能重要性相等记为 5∶5，一方比另一方略微重要就记为 6∶4，差距很大就记为 10∶0。

③ 环比评分法。环比评分法先从上至下依次比较相邻两个指标的重要程度，给出功能重要度值，然后令最后一个被比较的指标的重要度值为 1（作为基数），依次修正重要性比值，以排列在下面的指标的修正重要度比值乘以与其相邻的上一个指标的重要度比值，得出上一指标修正重要度比值。用各指标修正重要度比值除以功能修正值总和，即得各指标权重。这种方法适用于各个评价对象之间有明显的可比关系，能直接对比，并能准确地评定功能重要度比值的情况。具体过程见表 7-12 所示。

**表 7-12　环比评分法指标权重值的确定表**

| 指标 | 重要度比值 | 修正重要度比值 | 指标权重 |
| --- | --- | --- | --- |
| A | | 2.25 | 0.29 |
| B | 1.5 | 1.5 | 0.19 |
| C | 0.5 | 3.00 | 0.39 |
| D | 3.0 | 1.00 | 0.13 |
| 合计 | 4 | 7.75 | 1.00 |

④ 逻辑判断评分法。逻辑判断评分法是根据各评价指标之间功能重要程度的逻辑判断而评定指标权重的方法。先将评价指标按功能重要性上大下小的顺序排列在表中，然后选定基准评价指标，规定其评分值，最后根据逻辑判断，自下而上地找出各评价指标重要性之间的数量关系，推算出评价指标的得分。该方法适用于功能逻辑关系明显可比的情况。具体过程见表 7-13 所示。

**表 7-13　逻辑判断评分法指标权重值的确定表**

| 指标 | 逻辑关系 | 评分值 | 指标权重 |
| --- | --- | --- | --- |
| A | A＞2B | 130 | 0.53 |
| B | B＞C＋D＋E | 60 | 0.25 |
| C | C＞D＋E | 30 | 0.12 |
| D | D＞E | 15 | 0.06 |
| E | E | 10 | 0.04 |
| 总计 | | 245 | 1.00 |

⑤ 功能系统评分法　当评价指标体系构成复杂、指标之间有内在联系时，可将功能整理为等级层次，居于上层的具有目的性和控制性的指标称为上位指标，居于下层的作为实现上一功能的手段和表述内容的指标称为下位指标。

在功能评分中，首先对上位指标之间进行比较分析，确定各上位指标相对于总目标的权重值；然后对于同一上位指标的直接下位指标评分。各指标的最后得分可以通过上位指标权重值与该指标在本分区内的重要性系数的乘积确定。这样，以上位指标为媒介，可对每一指标进行直接或间接的比较。具体过程见表 7-14。

**表 7-14　功能系统评分法指标权重值的确定表**

| 上位指标及权重（01 或 04 法确定） | $F_1$ 0.416 | | | $F_2$ 0.416 | | | $F_3$ 0.168 | | |
| --- | --- | --- | --- | --- | --- | --- | --- | --- | --- |
| 下位指标 | $F_{11}$ | $F_{12}$ | $F_{13}$ | $F_{21}$ | $F_{22}$ | $F_{23}$ | $F_{31}$ | $F_{32}$ | $F_{33}$ |
| 重要性 | 34% | 33% | 33% | 34% | 33% | 33% | 20% | 40% | 40% |
| 指标价值权重 | 0.142 | 0.137 | 0.137 | 0.142 | 0.137 | 0.137 | 0.034 | 0.067 | 0.067 |

（3）确定指标分值　指标体系中包含定量指标和定性指标，对于定性指标，采用专家评分的方法确定，对于定量指标，可以先计算出数值，然后参考定性指标的评价方法，将该数值与事先确定的评分标准中的标准分值进行比较，视其满足程度确定指标得分。在实务工作中，功能评分可通过组织专家小组会议，由各专家分别打分，然后将整理平均后的结果作为

评价指标的分数值。在评价时可参考表 7-15 所示的评分标准。

表 7-15 评分标准

| 满足程度 | 优 | 良 | 中 | 差 | 最差 |
|---|---|---|---|---|---|
| 百分制 | 80～100 | 61～80 | 41～60 | 21～40 | 0～20 |
| 十分制 | 9～10 | 7～8 | 5～6 | 3～4 | 0～2 |

（4）计算综合评价得分，确定评价结论

$$指标得分=指标分值\times 该指标权重 \quad (7\text{-}13)$$

$$综合得分=\sum 指标得分 \quad (7\text{-}14)$$

对专家个人的功能评分进行平均时可采用算术平均分、加权平均法和中位数法来进行。

**【例 7-3】** 对某住宅建筑的功能进行评价，并列出指标权重。

**解：**（1）确定评价指标体系 评价人员对项目进行实地考察，对住宅的各种功能进行整理和分析，大家一致认为该住宅功能分为适用（包括平面布局、空间布置、采光通风、层高层数等因素）、安全（包括牢固耐用、“三防”设施等因素）、美观（包括造型、室外装修、室内装饰等因素）和其他（包括环境协调、工程造价、配套设施等因素）四个方面。由此确定了功能评价体系。

（2）确定指标权重 经过评价组商讨，为了体现评价结果的科学性、准确性，决定采用功能系统评分法来分析确定各指标的权重。

① 上位指标权重值的确定。采用多比例评分法，分析及比较过程见表 7-16 所示。

表 7-16 上位指标权重计算表

| 指标 | 适用 | 环境 | 安全 | 其他 | 得分 | 指标权重 |
|---|---|---|---|---|---|---|
| 适用 | — | 6 | 7 | 9 | 22 | 0.37 |
| 环境 | 4 | — | 6 | 7 | 17 | 0.28 |
| 安全 | 3 | 4 | — | 6 | 13 | 0.22 |
| 其他 | 1 | 3 | 4 | — | 8 | 0.13 |
| 合计 | | | | | 60 | 1.00 |

② 下位指标权重值的确定，分析及计算过程见表 7-17 所示。

表 7-17 下位指标权重计算表

| 上位指标及权重 | 适用 0.37 | | | | 环境 0.28 | | 安全 0.22 | | | 其他 0.13 | | |
|---|---|---|---|---|---|---|---|---|---|---|---|---|
| 下位指标 | 单元平面 | 住宅套型 | 建筑装修 | 设备设施 | 建筑造型 | 绿地与活动场地 | 公共设施和配套 | 室外环境 | 结构安全 | “三防”设施 | 经济性能 | 耐久性能 |
| 重要性 | 30% | 25% | 25% | 20% | 30% | 30% | 20% | 20% | 60% | 40% | 50% | 50% |
| 指标权重 | 0.111 | 0.0925 | 0.0925 | 0.074 | 0.084 | 0.084 | 0.056 | 0.056 | 0.132 | 0.088 | 0.065 | 0.065 |

③ 确定指标分值，见表 7-18 所示。

表 7-18　指标打分表

| 上位指标 | 下位指标 | 权重值 | 等级 | | | | | 指标得分 |
|---|---|---|---|---|---|---|---|---|
| | | | 好(10) | 较好(8) | 一般(6) | 较差(4) | 差(2) | |
| 适用 | 单元平面 | 0.111 | | √ | | | | 0.888 |
| | 住宅套型 | 0.0925 | √ | | | | | 0.925 |
| | 建筑装修 | 0.0925 | √ | | | | | 0.925 |
| | 设备设施 | 0.074 | | | √ | | | 0.444 |
| 环境 | 建筑造型 | 0.084 | | | √ | | | 0.504 |
| | 绿地与活动场地 | 0.084 | | √ | | | | 0.672 |
| | 公共设施和配套 | 0.056 | | √ | | | | 0.448 |
| | 室外环境 | 0.056 | | √ | | | | 0.336 |
| 安全 | 结构安全 | 0.132 | | √ | | | | 1.056 |
| | “三防”措施 | 0.088 | | | | √ | | 0.352 |
| 其他 | 经济性能 | 0.065 | | | √ | | | 0.390 |
| | 耐久性能 | 0.065 | | √ | | | | 0.520 |
| 合计 | | 1.00 | 综合评价总得分 | | | | | 7.46 |

结论：该住宅建筑功能评价的综合得分为 7.316 分，大于 6 分，表明该建筑基本满足其功能要求。

## 本 章 小 结

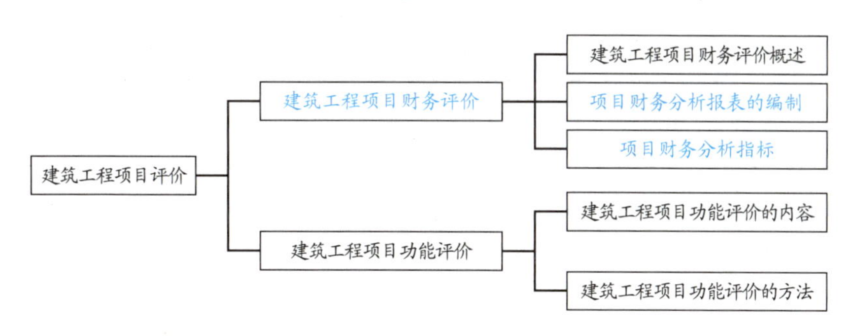


## 自　测　题

### 一、单项选择题

1. （　　）能全面反映项目的资金活动全貌。

A. 损益表　　B. 资产负债表

C. 资金来源与运用表　　D. 财务外汇平衡表

2. 资产负债主体结构包括三部分，其表现形式为（　　）。

A. 所有者权益＝资产＋负债　　B. 资产＝负债＋所有者权益

C. 所有者权益＝流动资产＋负债　　D. 流动资产＝负债＋所有者权益

3. （　　）代表了项目投资应获得的最低财务盈利水平，也是衡量投资项目是否可行的标准。

A. 基准收益率　　B. 内部收益率　　C. 静态收益率　　D. 动态收益率

4. 内部收益率是指项目在（　　）内，各年净现金流量现值之和为零时的折现率。

A. 生产经营期　　B. 使用寿命期　　C. 建设期　　D. 整个计算期

5.（　　）反映的是项目全部投资所能获得的实际最大收益率。

A. 基准收益率　　B. 内部收益率　　C. 静态收益率　　D. 动态收益率

6. 一个项目的财务净现值小于零，则其财务内部收益率（　　）基准收益率。

A. 等于　　B. 一定大于

C. 一定小于　　D. 可能大于，也可能小于

7. 用财务内部收益率对项目进行评价时，（　　）指标是财务内部收益率的判别基准。

A. 平均投资利润率　　B. 折现率　　C. 行业基准收益率　　D. 投资利税率

8. 项目的（　）计算结果越大，表明其盈利能力越强。

A. 投资回收期　　B. 财务净现值　　C. 借款偿还期　　D. 资产负债率

9. 下列关于损益表中各项数字之间相关关系的表述中，正确的是（　　）。

A. 利润总额＝营业利润－期间费用＋营业外收入－营业外支出

B. 利润总额＝营业利润＋投资收益＋营业外收入－营业外支出

C. 利润总额＝营业利润－期间费用＋营业外收入－营业外支出＋以前年度损益调整

D. 利润总额＝营业利润＋投资收益＋营业外收入－营业外支出＋以前年度损益调整

10. 项目的（　　）计算结果越大，表明其投资的经济效果越好。

A. 财务内部收益率　　B. 投资回收期　　C. 盈亏平衡点　　D. 借款偿还期

11. 已知某投资项目，其净现金流量如下图所示（单位：万元）。该项目行业基准收益率为10%，则其财务净现值为（　　）万元。

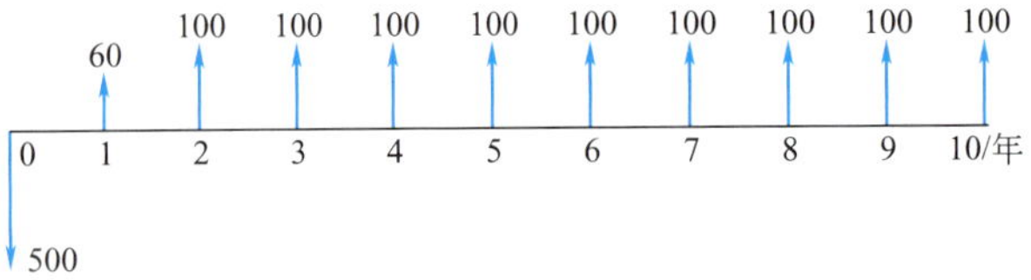

60　100　100　100　100　100　100　100　100　100

0　1　2　3　4　5　6　7　8　9　10/年

500

A. 30.50　　B. 78.09　　C. 130.45　　D. 460.00

12. 某预制构件厂项目设计年生产能力30000件，每件销售价格为40元，单件产品变动成本为20元，年固定成本200000元，每件产品销售税金为4元，则该项目的盈亏平衡点为（　　）件。

A. 5000　　B. 10000　　C. 12500　　D. 30000

13. 某投资项目，其财务现金流量如下表所示。已知该项目的基准收益率为12%，则该项目净现值为（　　）元。

| 年份 | 1 | 2 | 3 | 4 | 5 | 6 | 7 | 8 | 9 | 10 |
|---|---|---|---|---|---|---|---|---|---|---|
| 净现金流量(万元) | －1000 | 180 | 180 | 180 | 180 | 180 | 180 | 180 | 180 | 180 |

A. －143.67　　B. －36.53　　C. 17.04　　D. 124.18

14. 已知某投资项目，其净现值NPV的计算结果为：$NPV_1$（$i_1$＝10%）＝1959万元，$FNPV_2$（$i_2$＝12%）＝－866万元，则该项目的财务内部收益率为（　　）。

A. 11.58%　　B. 11.39%　　C. 11.12%　　D. 10.61%

15. FNPV＝0，表明项目获利程度（　　）。

A. 低于基准收益　　B. 高于基准收益率　　C. 等于基准收益率　　D. 等于零

16. 在建设项目财务评价中，反映项目盈利能力的常用指标是（　　）。

A. 生产能力利用率　　B. 资产负债率　　C. 内部收益率　　D. 流动比率

17. 企业发生的年度亏损，5年之内，可以用下一年度的（　　）来弥补。

A. 税前利润　　B. 息税前利润

C. 息税折旧摊销前利润　　D. 净利润

18. 速动比例的计算公式为（　　）。

A. 流动资产/流动负债×100%　　B. (流动资产－存货)/流动负债×100%

C. 流动资产/速动资产×100%　　D. 速动资产/流动资产×100%

19. 行业投资利润率的作用是（　　）。

A. 判断项目投资利润率是否达到本行业最低利润率

B. 计算财务净现值指标的折现率

C. 衡量项目投资利润率是否达到或超过本行业的平均水平

D. 判断各行业评价财务内部收益率指标的基准

20. 根据某建设项目的有关数据（见表），可知该项目静态投资回收期为（　　）。

| 年份 | 1 | 2 | 3 | 4 | 5 | 6 |
|---|---|---|---|---|---|---|
| 净现金流量(万元) | −100 | −200 | −50 | 100 | 150 | 200 |

A. 4 年　　B. 3.33 年　　C. 3.5 年　　D. 5.5 年

21. 进行建筑工程功能评价时，如果甲、乙、丙、丁四项评价指标间重要度比值分别为甲/乙＝2；乙/丙＝0.3；丙/丁＝1.5，则采用环比评分法确定的指标甲的权重为（　　）。

A. 0.12　　B. 0.18　　C. 0.23　　D. 0.35

22. 土地利用系数是指（　　）。

A. 建筑占地面积/厂区占地面积

B. （建筑占地面积＋厂区道路占地面积）/厂区占地面积

C. （建筑占地面积＋厂区道路占地面积＋工程管网占地面积）/厂区占地面积

D. （建筑占地面积＋厂区道路占地面积＋工程管网占地面积＋绿化面积）/厂区占地面积

23. 某产品有 $f1$，$f2$，$f3$，$f4$ 四项功能，采用环比评分法得出相邻两项功能的重要性系数为：$f1/f2=1.75$. $f2/f3=2.20$，$f3/f4=3.10$。则功能 $f2$ 的重要性系数是（　　）。

A. 0.298　　B. 0.224　　C. 0.179　　D. 0.136

## 二、多项选择题

1. 财务评价的主要目标包括（　　）。

A. 盈利能力目标　　B. 利税能力目标　　C. 清偿能力目标

D. 抗风险能力目标　　E. 外汇平衡目标

2. 在财务现金流量表中，作为现金流入的有（　　）。

A. 流动资金　　B. 回收流动资金　　C. 销售税金及附加

D. 固定资产余值　　E. 产品销售收入

3. 在（自有资金）财务现金流量表中，作为现金流量的有（　　）。

A. 回收流动资金　　B. 自有资金　　C. 经营成本

D. 借款本金偿还　　E. 借款利息支付

4. 在（全部投资）的财务现金流量表中，作为现金流出的有（　　）。

A. 自有资金　　B. 借款本金偿还　　C. 流动资金

D. 经营成本　　E. 销售税金及附加和所得税

5. 在项目财务评价表中，均是对项目进行盈利能力分析的报表为（　　）。

A. 现金流量表　　B. 损益表　　C. 资金来源与运用表

D. 资产负债表　　E. 财务外汇平衡表

6. 在进行项目财务评价时，损益表中可供分配利润包括（　　）。

A. 税后利润　　B. 盈余公积金　　C. 应付利润

D. 税前利润　　E. 未分配利润

7. 资产负债表主体结构包括（　　）几个部分。

A. 资产　　B. 负债　　C. 所有者权益

D. 盈余　　E. 利税

8. 资本金为项目投资时的自有资金，资本公积金的具体来源包括（　　）。

A. 投资者实际缴付的出资额超过资本金的差额

B. 法定财产重估增值　　C. 资本汇率折算差额

D. 接受捐赠的财产　　E. 实际资本账户的金额

9. （　　）包含在现金流量表（自有资金），而不包含在现金流量表（全部投资）中。

A. 回收固定资产余值　　B. 回收流动资金　　C. 销售税金及附加

D. 借款本金偿还　　E. 借款利息支付

10. 按现行财务制度规定，归还建设投资借款的资金来源主要包括（　　）。

A. 项目投资后的折旧　　B. 项目投资后的销售收入

C. 摊销费　　D. 税后利润　　E. 未分配利润

11. 财务评价效果的好坏，主要取决于（　　）。

A. 基础数据的可靠性　　B. 基础数据的代表性　　C. 投资计划的准确性

D. 评价指标体系的合理性　　E. 设计概算的对比性

12. 财务评价的动态指标有（　　）。

A. 投资利润率　　B. 借款偿还期　　C. 财务净现值

D. 财务内部收益率　　E. 资产负债率

13. 财务评价指标体系中，反映盈利能力的指标有（　　）。

A. 流动比率　　B. 速动比率　　C. 财务净现值

D. 投资回收期　　E. 资产负债率

14. 投资项目资产负债中，资产包括（　　）。

A. 固定资产净值　　B. 在建工程　　C. 长期借款

D. 无形及递延资产净值　　E. 应付账款

15. 基准收益率的确定，需考虑的因素有（　　）。

A. 投资风险　　B. 社会折现率　　C. 资金成本

D. 资金限制　　E. 通货膨胀

## 三、判断题

1. 现金流量应反映项目在计算期内各年发生的所有收支，包括现金收支与非现金收支。（　　）

2. 现金流量表（自有资金）与现金流量表（全部投资）的现金流入和流出项目皆相同。（　　）

3. 项目的盈余公积金有一个最大提取限值，当其累计达到注册资本的50%以后就不再提取。（　　）

4. 静态投资回收期只能从项目投入建设年份算起。（　　）

5. 对于常规的投资项目，其净现值大小与折现率的高低有直接关系。折现率越大，净现值就越大；折现率越小，净现值就越小。（　　）

## 四、计算分析题

1. 某人年初欲购商业店铺，总价为20万元，可经营15年，经市场调查及预测，市场上同类店铺的销售利润率可达20%，营业额每5年增长10%，问在15年经营期内，各年营业额平均为多少才能保证收益率达到14%？若营业额为20万元，销售利润率为多少才能保证14%的收益率？若按20%的销售利润率，营业额为18万，试计算其基准收益率14%下的财务净现值、动态投资回收期和财务内部收益率。

2. 某公司拟上一个新项目，预计该项目的生命周期为10年，其中，建设期为2年，生产期为8年。项目投资的现金流量数据如表7-19所示。生产期第一年和最后一年的总成本均为2300万元，其余各年总成本为3500万元。根据规定，全部数据发生在各年年末。已知项目运行期间，销售税金及附加的税率为6%，所得税率为25%，基准收益率为12%。

试计算：

（1）项目生产运营期内的销售税金及附加和所得税。

（2）项目现金流量表7-19中的其余各项值。

（3）项目的静态、动态投资回收期，以及财务净现值和财务内部收益率，并判断项目的可行性。

表7-19　全部投资现金流量表　　单位：万元

| 序号 | 年份 / 项目 | 建设期 | | 生产期 | | | | | | | |
|---|---|---|---|---|---|---|---|---|---|---|---|
| | | 1 | 2 | 3 | 4 | 5 | 6 | 7 | 8 | 9 | 10 |
| 1 | 现金流入 | | | | | | | | | | |
| 1.1 | 销售收入 | | | 2500 | 4200 | 4200 | 4200 | 4200 | 4200 | 4200 | 2500 |
| 1.2 | 固定资产残值回收 | | | | | | | | | | 500 |
| 1.3 | 流动资金回收 | | | | | | | | | | 1000 |
| 2 | 现金流出 | | | | | | | | | | |
| 2.1 | 建设投资 | 2100 | 1400 | | | | | | | | |

续表

| 序号 | 年份<br>项目 | 建设期 | | 生产期 | | | | | | | |
|---|---|---|---|---|---|---|---|---|---|---|---|
| | | 1 | 2 | 3 | 4 | 5 | 6 | 7 | 8 | 9 | 10 |
| 2.2 | 流动资金 | | | 600 | 400 | | | | | | |
| 2.3 | 经营成本 | | | 1600 | 2500 | 2500 | 2500 | 2500 | 2500 | 2500 | 2500 |
| 2.4 | 销售税金及附加 | | | | | | | | | | |
| 2.5 | 所得税 | | | | | | | | | | |
| 3 | 净现金流量 | | | | | | | | | | |
| 4 | 累计净现金流量 | | | | | | | | | | |
| 5 | 折现净现金流量 | | | | | | | | | | |
| 6 | 累计折现净现金流量 | | | | | | | | | | |

3. 某建设项目有关资料如下。

(1) 项目计算期10年，其中建设期2年。项目第3年投产，第5年开始达到100%设计生产能力。

(2) 项目固定资产投资9000万元（不含建设期贷款利息和固定资产投资方向调节税），预计8500万元形成固定资产，500万元形成无形资产。固定资产年折旧费为673万元，固定资产残值在项目运营期末收回，固定资产投资方向调节税率为0。

(3) 无形资产在运营期8年中，均匀摊入成本。

(4) 流动资金为1000万元，在项目计算期末收回。

(5) 项目的设计生产能力为年产量1.1万吨，预计每吨销售价为6000元，年销售税金及附加按销售收入的5%计取，所得税率为25%。

(6) 项目的资金投入、收益、成本等基础数据，见表7-20所示。

**表7-20　建设项目资金投入、收益及成本表**　　单位：万元

| 序号 | 年份<br>项目 | | 1 | 2 | 3 | 4 | 5 |
|---|---|---|---|---|---|---|---|
| 1 | 建设投资 | 自有资金 | 3000 | 1000 | | | |
| | | 贷款(不含贷款利息) | | 4500 | | | |
| 2 | 流动资金 | 自有资金部分 | | | 400 | | |
| | | 贷款 | | | 100 | 500 | |
| 3 | 年销售量(万吨) | | | | 0.8 | 1.0 | 1.1 |
| 4 | 年经营成本 | | | | 4200 | 4600 | 5000 |

(7) 还款方式：在项目运营期间（即从第3～10年）按等额还本利息照付方式偿还，流动资金贷款每年付息。长期贷款利率为6.22%（按年付息），流动资金贷款利率为3%。

(8) 经营成本的80%作为固定成本。要求：

① 计算无形资产摊销费。

② 编制借款还本付息表，把计算结果填入表7-21中（表中数字按四舍五入取整，表7-22、表7-23同）。

**表7-21　借款还本付息表**　　单位：万元

| 序号 | 年份<br>项目 | 1 | 2 | 3 | 4 | 5 | 6 | 7 | 8 | 9 | 10 |
|---|---|---|---|---|---|---|---|---|---|---|---|
| 1 | 年初累计借款 | | | | | | | | | | |
| 2 | 本年新增借款 | | | | | | | | | | |
| 3 | 本年应计利息 | | | | | | | | | | |

续表

| 序号 | 项目＼年份 | 1 | 2 | 3 | 4 | 5 | 6 | 7 | 8 | 9 | 10 |
|---|---|---|---|---|---|---|---|---|---|---|---|
| 4 | 本年应还本金 | | | | | | | | | | |
| 5 | 本年应还利息 | | | | | | | | | | |

③ 编制总成本费用估算表，把计算结果填入表 7-22 中。

表 7-22 总成本费用估算表　　单位：万元

| 序号 | 项目＼年份 | 3 | 4 | 5 | 6 | 7 | 8 | 9 | 10 |
|---|---|---|---|---|---|---|---|---|---|
| 1 | 经营成本 | | | | | | | | |
| 2 | 折旧费 | | | | | | | | |
| 3 | 摊销费 | | | | | | | | |
| 4 | 财务费 | | | | | | | | |
| 4.1 | 长期借款利息 | | | | | | | | |
| 4.2 | 流动资金借款利息 | | | | | | | | |
| 5 | 总成本费用 | | | | | | | | |
| 5.1 | 固定成本 | | | | | | | | |
| 5.2 | 可变成本 | | | | | | | | |

④ 编制项目损益表，把计算结果填入表 7-23 中，盈余公积金提取比例为 10%。

表 7-23 项目损益表　　单位：万元

| 序号 | 项目＼年份 | 3 | 4 | 5 | 6 | 7 | 8 | 9 | 10 |
|---|---|---|---|---|---|---|---|---|---|
| 1 | 销售收入 | | | | | | | | |
| 2 | 总成本费用 | | | | | | | | |
| 3 | 销售税金及附加 | | | | | | | | |
| 4 | 利润总额(1)－(2)－(3) | | | | | | | | |
| 5 | 所得税(4)×25% | | | | | | | | |
| 6 | 税后利润(4)－(5) | | | | | | | | |
| 7 | 盈余公积金(6)×10% | | | | | | | | |
| 8 | 可供分配利润(6)－(7) | 0 | 0 | 0 | 37 | 224 | 246 | 267 | 290 |

⑤ 计算第 7 年的产量盈亏平衡点（保留两位小数）和单价盈亏平衡点（取整），分析项目盈利能力和抗风险能力。

4. 某工程项目估计建设期 3 年，第一年建设投资 600 万元，第二年建设投资 2000 万元，第三年投资 800 万元。投产第一年达到设计能力的 60%，第二年达到 80%，第三年达到 100%。正常年份的销售收入为 3500 万元；正常年份的经营成本为2000万元；正常年份的销售税金为210万元；残值为400万元，项目经营期为7年（不含建设期），流动资金总额为600万元，从投产年开始按生产能力分3次投入，投入比例为60%、30%、10%。基准收益率为12%，标准静态投资回收期为9年。要求：

（1）试给出该项目全部投资税前的现金流量表。

（2）计算该项目所得税前的静态投资回收期。

（3）计算该项目所得税前的财务净现值、财务内部收益率和动态投资回收期指标。

（4）评价该项目是否可行。

# 第八章　建筑施工企业财务分析

**知识目标**

- 了解财务分析的意义、内容及财务分析所依据的基础。
- 熟悉财务分析的作用和财务分析的目的。
- 掌握偿债能力、营运能力、盈利能力以及发展能力等财务分析的含义及计算方法，掌握综合财务分析方法。

**能力目标**

- 熟练运用财务分析的基本方法。
- 会选择合适的财务分析方法对企业进行正确的财务评价。

**素质目标**

- 树立客观的工程项目财务分析理念。
- 正确理解财务分析的意义及局限性，客观评价施工企业的各项能力。

## 第一节　建筑施工企业财务分析概述

### 一、财务分析的概念和意义

财务分析是指企业以价值形式运用会计报表及其他核算资料，采用一系列方法，对一定期间的财务活动的过程和结果进行研究和评价，借以认识财务活动规律，促进企业提高经济效益的财务管理活动。

财务分析是企业理财的重要手段，它既是对企业已完成的财务活动的总结，又是对企业未来财务发展状况进行预测的前提。通过财务分析，可评价企业在一定时期的财务状况和经营成果，揭示企业经营过程中存在的问题，为财务信息使用者进行经济决策提供重要依据。财务分析在财务管理工作中起着承上启下的作用。做好财务分析工作具有以下重要意义：

#### 1. 财务分析是评价财务状况、衡量经营业绩的重要依据

通过对企业财务报告等核算资料的分析，可以了解企业偿债能力、营运能力、盈利能力和发展能力，便于企业管理者及其他报告使用人了解企业财务状况和经营成果，并通过分析将影响财务状况和经营成果的主客观因素及宏微观因素区分开，划清经济责任，合理评价经营者的工作业绩，并据此奖优罚劣，以促使经营者不断改进工作。

#### 2. 财务分析是挖掘潜力、改进工作、实现财务管理目标的重要手段

企业财务管理的根本目标是努力实现企业价值最大化。通过财务指标的设置和分析，能了解企业的盈利能力和资金周转情况，不断挖掘企业改善财务状况、扩大财务成果的内部潜力，充分认识未被利用的人力资源和物质资源，寻找利用不当的部分及原因，发现进一步提高利用效率的可能性，以便从各方面揭露矛盾、找出差距、寻求措施，促进企业经营理财务活动按照企业价值最大化的目标实现良性运行。

#### 3. 财务分析是合理实施投资决策的重要措施

投资者及潜在投资者是企业重要的财务报告使用人，通过对企业财务报告的分析，可以了解企业获利能力的高低、偿债能力的强弱、营运能力的大小以及发展能力的增减，可以了

解投资后的收益水平和风险程度，从而为投资决策提供必要的信息。

## 二、财务分析的内容

财务分析的内容是由财务信息使用者对财务分析的目的所决定的，虽然不同的利益主体对财务分析的侧重点有所不同，但就总体而言，企业财务分析的基本内容可归纳为以下四个方面。

### 1. 偿债能力分析

偿债能力分析包括短期偿债能力分析和长期偿债能力分析两方面，通过偿债能力分析衡量企业财务风险的大小，评价企业财务是否稳健。

### 2. 营运能力分析

营运能力分析主要分析企业的资产管理效率和人力资源管理效率，通过营运能力分析评价企业资源的利用情况和管理水平。

### 3. 获利能力分析

获利能力分析主要分析企业的销售盈利水平、投资报酬水平、资本收益水平，通过获利能力分析评价企业的经营，考核企业经营目标的完成情况。

### 4. 发展能力分析

发展能力分析主要从收入的增长、利润的增长、资产保值增值等方面分析企业的发展趋势，预测企业的未来发展前景。

## 三、财务分析的局限性

运用财务分析可以揭示企业在经营和财务管理中存在的问题，但不能给出解决问题的方案和改善企业状况的方法。此外，财务分析的主要依据是企业的财务报告，由于财务报告本身的局限性及财务报告数据的真实性问题，使财务分析具有一定的局限性。

① 财务报表所提供的资产价值数据是资产的历史成本而非现行价值。财务分析基于物价稳定这一假定，不按通货膨胀率或物价水平调整资产价值。如果物价发生较大变动或通货膨胀的情况下，财务报表所提供的数据将与资产的现行价值严重背离，以此为依据分析企业的财务状况及其变动趋势有可能产生重大偏差。

② 会计的稳健性原则要求预计损失而不预计收益，因此，企业提供的财务报表数据有可能夸大费用，少计收益，从而影响对企业经营业绩的正确评价。

③ 对同一会计事项的账务处理，企业会计准则允许企业选用不同的规程和方法，例如对存货计价，就有先进先出法、加权平均法、个别计价法等多种方法。由于会计政策可选择对财务报表数据的影响，进行同业间的财务情况分析对比时可能会有失可比性。

④ 财务报告是财务分析的主要依据，只有根据真实的财务报告，才有可能得出正确的分析结论。但是财务分析不能解决财务报告的真实性问题，因此，财务分析通常假定财务报告是真实的，如果出现财务报告虚假，则以此为基础的财务分析将失去意义。

# 第二节　财务分析的基本方法

财务分析的基本方法主要包括比率分析法、趋势分析法和因素分析法。

## 一、比率分析法

比率分析法是将某些彼此关联的用绝对数表示的经济指标加以对比，计算比率，形成具有一定意义的用相对数表示的经济指标——财务比率，据以评价企业财务状况和经营成果及其变动程度的一种财务分析方法。运用比率分析法可消除生产经营规模不同的影响，将某些条件下不可比的项目变得具有可比性。财务比率的构成项目之间存在着一定的逻辑关系，因此，比率分析法有利于对各指标的形成及变动原因进行分析。财务比率按反映的关系不同分为构成比率、效率比率和相关比率三类。

### 1. 构成比率

构成比率又称结构比率，它是某项财务指标的各组成部分数值占总体数值的百分比，反映部分与总体的关系。其计算公式为

$$构成比率=\frac{某个组成部分数值}{总体数值}\times 100\% \tag{8-1}$$

比如，企业资产中流动资产、固定资产和无形资产占资产总额的百分比（资产构成比率），企业负债中流动负债和长期负债占负债总额的百分比（负债构成比率）等。利用构成比率，可以考察总体中某个部分的形成和安排是否合理，以便协调各项财务活动。

### 2. 效率比率

效率比率是某项经济活动中所费与所得的比例，反映投入与产出的关系。利用效率比率指标，可以进行得失比较，考察经营成果，评价经济效益。比如，将利润项目与销售成本、销售收入、资本金等项目加以对比，可计算出成本利润率、销售利润率以及资本利润率等利润率指标，从不同角度观察、比较企业获利能力的高低及其增减变化情况。

### 3. 相关比率

相关比率是以某个项目和与其相关但又不同的项目加以对比所得的比率，反映有关经济活动的相互关系。利用相关比率指标，可以考察企业有联系的相关业务安排得是否合理，以保障运营活动顺畅进行。比如，将流动资产与流动负债加以对比，计算出流动比率，据以判断企业的短期偿债能力。

比率分析法的优点是计算简便，计算结果也比较容易判断，而且可以使某些指标在不同规模的企业之间进行比较，甚至也能在一定程度上超越行业间的差别进行比较。但采用这一方法时应该注意以下几点。

（1）对比项目的相关性　计算比率的子项和母项必须具有相关性，把不相关的项目进行对比是没有意义的。

（2）对比口径的一致性　计算比率的子项和母项必须在计算时间、范围等方面保持口径一致。

（3）衡量标准的科学性　运用比率分析，需要选用一定的标准与之对比，以便对企业的财务状况作出评价。通常而言，科学合理的对比标准有：①预定目标，如预算指标、设计指标、定额指标、理论指标等；②历史标准，如上期实际、上年同期实际、历史先进水平以及有典型意义的时期实际水平等；③行业标准，如主管部门或行业协会颁布的技术标准、国内外同类企业的先进水平、国内外同类企业的平均水平等；④公认标准。

## 二、趋势分析法

趋势分析法是将两期或连续若干期财务报告中相同的指标进行比较，确定其增减变动的方向、金额和幅度，以揭示企业财务状况和经营成果变动趋势的一种财务分析方法。

运用趋势分析法可以分析引起变化的主要因素、变化的性质，并预测企业未来的发展前景。

### 1. 趋势分析法的两种比较方式

1）定基比率分析

定基比率分析是在对连续若干期财务报告中相同的指标进行比较时，以第一期为固定基期，分别计算企业各期数值对基期的百分比，以显示在分析期间各项指标的总体变动趋势。其计算公式为

$$定基比率=分析期数值\div固定基期数值 \tag{8-2}$$

2）环比比率分析

环比比率分析是在对连续若干期财务报告中的相同指标进行比较时，分别计算各期数值与前期数值的百分比，以显示在分析期间各项指标的升降变动情况。其计算公式为

$$环比比率=分析期数值\div前期数值 \tag{8-3}$$

### 2. 趋势分析法具体运用的形式

1）财务报表的比较

将连续若干个会计期间的财务报表金额并列在一起，比较相同指标的增减变动，以判断企业财务状况和经营成果的变动情况及幅度，预测发展趋势。

**【例 8-1】** 永安建筑安装工程有限公司 2018～2020 年度的比较利润表，如表 8-1 所示。

表 8-1　永安建筑安装工程有限公司比较利润表（2018～2020 年度）　单位：万元

| 项目 | 金额 | | |
|---|---|---|---|
| | 2018 年 | 2019 年 | 2020 年 |
| **一、主营业务收入** | 1000 | 1250 | 1600 |
| 减：主营业务成本 | 640 | 775 | 1008 |
| 营业税金及附加 | 50 | 65 | 88 |
| **二、主营业务利润** | 310 | 410 | 504 |
| 加：其他业务利润 | 20 | 15 | 17 |
| 减：营业费用 | 80 | 125 | 156 |
| 管理费用 | 100 | 130 | 140 |
| 财务费用 | 20 | 20 | 40 |
| **三、营业利润** | 130 | 150 | 161 |
| 加：投资收益 | | | |
| 营业外收入 | | | |
| 减：营业外支出 | 2 | | 1 |
| **四、利润总额** | 128 | 150 | 160 |
| 减：所得税 | 38.4 | 45 | 48 |
| **五、净利润** | 89.6 | 105 | 112 |

观察永安建筑安装工程有限公司2018～2020年度的比较利润表，首先从收入和利润的增长概况看：

主营业务收入：2019年为1250万元，比2018年增加了250万元，增长25%；
2020年为1600万元，比2019年增加了350万元，增长28%。

主营业务利润：2019年为410万元，比2018年增加了100万元，增长32.25%；
2020年为504万元，比2019年增加了94万元，增长22.93%。

净利润：2019年为105万元，比2018年增加了15.4万元，增长17.19%；
2020年为112万元，比2019年增加了7万元，增长6.67%。

主营业务收入额在逐年增加，且增长幅度呈上升趋势，主营业务利润和净利润虽然也在逐年增加，但其增长幅度明显呈逐年下降的趋势，没能与收入同步增长。

进一步分析其成本费用情况。

主营业务成本：2019年为775万元，比2018年增加了135万元，增长21.09%；
2020年为1008万元，比2019年增加了233万元，增长30.06%。

营业费用：2019年为125万元，比2018年增加了45万元，增长56.25%；
2020年为156万元，比2019年增加了31万元，增长24.8%。

管理费用：2019年为130万元，比2018年增加了30万元，增长30%；
2020年为140万元，比2019年增加了10万元，增长7.69%。

财务费用：2019年和2018年均为20万元；
2020年为40万元，比2019年增加了20万元，增长100%。

通过分析可以明确，利润增长幅度下降是由于主营业务成本、财务费用的增长幅度超过了主营业务收入的增长幅度所致。需进一步对有关成本费用进行重点分析，找出其增长的主要原因，以采取对策降低成本，提高利润。

2）财务报表项目构成的比较

这种分析方法是在财务报表比较的基础上发展形成的。将财务报表中的某一总体指标作为100%，再计算出其他项目在总体指标中所占的百分比，形成反映项目构成情况的财务报表，然后将连续若干期按项目构成情况编制的财务报表合并为一张财务报表，通过比较各项目百分比的增减变动来判断企业的财务状况、经营成果的变化情况及趋势。

**【例8-2】** 以表8-1为基础编制永安建筑安装工程有限公司2018～2020年度的比较项目构成利润表（不含非常项目），如表8-2所示。

表8-2 永安建筑安装工程有限公司比较项目构成利润表（2018～2020年度）

单位：万元

| 项目 | 金额 | | |
|---|---|---|---|
| | 2018年 | 2019年 | 2020年 |
| **一、主营业务收入** | 100% | 100% | 100% |
| 减：主营业务成本 | 64% | 62% | 63% |
| 营业税金及附加 | 5% | 5.2% | 5.5% |
| **二、主营业务利润** | 31% | 32.8% | 31.5% |
| 加：其他业务利润 | 2% | 1.2% | 1.06% |

续表

| 项目 | 金额 | | |
|---|---|---|---|
| | 2018 年 | 2019 年 | 2020 年 |
| 减：营业费用 | 8% | 10% | 9.75% |
| 管理费用 | 10% | 10.4% | 8.75% |
| 财务费用 | 2% | 1.6% | 2.5% |
| **三、营业利润** | 13% | 12% | 10.06% |
| **四、利润总额** | 12.8% | 12% | 10% |
| 减：所得税 | 3.2% | 3% | 2.5% |
| **五、净利润** | 9.6% | 9% | 7.5% |

表 8-2 是以主营业务收入项目为总体指标编制的比较构成利润表，所构成的实际上是销售成本率、销售利润率等指标。由于主营业务成本比率的下降后又回升，使主营业务利润比率呈先升后降的趋势；利润总额和净利润在主营业务收入中所占的比重都呈下降的趋势，主营业务成本增长和营业费用增长是导致这种结果的主要原因之一。财务费用所占的比重不大，但在 2020 年提高的幅度很大，这是使 2020 年利润比率降低的重要原因之一。

财务报表项目构成比较方法不仅可用于同一企业不同时期财务状况的纵向比较，也可用于不同企业的横向比较。同时，这种方法能消除不同时期、不同业务规模差异的影响，有利于分析企业的耗费水平和收益水平。

3）重要财务指标的比较

重要财务指标的比较是对不同时期财务报告中的相同指标，采用定基比率分析或环比比率分析的方式进行比较，观察其增减变动情况、变动幅度，判断其发展趋势。

**【例 8-3】** 对永安建筑安装工程有限公司 2018～2020 年度的净利润这一重要指标的变动趋势进行分析，编制分析表，如表 8-3 所示。

**表 8-3　永安建筑安装工程有限公司净利润变动分析表**

| 项目 | 2018 年（基年） | 2019 年 | 2020 年 |
|---|---|---|---|
| 净利润/万元 | 89.6 | 105 | 112 |
| 定基比率 | 100% | 117.19% | 125% |
| 环比比率 | 100% | 117.19% | 106.67% |

从表 8-3 的定基比率变动情况看，在 2018～2020 年，永安建筑安装工程有限公司净利润呈连续增长趋势：与基年相比，净利润在 2019 年增长了 17.19%，在 2020 年增长了 25%。

从环比比率变动情况看，净利润虽在逐年增加，但增长的速度在减弱：与原来相比，净利润在 2019 年增长了 17.19%，在 2020 年增长了 6.67%。

### 3. 采用趋势分析法应注意的问题

① 用于进行对比的各个时期的指标，在计算口径上必须一致。

② 剔除偶发性项目的影响，使作为分析的数据能反映正常的经营状况。

③ 应运用例外原则，对某项有显著变动的指标作重点分析，研究其产生的原因，以便

采取对策，趋利避害。

④ 趋势分析以本企业的历史数据为基础，而经营环境是不断变化的，因此，需考虑环境变化对指标的影响。

## 三、因素分析法

因素分析法是根据指标与构成因素之间的数量依存关系，分析各项相关因素变动对某项综合性财务指标的影响程度的一种方法。运用因素分析法既可全面分析各因素对某一财务指标的影响，也可单独分析某个因素对某一财务指标的影响，有利于揭示问题，明确问题的形成及主要原因，以采取有效的对策和方法解决问题。采用这种方法的出发点在于，当有若干因素对分析指标发生影响作用时，假定其他各个因素都无变化，顺序确定每一个因素单独变化所产生的影响。

因素分析法具体有两种：一是连环替代法；二是差额分析法。

### 1. 连环替代法

连环替代法又称因素替换法，是将分析指标分解为各个可以计量的因素，并根据各个因素之间的依存关系，顺次用各因素的比较值（即实际值）替代基准值（即标准值或计划值），据以测定各因素对分析指标的影响。

假定某项财务指标 $P$ 由 $a$、$b$、$c$ 三个因素的乘积构成，即

$$P=abc$$

将构成指标 $P$ 的 $a$、$b$、$c$ 三个因素，由计划数 $a_0$、$b_0$、$c_0$ 分别顺序替代换成实际数 $a_1$、$b_1$、$c_1$，确定各因素变动对指标 $P$ 的影响。其计算公式和步骤如下。

计划指标：　$P_0=a_0b_0c_0$

第一次替代：　$P_1=a_1b_0c_0$

第二次替代：　$P_2=a_1b_1c_0$

第三次替代：　$P_3=a_1b_1c_1$

$P_3=a_1b_1c_1$ 是实际指标。

$a$ 因素变动的影响：　$\Delta P_a=P_1-P_0$

$b$ 因素变动的影响：　$\Delta P_b=P_2-P_1$

$c$ 因素变动的影响：　$\Delta P_c=P_3-P_2$

各因素变动影响合计：　$\Delta P=\Delta P_a+\Delta P_b+\Delta P_c$

$\Delta P$ 是实际指标与计划指标的差异。

**【例 8-4】** 永安建筑安装工程有限公司一工程队完成 200 平方米混凝土工程，耗用水泥成本见表 8-4 所示。

表 8-4　混凝土工程水泥成本表

| 项目 | 单位 | 计划数 | 实际数 |
|---|---|---|---|
| 工程总量 | 平方米 | 200 | 210 |
| 单位工程消耗量 | 吨 | 0.2 | 0.18 |
| 水泥单价 | 元 | 350 | 390 |
| 水泥费用总额 | 元 | 14000 元 | 14742 元 |

该工程队200平方米混凝土工程实际耗用水泥成本是14742元，而其计划成本是14000元。实际成本比计划成本增加742元。由于水泥成本是由工程总量、单位工程消耗量和水泥单价三个因素的乘积构成的，因此，就可以把水泥费用这一总指标分解为三个因素，然后逐个来分析它对总额的影响程度。

根据表中资料，水泥费用总额实际数较计划数增加742元，这是分析对象。运用连环替代法，可以计算各因素变动对水泥费用总额的影响程度如下。

计划指标：　$P_0=200\times0.2\times350=14000$(元)

第一次替代：　$P_1=210\times0.2\times350=14700$(元)

第二次替代：　$P_2=210\times0.18\times350=13230$(元)

第三次替代：　$P_3=210\times0.18\times390=14742$(元)

(1) 工程总量增加的影响：　$\Delta P_a=14700-14000=700$(元)

(2) 单位工程消耗量节约的影响：　$\Delta P_b=13230-14700=-1470$(元)

(3) 水泥单价提高的影响：　$\Delta P_c=14742-13230=1512$(元)

各因素变动影响合计：　$\Delta P=700-1470+1512=742$(元)

以上分析表明：水泥费用指标的计划数为14000元，实际数为14742元，实际比计划增加了742元，其中，因工程总量增加使水泥费用增加了700元，因单位工程消耗量降低使水泥费用减少了1470元，因水泥单价上涨使水泥费用增加了1512元。

### 2. 差额分析法

差额分析法是连环替代法的一种简化形式，它是利用各个因素的比较值与基准值之间的差额，来计算各因素对分析指标的影响。

其计算公式和步骤如下。

计划指标：　$P_0=a_0b_0c_0$

实际指标：　$P_n=a_1b_1c_1$

实际指标与计划指标的差异：　$\Delta P=P_n-P_0$

$a$ 因素变动的影响：　$\Delta P_a=(a_1-a_0)b_0c_0$

$b$ 因素变动的影响：　$\Delta P_b=a_1(b_1-b_0)c_0$

$c$ 因素变动的影响：　$\Delta P_c=a_1b_1(c_1-c_0)$

各因素变动影响合计：　$\Delta P=\Delta P_a+\Delta P_b+\Delta P_c=P_n-P_0$

**【例8-5】** 仍以表8-4所列数据为例，可采用差额分析法计算确定各因素变动对水泥费用的影响。

**解：**

计划指标：　$P_0=200\times0.2\times350=14000$(元)

实际指标：　$P_n=210\times0.18\times390=14742$(元)

实际指标与计划指标的差异：　$\Delta P=14742-14000=742$(元)

工程总量增加对水泥费用的影响为：

$$\Delta P_a=(210-200)\times0.2\times350=700\text{(元)}$$

单位工程消耗量节约对水泥费用的影响为：

$$\Delta P_b=210\times(0.18-0.2)\times350=-1470\text{(元)}$$

水泥价格提高对水泥费用的影响为：

$$\Delta P_c = 210 \times 0.18 \times (390 - 350) = 1512(\text{元})$$

因素分析法既可以全面分析各因素对某一经济指标的影响，又可以单独分析某个因素对某一经济指标的影响，在财务分析中应用颇为广泛。但在运用此方法时，应注意以下问题：①经济指标的组成因素必须在客观上存在因果关系，能够反映形成该指标差异的内在构成原因。②假定因素变动的有序性，按一定的顺序依次进行替代，并且每次替代都在前一次计算的基础上进行。如果改变因素替代顺序，则会产生不同的计算结果。

## 第三节　综合财务分析的方法

营运能力、偿债能力、盈利能力和发展能力等财务指标，都只是从某个侧面对企业的财务状况提供信息，只有将各个方面的信息纳入一个有机的整体之中，从全方位对企业的经营状况、理财状况作综合分析，才能对企业的财务状况作出正确的评价。综合财务分析就是将营运能力、偿债能力、盈利能力和发展能力等诸方面的分析纳入一个有机的整体之中，全面地对企业经营状况、财务状况进行解剖和分析，从而对企业经济效益的优劣作出准确的评价与判断。综合分析方法常用的有杜邦财务分析体系和沃尔比重分析法。

### 一、杜邦财务分析体系

杜邦财务分析体系是利用各种财务指标间的内在联系，对企业生产经营活动及其经济效益进行综合分析评价的一种方法。因其最初由美国杜邦公司创立并成功运用而得名。该体系以净资产收益率为核心，将其分解为若干财务指标，通过分析各分解指标的变动对净资产收益率的影响来揭示企业获利能力及其变动原因。

杜邦分析体系中，包括以下几种主要指标关系。

#### 1. 净资产收益率

净资产收益率是一个综合性最强的财务比率，是杜邦分析体系的核心。其他各项指标都是围绕这一核心，通过研究彼此间的依存制约关系而揭示企业获利能力及其前因后果。财务管理的目标是使所有者财富最大化。净资产收益率反映所有者投入资金的获利能力，反映企业融资、投资、资产运营等活动的效率，提高净资产收益率是实现财务管理目标的基本保证。该指标的高低取决于主营业务净利率、总资产周转率和权益乘数。

#### 2. 主营业务净利率

主营业务净利率反映了企业净利润与主营业务收入的关系。提高主营业务净利率是提高企业盈利的关键。提高主营业务净利率主要有两个途径：一是扩大主营业务收入，二是降低成本费用。

#### 3. 总资产周转率

总资产周转率揭示企业资产总额实现主营业务收入的综合能力。企业应当联系主营业务收入分析企业资产的使用是否合理，资产总额中流动资产和非流动资产的结构安排是否恰当。此外，还必须对资产的内部结构以及影响资产周转率的各具体因素进行分析。

#### 4. 权益乘数

权益乘数反映所有者权益与总资产的关系。权益乘数越大，说明企业负债程度较高，能给企业带来较大的财务杠杆利益，但同时也带来了较大的偿债风险。因此，企业既要合理使用全部资产，又要妥善安排资金结构。

杜邦分析体系的基本结构如图 8-1 所示（图中数据根据表 8-5 和表 8-6 所得）。

**【例 8-6】** 永安建筑安装工程有限公司 2020 年资产负债表和利润表资料如表 8-5 和表 8-6所示。

表 8-5 2020 年资产负债表 单位：万元

| 资产 | 年初数 | 年末数 | 负债及所有者权益 | 年初数 | 年末数 |
|---|---|---|---|---|---|
| 流动资产： | | | 流动负债： | | |
| 货币资金 | 800 | 900 | 短期借款 | 2000 | 2300 |
| 交易性金融资产 | 1000 | 500 | 应付账款 | 1000 | 1200 |
| 应收账款 | 1200 | 1300 | 预收账款 | 300 | 400 |
| 预付账款 | 40 | 70 | 其他应付款 | 100 | 100 |
| 存货 | 4000 | 5200 | 流动负债合计 | 3400 | 4000 |
| 待摊费用 | 60 | 80 | 长期负债 | 2000 | 2500 |
| 流动资产合计 | 7100 | 8050 | 负债合计 | 5400 | 6500 |
| 持有至到期投资 | 400 | 400 | 所有者权益： | | |
| 固定资产净值 | 12000 | 14000 | 实收资本 | 12000 | 12000 |
| 无形资产 | 500 | 550 | 盈余公积 | 1600 | 1600 |
| | | | 未分配利润 | 1000 | 2900 |
| | | | 所有者权益合计 | 14600 | 16500 |
| 资产总计 | 20000 | 23000 | 负债及所有者权益合计 | 20000 | 23000 |

表 8-6 2020 年利润表 单位：万元

| 项目 | 上年数 | 本年数 |
|---|---|---|
| 一、主营业务收入 | 18000 | 20000 |
| 减：主营业务成本 | 10700 | 12200 |
| 营业税金及附加 | 1080 | 1200 |
| 二、主营业务利润 | 6220 | 6600 |
| 加：其他业务利润 | 600 | 1000 |
| 减：销售费用 | 1620 | 1900 |
| 管理费用 | 800 | 1000 |
| 财务费用 | 200 | 300 |
| 三、营业利润 | 4200 | 4400 |
| 加：投资收益 | 300 | 300 |
| 营业外收入 | 100 | 150 |
| 减：营业外支出 | 600 | 650 |
| 四、利润总额 | 4000 | 4200 |
| 减：所得税费用 | 1000 | 1050 |
| 五、净利润 | 3000 | 3150 |

注：假设所得税税率是 25%。

根据表 8-5 和表 8-6 的资料，可计算杜邦分析体系中的各项指标，如图 8-1 所示。

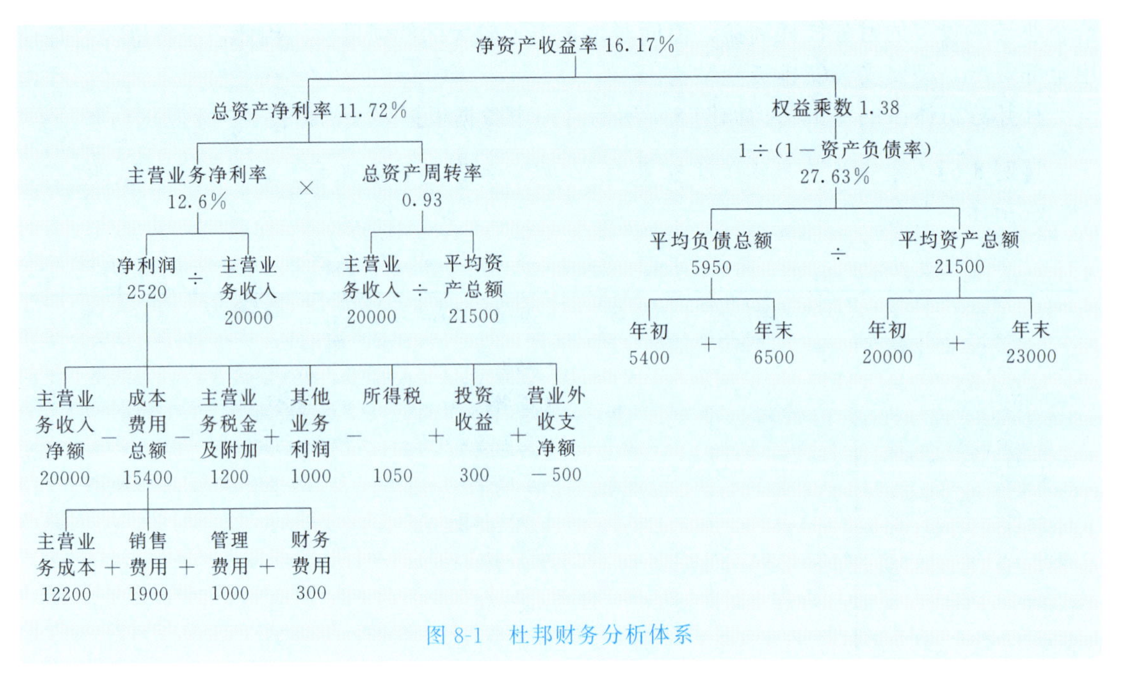

图 8-1 杜邦财务分析体系

杜邦体系各主要指标之间的关系如下。

净资产收益率＝总资产净利率×权益乘数 (8-4)

总资产净利率＝主营业务净利率×总资产周转率 (8-5)

主营业务净利率＝净利润÷主营业务收入 (8-6)

总资产周转率＝主营业务收入÷平均资产总额 (8-7)

权益乘数＝1÷(1－资产负债率) (8-8)

需要说明的是，由于净资产收益率、总资产净利率、主营业务净利率和总资产周转率都是时期指标，而权益乘数和资产负债率均采用的是2020年度年初和年末的平均值。

在具体运用杜邦分析体系进行分析时，可以首先确定主营业务净利率、总资产周转率和权益乘数的基准值，然后依次代入这三个指标的实际值，分别计算分析这三个指标的变动对净收益的影响方向和程度，还可以使用因素分析法进一步分解各个指标并分析其变动的深层次原因，找到解决办法。

**【例 8-7】** 承【例 8-6】，根据表 8-5 和表 8-6 的资料，假定永安建筑安装工程有限公司 2019 年主营业务净利率为 13.33%，总资产周转率为 0.92%，权益乘数为 1.41，运用连环替代法对该企业 2020 年度的净资产收益率进行分析。

**解：** 净资产收益率＝主营业务净利率×总资产周转率×权益乘数

2019 年度指标：13.33%×0.92×1.41＝17.29% ①

第一次替代：12.6%×0.92×1.41＝16.34% ②

第二次替代：12.6%×0.93×1.41＝16.52% ③

第三次替代：12.6%×0.93×1.38＝16.17% ④

主营业务净利率下降对净资产收益率的影响：②－①＝16.34%－17.29%＝－0.95%。

总资产周转率略有上升对净资产收益率的影响：③－②＝16.52%－16.34%＝0.18%。

权益乘数下降对净资产收益率的影响：④－③＝16.17%－16.52%＝－0.35%。

通过杜邦分析体系自上而下地分析，不仅可以揭示出企业各项财务指标间的结构关系，查明各项主要指标变动的影响因素，而且为决策者优化经营理财状况，提高企业经营效益提供了思路。提高主权资本净利率的根本在于扩大销售、节约成本、合理投资配置、加速资金周转、优化资金结构、确立风险意识等。

杜邦财务分析体系的指标设计也具有一定局限性，它更偏重于企业所有者的利益角度。从杜邦分析体系看，在其他因素不变的情况下，资产负债率越高，净资产收益率就越高。这是利用较多负债，从而利用财务杠杆作用的结果，但是杜邦分析体法没有考虑财务风险，负债越多，财务风险越大，偿债压力越大。因此，还要结合其他指标综合分析才能得出有效的结论。

## 二、沃尔比重分析法

### 1. 沃尔比重分析法的概念

在进行财务分析时，人们遇到的一个主要困难就是计算出财务比率之后，无法判断它是偏高还是偏低。与本企业的历史比较，也只能看出自身的变化，却难以评价其在市场竞争中的优劣地位。为弥补这些缺陷，20 世纪初，美国的亚历山大・沃尔教授出版的《信用晴雨表研究》和《财务报表比率分析》中提出了信用能力指数的概念，将流动比率、产权比率、固定资产周转率、存货周转率、应收账款周转率、固定资产周转率、自由资金周转率等七项财务比率指标用线性关系结合起来，并分别跟定各自分数的比重，然后确定标准比率，并与实际比率相比较，评出每项指标的得分，然后求出总评分，从而对企业的信用水平作出评价。这种方法也称为沃尔财务状况综合评价法。

### 2. 沃尔比重分析法的程序

（1）选定评价企业财务状况的比率指标　在每一类指标中，通常应选择能说明问题的重要指标，还应选择有代表性的重要比率，如偿债能力、营运能力和盈利能力三类比率指标。因反映财务状况的侧重点不同，故应分别从中选择有关比率。选择的各项经济效益指标在评价标准上应尽量保持方向的一致性。即

单项指数＝某指标实际值÷该指标标准值

尽量选的是正指数，单项指数越高越好。

（2）根据各项比率的重要程度，确立其重要性系数　各项比率指标的重要性系数之和应等于 100%。对其重要程度的判断，可根据企业经营状况、管理要求、发展趋势及分析的目的等具体情况而定。

（3）确定各项财务比率的标准值和实际值　进行财务比率分析时，必须选定财务比率标准值作为比较的标准。财务比率标准值是指特定的国家、特定的行业、特定的时期的财务比率指标体系及其标准值，可以用来作为标准财务比率的通常是行业平均水平的比率（或行业先进水平）。它是根据同一行业中部分有代表性的企业的财务与经营资料，经过综合成为整体后，再据以求得的各项比率，如流动比率标准值、总资产利润率标准值等。有了财务比率标准值就可以将其作为评价企业财务比率优劣的参照物。另外，还可根据企业财务报表，分析计算各项指标的实际值。

特别需要注意的是，评价指标体系中一般为正指标（如资产利润率、存货周转率），但是，如果评价指标为资产负债率、流动比率、速动比率，既不是正指标，也不是逆指标，其标准值具有约束性，即大于或小于标准值都不好，其单项指数最高为 1 或 100%。对于这类

指标，单项指数可按下列公式计算。

$$单项指数=1-\frac{|实际值-标准值|}{标准值}\times 100\% \tag{8-9}$$

**【例 8-8】** 某流动比率的标准值为 2，则当其实际值为 1.8 时，计算单项指数。

**解：**

$$单项指数=1-\frac{|1.8-2|}{2}\times 100\%=90\%$$

（4）计算关系比率　关系比率即各指标实际值与标准值的比率。

$$关系比率=\frac{实际值}{标准值} \tag{8-10}$$

（5）根据企业财务报表　分项计算所选定指标的实际值，再计算所选定指标的加权平均数。其计算公式为

$$综合实际得分=\sum(重要性权数\times 单项指数) \tag{8-11}$$

通常，综合系数合计数如为 1 或接近 1，则表明该企业财务状况基本符合标准要求，如与 1 有较大差距，则表明企业财务状况不佳。

### 3. 沃尔比重分析法的缺陷

（1）从理论上讲，原始意义上的沃尔比重分析法存在的缺陷是，未能证明为什么选择流动比率等 7 个指标，而不是更多或更少，或者选择别的财务比率，以及未能证明每个指标所占比重的合理性。这个问题至今仍然没有从理论上解决。

（2）从技术上讲，沃尔比重分析法的缺陷是，某一个指标严重异常时，会对总评分产生不合逻辑的重大影响。这个缺陷是由相对比率与比重相“乘”所引起的。财务比率提高一倍，其评分增加 100%，而财务比率缩小一半，其评分值减少 50%。

### 4. 沃尔比重分析法的应用

根据永安建筑安装工程有限公司的有关财务资料，该公司的沃尔比重分析法进行财务状况综合评价见表 8-7 所示。

表 8-7　沃尔比重分析法进行财务状况综合评价

| 财务比率 | 比重 | 标准比率/% | 2020 年得分 | | | 2019 年得分 | | |
|---|---|---|---|---|---|---|---|---|
| | | | 实际比率/% | 相对比率/% | 评分 | 实际比率/% | 相对比率/% | 评分 |
| 1. 流动比率 | 20 | 2.00 | 2.92 | 0.54 | 10.79 | 3.63 | 0.19 | 3.72 |
| 2. 净资产/负债 | 10 | 1.50 | 2.61 | 0.26 | 2.60 | 3.85 | −0.56 | 0.00 |
| 3. 资产/固定资产 | 10 | 2.50 | 6.38 | 2.55 | 25.52 | 5.24 | 2.10 | 20.97 |
| 4. 存货周转率 | 15 | 5.00 | 1.34 | 0.27 | 4.03 | 1.45 | 0.29 | 4.34 |
| 5. 应收账款周转率 | 10 | 6.00 | 2.74 | 0.46 | 4.57 | 2.89 | 0.48 | 4.81 |
| 6. 固定资产周转率 | 20 | 5.00 | 3.21 | 0.64 | 12.83 | 3.90 | 0.78 | 15.61 |
| 7. 净资产周转率 | 15 | 3.00 | 0.73 | 0.24 | 3.67 | 0.82 | 0.27 | 4.10 |
| 合计 | 100 | | | | 64.01 | | | 53.55 |

采用沃尔比重分析法可以综合评价企业的财务状况，但应注意这一方法的有效性，它依赖于重要性权数和标准比率的正确确定。而这两项因素在确定时，往往带有一定的主观性，因此，这两项因素应根据历史经验和现实情况合理地判断确定，只有这样才能得出正确的结果。因此，运用比率评价法时，有以下几点应注意。

（1）在财务比率的选择及重要性确定方面　任何分析都带有一定的偏向性，如投资者偏向盈利能力，债权人偏好于偿债能力分析等。因此，应根据分析的不同要求，有针对性地选择那些能说明问题的相关比率。与此相适应，在指标的重要性安排上也应体现分析目标的差别，例如，流动比率的重要性在债权人分析时可定为20分，而在投资分析时可能定为5分。可见，分析者的意向及偏好在指标选择及定性上起重要作用。

（2）在标准比率的制订方面　一定时期的标准比率是以该企业所属行业的平均值为基础，并根据本企业具体情况经修正得出的。该标准既要先进，又要符合实际。在利用标准对某指标评分时，要注意规范个别指标的异常差异可能对总分造成的不合理影响。

（3）在实际使用该方法时，遇到下列情况应按下列原则进行调整。

① 亏损企业的销售净利率、总资产报酬率、净资产收益率和资本保值增值率，如果实际财务比率是负数，在这种情况下，这些比率的关系比率值取0，该项指标得分为0。这样处理，可避免亏损时财务综合评分过低。

② 资产负债率、流动比率、应收账款周转率和存货周转率，对最高得分进行限定。这样处理，可避免个别企业财务比率或行业平均财务比率异常时，引起综合评分的过度异常浮动。

③ 行业标准值一般是根据行业中部分企业抽样调查得来，如果其中有一个极端样本，则行业平均指标就难以反映整个行业的实际情况。而且，行业内每个企业采用的会计政策不一定相同，每个企业的经营状况也可能存在较大差异。把这些各不相同的企业的指标加在一起平均，也将影响标准比率的权威性。因此，采用标准比率进行比较分析时，应根据实际情况对行业平均财务比率进行一定的修正，尽可能建议一个可比的标准比率值。

## 第四节　财务分析指标

### 一、财务分析指标的内容

财务分析指标包括偿债能力指标、营运能力指标、盈利能力指标和发展能力指标。进行财务分析时，需要以资产负债表、利润表及现金流量表等作为分析的依据。

### 二、财务分析指标的具体应用

财务分析指标的具体应用中所需的资产负债表和利润表的数据见表8-5和表8-6所示。

#### 1. 偿债能力指标

企业偿债能力是指企业付出资产代价以清偿债务的能力。从企业来说，足够的偿债能力是保证企业按时清算债务和承付货款，从而维护企业的信誉和保证生产正常进行的条件，当前偿债能力也会影响企业未来的举债能力；从债权人的角度看，则要关心企业能否按期支付债务利息和偿还债务本金；对管理部门而言，经济组织之间的债权债务能否得到及时履行，关系到经济的运行秩序。因此，分析企业的偿债能力，是企业所有者、经营者、债权人和管理部门都关注的问题。

根据债权人对资产要求权时间的不同，企业债务分为流动负债和长期负债。因此，企业偿债能力分析也分为短期偿债能力分析和长期偿债能力分析。

1）短期偿债能力指标

短期偿债能力指企业流动资产对流动负债及时足额偿还的保证程度，是衡量企业当前财务能力，特别是流动资产变现能力的重要标志。短期偿债能力高低可以反映企业生产经营状况是否正常及企业的信用程度，但短期偿债能力强，并不意味着企业的长期偿债能力就强。

企业短期偿债能力的衡量指标主要有流动比率、速动比率和现金比率三项。

（1）流动比率　流动比率是指流动资产与流动负债的比率。它表明企业每1元流动负债有多少流动资产作为偿还保证。其计算公式为

$$流动比率=\frac{流动资产}{流动负债}\times 100\% \tag{8-12}$$

一般情况下流动比率越大，企业的短期偿债能力越强，债权人的权益越有保证。流动比率也不可以过高，过高则表明企业流动资产占用较多，会影响资金的使用效率和企业的融资成本，进而影响获利能力。国际上通常认为，流动比率的下限为100%，而流动比率为200%时较为合适。它表明企业财务状况稳定可靠，有足够的财力偿还短期债务。

运用流动比率时，必须注意以下几个问题。

① 虽然流动比率越高，企业偿还短期债务的流动资产越有保证，但这并不等于说企业已有足够的资金用来偿债。流动比率高也可能是存货积压、应收账款增多且收账期延长等所致，而真正可用来偿债的资金却严重短缺。

② 从短期债权人的角度看，自然希望流动比率越高越好。但对企业经营来说，在正常运作的条件下，过大的流动比率，通常意味着企业闲置货币资金的持有量过多，必然会造成企业机会成本的提高和盈利能力的降低。因此，应尽可能将流动比率维持在既不使货币资金闲置，又不影响流动负债及时偿还的水平。

③ 流动比率是否合理，不同行业、不同企业以及同一企业不同时期的评价标准是不同的，因此，不应用统一的标准来评价企业流动比率是否合理。

④ 流动比率指标所需报表数据的真实性和可靠性是至关重要的。分析流动比率时应当剔除虚假或不实因素，以免得出错误的结论。

**【例8-9】** 根据表8-5中的数据，计算永安建筑安装工程有限公司2020年的流动比率。

**解：**

$$年初流动比率=\frac{7100}{3400}\times 100\%=208.82\%$$

$$年末流动比率=\frac{8050}{4000}\times 100\%=201.25\%$$

永安建筑安装工程有限公司2020年年初和年末的流动比率均超过一般公认标准，反映该企业具有较强的短期偿债能力。

（2）速动比率　速动比率是企业速动资产与流动负债的比率。它表明企业每1元流动负债有多少速动资产作为偿还保证。速动资产是指流动资产减去变现能力较差且不稳定的存货、预付账款、待处理流动资产损失等之后的余额。由于剔除了存货等变现能力较弱且不稳定的资产，因此，速动比率较之流动比率能够更加准确、可靠地评价企业资产的流动性及其偿还短期负债的能力。其计算公式为

$$速动比率=\frac{速动资产}{流动负债}\times 100\% \tag{8-13}$$

一般情况下，速动比率越高，表明企业偿还流动负债的能力越强。国际上通常认为，速动比率等于100%时较为适当。如果速动比率小于100%，会使企业面临较大的偿债风险；如果速动比率大于100%，尽管债务偿还的安全性很高，但会因货币资金等占用过多，而大大增加企业的机会成本。

**【例 8-10】** 根据表 8-5 中的数据，计算永安建筑安装工程有限公司 2020 年的速动比率。

**解：**

$$年初速动比率=\frac{800+1000+1200}{3400}\times100\%=88.24\%$$

$$年末速动比率=\frac{900+500+1300}{4000}\times100\%=67.5\%$$

分析表明永安建筑安装工程有限公司 2020 年末的速动比率比年初有所下降，虽然该企业流动比率超过一般公认标准，但由于流动资产中存货所占比重过大，导致企业速动比率未达到一般公认标准，企业实际短期偿债能力并不理想，需要采取措施加以扭转。

在分析时需要注意的是：尽管速动比率较之流动比率更能反映出流动负债偿还的安全性和稳定性，但并不能认为速动比率较低的企业流动负债到期绝对不能偿还。实际上，如果企业存货流转顺畅，变现能力强，即使速动比率较低，只要流动比率高，企业仍然有望偿还到期的债务本息。

（3）现金比率　流动比率未考虑流动资产的分部和结构，流动比率较高也可能是流动资产分布在应收账款和存货等流动性相对较差的资产上。速动比率虽然剔除了存货的影响，但应收账款有时也会因提前抵押、贴现或客户破产、死亡等原因而造成坏账损失，也可能影响应收账款的按期收回，最终影响短期偿债能力。所以在短期偿债能力分析中，还有一种极为保守的分析指标，即现金比率。

现金比率是企业一定时期的经营现金净流量同流动负债的比率，它可以从现金流量角度来反映企业当期偿付短期债务的能力。在此现金是指现金流量表中所说的现金，包括货币资金和 3 个月内可变现的现金等价物。它是衡量企业即期偿债能力的指标。其计算公式为

$$现金比率=\frac{年经营现金净流量}{流动负债}\times100\% \tag{8-14}$$

式中，年经营现金净流量指一定时期内，企业经营活动所产生的现金及现金等价物流入量与流出量的差额。

现金比率从现金流入和流出的动态角度对企业的实际偿债能力进行考察。由于有利润的年份不一定有足够的现金（含现金等价物）来偿还债务，所以利用以收付实现制为基础计量的现金比率指标，能充分体现企业经营活动所产生的现金净流量可以在多大程度上保证当期流动负债的偿还，直观地反映出企业偿还流动负债的实际能力。

现金比率越高，说明企业直接或可立即变现的有价证券偿还债务的能力较强，但过高的现金比率，意味着企业流动资金利用不充分，盈利能力不强。有鉴于此，通常只在企业无法从其他资产转化或其他途径取得资产来形成债务支付能力时，即企业出现财务危机时，才采用现金比率进行保守的分析。

2）长期偿债能力指标

长期偿债能力反映的是企业到期支付长期负债的能力。长期债权人关心的是企业能否按期支付利息到期偿还本金或是到期一次性偿还本金和利息，所以，他们更关心企业现有资产状况能否有利于企业保持长期经营良好，企业现在是否有足够的盈利能力以促进企业发展等问题。

企业长期偿债能力的衡量指标主要有资产负债率、产权比率和已获利息倍数。

（1）资产负债率　资产负债率又称负债比率，指企业负债总额对资产总额的比率。它表明企业资产总额中，债权人提供资金所占的比重，以及企业资产对债权人权益的保护程度。

其计算公式为

$$资产负债率=\frac{负债总额}{资产总额}\times100\% \tag{8-15}$$

一般情况下，资产负债率越小，表明企业长期偿债能力越强。但是，也并非说该指标对谁都是越小越好。从债权人来说，该指标越小越好，这样企业偿债越有保证。从企业所有者来说，如果该指标较大，说明利用较少的自有资本投资形成了较多的生产经营用资产，不仅扩大了生产经营规模，而且在经营状况良好的情况下，还可以利用财务杠杆的原理，得到较多的投资利润；如果该指标过小则表明企业对财务杠杆利用不够。但资产负债率过大，则表明企业的债务负担重，企业资金实力不强，不仅对债权人不利，而且企业有濒临倒闭的危险。此外，企业的长期偿债能力与盈利能力密切相关，因此企业的经营决策者应当将偿债能力指标（风险）与盈利能力指标（收益）结合起来分析，予以平衡考虑。保守的观点认为资产负债率不应高于 50%，而国际上通常认为资产负债率等于 60%时较为合适。

**【例 8-11】** 根据表 8-5 中的数据，计算永安建筑安装工程有限公司 2020 年的资产负债率。

**解：**

$$年初资产负债率=\frac{5400}{2000}\times100\%=27\%$$

$$年末资产负债率=\frac{6500}{23000}\times100\%=28.26\%$$

永安建筑安装工程有限公司 2020 年年初和年末的资产负债率均不高，说明公司长期偿债能力较强，这样有助于增强债权人对公司出借资金的信心。

（2）产权比率　产权比率是指负债总额与所有者权益的比率，是企业财务结构稳健与否的重要标志，也称资本负债率。它反映企业所有者权益对债权人权益的保障程度。其计算公式为

$$产权比率=\frac{负债总额}{所有者权益总额}\times100\% \tag{8-16}$$

一般情况下，产权比率越低，表明企业的长期偿债能力越强，债权人权益的保障程度越高，承担的风险越小，但企业不能充分发挥负债的财务杠杆效应。所以，企业在评价产权比率适当与否时，应从提高获利能力与增强偿债能力两个方面综合进行，即在保障债务偿还安全的前提下，应尽可能提高产权比率。

**【例 8-12】** 根据表 8-5 中的数据，计算永安建筑安装工程有限公司 2020 年的产权比率。

**解：**

$$年初产权比率=\frac{5400}{14600}\times100\%=36.99\%$$

$$年末产权比率=\frac{6500}{16500}\times100\%=39.39\%$$

永安建筑安装工程有限公司 2020 年年初和年末的产权比率都不高，同资产负债率的计算结果可相互印证，表明公司的长期偿债能力较强。债权人的保障程度较高。

产权比率与资产负债率对评价偿债能力的作用基本相同，两者的主要区别是：资产负债率侧重于分析债务偿付安全性的物质保障程度，产权比率则侧重于揭示财务结构的稳健程度

以及自有资金对偿债风险的承受能力。

（3）已获利息倍数　已获利息倍数是指企业一定时期息税前利润与利息支出的比率，反映了获利能力对债务偿付的保证程度。其中，息税前利润总额指利润总额与利息支出的合计数，利息支出指实际支出的借款利息、债券利息等。其计算公式为

$$已获利息倍数=\frac{息税前利润总额}{利息支出} \tag{8-17}$$

其中，息税前利润总额＝利润总额＋利息支出＝净利润＋所得税＋利息支出

已获利息倍数不仅反映了企业获利能力的大小，而且反映了获利能力对偿还到期债务的保证程度，它既是企业举债经营的前提依据，也是衡量企业长期偿债能力大小的重要标志。一般情况下，已获利息倍数越高，表明企业长期偿债能力越强。国际上通常认为，该指标为3时比较合适。从长期来看，若要维持正常偿债能力，利息保障倍数至少应当大于1，如果利息保障倍数过小，企业将面临亏损以及偿债的安全性与稳定性下降的风险。究竟企业已获利息倍数应是多少才算偿付能力强，这要根据往年经验并结合行业特点来判断。

**【例8-13】** 根据表8-6中的数据，同时假定表中的财务费用全部为利息支出，计算永安建筑安装工程有限公司2019年、2020年的已获利息倍数。

**解：**

2019年的已获利息倍数为：$\frac{4000+200}{200}=21$

2020年的已获利息倍数为：$\frac{4200+300}{300}=15$

从以上的计算结果来看，应当说该企业2019年和2020年的已获利息倍数都较高，有较强的偿付负债利息的能力，但还需结合公司往年的情况和行业的特点进行判断。

### 2. 营运能力指标

企业的再生产过程，是企业的资产运动过程，企业经营就是要运用好企业的资产，实现资产的保值和增值，以维持企业的生存，促进企业的发展。营运能力是指企业各项资产的利用效率。企业营运能力的大小对企业盈利能力的持续增长和偿债能力的不断提高有着决定性的影响。一般来说，周转速度越快，资产使用效率越高，营运能力越强；反之，营运能力越差。

营运能力指标一般包括人力资源营运能力指标和资产营运能力指标。

1）人力资源营运能力指标

人力资源是构成生产力最重要的资源之一。人力资源是企业最积极能动的生产要素，其素质水平的高低对企业营运能力的形成状况具有决定性作用。分析和评价人力资源营运能力的重点在于如何充分调动劳动者的积极性和能动性，提高施工企业经营效益。人力资源营运能力的分析，通常采用劳动效率指标来分析。

劳动效率是指建筑施工企业主营业务收入与平均职工人数的比率。其计算公式为

$$劳动效率=\frac{主营业务收入}{平均职工人数}\times 100\% \tag{8-18}$$

式中，平均职工人数是指年度或季度内各日职工人数的平均数。

对企业劳动效率进行考核评价主要是采用比较的方法，即将实际劳动效率与本企业计划水平、历史最高水平或同行业平均先进水平等指标进行对比，进而确定其差异程度，分析造成差异的原因，以采取适宜对策，进一步发掘提高人力资源劳动效率的潜能。

2）资产营运能力指标

企业拥有或控制的生产资料表现为各项资产占用。因此，生产资料的营运能力实际上就是企业的总资产及其各个组成要素的营运能力。资产营运能力的强弱关键取决于资产的周转速度。一般来说，周转速度越快，资产的使用效率越高，则资产营运能力越强；反之，营运能力就越差。资产周转速度通常用周转率和周转期表示。周转率是企业在一定时期内资产的周转额与平均余额的比率，它反映企业资产在一定时期的周转次数。周转次数越多，表明周转速度越快，资产营运能力越强。周转期是周转率的反指标，也称周转天数，是周转次数的倒数与计算期天数的乘积，反映资金周转一次所需要的天数。周转天数越少，表明周转速度越快，资产营运能力越强。两者的计算公式为

$$\text{周转率(周转次数)}=\text{周转额}\div\text{资产平均余额} \tag{8-19}$$

$$\text{周转期(周转天数)}=\text{计算期天数}\div\text{周转率}=\text{资产平均余额}\times\text{计算期天数}\div\text{周转额} \tag{8-20}$$

具体来说，资产营运能力分析可以从以下几个方面进行：流动资产周转情况分析、固定资产周转情况分析和总资产周转情况分析。

（1）流动资产周转情况指标　反映流动资产周转情况的指标主要有应收账款周转率、存货周转率和流动资产周转率。

① 应收账款周转率。是指企业一定时期内主营业务收入与应收账款平均余额的比值，是反映在一定时期内应收账款转为现金的次数。其计算公式为

$$\text{应收账款周转率}=\frac{\text{主营业务收入}}{\text{应收账款平均余额}}\times 100\% \tag{8-21}$$

$$\text{应收账款平均余额}=(\text{期初应收账款余额}+\text{期末应收账款余额})\div 2$$

上式中的应收账款余额，是扣除坏账准备后的应收账款净额。

应收账款周转天数也称平均收账期，是指从销售产品到收回货款经历的时间，表示应收账款收回所需的平均收账时间。其计算公式为

$$\text{应收账款周转天数}=360\div\text{应收账款周转率}=(\text{应收账款平均余额}\times 360)\div\text{主营业务收入} \tag{8-22}$$

应收账款周转率反映了企业应收账款变现速度的快慢及管理效率的高低，周转率越高表明企业应收账款变现速度越快，资产的管理效率就越高，企业的营运能力和偿债能力就越强。

**【例 8-14】** 根据表 8-5 和表 8-6 资料，假定永安建筑安装工程有限公司 2018 年年末的应收账款余额为 1100 万元，计算该企业 2019 年和 2020 年应收账款周转率。

**解：**

$$\text{2019 年应收账款周转率}=\frac{18000}{(1100+1200)\div 2}=15.65(\text{次})$$

$$\text{2019 年应收账款周转天数}=360\div 15.65=23(\text{天})$$

$$\text{2020 年应收账款周转率}=\frac{20000}{(1200+1300)\div 2}=16(\text{次})$$

$$\text{2020 年度应收账款周转天数}=360\div 16=22.5(\text{天})$$

与 2019 年相比，该建筑施工企业 2020 年的应收账款周转率比 2019 年略有改善，周转次数由 15.65 次提高为 16 次，周转天数由 23 天缩短为 22.5 天。这不仅说明公司的营运能力有所增强，而且对流动资产的变现能力和周转速度也会起到促进作用。

② 存货周转率。存货周转率是主营业务成本与存货平均资金占用额的比率，是反映企业流动资产流动性的一个指标，也是衡量企业生产经营各环节中存货运营效率的一个综合性指标。通常以周转次数表示，其计算公式为

$$存货周转率=\frac{主营业务成本}{存货平均余额}\times 100\% \tag{8-23}$$

$$存货平均余额=(期初存货余额+期末存货余额)\div 2$$

$$存货周转天数=360\div 存货周转率=(存货平均余额\times 360)\div 主营业务成本 \tag{8-24}$$

上式中存货包括在库、在用、在途和在建的原材料、低值易耗品、周转材料、委托加工物资、在建工程、在产品、产成品等。

存货周转速度的快慢，不仅反映企业采购、生产、工程结算、产品营销各个环节的营销水平，而且对企业偿债能力产生决定性的影响。一般来说，存货周转率越大，表示存货流动性越大，存货管理水平越高，越有利于节约存货占用资金，提高企业资金利润率。

**【例 8-15】** 根据表 8-5 和表 8-6 资料，假定永安建筑安装工程有限公司 2018 年年末的存货余额为 3800 万元，计算该企业 2019 年和 2020 年存货周转率。

**解：**

$$2019\text{ 年存货周转率}=\frac{10700}{(3800+4000)\div 2}=2.74(次)$$

$$2019\text{ 年存货周转天数}=360\div 2.74=131.39(天)$$

$$2020\text{ 年存货周转率}=\frac{12200}{(4000+5200)\div 2}=2.65(次)$$

$$2020\text{ 年存货周转天数}=360\div 2.65=135.85(天)$$

2020 年的存货周转率比 2019 年有所延缓，存货周转次数由 2.74 次降为 2.65 次，周转天数由 131.39 天增为 135.85 天。这反映出该企业 2018 年的存货管理效率不如 2019 年，其原因可能与 2020 年存货增长幅度过大有关。

③ 流动资产周转率。流动资产周转率是指主营业务收入与流动资产平均余额的比值，通常以周转次数表示。其计算公式为

$$流动资产周转率=\frac{主营业务收入}{流动资产平均余额}\times 100\% \tag{8-25}$$

$$流动资产平均余额=(期初流动资产余额+期末流动资产余额)\div 2$$

$$流动资产周转天数=360\div 流动资产周转率=(流动资产平均余额\times 360)\div 主营业务收入 \tag{8-26}$$

在一定时期内，流动资产周转次数越多，表明以相同的流动资产完成的周转额越多，流动资产利用效果越好。从流动资产周转天数来看，周转一次所需要的天数越少，表明周转速度越快；反之，表明周转速度减缓。

**【例 8-16】** 根据表 8-5 和表 8-6 资料，假定永安建筑安装工程有限公司 2018 年年末的流动资产余额为 6000 万元，计算该企业 2019 年和 2020 年流动资产周转率。

**解：**

$$2019\text{ 年流动资产周转率}=\frac{18000}{(6000+7100)\div 2}=2.75(次)$$

$$2019\text{ 年流动资产周转天数}=360\div 2.75=131(天)$$

$$2020\text{ 年流动资产周转率}=\frac{20000}{(7100+8050)\div 2}=2.64(次)$$

$$2020\text{年流动资产周转天数}=360\div 2.64=136.36(\text{天})$$

计算表明，该企业2020年的流动资产周转天数比2019年延缓了5.36天，流动资金占用增加。

（2）固定资产周转率　固定资产周转率也称固定资产利用率，是反映固定资产周转情况的主要指标。它是企业一定时期主营业务收入与平均固定资产净值的比值，是衡量固定资产利用效率的一项指标。其计算公式为

$$\text{固定资产周转率}=\frac{\text{主营业务收入}}{\text{平均固定资产净值}}\times 100\% \tag{8-27}$$

$$\text{平均固定资产净值}=(\text{年初固定资产净值}+\text{年末固定资产净值})\div 2$$

$$\begin{aligned}\text{固定资产周转天数}&=360\div\text{固定资产周转率}\\&=(\text{平均固定资产净值}\times 360)\div\text{主营业务收入}\end{aligned} \tag{8-28}$$

一般情况下，固定资产利用率高，说明固定资产利用充分，同时也能表明企业固定资产投入得当，固定资产结构合理，能充分发挥效率。反之，则表明固定资产使用效率不高，提供的生产成果不多，企业的营运能力不强。

运用固定资产周转率时，需要考虑因固定资产计提折旧影响其净值在不断减少以及因更新重置影响其净值突然增加。同时，由于折旧方法不同，可能影响其可比性。因此在分析时，应剔除掉这些不可比因素。

**【例8-17】** 根据表8-5和表8-6资料，假定永安建筑安装工程有限公司2018年年末的固定资产净值为11800万元，计算该企业2019年和2020年固定资产周转率。

**解：**

$$2019\text{年固定资产周转率}=\frac{18000}{(11800+12000)\div 2}=1.51(\text{次})$$

$$2019\text{年固定资产周转天数}=360\div 1.51=238.41\ (\text{天})$$

$$2020\text{年固定资产周转率}=\frac{20000}{(12000+14000)\ \div 2}=1.54(\text{次})$$

$$2020\text{年固定资产周转天数}=360\div 1.54=233.77(\text{天})$$

该企业2020年固定资产周转率比2019年有所加快，其主要原因是固定资产净值的增加幅度低于主营业务收入增长幅度所引起的，这表明企业的营运能力有所提高。

（3）总资产周转率　总资产周转率是指企业主营业务收入与平均资产总额的比率。表现为企业在一定时期内（通常为1年）全部资金周转的次数。其计算公式为

$$\text{总资产周转率}=\text{主营业务收入}\div\text{总资产平均余额} \tag{8-29}$$

$$\text{总资产平均余额}=(\text{年初总资产总额}+\text{年末总资产总额})\div 2$$

$$\text{总资产周转天数}=360\div\text{总资产周转率}=(\text{总资产平均余额}\times 360)\div\text{主营业务收入} \tag{8-30}$$

总资产周转率反映了企业全部资产的利用效率，该比率高，说明资产的周转速度快，使用效率高；该比率低，则显示资产使用效率差。利用总资产周转率指标，可综合评价企业的资产管理效率。

应将企业的总资产周转率与行业现有水平比较，以明确差距，认识不足。

**【例8-18】** 根据表8-5和表8-6资料，假定永安建筑安装工程有限公司2018年年末的资产总额为19000万元，计算该企业2019年和2020年固定资产周转率。

**解：**

$$2019\text{年总资产周转率}=\frac{18000}{(19000+20000)\div 2}=0.92(\text{次})$$

$$2019\text{年总资产周转天数}=360\div 0.92=391(\text{天})$$

$$2020\text{年总资产周转率}=\frac{20000}{(20000+23000)\div 2}=0.93(\text{次})$$

$$2020\text{年总资产周转天数}=360\div 0.93=387(\text{天})$$

永安建筑安装工程有限公司 2020 年的总资产周转率比 2019 年略有加快，说明企业资产总体营运能力有所提高。

### 3. 盈利能力指标

企业经营的直接目的就是追求利润的最大化，获取利润是企业能否生存和发展的前提，它不仅关系到投资者的利益，也关系到债权人及企业经营者的切身利益，因此，盈利能力是企业人、债权人和经营管理者共同关心的一个重要指标。由于盈利是企业的最终财务成果，它既与各项经营活动密切相关，又与企业各种资产、负债和所有者权益相关，诸如资产、工程结算收入、负债等，因此，应分别从各个不同的角度解剖企业的盈利能力，解释企业有关盈利情况的重要信息。

（1）主营业务利润率　主营业务利润率是企业一定时期主营业务利润与主营业务收入净额的比率。主营业务利润率越高，表明企业主营业务市场竞争力越强，发展潜力越大，盈利能力越强。其计算公式为

$$\text{主营业务利润率}=\frac{\text{主营业务利润}}{\text{主营业务收入净额}}\times 100\% \tag{8-31}$$

对于建筑施工企业，工程施工经营是企业的主要业务活动，通过工程阶段利润水平的高低，可以发现企业经营理财状况的稳定性，面临的危险或可能出现转机的迹象。主营业务利润率高，表示企业在建筑市场中的竞争能力较强，工程施工成本低。

**【例 8-19】** 根据表 8-6 资料，计算永安建筑安装工程有限公司 2019 年和 2020 年主营业务利润率。

**解：**

$$2019\text{年主营业务利润率}=\frac{6220}{18000}\times 100\%=34.56\%$$

$$2020\text{年主营业务利润率}=\frac{6600}{20000}\times 100\%=33\%$$

从以上计算结果可以看出，永安建筑安装工程有限公司主营业务利润率呈下降趋势，这种下降趋势主要是由于公司 2020 年的成本费用增加所致。

（2）成本费用利润率　成本费用利润率是指企业一定时期利润总额与成本费用总额的比率。其计算公式为

$$\text{成本费用利润率}=\frac{\text{利润总额}}{\text{成本费用总额}}\times 100\% \tag{8-32}$$

该指标越高，表明企业为取得利润而付出的代价越小，成本费用控制得越好，盈利能力越强。

同利润一样，成本可以分为几个层次：主营业务成本、营业成本（主营业务成本＋营业税金及附加＋销售费用＋管理费用＋财务费用＋其他业务成本）、税前成本（营业成本＋营业外支出）、税后成本（税前成本＋所得税）。通常使用主营业务成本和营业成本计算主营业务成本利润率及营业成本利润率。其计算公式如下。

$$主营业务成本利润率=\frac{主营业务利润}{主营业务成本}\times 100\% \tag{8-33}$$

$$营业成本利润率=\frac{营业利润}{营业成本}\times 100\% \tag{8-34}$$

**【例 8-20】** 根据表 8-6 资料，计算永安建筑安装工程有限公司 2019 年和 2020 年主营业务成本利润率。

**解：**

$$2019年主营业务成本利润率=\frac{6220}{10700}\times 100\%=58.13\%$$

$$2020年主营业务成本利润率=\frac{6600}{1200}\times 100\%=54.1\%$$

从以上结果看，永安建筑安装工程有限公司 2020 年主营业务成本利润率比 2019 年有所下降。该企业应当深入检查导致成本费用上升的因素，以扭转效益指标下降的状况。

（3）总资产报酬率　总资产报酬率是指企业一定期间内获得的报酬总额与该时期企业平均资产总额的比例关系，表明企业资产的运用效率及实现利润的能力，用以衡量企业的经营效益和盈利能力。其计算公式为

$$总资产收益率=\frac{息税前利润}{平均资产总额}\times 100\% \tag{8-35}$$

$$平均资产总额=(年初资产总额+年末资产总额)\div 2$$

上式中的利润总额就是损益表中的利润总额。总资产收益率反映了企业总资产的利用效果，表明了每 100 元资产能创造多少利润。该比例越高，表明企业资产利用效益越好，全部资产盈利能力越强，企业经营管理水平越高。

**【例 8-21】** 根据表 8-5 和表 8-6 资料，假定永安建筑安装工程有限公司 2018 年年末总资产为 19000 万元，计算该企业 2019 年和 2020 年的总资产报酬率。

**解：**

$$2019年总资产报酬率=\frac{4000+200}{(19000+20000)\div 2}\times 100\%=21.54\%$$

$$2020年总资产报酬率=\frac{4200+300}{(20000+23000)\div 2}\times 100\%=20.93\%$$

计算结果表明，永安建筑安装工程有限公司 2020 年的资产综合利用效率略微不如 2019 年，需要对企业的资产使用情况、增产节约工作等情况进一步的分析考察，以便改进管理、提高效益。

（4）净资产收益率　净资产收益率亦称所有者权益报酬率，是企业一定时期的净利润与平均所有者权益之比。其计算公式为

$$净资产收益率=\frac{净利润}{平均净资产}\times 100\% \tag{8-36}$$

$$平均净资产=(年初所有者权益总额+年末所有者权益总额)\div 2$$

该指标是评价企业股东投入的自有资本及其积累获取报酬水平的最具综合性与代表性的指标，反映企业资本运营的综合效益。该指标通用性强，适应范围广，不受行业局限，在国际上的企业综合评价中使用率非常高。该指标越高，企业自由资本获取收益的能力越强，运营效益越好，对企业投资人、债权人的保证程度越高。

**【例 8-22】** 根据表 8-5 和表 8-6 资料，假定永安建筑安装工程有限公司 2018 年年末净资产为 13000 万元，计算该企业 2019 年和 2020 年的净资产收益率。

**解：**

$$2019\text{ 年净资产收益率}=\frac{3000}{(13000+14600)\div 2}\times 100\%=21.74\%$$

$$2020\text{ 年总资产报酬率}=\frac{3150}{(14600+16500)\div 2}\times 100\%=20.26\%$$

永安建筑安装工程有限公司 2020 年的净资产收益率比 2019 年下降了 1.48%，这是由于该企业所有者权益的增长快于净利润的增长所致，根据上述资料可以求得，该企业的所有者权益增长率为 (16500－14600)÷14600×100%＝13%，而净利润的增长率为 (3150－3000)÷3000×100%＝5%。

(5) 资本保值增值率　资本保值增值率是指企业扣除客观因素后的本年年末所有者权益总额与年初所有者权益总额之间的对比关系，反映了企业当年资本在企业自身努力下的实际增减变动情况，是评价企业财务效益状况的辅助指标，它可以衡量企业投资者拥有企业主权资本的完整性、保全性和增值性。其计算公式为

$$\text{资本保值增值率}=\frac{\text{扣除客观因素后的年末所有者权益总额}}{\text{年初所有者权益总额}}\times 100\% \tag{8-37}$$

资本保值增值率是根据“资本保全”原则设计的指标，更加谨慎、稳健地反映了企业资本保全和增值状况，它体现了对所有者权益的保护，通过对该指标的分析可以及时、有效地发现侵蚀所有者权益的现象，反映了投资者投入企业资本的保全性和增长性。一般认为，资本保值增值率越高，表明企业的资本保全状况越好，所有者权益增长越快，债权人的债务越有保障，企业发展后劲越强。该指标通常应大于 100%，若小于 100%，则表明企业资本受到侵蚀，没有实现资本保全，损害了所有者权益，也妨碍了企业进一步发展壮大，应予以充分重视。

**【例 8-23】** 根据表 8-6 资料，假定永安建筑安装工程有限公司 2018 年年末所有者权益总额为 13000 万元，无客观因素影响所有者权益，计算该企业 2019 年和 2020 年的资本保值增值率。

$$2019\text{ 年的资本保值增值率}=\frac{14600}{13000}\times 100\%=112.31\%$$

$$2020\text{ 年的资本保值增值率}=\frac{16500}{14600}\times 100\%=113.01\%$$

永安建筑安装工程有限公司 2020 年与 2019 年的资本保值增值率均大于 100%，2020 年比 2019 年略有增长，表明该企业资本保全和增值状况良好。

### 4. 发展能力指标

发展能力是企业在保证生存的基础上不断扩大规模、增加实力的潜在能力。对企业的发

展能力主要从总资产的增长、资本积累率、营业增长率和利润增长率四个方面分析评价。

（1）总资产增长率　总资产增长率是企业本年总资产增长额与年初资产总额的比率，它可以衡量企业资产规模的增长情况，评价企业经营规模上的扩张程度。其计算公式为

$$总资产增长率=\frac{年末资产总额-年初资产总额}{年初资产总额}\times 100\% \tag{8-38}$$

该指标是从企业资产总量增长衡量企业的发展能力，表明资产规模扩张对企业发展后劲的影响。该指标越高，说明企业的经营规模的扩张速度越快。在使用该指标评价企业发展能力时，应注意资产规模扩张的质与量的关系，保持企业的后续发展能力，避免盲目扩张。

**【例 8-24】** 根据表 8-5 资料，计算永安建筑安装工程有限公司 2020 年的总资产增长率。

$$2020年总资产增长率=\frac{23000-20000}{20000}\times 100\%=15\%$$

计算结果显示，2020 年永安建筑安装工程有限公司的年末资产总额比年初增长了 15%，资产规模扩张的速度不是很快。

（2）资本积累率　资本积累率是指企业本年所有者权益增长额与年初所有者权益的比率。它反映了企业资本保全和增值的能力。其计算公式为

$$资本积累率=\frac{年末所有者权益-年初所有者权益}{年初所有者权益}\times 100\% \tag{8-39}$$

资本积累率是企业扩大再生产的源泉，资本积累增长是企业发展的重要标志，企业的资本积累率越高，表明投资人投入资本的保全性越强，持续发展的潜力越大。如果该指标为负值，则表明企业资本被侵蚀，所有者的利益受到损害，严重影响企业的生存和发展，应予以高度重视，及时采取对策扭转局面。

**【例 8-25】** 根据表 8-5 资料，计算永安建筑安装工程有限公司 2020 年的资本积累率。

$$2020年资本积累率=\frac{16500-14600}{14600}\times 100\%=13.01\%$$

（3）营业增长率　营业增长率是企业本年主营业务收入增长额与上年主营业务收入总额的比率。它反映企业主营业务收入的增减变动情况，是评价企业成长状况和发展能力的重要指标。其计算公式为

$$营业增长率=\frac{本年主营业务收入总额-上年主营业务收入总额}{年初所有者权益}\times 100\% \tag{8-40}$$

营业增长率是衡量企业经营状况和市场占有能力、预测企业经营业务拓展趋势的重要标志。该指标大于零，表示企业本年的主营业务收入有所增长，指标值越高，表明增长速度越快，企业前景看好；若该指标值为负，则说明企业份额萎缩。该指标在实际操作时，应结合企业历年经营水平、市场占有情况、行业未来发展以及其他潜在因素综合考虑。

**【例 8-26】** 根据表 8-6 资料，计算永安建筑安装工程有限公司 2020 年的营业增长率。

$$2020年营业增长率=\frac{20000-18000}{18000}\times 100\%=11.11\%$$

（4）利润增长率　利润增长率是指企业本年利润增长额与上年利润总额的比率。它是评

价发展能力的综合性指标。其计算公式为

$$利润增长率=\frac{本年利润总额-上年利润总额}{上年利润总额}\times 100\% \tag{8-41}$$

利润增长是企业增加资本积累、扩大投资、增加销售的源泉，而企业的资本、资产等的变动，最终都会对利润产生影响，可结合资产增长率、资产周转率等指标，对影响利润增长的原因进行分析。利润增长率指标，综合反映了企业的发展能力，该指标越高，说明企业的发展能力越强。

**【例 8-27】** 根据表 8-6 资料，计算永安建筑安装工程有限公司 2020 年的利润增长率。

$$2020 年利润增长率=\frac{4200-4000}{4200}\times 100\%=4.76\%$$

计算结果表明，该企业 2020 年的利润总额比 2019 年增长了 4.76%。

## 本章小结

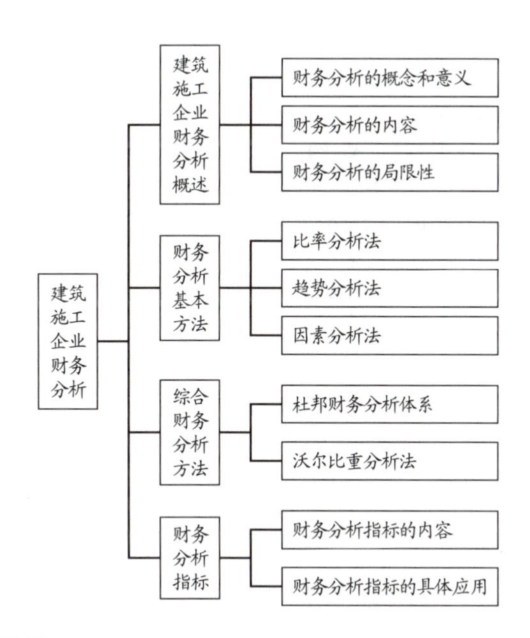


本章主要财务分析指标：

| 分析内容 | 评价标准 | 主要评价指标 |
| --- | --- | --- |
| 偿债能力 | 短期偿债能力指标 | 流动比率 |
| | | 速动比率 |
| | | 现金比率 |
| | 长期偿债能力指标 | 资产负债率 |
| | | 产权比率 |
| | | 已获利息倍数 |
| 营运能力 | 人力资源营运能力指标 | 劳动效率 |
| | 资产营运能力指标 | 流动资产周转情况指标 |
| | | 固定资产周转率 |
| | | 总资产周转率 |

续表

| 分析内容 | 评价标准 | 主要评价指标 |
|---|---|---|
| 盈利能力 | 主营业务利润率 | |
| | 成本费用利润率 | |
| | 总资产报酬率 | |
| | 净资产收益率 | |
| | 资本保值增值率 | |
| 发展能力 | 总资产增长率 | |
| | 资本积累率 | |
| | 营业增长率 | |
| | 利润增长率 | |

# 自 测 题

## 一、单项选择题

1. 短期偿债能力的强弱往往表现为（　　）。

A. 盈利的多少　　B. 资产的多少

C. 资产变现能力的强弱　　D. 资产周转速度的快慢

2. 杜邦分析体系以（　　）为中心，层层进行指标分解以形成指标分析体系。

A. 净资产收益率　　B. 总资产利润率

C. 资本利润率　　D. 销售利润率

3. 流动比率大于1，则下列结论成立的是（　　）。

A. 短期偿债能力绝对有保障　　B. 速动比率大于1

C. 现金比率大于1　　D. 营运资金大于零

4. 在财务分析中，最关心企业资本保值增值情况和盈利能力的利益主体是（　　）。

A. 企业债权人　　B. 企业经营管理人员

C. 企业所有者　　D. 政府管理人员

5. 企业增加速动资产，一般会（　　）。

A. 增加企业的财务风险　　B. 降低企业的机会成本

C. 提高流动资产的收益率　　D. 提高企业的机会成本

6. 在计算速动资产时，之所以要扣除存货等项目，是由于（　　）。

A. 这些项目数量不易确定　　B. 这些项目价值变动较大

C. 这些项目变现能力差且不稳定　　D. 这些项目质量难以保证

7. 下列指标中，可用于衡量企业短期偿债能力的是（　　）。

A. 产权比率　　B. 现金比率　　C. 资产负债率　　D. 已获利息倍数

8. 某企业2018年年初与年末净资产分别为500万元和600万元，则资本保值增值率为（　　）。

A. 167%　　B. 83%　　C. 120%　　D. 20%

9. 权益乘数是（　　）中用到的指标。

A. 趋势分析法　　B. 杜邦分析法　　C. 比率分析法　　D. 因素分析法

10. 以下各项，能提高企业已获利息倍数的是（　　）。

A. 成本下降增加利润　　B. 宣布并发放股票股利

C. 所得税税率升高　　D. 用抵押借款购买厂房

11. 计算总资产报酬率指标时的利润是指（　　）。

A. 利润总额　　B. 息税前利润　　C. 税后利润　　D. 息税后利润

12. 某企业2018年主营业务利润为210万元，主营业务收入为1400万元，则2018年主营业务利润率为（　　）。

A. 15%　　B. 30%　　C. 40%　　D. 50%

13. 利用各主要财务比率指标间的内在联系，对企业财务状况及经济效益进行综合分析和评价的方法是（　　）。

A. 综合系数分析法　　B. 杜邦分析法

C. 沃尔比重分析法　　D. 效绩评价分析法

14. 权益乘数越大，企业的负债程度（　　）。

A. 越低　　B. 越高　　C. 不确定　　D. 不变

15. 用流动资产偿还流动负债，对流动比率的影响是（　　）。

A. 下降　　B. 上升　　C. 不变　　D. 同比例下降

## 二、多项选择题

1. 财务报表分析中一般常用的分析方法有（　　）。

A. 因素分析法　　B. 比较分析法　　C. 比率分析法　　D. 趋势分析法

2. 财务分析的因素分析法可以分为（　　）。

A. 差额分析法　　B. 比例分析法　　C. 趋势分析法　　D. 连环替代法

3. 企业财务分析的基本内容包括（　　）。

A. 偿债能力分析　　B. 营运能力分析　　C. 盈利能力分析　　D. 发展能力分析

4. 应收账款周转率提高意味着（　　）。

A. 收账迅速，账龄较短　　B. 短期偿债能力增强

C. 营运能力增强　　D. 收账费用减少

5. 对存货周转率表述正确的是（　　）。

A. 存货周转次数越多，表明存货周转越快

B. 存货周转次数越少，表明存货周转越快

C. 存货周转天数越多，表明存货周转越快

D. 存货周转天数越少，表明存货周转越快

## 三、计算分析题

1. 某建筑施工企业当年利润总额为2500万元，主营业务收入为7500万元，年初资产总额为8625万元，所有者权益为5375万元；年末资产总额为9375万元，所有者权益为5625万元。利息支出为100万元，假设企业所得税率为25%。请计算总资产周转率、总资产报酬率、净资产收益率。

2. 某建筑施工企业有关资料见表8-8所示。

表8-8　某建筑施工企业有关资料

| 项目 | 期初数 | 期末数 | 本期数或平均数 |
|---|---|---|---|
| 存货/万元 | 3600 | 4800 | |
| 流动负债/万元 | 3000 | 4500 | |
| 速动比率/% | 0.75 | | |
| 流动比率/% | | | |
| 总资产周转次数/次 | | 1.6 | 1.2 |
| 总资产/万元 | | | 18000 |

要求计算：

① 流动资产的期初数与期末数；

② 本期主营业务收入；

③ 本期流动资产平均余额和流动资产周转次数。

3. 某建筑施工企业简要资产负债表和利润及利润分配表如表8-9和表8-10所示。

表 8-9 资产负债表

单位：元

| 资产 | 年初数 | 年末数 | 负债与所有者权益 | 年初数 | 年末数 |
|---|---|---|---|---|---|
| 银行存款 | 26000 | 40400 | 短期借款 | 6000 | 26000 |
| 应收账款 | 40000 | 35000 | 应付账款 | 4000 | 2000 |
| 存货 | 20000 | 30000 | 长期借款 | 30000 | 20000 |
| 固定资产净值 | 64000 | 61000 | 实收资本 | 100000 | 100000 |
| | | | 盈余公积 | 6000 | 4600 |
| | | | 未分配利润 | 4000 | 13800 |
| 资产总额 | 150000 | 166400 | 负债与所有者总额 | 150000 | 166400 |

表 8-10 利润及利润分配表

单位：元

| 项目 | 本年累计数 | 项目 | 本年累计数 |
|---|---|---|---|
| 营业收入 | 126000 | 减:所得税费用 | 14000 |
| 减:营业成本、费用、税金 | 56700 | 净利润 | 42000 |
| 主营业务利润 | 69300 | 加:年初未分配利润 | 4000 |
| 减:管理费用 | 1230 | 可供分配利润 | 46000 |
| 财务费用(利息 16000) | 17000 | 减:盈余公积 | 4600 |
| 营业利润 | 40000 | 应付股利 | 27600 |
| 加:投资净收益和营业外收支净额 | 10000 | | |
| 利润总额 | 56000 | 年末未分配利润 | 13800 |

要求计算该企业本年度的速动比率、流动比率、已获利息倍数、资产负债率、净资产收益率。

# 第九章　建筑工程的相关税收与保险

### 知识目标

• 掌握增值税、企业所得税的计算方法；增值税、所得税的税率和计税依据。

• 熟悉两种税收的纳税义务人和征税对象。

• 了解建筑工程保险的被保险人与投保人、保险对象和保险标的、责任范围、除外责任、保险金额、赔偿限额与免赔额、保险费率、保险期限，以及建筑工程保险的赔偿处理。

### 能力目标

• 会根据施工企业组织方法及相关财务指标计算应缴纳所得税和增值税税额。

• 会根据具体情况为施工企业设计一套合理的保险方案。

### 素质目标

• 认知税收类别及纳税环节，培养学生依法纳税意识。

• 准确识别工程项目的风险类型，培养风险防范意识。

• 准确把握保险种类及责任范围，具有识别及有效选择保险种类，降低财产损失风险的能力。

## 第一节　建筑工程税收

9-1　建筑业增值税政策调整

增值税是以商品和劳务在流转过程中产生的增值额作为征税对象而征收的一种流转税。按照我国增值税法的规定，增值税是对在我国境内销售货物或加工、修理修配劳务（以下简称劳务），销售服务、无形资产、不动产以及进口货物的单位和个人，就其销售货物、劳务、服务、无形资产、不动产（以下统称应税销售行为）的增值额和货物进口金额为计税依据而课征的一种流转税。

9-2　建筑业营改增

根据《增值税暂行条例》《增值税暂行条例实施细则》和《财政部　国家税务总局关于做好全面推开营业税改征增值税试点工作的通知》的规定，在中华人民共和国境内（以下简称境内）发生应税销售行为以及进口货物的单位和个人，为增值税的纳税人。纳税人应当依照《增值税暂行条例》《增值税暂行条例实施细则》和《财政部　国家税务总局关于做好全面推开营业税改征增值税试点工作的通知》的规定缴纳增值税。

### 1. 征税范围

（1）征税范围的一般规定　现行增值税征税范围的一般规定包括应税销售行为和进口的货物。具体规定如下：①销售或者进口货物；②销售劳务；③销售服务，包括交通运输服务、邮政服务、电信服务、建筑服务、金融服务、现代服务、生活服务；④销售无形资产；⑤销售不动产。

其中第③条中销售服务中的建筑服务，是指各类建筑物、构筑物及其附属设施的建造、修缮、装饰。线路、管道、设备、设施等的安装以及其他工程作业的业务活动。包括工程服务、安装服务、修缮服务、装饰服务和其他建筑服务。

a. 工程服务，是指新建、改建各种建筑物、构筑物的工程作业，包括与建筑物相连的各种设备或者支柱、造作平台的安装或者装设工程作业，以及各种窑炉和金属结构工程作业。

b. 安装服务，是指生产设备、动力设备、起重设备、运输设备、传动设备、医疗实验设备以及其他各种设备、设施的装配、安置工程作业，包括与被安装设备相连的工作台、梯子、栏杆的建设工程作业，以及被安装设备的绝缘、防腐、保温、油漆等工程作业。固定电话、有线电话、宽带、水、电、燃气、暖气等经营者向用户收取的安装费、初装费、开户费、扩容费以及类似收费，按照安装服务缴纳增值税。

c. 修缮服务，是指对建筑物、构筑物进行修补、加固、养护、改善，使之恢复原来的使用价值或者延长其使用期限的工程作业。

d. 装饰服务，是指对建筑物、构筑物进行修饰装修，使之美观或者具有特定用途的工程作业。物业服务企业为业主提供的装修服务，按照“建筑服务”缴纳增值税。

e. 其他建筑服务，是指上列工程作业之外的各种工程作业服务，如钻井（打井）、拆除建筑物或者构筑物、平整土地、园林绿化、疏浚（不包括航道疏浚）、建筑物平移、搭脚手架、爆破、矿山穿孔、表面附着物（包括岩层、土层、沙层等）剥离和清理等工程作业。纳税人将建筑施工设备出租给他人使用并配备操作人员的，按照“建筑服务”缴纳增值税。

### 2. 纳税义务人和扣缴义务人

(1) 纳税义务人　在中华人民共和国境内（以下简称境内）销售货物、劳务、服务、无形资产、不动产的单位和个人，为增值税纳税人。单位，是指企业、行政单位、事业单位、军事单位、社会团体及其他单位。个人，是指个人工商户和其他个人。

单位以承包、承租、挂靠方式经营的，承包人、承租人、挂靠人（以下统称承包人）以发包人、出租人、被挂靠人（以下统称发包人）名义对外经营并由发包人承担相关法律责任的，以该发包人为纳税人。否则，以承包人为纳税人。

采取承包、承租、挂靠经营方式下，区分以下两种情况界定纳税人：

① 同时满足以下两个条件的，以发包人为纳税人：

a. 以发包人名义对外经营；

b. 由发包人承担相关法律责任。

② 不同时满足上述两个条件的，以承包人为纳税人。增值税法将增值税纳税人按会计核算水平和经营规模分为一般纳税人和小规模纳税人两类纳税人，分别采取不同的登记管理办法。年应税销售额未超过规定标准的纳税人，会计核算健全，能够提供准确税务资料的，可以向主管税务机关办理一般纳税人登记。小规模纳税人是指年销售额在规定标准以下，并且会计核算不健全，不能按规定报送有关税务资料的增值税纳税人。

9-3　小型微利企业税收优惠

(2) 扣缴义务人　中华人民共和国境外（以下简称境外）的单位或者个人在境内销售劳务，在境内未设有经营机构的，以其境内代理人为扣缴义务人；在境内没有代理人的，以购买方为扣缴义务人。

### 3. 税率

(1) 标准税率　纳税人销售货物、劳务、有形动产租赁服务或者进口货物，除下列第(2)项、第(4)项、第(5)项另有规定外，税率为13%。

(2) 9%低税率　纳税人销售交通运输、邮政、基础电信、建筑、不动产租赁服务，销售不动产，转让土地使用权，销售或者进口下列货物，税率为9%。

① 粮食等农产品、食用植物油、食用盐；

② 自来水、暖气、冷气、热水、煤气、石油液化气、天然气、二甲醚、沼气、居民用

煤炭制品；

③ 图书、报纸、杂志、音像制品、电子出版物；

④ 饲料、化肥、农药、农机、农膜；

⑤ 国务院规定的其他货物。

（3）6%低税率　纳税人销售服务、无形资产，除（1）、（2）、（5）另有规定外，税率为6%。

（4）出口零税率　纳税人出口货物，税率为零；但是，国务院另有规定的除外。

（5）服务、无形资产等零税率　境内单位和个人跨境销售国务院规定范围内的服务、无形资产，税率为零。

#### 4. 征收率

增值税征收率是指对特定的货物或特定的纳税人发生应税销售行为在某一生产流通环节应纳税额与销售额的比率。增值税征收率适用于两种情况，一是小规模纳税人；二是一般纳税人发生应税销售行为按规定可以选择简易计税方法计税的。

（1）根据“营改增通知”的规定，下列情况适用5%征收率。

① 小规模纳税人销售自建或者取得的不动产。

② 一般纳税人选择简易计税方法计税的不动产销售。

③ 房地产开发企业中的小规模纳税人，销售自行开发的房地产项目。

④ 其他个人销售其取得（不含自建）的不动产（不含其购买的住房）。

⑤ 一般纳税人选择简易计税方法计税的不动产经营租赁。

⑥ 小规模纳税人出租（经营租赁）其取得的不动产（不含个人出租住房）。

⑦ 其他个人出租（经营租赁）其取得的不动产（不含住房）。

⑧ 个人出租住房，应按照5%的征收率减按1.5%计算应纳税额。

⑨ 一般纳税人和小规模纳税人提供劳务派遣服务选择差额纳税的。

⑩ 一般纳税人2016年4月30日前签订的不动产融资租赁合同，或以2016年4月30日前取得的不动产提供的融资租赁服务，选择适用简易计税方法的。

⑪ 一般纳税人收取试点前开工的一级公路、二级公路、桥、闸通行费，选择适用简易计税方法的。

⑫ 一般纳税人提供人力资源外包服务，选择适用简易计税方法的。

⑬ 纳税人转让2016年4月30日前取得的土地使用权，选择适用简易计税方法的。

（2）除上述适用5%征收事以外的纳税人选择简易计税方法发生的应税销售行为为3%。

#### 5. 兼营行为的税率选择

试点纳税人发生应税销售行为适用不同税率或者征收率的，应当分别核算适用不同税率或者征收率的销售额，未分别核算销售额的，按照以下方法适用税率或者征收率：

① 兼有不同税率的应税销售行为，从高适用税率。

② 兼有不同征收率的应税销售行为，从高适用征收率。

③ 兼有不同税率和征收率的应税销售行为，从高适用税率。

④ 纳税人销售活动板房、机器设备、钢结构件等自产货物的同时提供建筑、安装服务，不属于“营改增通知”第四十条规定的混合销售，应分别核算货物和建筑服务的销售额，分别适用不同的税率或者征收率。

#### 6. 计税方法

增值税的计税方法，包括一般计税方法、简易计税方法和扣缴计税方法。

（1）一般计税方法　一般纳税人发生应税销售行为适用一般计税方法计税。其计算公式是：

当期应纳增值税税额＝当期销项税额－当期进项税额

销项税额＝销售额×适用税率

含税销售额的换算：

销售额＝含税销售额÷(1＋税率)

（2）简易计税方法　小规模纳税人发生应税销售行为适用简易计税方法计税。简易计税方法的公式是：

当期应纳增值税税额＝当期销售额(不含增值税)×征收率

含税销售额的换算：

销售额＝含税销售额÷(1＋征收率)

小规模纳税人一律采用简易计税方法计税，但是一般纳税人发生应税销售行为可以选择适用简易计税方法，例如：一般纳税人提供的公共交通运输服务，以清包工方式提供的建筑服务，可以选择按照简易计税方法计算缴纳增值税。

以清包工方式、为甲供工程和建筑工程老项目提供的建筑服务可选择适用简易计税，以取得的全部价款和价外费用扣除支付的分包款后的余额为销售额，按3%征收率计税。

一般纳税人销售电梯的同时提供安装服务，其安装服务可以按照甲供工程选择适用简易计税方法计税。纳税人对安装运行后的电梯提供的维护保养服务，按照“其他现代服务”缴纳增值税。

一般纳税人跨县（市）提供建筑服务选择适用简易计税方法计税、小规模纳税人跨县（市）提供建筑服务，均以取得的全部价款和价外费用扣除支付的分包款后的余额为销售额，按3%的征收率计算应纳税额。

（3）扣缴计税方法　境外的单位或者个人在境内销售劳务，在境内未设有经营机构的，以其境内代理人为扣缴义务人；在境内没有代理人的，以购买方为扣缴义务人。扣缴义务人按照下列公式计算应扣缴税额：

应扣缴税额＝接受方支付的价款÷(1＋税率)×税率

### 7. 建筑服务分包款差额扣除

纳税人提供特定建筑服务，可按照现行政策规定，以取得的全部价款和价外费用扣除支付的分包款后的余额为销售额计税。总包方支付的分包款是打包支出的概念，即其中既包括货物价款，也包括建筑服务价款。因此，《公告》明确，纳税人提供建筑服务，按照规定允许从取得的全部价款和价外费用中扣除的分包款，是指支付给分包方的全部价款和价外费用。

### 8. 纳税义务发生时间

《增值税暂行条例》《增值税暂行条例实施细则》和“营改增通知”明确规定了增值税纳税义务发生时间。纳税义务发生时间，是纳税人发生应税销售行为应当承担纳税义务的起始时间。纳税义务发生时间的作用在于：一是正式确认纳税人和扣缴义务人已经发生属于税法规定的应税销售行为时，应承担的纳税和扣缴义务；二是有利于税务机关实施税务管理，合理规定申报期限和纳税期限，监督纳税人切实履行纳税义务。《增值税暂行条例》明确规定：

（1）纳税人发生应税销售行为，其纳税义务发生时间为收讫销售款项或者取得索取销售款项凭据的当天；先开具发票的，为开具发票的当天。

收讫销售款项，是指纳税人发生应税销售行为过程中或者完成后收到的款项。取得索取销售款项凭据的当天，是指书面合同确定的付款日期；未签订书面合同或者书面合同未确定付款日期的，为应税销售行为完成的当天或者不动产权属变更的当天。

纳税人提供建筑服务采取预收款方式的，其纳税义务发生时间为收到预收款的当天。

建筑服务预缴增值税的预缴时间为：

① 采取预收款方式提供建筑服务的应在收到预收款时预缴增值税；

② 采取非预收款方式提供建筑服务预缴增值税的时间：

a. 提供建筑服务过程中或者完成后收到款项；

b. 签订书面合同约定付款日期的，为书面合同确定的付款日期；

c. 未签订书面合同或者书面合同未确定付款日期的，为服务、无形资产转让完成的当天或者不动产权属变更的当天。

③ 先开具发票的，为开具发票的当天。

（2）进口货物，为报关进口的当天。

（3）增值税扣缴义务发生时间为纳税人增值税纳税义务发生的当天。

### 9. 纳税期限

根据《增值税暂行条例》和“营改增通知”，增值税的纳税期限分别为 1 日、3 日、5 日、10 日、15 日、1 个月或者 1 个季度。

纳税人的具体纳税期限，由主管税务机关根据纳税人应纳税额的大小分别核定。不能按照固定期限纳税的，可以按次纳税。

根据“营改增通知”和《增值税暂行条例实施细则》的规定，以 1 个季度为纳税期限的规定适用于小规模纳税人、银行、财务公司、信托投资公司、信用社，以及财政部和国家税务总局规定的其他纳税人。

纳税人以 1 个月或者 1 个季度为 1 个纳税期的，自期满之日起 15 日内申报纳税；以 1 日、3 日、5 日、10 日或者 15 日为 1 个纳税期的，自期满之日起 5 日内预缴税款，于次月 1 日起 15 日内申报纳税并结清上月应纳税款。

扣缴义务人解缴税款的期限，依照前两款规定执行。

纳税人进口货物，应当自海关填发进口增值税专用缴款书之日起 15 日内缴纳税款。

按固定期限纳税的小规模纳税人可以选择以 1 个月或 1 个季度为纳税期限，一经选择，一个会计年度内不得变更。

### 10. 纳税地点

（1）固定业户应当向其机构所在地主管税务机关申报纳税。总机构和分支机构不在同一县（市）的，应当分别向各自所在地的主管税务机关申报纳税；经财政部和国家税务总局或者其授权的财政和税务机关批准，可以由总机构汇总向总机构所在地的主管税务机关申报纳税。

根据税收属地管辖原则，固定业户应当向其机构所在地的主管税务机关申报纳税，这是一般性规定。这里的机构所在地是指纳税人的注册登记地。如果固定业户设有分支机构，且不在同一县（市）的，应当分别向各自所在地的主管税务机关申报纳税。经财政部和国家税务总局或者其授权的财政和税务机关批准，可以由总机构汇总向总机构所在地的主管税务机关申报纳税。具体审批权限如下：

① 总机构和分支机构不在同一省、自治区、直辖市的，经财政部和国家税务总局批准，可以由总机构汇总向总机构所在地的主管税务机关申报纳税。

② 总机构和分支机构不在同一县（市），但在同一省、自治区、直辖市范围内的，经

省、自治区、直辖市财政厅（局）、国家税务总局审批同意，可以由总机构汇总向总机构所在地的主管税务机关申报纳税。

（2）固定业户到外县（市）销售货物或者劳务，应当向其机构所在地的主管税务机关报告外出经营事项，并向其机构所在地的主管税务机关申报纳税；未报告的，应当向销售地或者劳务发生地的主管税务机关申报纳税；未向销售地或者劳务发生地的主管税务机关申报纳税的，由其机构所在地的主管税务机关补征税款。

（3）非固定业户销售货物或者劳务应当向销售地或者劳务发生地主管税务机关申报纳税；未向销售地或者劳务发生地的主管税务机关申报纳税的，由其机构所在地或者居住地主管税务机关补征税款。

（4）进口货物，应当向报关地海关申报纳税。

（5）扣缴义务人应当向其机构所在地或者居住地主管税务机关申报缴纳扣缴的税款。

### 11. 纳税人跨县（市、区）提供建筑服务增值税征税管理暂行办法

纳税人跨县（市、区）提供建筑服务、应按照财税【2016】36号文件规定的纳税义务发生时间和计税方法，向建筑服务发生地主管国税机关预缴税款，向机构所在地主管国税机关申报纳税。

《建筑工程施工许可证》未注明合同开工日期，但建筑工程承包合同注明的开工日期在2016年4月30日前的建筑工程项目，属于财税【2016】36号文件规定的可以选择简易计税方法计税的建筑工程老项目。

跨县（市、区）提供建筑服务，是指单位和个人工商户（以下简称纳税人）在其机构所在地以外的县（市、区）提供建筑服务。

纳税人在同一地级行政区范围内跨县（市、区）提供建筑服务，不适用《纳税人跨县（市、区）提供建筑服务增值税征税管理暂行办法》（国家税务总局公告2016年第17号印发）。对于纳税人在同一直辖市、计划单列市范围内跨县（市、区）提供建筑服务的，由直辖市、计划单列市国家税务总局决定是否适用该办法。

### 12. 纳税人跨县（市、区）提供建筑服务，按照以下规定预缴税款

（1）一般纳税人跨县（市、区）提供建筑服务，适用一般计税方法计税的，以取得的全部价款和价外费用扣除支付的分包款后的余额，按照2%的预征收率计算应缴税款。

（2）一般纳税人跨县（市、区）提供建筑服务，选择简易计税方法计税的，以取得的全部价款和价外费用扣除支付的分包款后的余额，按照3%的征收率计算应缴税款。

（3）小规模纳税人跨县（市、区）提供建筑服务，以取得的全部价款和价外费用扣除支付的分包款后的余额，按照3%的征收率计算应预缴税款（月销售额未超过10万元的，当期无需预缴税款）。

### 13. 纳税人跨县（市、区）提供建筑服务，按照以下公式计算应预缴税款

（1）适用一般计税方法计税的：

$$应预缴税款=(全部价款和价外费用-支付的分包款)\div(1+9\%)\times 2\%$$

（2）适用简易计税方法计税的：

$$应预缴税款=(全部价款和价外费用-支付的分包款)\div(1+3\%)\times 3\%$$

纳税人取得的全部价款和价外费用扣除支付的分包款后的余额为负数的，可结转下次预缴税款时继续扣除。

纳税人应按照工程项目分别计算应预缴税款，分别预缴。

### 14. 征收管理

（1）纳税人按照上述规定从取得的全部价款和价外费用中扣除支付的分包款，应当取得符合法律、行政法规和国家税务总局规定的合法有效凭证，否则不得扣除。上述凭证是指：

① 从分包方取得的2016年4月30日前开具的建筑业营业税发票。该发票在2016年6月30日前可作为预缴税款的扣除凭证。

② 从分包方取得的2016年5月1日后开具的，备注栏注明建筑服务发生地所在县（市、区）、项目名称的增值税发票。

③ 国家税务总局规定的其他凭证。

（2）纳税人跨县（市、区）提供建筑服务，在向建筑服务发生地主管国税机关预缴税款时，需填报《增值税预缴税款表》，并出示以下资料：

① 与发包方签订的建筑合同复印件（加盖纳税人公章）；

② 与分包方签订的分包合同复印件（加盖纳税人公章）；

③ 从分包方取得的发票复印件（加盖纳税人公章）。

（3）纳税人跨县（市、区）提供建筑服务，向建筑服务发生地主管国税机关预缴的增值税税款，可以在当期增值税应纳税额中抵减，抵减不完的，结转下期继续抵减。

纳税人以预缴税款抵减应纳税额，应以完税凭证作为合法有效凭证。

（4）小规模纳税人跨县（市、区）提供建筑服务，不能自行开具增值税发票的，可向建筑服务发生地主管国税机关按照其取得的全部价款和价外费用申请代开增值税发票。

（5）纳税人跨县（市、区）提供建筑服务预缴税款时间，按照财税〔2016〕36号文件规定的纳税义务发生时间和纳税期限执行。

（6）纳税人跨县（市、区）提供建筑服务，按照本办法应向建筑服务发生地主管国税机关预缴税款而自应当预缴之月起超过6个月没有预缴税款的，由机构所在地主管国税机关按照《中华人民共和国税收征收管理法》及相关规定进行处理。

（7）根据《关于简化建筑服务增值税简易计税方法备案事项的公告》（国家税务总局公告2017年第43号），增值税一般纳税人（以下简称纳税人）提供建筑服务，按规定适用或选择适用简易计税方法计税的，实行一次备案制。纳税人备案后提供其他适用或选择适用简易计税方法的建筑服务，不再备案。纳税人跨县（市）提供建筑服务适用或选择适用简易计税方法计税的，应按规定向机构所在地主管国税机关备案，建筑服务发生地主管国税机关无须备案。

（8）建筑企业与发包方签订建筑合同后，以内部授权或者三方协议等方式，授权集团内其他纳税人（以下简称第三方）为发包方提供建筑服务，并由第三方直接与发包方结算工程款的，由第三方缴纳增值税并向发包方开具增值税发票，与发包方签订建筑合同的建筑企业不缴纳增值税。发包方可凭实际提供建筑服务的纳税人开具的增值税专用发票抵扣进项税额。

## 第二节 建筑工程保险

9-4 建筑工程保险

建筑工程建设，是一项复杂的系统工程，周期一般持续时间较长，所涉及的风险因素较多，如政治、社会、经济、自然、技术等因素。这些因素都会不同程度地影响建筑工程的实施。同时，每一种风险因素又都会产生许多不同的风险事件。风险事件一旦发生，往往造成比较严重的损失。针对这些风险，可以通过多种方式进行风险回避、损失控制、风险自留和风险转移等方面的管理，然而，这些风险自身的特点，决定了建筑工程保险这一特定方式是处理工程建设风险的最佳选择。建筑工程保险承保的是各类建筑工程。在财产保险经营中，建筑工程保险适用于各民用、工业用和公共事业用的建筑工程，如房屋、道路、水库、桥梁、码头、娱乐场所、管道以及各种市政工程项目的建筑。这些工程在建筑过程中的各种意外风险，均可通过投保建筑工程保险而得到保险保障。

建筑工程保险是以承包合同价格或概算价格作为保险金额，以重置基础进行赔偿的，以建筑主体工程、工程用材料以及临时建筑等作为保险标的的，对在整个建筑期间由于保险责任范围内的危险造成的物质损失及列明的费用予以赔偿的保险。

## 一、建筑工程保险的被保险人与投保人

### 1. 建筑工程保险的被保险人

凡在工程施工期间对工程承担风险责任的有关各方，即具有保险利益的各方均可作为被保险人。建筑工程保险的被保险人包括以下几方。

（1）业主（工程所有人，建设单位） 即提供场所，委托建造，支付建造费用，并于完工后验收的单位。

（2）工程承包商（施工单位或投标人） 即受业主委托，负责承建该项工程的施工单位。承包商还可分为主承包商和分承包商，分承包商就是向主承包商承包部分工程的施工单位。

（3）技术顾问 指由工程所有人聘请的建筑师、设计师、工程师和其他专业顾问、代表所有人监督工程合同执行的单位和个人。

（4）其他关系方 如发放工程贷款的银行等。

### 2. 建筑工程保险的投保人

投保人是指与保险人订立保险合同，并按照保险合同负有支付保险费义务的人。在一般情况下，投保人在保险契约生效后即为被保险人。

由于建筑工程保险可以同时有两个被保险人的特点，投保时应选出一方作为工程保险的投保人，负责办理保险投保手续，代表自己和其他被保险人交纳保险费，且将其他被保险人利益包括在内，并在保险单上清楚地列明。由此，其中任何一位被保险人负责的项目发生保险范围之内的损失，都可分别从保险人那里获得相应的赔偿，无需根据各自的责任相互进行追偿。在实践中，可根据建筑工程承包方式的不同来灵活选择由谁来投保。一般以主要风险的主要承担者为投保人。目前，建筑工程承包方式主要有以下四种情况。

（1）全部承包方式 业主将工程全部承包给某一施工单位。该施工单位作为承包商负责设计、供料、施工等全部工程环节，最后将完工的工程交给业主。在这种承包方式中，由于承包商承担了工程的主要风险责任，可以由承包商作为投保人。

（2）部分承包方式 业主负责设计并提供部分建筑材料，承包商负责施工并提供部分建筑材料，双方都负责承担部分风险责任，可以由业主和承包商双方协商推举一方为投保人，并在承包合同中注明。

（3）分段承包方式 业主将一项工程分成几个阶段或几部分，分别由几个承包商承包。承包商之间相互独立的，没有合同关系。在这种情况下一般由业主作为投保人。

（4）承包商只提供劳务的承包方式 在这种方式下由业主负责设计、提供建筑材料和工程技术指导，承包商只提供施工劳务，对工程本身不承担风险责任。这时应由业主作为投保人。

因此，从保险的角度出发，如是全部承包，应由承包商出面投保整个工程，同时把有关利益方列于共同被保险人。如非全部承包方式，最好由业主投保，因为在这种情况下如由承包商分别投保，对保护业主利益方面存在许多不足。第一，参与工程的各承包商由于缺乏保险知识，由各承包商安排的保险单的投保范围可能差别很大，造成一方面有些保单的范围互相重复；另一方面又有某些内容各自的保险单却未包括在内，处处漏保。承包商安排保险时首先关心的是自身利益，但他的利益并不一定与业主利益相一致，这样，由承包商签订的保险单里可能并不包括业主所需要的保险保障。第二，承包商往往都会把他们的保险费以成本的方式转嫁给业主，而业主却很少或无法控制他们。并且每个承包商只投保他自己承包合同的内容，使整个工程项目被分成几个承包合同，每个合同涉及的工程量相对较小，丧失了从保险人那里享受整体投保所给予的优惠。因此，同一个工程由承包商分别投保比整体投保可能支付更多的保险费。第三，业主无法控制索赔。当发生索赔要求时，承包商和保险人之间应进行谈判解决索赔问题，在这时业主并没有直接的发言权，必须完全依靠承包商的谈判能力，以确保索赔要求能够适当和迅速地解决。但有时承包商不可避免地无法达到这一目的，结果耽误了工程受损部分的恢复，从而增加了工程费用。第四，在由承包商分别投保的情况下，业主一般只能控制承包商是否投保，至于承包商向谁投保，业主则无法控制。承包商为了降低费用，往往选择费率开价低的保险人投保，而忽视其财务能力的强弱，一旦出现大的索赔，如不能得到及时的补偿，就会影响工程的恢复。基于上述原因，由业主投保，可以对整个工程的危险管理和危险转嫁有控制权，防止保险多头进行造成的保障费用。也正因如此，国际采用业主安排工程项目的保险正成为一种发展趋势。

## 二、建筑工程保险的保险对象与保险标的

### 1. 建筑工程保险的保险对象

凡领有营业执照的建筑单位所新建、扩建或改建的各种建设项目均可作为建筑工程保险的保险对象。

① 各种土木工程。如道路工程、灌溉工程、防洪工程、排水工程、飞机场、敷设管道等工程。

② 各种建筑工程。如宾馆、办公楼、医院、学校、厂房等。

### 2. 建筑工程保险的保险标的

凡与以上工程建设有关的项目都可以作为建筑工程保险的标的。具体包括物质损失部分和责任赔偿部分两方面。

（1）物质损失部分的保险标的　主要包括如下内容。

① 建筑工程。包括永久性和临时性工程物料。主要是指建筑工程合同内规定建筑的建筑物主体、建筑物内的装修设备、配套的道路设备、桥梁、水电设施等土木建筑项目、存放在施工场地的建筑材料设备和为完成主体工程的建设而必须修建的、主体工程完工后即拆除或废弃不用的临时工程，如脚手架、工棚、围堰等。

② 安装工程项目。指未包括在承包工程合同金额内的机器设备的安装工程项目。如饭店、办公楼的供电、供水、空调等机器设备的安装项目。

③ 施工机具设备。指配置在施工场地，作为施工用的机具设备。如吊车、叉车、挖掘机、压路机、搅拌机等。建筑工程的施工机具一般为承包人所有，不包括在承包工程合同价格之内，应列入施工机具设备项目下投保。有时，业主会提供一部分施工机器设备，此时，

可在业主提供的物料及项目一项中投保。承包合同价或工程概算中包括有购置工程施工所必需的施工机具的费用时，可在建筑工程项目中投保。无论是上述哪一种情形，都要在施工机具设备一栏予以说明，并附清单。

④ 邻近财产。在施工场地周围或临近地点的财产。这类财产可能因工程的施工而遭受损坏。

⑤ 业主提供的物料及项目。指未包括在建筑工程合同金额之中的业主提供的物料及负责建筑的项目。

⑥ 场地清理费用。指保险标的受到损坏时，为拆除受损标的和清理灾害现场，运走废弃物等，以便进行修复工程所发生的费用。此费用未包括在工程造价之中。国际上的通行做法是将此项费用单独列出，需在投保人与保险人商定的保险金额投保并交付相应的保险费后，保险人才负责赔偿。

（2）责任赔偿部分的保险标的　即第三者责任，第三者责任险主要是指在工程保险期限内因被保险人的原因造成第三者（如工地附近的居民、行人及外来人员）的人身伤亡、致残或财产损毁而应由被保险人承担的责任范围。

## 三、建筑工程保险的责任范围

### 1. 建筑工程保险物质损失部分的责任范围

建筑工程保险的物质损失部分的责任范围很广，下列原因造成的损失和支出的费用可以赔偿。

① 洪水、水灾、暴雨、潮水、地震、海啸、雪崩、地陷、山崩、冻灾、冰雹及其他自然灾害。

② 雷电、火灾、爆炸。

③ 飞机坠毁、飞机部件或物件坠落。

④ 盗窃。指一切明显的偷窃行为或暴力抢劫造成的损失。但如果盗窃由被保险人或其代表授意或默许，则保险人不予负责。

⑤ 工人、技术人员因缺乏经验、疏忽、过失、恶意行为对于保险标的所造成的损失。其中恶意行为必须是非被保险人或其代表授意、纵容或默许的，否则不予赔偿。

⑥ 原材料缺陷或工艺不善引起的事故。这种缺陷所用的建筑材料未达到规定标准，往往属于原材料制造商或供货商的责任，但这种缺陷必须是使用期间通过正常技术手段或正常技术水平下无法发现的，如果明知有缺陷而仍使用，造成的损失属故意行为所致，保险人不予负责；工艺不善指原材料的生产工艺不符合标准要求，尽管原材料本身无缺陷，但在使用时导致事故的发生。本条款只负责由于原材料缺陷或工艺不善造成的其他保险财产的损失，对原材料本身损失不负责任。

⑦ 除本保单条款规定的除外责任以外的其他不可预料的自然灾害或意外事故。

⑧ 现场清理费用。此项费用作为一个单独的保险项目投保，赔偿仅限于保险金额内。如果没有单独投保此项费用，则保险人不予负责。

保险人对每一保险项目的赔偿责任均不得超过分项保险金额以及约定的其他赔偿限额。对物质损失的最高赔偿责任不得超过总保险金额。

### 2. 第三者责任保险的责任范围

建筑工程保险的第三者指除保险人和所有被保险人以外的单位和人员，不包括被保险人和其他承包人所雇佣的在现场从事施工的人员。在工程期间的保单有效期内因发生与保单所承保的工程直接相关的意外事故造成工地及邻近地区的第三者人身伤亡或财产损失，依法应由被保险人承担经济赔偿责任时，均可由保险人按条款的规定赔偿，包括事先经保险人书面同意的被保险人因此而支出的诉讼及其费用，但不包括任何罚款，其最高赔偿责任不得超过保险单明细表中规定的每次事故的赔偿限额或保单的有效期内累计赔偿限额。

## 四、建筑工程保险的除外责任

保险人对必然发生的事故、容易涉及道德风险的事故或有其他专门保险单承保的事故等事项列为除外不保事项。

### 1. 对物质损失的保险项目和第三者责任保险均适用的除外责任

① 战争、敌对行为、武装冲突、恐怖活动、谋反、政变引起的损失、费用或责任。

② 政府命令或任何公共当局的没收、征用、销毁或毁坏。

③ 罢工、暴动、民众骚乱引起的任何操作、费用或责任。

④ 核裂变、核聚变、核武器、核材料、核辐射及放射性污染引起的任何损失费用和责任。

⑤ 大气、土地、水污染引起的任何损失费用和责任。

⑥ 被保险人及其代表的故意行为和重大过失引起的损失、费用或责任。

⑦ 工程全部停工或部分停工引起的损失、费用和责任。在建筑工程长期停工期间造成的一切损失，保险人不予负责；如停工时间不足1个月，并且被保险人在工地现场采取了有效的安全防护措施，经保险人事先书面同意，可不作本条停工除外责任论，对于工程的季节性停工也不作停工论。

⑧ 罚金、延误、丧失合同及其他后果损失。

⑨ 保险单规定的免赔额。保险单明细表中规定有免赔额，免赔额以内的损失，由被保险人自负，超过免额部分由保险人负责。

### 2. 适用于建筑工程保险物质损失部分的特殊除外责任

① 设计错误引起的损失、费用和责任。建筑工程的设计通常由被保险人雇佣或委托设计师进行设计，设计错误引起损失、费用或责任应视为被保险人的责任，予以除外。设计师错误设计的责任可由相应的职业责任保险提供保障，即由职业责任险的保险人来赔偿受害者的经济损失。

② 自然磨损、内在或潜在缺陷、物质本身变化、自燃、自热、氧化、氧蚀、渗漏、鼠咬、虫蛀、大气（气候或气温）变化、正常水位变化或其他渐变原因造成的被保险财产自身的损失和费用。

③ 因原材料缺陷或工艺不善引起的被保险财产本身的损失以及为换置、修理或矫正这些缺点错误所支付的费用，由于原材料缺陷或工艺不善引起的费用属制造商或供货商的，保险人不予负责。

④ 非外力引起的机械或电器装置损坏或建筑用机器、设备、装置失灵造成的本身损失。

⑤ 维修保养或正常检修的费用。

⑥ 档案、文件、账簿、票据、现金、各种有价证券、图表资料及包装物料的损失。

⑦ 货物盘点时的盘亏损失。

⑧ 领有公共运输用执照的车辆、船舶和飞机的损失。领有公共运输执照的车辆、船舶

和飞机，它们的行驶区域不限于建筑工地范围，应由各种运输工具予以保障。

⑨ 除非另有约定，在被保险工程开始以前已经存在或形成的位于工地范围内或其周围的属于被保险人的财产的损失。

⑩ 除非另有约定，在保险单保险期限终止以前，被保险财产中已由业主签发完工验收证书或验收合格或实际占有或使用接收的部分。

### 3. 适用于建筑工程保险第三者责任险部分的除外责任

① 保险单物质损失项下或本应在该项下予以负责的损失及各种费用。

② 业主、承包商或其他关系方或他们所雇佣的在工地现场从事与工程有关工作的职员、工人以及他们的家庭成员的人身伤亡或疾病。

③ 业主、承包商或其他关系方或他们所雇用的职员、工人所有的或由其照管、控制的财产的损失。

④ 领有公共运输执照的车辆、船舶和飞机造成的事故。

⑤ 由于震动、移动或减弱支撑而造成的其他财产、土地、房屋损失或由于上述原因造成的人身伤亡或财产损失。本项内的事故指工地现场常见的、属于设计和管理方面的事故，如被保险人对这类责任有特别要求，可作为特约责任加保。

⑥ 被保险人根据与他人的协议应支付的赔偿或其他款项。但即使没有这种协议，被保险人应承担的责任不在此限。

## 五、建筑工程保险的保险金额、赔偿限额与免赔额

### 1. 保险金额与赔偿限额

由于建筑工程保险的保险标的包括物质损失部分和第三者责任部分，对于物质损失部分要确定其保险金额，对于第三者责任部分要确定赔偿限额。此外，对于地震、洪水等巨灾损失，保险人在保险单中也要专门规定一个赔偿限额，以限制承担责任的程度。

（1）物质损失部分的保险金额　建筑工程保险的物质损失部分的保险金额为保险工程完工时的总价值，包括原材料费用、设备费用、建造费、安装费、运保费、关税、其他税项和费用以及由业主提供的原材料和设备费用。

各承保项目保险金额的确定如下。

① 建筑工程的保险金额为工程完工时的总造价，包括设计费、材料设备费、施工费、运杂费、保险费、税款及其他有关费用。一些大型建筑工程如果分若干个主体项目，也可以分项投保。如有临时工程，则应单独立项，注明临时工程部分和保险金额。

② 业主提供的物料和项目。其保险金额可按业主提供的清单，以财产的重置价值确定。

③ 建筑用机器设备。一般为承包商所有，不包括在建筑合同价格内，应单独投保。这部分财产一般应在清单上列明机器的名称、型号、制造厂家、出厂年份和保险金额。保险金额按重置价值确定，即按重新换置和原机器装置、设备相同的机器设备价格为保险金额。

④ 安装工程项目。若此项已包括在合同价格中，就不必另行投保，但要在保险单中注明。本项目的保险金额应按重置价值确定。应当注意的是，建筑工程保险承保的安装工程项目，其保险金额应不超过整个工程项目保险金额的20%。如超过20%，应按安装工程保险的费率计收保费。如超过50%，则应单独投保安装工程保险。

⑤ 工地内现成的建筑物及业主或承包商的其他财产。这部分财产如需投保，应在保险

单上分别列明，保险金额由保险人与被保险人双方协商确定，但最高不能超过其实际价值。

⑥ 场地清理费的保险金额应由保险人与被保险人共同协商确定。但一般规模大的工程不超过合同价格或工程概算价格的5%，规模小的工程不超过合同价格或工程概算价格的10%。

（2）第三者责任保险赔偿限额 第三者责任保险的赔偿限额通常由被保险人根据其承担损失能力的大小、意愿及支付保险费的多少来决定。保险人再根据工程的性质、施工方法、施工现场所处的位置、施工现场周围的环境条件及保险人以往承保理赔的经验与被保险人共同商定，并在保险单内列明保险人对同一原因发生的一次或多次事故引起的财产损失和人身伤亡的赔偿限额。该项赔偿限额共分以下四类。

① 每次事故中每个人的人身伤亡赔偿限额为人民币2万～5万元。

② 每次事故人身伤亡总的赔偿限额。可按每次事故可能造成的第三者人身伤亡的总人数，结合每人限额来确定。

③ 每次事故造成第三者的财产损失的赔偿限额。此项限额可根据工程具体情况估定。

④ 对上述人身和财产责任事故在保险期限内总的赔偿限额。应在每次事故的基础上，估计保险期限内保险事故次数确定总限额，它是计收保费的基础。

（3）特种危险赔偿限额 特种危险赔偿指保单明细表中列明的地震、洪水、海啸、暴雨、风暴等特种危险造成的上述各项物质财产损失的赔偿。赔偿限额的确定一般考虑工地所处的自然界地理条件、该地区以往发生此类灾害事故的记录以及工程项目本身具有的抗御灾害能力的大小等因素，该限额一般占物质损失总保险金额的50%～80%，不论发生一次或多次赔偿，均不能超过这个限额。

### 2. 免赔额

免赔额是指保险事故发生，使保险标的受到损失时，损失在一定限度内保险人不负赔偿责任的金额。

由于建筑工程保险是以建造过程中的工程为承保对象，在施工过程中，工程往往会因为自然灾害，工人、技术人员的疏忽、过失等造成或大或小的损失。这类损失有些是承包商计算标价时需考虑在成本内的，有些则可以通过谨慎施工或采取预防措施加以避免。这些损失如果全部通过保险来获得补偿并不合理。因为若损失金额很少也要保险人赔偿，那么保险人必然要增加许多理赔费用，这些费用最终将反映到费率上去，必然增加被保险人的负担，为赔偿小额损失而增加双方的负担无疑很不经济。规定免赔额后，既可以通过费率上的优惠减轻了被保险人的保费负担，同时在工程发生免赔额以下的损失时，保险人也不需派人员去理赔，从而减少了保险人的费用开支。特别是还有利于提高被保险人施工时的警惕性，可保证谨慎施工，减少灾害的发生。

按照建筑工程保险项目的种类，主要有以下几种免赔额。

（1）建筑工程免赔额 该项免赔额一般为保险金额的0.5%～2%，或2000～50000美元，对自然灾害的免赔额大一些，其他危险则小一些。

（2）建筑用机器装置及设备 免赔额为保险金额的5%或500～1000美元，或规定为损失金额的15%～20%，以高者为准。

（3）其他项目的免赔额 一般为保险金额的2%或500～2000美元。

（4）第三者责任保险免赔额 第三者责任保险中仅对财产损失部分规定免赔额，按每次事故赔偿限额的1‰～2‰计算，具体由被保险人和保险人协商确定。除非另有规定，第三者责任保险一般对人身伤亡不规定免赔额。

（5）特种危险免赔额　特种危险造成的损失使用特种免赔额，为人民币 5000～20000 元。

保险人只对每次事故超过免赔部分的损失予以赔偿，低于免赔额的部分不予赔偿。

## 六、建筑工程保险的保险费率

### 1. 费率制订要考虑的因素

① 承保责任的范围。

② 工程本身的危险程度。

③ 承包商和其他工程方的资信情况，技术人员的经验、经营管理水平和安全条件。

④ 同类工程以往的损失记录。

⑤ 工程免赔额的高低，特种危险赔偿限额及第三者责任限额的大小。

### 2. 建筑工程保险的费率项目

① 建筑工程、业主提供的物料及项目、安装工程项目、场地清理费、工地内已有的建筑物等各项为一个总费率，整个工期实行一次性费率。

② 建筑用机器装置、工具及设备为单独的年度费率，如保险期限不足一年，则按短期费率收取保费。

③ 第三者责任险部分实行整个工期一次性费率。

④ 保证期实行整个保证期一次性费率。

⑤ 各种附加保障增加费率实行整个工期一次性费率。

## 七、建筑工程保险的保险期限

### 1. 保险期限的确定

建筑工程保险的保险责任自保险工程在工地上动工或用于保险工程的材料、设备运抵工地之时开始，至业主对部分或全部工程签发完工验收证书或验收合格，或业主实际占有或使用或接收该部分或全部工程之时终止，以先发生者为准。但在任何情况下，建筑期保险期限的开始或终止不得超出保险单明细表中列明的建筑期保险生效日或终止日。对一些需分期施工的大型、综合性建筑工程，投保人可要求分期投保，经保险人同意可在保险单的明细表中分别规定保险期限，明确各不同项目保险期的开始与终止日期。

在保险单规定的保险期限内，工程若不能如期完工，被保险人可以在原保险期限结束前向保险人提出书面申请，请示延长保险期限，延长多久视工程进度与施工计划而定，保险人加批单后，方可有效。这时，一般要加收保险费，保险费按原费率以日计收。

### 2. 保证期

一般国内建筑施工合同协议条款中都对工程的保证期（保修期）有规定。工程合约内规定承包商的保证期一般从业主或其代表在最终验收记录上签字之日起算起，分单项验收的工程，按单项工程分别计算保证期。从保险期限看，保证期不包括在工程保险期限内，而是工程保险期限的延续。在保证期期间，如发现工程质量有缺陷，甚至造成损失，根据承包合同，承包商需负责赔偿，这就是保证期责任。保险期责任可以加保，投保与否由被保险人决定，并要加交一定的保险费。保险保证期自工程验收完毕移交后开始，至保险单上注明加保月份数或规定日期终止，以先发生者为准。即如工程提前完工，则从完工之日起算加上规定的月数至该期限的最后一天终止；如按时完工，则按保险单上规定的日期终止。保证期的长短计算按工程合同规定的工期来确定，通常为 12 个月。

## 八、建筑工程保险的赔偿处理

### 1. 申请理赔程序

① 出险后及时通知保险人。在发生引起或可能引起保险责任项下的索赔时，被保险人或其代表应立即通知保险人，通常在 7 天内或经保险人书面同意延长的期限内以书面报告提供事故发生的经过、原因和损失程度。

② 保险事故发生后，被保险人应立即采取一切必要的措施防止损失的进一步扩大并将损失减少到最低限度。

③ 在保险人的代表进行查勘之前，被保险人应保留事故现场及有关实物证据。

④ 按保险人的要求提供索赔所需的有关资料。

⑤ 在预知可能引起诉讼时，立即以书面形式通知保险人，并在接到法院传票或其他法律文件后，将其送交保险人。

⑥ 未经保险人书面同意，被保险人或其代表对索赔方不得作出任何承诺或拒绝、出价、约定、付款或赔偿。

### 2. 赔偿金额的确定与计算

（1）保险单物质损失项下的损失赔偿金额

① 部分损失，按将被保险财产修复至其基本恢复受损前状态所需的费用扣除残值和免赔额后的金额为准。修复费用可包括修复所需的材料、运费、工资、机械工作费用。如修复费用超过受损的保险标的的保险金额，对于超过部分，保险公司不负责赔偿。

② 全部损失的赔偿金额以被保险财产损失前的实际价值扣除残值和免赔额后的金额为准。最高赔偿金额以不超过受损财产的保险金额为限。

对于保险事故发生后，被保险人为防止或减少保险标的损失所支付的必要的、合理的施救费用，其赔偿要在保险单中详细规定。但注意，事故发生前被保险人为防止或减少事故发生而支付的预防费用以及消防部门及其他公共机关为防止或减轻损失扩大的行为所运行的费用不应包括在内。

若受损被保险财产的保险金额低于对应的保险价值时，应按保险单中保险项目的保险金额与保险价值的比例赔偿，即

实际赔款＝赔偿金额×某项目现行保险金额/某项目的保险价值

（2）责任赔偿部分的赔偿金额　被保险人支付受害人的赔偿金额加上被保险人在取得保险人的承认后支付的诉讼费、仲裁、和解或调停所需的费用和支付给律师的报酬，并从中扣除保单规定的免赔额，即为责任赔偿部分的赔偿金额。

**【例 9-1】** 上海某工地建造一幢大厦，业主投保了建筑工程一切险。因该地区河浜密集，浅层土质不均匀，使基坑多次坍塌，造成近百根桩游离，直接经济损失上百万元，业主向保险公司索赔。

经保险公司查勘，认定事故由自然因素造成，属于保险责任范围内，因此及时进行了赔偿。

**【例 9-2】** 某工程投保了建筑工程一切险，规定免赔额为损失金额的 10%，但免赔额不低于人民币 5 万元整，两者以高者为准。该工程发生了保险责任范围的损失 40 万元，保险人应赔付多少？

**解：** 按损失金额的 10% 计算免赔额为 4 万元，但因规定的免赔额最低为 5 万元，则该事故中免赔额不能以 4 万元计，而要以 5 万元作为此事故的免赔额，因此，这次事故中被保险人要自己负担 5 万元，保险人赔付 35 万元。

## 本章小结

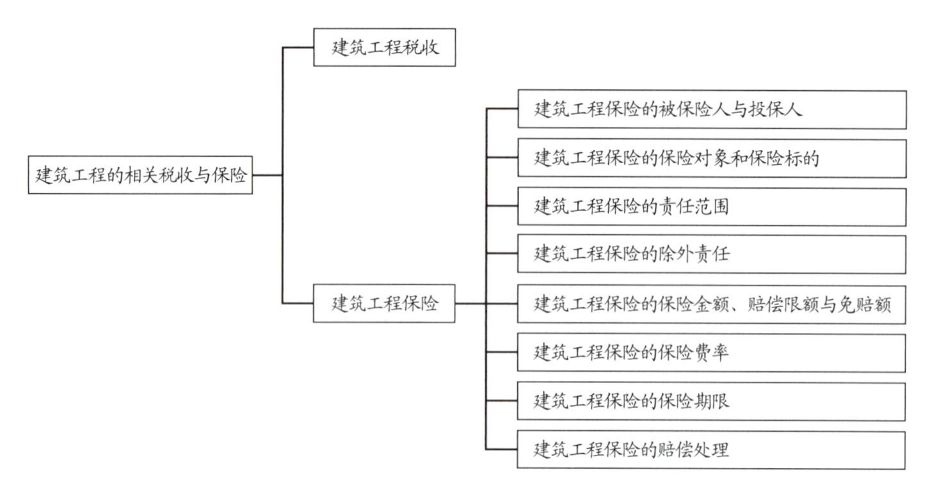


## 自测题

### 一、选择题

1. 纳税人是在中华人民共和国境内提供劳务、转让无形资产或者销售不动产的（　　）。

A. 单位或个人　　B. 企业　　C. 法人　　D. 机关团体

2. 下列经营者中，不属于纳税人的是（　　）。

A. 从事修理业的个人　　B. 发生销售货物并负责运输所售货物的单位

C. 将饭店承包给他人经营的发包人　　D. 将不动产无偿赠送他人的行政单位

3. 下列劳务中，不属于应税劳务的有（　　）。

A. 境内保险机构为出口货物提供的保险

B. 境外保险机构以在境内的物品为标的物所提供的保险

C. 单位或个体经营者聘用的员工为本单位或雇主提供的劳务

D. 境内企业外派本单位员工赴境外从事的劳务服务

4. 下列有关表述中，正确的有（　　）。

A. 所得税是利润分配的一项内容

B. 递延法下确认的递延税款是企业的一项资产或负债

C. 企业利润总额减去当期的应交所得税，等于企业的净利润

D. 所得税是企业的一项费用

5. 某业主投保建筑工程一切险附加第三者责任险，保险单规定两个险别每次事故的免赔额均为1000元。在保险期内，该保险工程发生火灾，导致保险财产损失15000元，邻近建筑物损失25000元，建筑物内2人重伤，医疗费用达20000元，保险人共应赔偿（　　）。

A. 57000元　　B. 58000元　　C. 59000元　　D. 60000元

### 二、思考题

1. 在建筑工程业务中，增值税的征税范围是如何的？

2. 建筑工程保险的除外责任有哪些？

3. 一建筑公司为办公大楼投保了建筑工程一切险，因意外造成火灾，大楼原值50万元，火灾后收回物料残值10万元，规定免赔额为损失金额的10%，但免赔额不低于人民币5万元整，建筑公司签订的保险合同中规定，受损财产保险金额为30万元，保险人应赔付多少？

### 三、计算分析题

1. 某建筑公司中标一项建筑承包工程，工程承包额为8000万元，该建筑公司将工程中的装饰工程分包给某装饰公司，分包价款为2000万元，又将工程中的设备安装工程分包给另一设备安装公司，分包价款为1500万元，已知建筑业务税率为3%。请分别计算该建筑公司承包此项工程应缴纳和应扣缴的税额。

2. 某运输公司2020年发生如下经济业务：营运收入3800万元，出租固定资产租金收入120万元，其他收入60万元。当年各项营运费用1200万元，缴纳税金和附加130万元，支付财产保险费和运输保险费共计16万元，向某球队赞助支出300万元。根据以上条件，计算该公司2020年应纳企业所得税税额。

# 附录　自测题参考答案

## 第　一　章

### 一、单项选择题

1. C　2. C　3. B　4. D　5. C

### 二、多项选择题

1. BD　2. ABCD　3. BCD　4. ABCD　5. ABCD　6. ABCD　7. AC

### 三、思考题

1. 答：财务管理是基于企业再生产过程中客观存在的财务活动和财务关系而产生的，是企业组织财务活动、处理与各方面财务关系的一项经济管理工作。

财务管理的内容是指财务管理所包含的基本业务管理方面，与财务活动的过程以及财务关系密切联系。具体包括以下内容：①融资管理，筹集资金是资金运动的起点，是投资的必要前提，也是企业财务管理的起点。②投资管理，投资是指以收回资金并取得收益为目的而进行的投入资金的活动。③资金耗费管理。④收益及资金分配管理。

2. 答：建筑工程项目是指为特定目的而进行投资的建筑或建筑安装工程建设项目。具体来说，建筑工程是指通过对各类房屋建筑物及其附属设施的建造和与其配套的线路、管道、设备的安装活动所形成的工程实体。其中"房屋建筑"指有顶盖、梁柱、墙壁、基础以及能够形成内部空间，满足人们生产、居住、学习、公共活动等需要，如厂房、剧院、旅馆、商店、学校、医院和住宅等；"附属设施"指与房屋建筑配套的水塔、自行车棚、水池等。"线路、管道、设备的安装"指与房屋建筑及其附属设施相配套的电气、给水、排水、通信、电梯等线路、管道、设备的安装活动。

3. 答：所谓财务管理目标又称理财目标，是指企业进行财务活动所要达到的根本目的，它决定着企业财务管理的基本方向。财务管理目标具有导向、激励、凝聚、考核四个方面的作用。

财务管理目标按照其层次可分为基本目标和具体目标。按照财务管理的内容可分为融资阶段目标、投资阶段目标和运营阶段目标。按照财务管理环节可分为财务预测目标、财务决策目标、财务控制目标和财务分析目标等。

4. 答：企业财务管理环境是指财务管理以外的，并对财务管理系统有影响作用的一切因素的总和。它包括微观理财环境和宏观理财环境。

宏观理财环境主要是指企业理财所面临的经济环境、法律环境、金融市场环境等。财务管理的微观环境也包括许多内容，如市场状况、生产情况、材料采购情况等。

## 第　二　章

### 一、单项选择题

1. B　2. B　3. A　4. A　5. C　6. D　7. B　8. C　9. A　10. B　11. D　12. B　13. B　14. A　15. D

### 二、多项选择题

1. ABCD　2. BCD　3. CD　4. ACD　5. ABC　6. AC　7. BCD　8. AB　9. ACD　10. ABD

### 三、计算分析题

1. 解：由复利终值的计算公式计算。

$$F=P(F/P,i,n)=123600\times(F/P,10\%,7)=123600\times1.949=240896.4(\text{元})$$

由以上计算可知，7 年后这笔存款的本利和为 240896.4 元，比设备高 896.4 元，故 7 年后利民工厂可以用这笔存款的本利和购买设备。

2. 解：由普通年金现值的计算公式可得

$$P=A(P/A,i,n)$$

$$500000=A(P/A,12\%,5) \quad A=138696(\text{元})$$

3. 解：由普通年金现值的计算公式可得

$$P=A(P/A,i,n)=3000\times(P/A,10,20)=25542(\text{元})$$

4. 解：先利用预付年金现值公式计算10年租金的现值。

$$P=A[(P/A,i,n-1)+1]=200\times[(P/A,6\%,10-1)+1]=1560.4(\text{元})$$

由此结果得知，10年租金现值低于买价，因此租用较优。

5. 解：利用递延年金的公式计算。

$$P=A(P/A,i,n)(P/F,i,m)=5000\times(P/A,10\%,9)(P/F,10\%,11)=11860(\text{元})$$

6. 解：先计算两公司的期望报酬率。

麦林电脑公司的期望报酬率为

$$\overline{K}=\sum_{i=1}^{n}K_iP_i=100\%\times0.3+15\%\times0.4+(-70\%)\times0.3=15\%$$

天然气公司的期望报酬率为

$$\overline{K}=\sum_{i=1}^{n}K_iP_i=20\%\times0.3+15\%\times0.4+10\%\times0.3=15\%$$

再计算两公司的标准离差。

麦林电脑公司的标准离差为

$$\delta=\sqrt{\sum_{i=1}^{n}(K_i-\overline{K})^2P_i}$$
$$=\sqrt{(100\%-15\%)^2\times0.3+(15\%-15\%)^2\times0.4+(-70\%-15\%)^2\times0.3}=65.84\%$$

天然气公司的标准离差为

$$\delta=\sqrt{\sum_{i=1}^{n}(K_i-\overline{K})^2P_i}$$
$$=\sqrt{(20\%-15\%)^2\times0.3+(15\%-15\%)^2\times0.4+(10\%-15\%)^2\times0.3}=3.87\%$$

由以上结果可知，两公司的期望报酬率相等，而麦林公司的标准离差大，所以其风险大于天然气公司的风险。

7. 解：计算期望报酬额。

$$\overline{x}=\sum_{i=1}^{n}x_ip_i=600\times0.3+300\times0.5+0\times0.2=330(\text{万元})$$

计算投资报酬额的标准离差

$$\delta=\sqrt{\sum_{i=1}^{n}(x_i-\overline{x})^2p_i}$$
$$=\sqrt{(600-330)^2\times0.3+(300-330)^2\times0.5+(0-330)^2\times0.2}=210(\text{万元})$$

计算标准离差率

$$V=\frac{\delta}{x}=\frac{210}{330}=63.64\%$$

导入风险报酬系数，计算风险报酬率

$$R_R=bV=8\%\times63.64\%=5.1\%$$

计算风险报酬额

$$P_R=P_m\times\frac{R_R}{R_R+R_F}=330\times\frac{5.1\%}{5.1\%+6\%}=151.62(\text{元})$$

8. 解：计算三家公司的期望报酬率。

A 公司：$\overline{K}=\sum_{i=1}^{n}K_iP_i=40\%\times0.3+20\%\times0.5+0\%\times0.2=22\%$

B 公司：$\overline{K}=\sum_{i=1}^{n}K_iP_i=50\%\times0.3+20\%\times0.5+(-15\%)\times0.2=22\%$

C 公司：$\overline{K}=\sum_{i=1}^{n}K_iP_i=60\%\times0.3+20\%\times0.5+(-30\%)\times0.2=22\%$

计算各公司期望报酬率的标准离差

A 公司：$\delta=\sqrt{\sum_{i=1}^{n}(K_i-\overline{K})^2P_i}$

$=\sqrt{(40\%-22\%)^2\times0.3+(20\%-22\%)^2\times0.5+(0\%-22\%)^2\times0.2}=14\%$

B 公司：$\delta=\sqrt{\sum_{i=1}^{n}(K_i-\overline{K})^2P_i}$

$=\sqrt{(50\%-22\%)^2\times0.3+(20\%-22\%)^2\times0.5+(-15\%-22\%)^2\times0.2}=22.6\%$

C 公司：$\delta=\sqrt{\sum_{i=1}^{n}(K_i-\overline{K})^2P_i}$

$=\sqrt{(60\%-22\%)^2\times0.3+(20\%-22\%)^2\times0.5+(-30\%-22\%)^2\times0.2}=31.24\%$

计算各公司投资报酬率的标准离差率

A 公司：$V=\frac{\delta}{K}=\frac{14\%}{22\%}=63.64\%$

B 公司：$V=\frac{\delta}{K}=\frac{22.6\%}{22\%}=102.73\%$

C 公司：$V=\frac{\delta}{K}=\frac{31.24\%}{22\%}=142\%$

引入风险报酬系数，计算风险报酬率

A 公司：$R_R=bV=8\%\times63.64\%=5.1\%$

B 公司：$R_R=bV=9\%\times102.73\%=9.23\%$

C 公司：$R_R=bV=10\%\times142\%=14.2\%$

由以上计算可知，三家公司的期望报酬率均为 22%，但 A 公司的风险报酬率最低。

## 四、思考题

1. 终值，是指某一特定数额的资金在若干期后按规定利率计算的未来价值，即“本利和”。现值，是指若干期后某一特定数额的资金按规定利率折算的现在价值即“本金”。现值和终值是一组相对的概念。终值和现值之间的差额（即增值额）就是货币的时间价值。

2. 所谓单利是指在计算利息时，仅用最初本金来计算，而不计入先前计息周期中所累积增加的利息，即通常所说的“利不生利”的计息方法。复利是指在计算某一计息周期的利息时，其先前周期上所累积的利息要计算利息，即“利生利”“利滚利”的计息方式。

3. 年金是指一定时期内每期相等金额的收付款项。在企业的财务活动中，许多款项的收支都表现为年金的形式，如折旧费、租金、保险费等。年金按付款方式可分为普通年金（后付年金）、预付年金（先付年金）、递延年金和永续年金。

4. 按风险的程度，可把企业财务决策分为如下三种类型：①确定性决策。决策者对未来的情况是完全确定的或已知的决策，称为确定性决策。②风险性决策。决策者对未来的情况不能完全确定，但它们出现的可能性——概率的具体分布是已知的或可以估计的，这种情况下的决策称为风险性决策。③不确定性决策。决策者对未来的情况不仅不能完全确定，而且对其出现的概率也不清楚，这种情况下的决策称为不确定决策。

5. 风险就是一种未来给自己带来损失的不确定性。计算单项风险的过程为：①确定概率分布；②计算期望报酬率；③计算标准离差；④计算标准离差率；⑤计算风险报酬率。

# 第 三 章

## 一、单项选择题

1. A 2. D 3. A 4. A 5. C 6. B 7. C 8. D 9. C 10. A

## 二、多项选择题

1. ABCD 2. ABCD 3. ABCE 4. ACDE 5. ABD 6. BCD 7. ABCE 8. BCDE 9. ABCDE 10. ACE

## 三、计算分析题

1. 解：本次增发普通股的资金成本率为

$$\frac{2}{20\times(1-6\%)}+5\%=15.64\%$$

2. 解：营业杠杆系数为

$$\frac{280-280\times60\%}{280-280\times60\%-32}=1.4$$

财务杠杆系数为

$$\frac{80}{80-200\times40\%\times12\%}=1.14$$

联合杠杆系数为

$$1.4\times1.14=1.6$$

3. 解：甲方案　各种融资占融资总额的比重

长期借款：$\frac{80}{500}=0.16$

公司债券：$\frac{120}{500}=0.24$

普通股：$\frac{300}{500}=0.60$

综合资金成本率：$7\%\times0.16+8.5\%\times0.24+14\%\times0.60=11.56\%$

乙方案　各种融资占融资总额的比重

长期借款：$\frac{110}{500}=0.22$

公司债券：$\frac{40}{500}=0.08$

普通股：$\frac{350}{500}=0.70$

综合资金成本率：$7.5\%\times0.22+8\%\times0.08+14\%\times0.70=12.09\%$

甲、乙方案相比，甲方案的综合资金成本率低于乙方案，在其他条件相同的情况下，应选甲方案。

## 四、思考题

1.① 融资的创建动机。资金是项目公司持续从事生产经营活动的基本前提。任何项目公司，首先必须筹集足够的资本金，才有可能开展正常的生产经营活动。

② 融资的发展动机。任何项目公司的发展，都是以资金的不断投放作保证。因为项目公司要发展，就需要不断扩大生产经营规模、不断更新设备和不断进行技术改造等，所有这些都离不开资金的支持。

③ 调整资本结构动机。资本结构，是指项目公司各种资金的构成及比例关系。任何项目公司都希望具有合理的和相对稳定的资本结构，但由于在资本结构中任何项目及其数额（绝对额、相对额）的变化都可能会引起资本结构的变动，进而引起资本结构的不合理，项目公司就需要采用不同的融资方式筹集资金以调整其资本结构，使之趋于合理。

④ 外部环境变化。外部环境的任何变化都可能会影响到项目公司的经营。比如通货膨胀引起项目公司原材料价格上涨造成资金占用量的增加，从而增加资金需求等，因此，项目公司必须筹集资金来满足这些

由于环境因素变动引起的资本需求。

2. ① 科学地确定融资数量，控制资金投放时间。

② 认真选择融资渠道和融资方式。

③ 合理投资，提高效益。

3. 企业的融资渠道是指企业筹集资本来源的方向与通道，体现着资本的源泉和流量。具体渠道为：①政府财政资本；②银行信贷资本；③非银行金融机构资本；④其他法人资本；⑤民间资本；⑥企业内部资本；⑦外国和我国港澳台地区资本。

企业融资方式是指企业筹集资本所采取的具体形式和工具，体现着资本的属性和期限。具体方式为：①投入资本融资；②发行股票融资；③发行债券融资；④发行商业本票融资；⑤银行借款融资；⑥商业信用融资；⑦租赁融资。

4. 资金成本是指企业为筹集资本和使用资本所付出的代价，包括资本筹集费用和资本占用费用。资金成本是企业财务管理中的一个重要概念，在企业的融资决策、投资决策等财务决策中都有着重要的作用。①资金成本是企业选择融资方式，进行融资决策的重要依据。②企业进行投资决策，决定项目的取舍时，一个重要的标准是投资项目的预期报酬率必须高于资金成本率。③资金成本是衡量企业经营业绩的基准。

5. 营业杠杆是指企业息税前收益（EBIT）随企业销售额变化而变化的程度，常用 DOL 表示。

6. 联合杠杆系数是营业杠杆系数和财务杠杆系数的乘积，它反映每股利润变动率相当于销售额变动率的倍数。联合杠杆系数的作用在于：①它能用于估计销售额变动对每股利润的影响程度。②它能显示营业杠杆和财务杠杆的相互关系。

7. 影响资本结构的因素很多，主要有：①资本结构，它是确定最佳资本结构的基本依据；②财务风险，它是衡量资本结构优劣的基本依据；③企业的社会责任；④管理人员的态度；⑤企业的获利能力；⑥企业增长率的高低；⑦贷款银行和信用评级机构的态度；⑧企业的现金流量状况良好，保持企业良好的财务形象。

## 第　四　章

### 一、单项选择题

1. C　2. B　3. B　4. B　5. C　6. A　7. C　8. B　9. C　10. B　11. D　12. C　13. A　14. A　15. D　16. B　17. D　18. B　19. A　20. B　21. C　22. C　23. D　24. C　25. D

### 二、多项选择题

1. AC　2. BCE　3. ACD　4. AB　5. BD　6. ABCD　7. BCD　8. ABCDE　9. ACE　10. AB

### 三、计算分析题

1. 解：

（1）计算最佳现金持有量

$$最佳现金持有量=\sqrt{2\times250000\times500/10\%}=50000(元)$$

（2）计算最佳现金持有量下的全年现金管理相关总成本、全年现金转换成本和全年现金持有机会成本

$$全年现金管理总成本=\sqrt{2\times250000\times500\times10\%}=5000(元)$$

$$全年现金转换成本=(250000/5000)\times500=2500(元)$$

$$全年现金持有机会成本=(50000/2)\times10\%=2500(元)$$

（3）
$$交易次数=250000/50000=5(次)$$

$$交易间隔期=360/5=72(天)$$

（4）
$$4500=\sqrt{2\times250000\times F\times10\%}$$

$$每次转换成本的限额\ F=405(元)$$

2. 解：
$$有价证券日利率=9\%\div360=0.025\%$$

$$R=\sqrt[3]{3\times60\times1000^2/4\times0.025\%}+1600=7246.22(元)$$

$$H=3R-2L=3\times7246.22-2\times1600=18538.66\ (元)$$

当该公司的现金余额达到控制上限时，它将以11292.44元（19538.66－7246.22）的现金去投资有价证券。

3. 解：

（1）计算该企业进货批量为多少时，才是有利的？

① 在没有价格折扣时，

$$最佳进货批量=\sqrt{2\times1200\times400/6}=400(件)$$

$$存货成本总额=1200\times10+(1200/400)\times400+(400/2)\times6=14400(元)$$

② 取得价格折扣3%时，企业必须按600件进货。

$$存货总成本=1200\times10\times(1-3\%)+(1200/600)\times400+(600/2)\times6$$
$$=11640+800+1800=14240(元)$$

③ 通过计算比较，进货批量600件的总成本低于进货批量400件的总成本，因此，该企业应该进货600件才是有利的。

（2）最佳的进货次数＝1200/600＝2(次)

（3）最佳的进货间隔期＝360/2＝180(天)

（4）平均占用资金＝(600/2)×10×(1－3%)＝2910(元)

4. 解：

（1）无折扣条件下的经济批量及总成本

$$Q=\sqrt{2AF/C}=\sqrt{\frac{2\times1600\times800}{4}}=800(kg)$$

$$存货总成本=采购成本+订货成本+储存成本$$
$$=1600\times10+1600/800\times800+800/2\times4=19200(元)$$

（2）不同批量下的进价成本

进货批量在1000～1200千克之间可享受2%的价格优惠，在此范围内，逐渐计算可发现越接近价格优惠界限的经济批量，成本总额就越低，可享受2%价格优惠的批量范围内，总成本最低的批量是1000千克。

$$存货总成本=1600\times10\times(1-2\%)+1600/1000\times800+1200/2\times4=18960(元)$$

进货批量在1200～1500千克，可享受3%的价格优惠，总成本最低的进货批量为1200千克。

$$存货总成本=1600\times10\times(1-3\%)+1600/1200\times800+1200/2\times4=18978(元)$$

进货批量在1500千克以上，可享受4%的价格优惠，总成本最低的进货批量为1200千克。

$$存货总成本=1600\times10\times(1-4\%)+1600/1500\times800+1500/2\times4=19213(元)$$

比较可发现，在各种价格条件的批量范围内，存货总成本最低的进货量为1000千克。

5. 解：

应收账款平均余额＝3000000/360×60＝500000(元)

维持赊销业务所需要的资金＝500000×60%＝300000(元)

应收账款机会成本＝300000×10%＝30000(元)

6. 解：

年折旧率＝(2/5)×100%＝40%。

某年折旧额＝该年年初固定资产账面净值×年折旧率

第一年折旧额＝640000×40%＝256000(元)

第二年折旧额＝(640000－256000)×40%＝153600(元)

第三年折旧额＝(640000－256000－153600)×40%＝92160(元)

第四年、第五年折旧额＝(640000－256000－153600－92160－20000)÷2＝59120(元)

7. 解：年折旧率＝某年年初上可使用年数/各年年初尚可使用年数之和

$$某年折旧额=(资产原值-预计净残值)\times年折旧率$$

$$第一年折旧额=(640000-20000)\times5/15=206667(元)$$

第二年折旧额＝(640000－20000)×4/15＝165333(元)

第三年折旧额＝(640000－20000)×3/15＝124000(元)

第四年折旧额＝(640000－20000)×2/15＝82667(元)

第五年折旧额＝(640000－20000)×1/15＝41333(元)

8. 解：根据题意项目的初始投资额为100万元，寿命期10年，每年有现金流入量，不发生现金流出量，所以每年的净现金流量为均为20(10＋100÷10)万元。

所以，NPV＝－100＋20×(P/A，10%，10)＝22.89(万元)

因为，NPV＞0，所以项目具备财务可行性。

9. 解：通过对第8题的计算可知项目的净现值为22.89万元，项目的初始投资为100万元。根据净现值率的公式得。

NPVR＝(22.89÷100)×100%＝22.89%

因为，NPVR＞0，所以项目具备财务可行性。

10. 解：根据题意项目的初始投资额为100万元，寿命期10年，每年有现金流入量，不发生现金流出量，所以每年的净现金流量均为20(10＋100÷10)万元。

根据内部收益率的公式可得：(*P*/*A*，IRR，10)＝100÷20＝5

查年金现值系数表：(*P*/*A*，14%，10)＝5.2161，(*P*/*A*，16%，10)＝4.8332

所以项目的内部报酬率介于14%～16%。

利用公式：IRR＝14%＋[(5.2161－5)/(5.2161－4.8332)]×(16%－14%)＝15.13%

因为，IRR＞12.5%，所以项目具备财务可行性。

## 第　五　章

### 一、选择题

1. D　2. A　3. ABCDE　4. ABC　5. ACE

### 二、计算分析题

解：砌砖工程的空心砖成本计算公式为

空心砖成本＝砌砖工程量×每立方米空心砖消耗量×空心砖价格

采用连环代替法对上述三个因素分别对空心砖成本的影响进行分析。计算过程和结果见下表所示。

砌砖工程空心砖成本分析表

| 顺序 | 砌砖工程量/立方米 | 每立方米空心砖消耗量/块 | 空心砖价格/元 | 空心砖成本/元 | 差异数/元 | 差异原因 |
|---|---|---|---|---|---|---|
| 计划数 | 1200 | 510 | 0.12 | 73440 | | |
| 第一次替代 | 1500 | 510 | 0.12 | 91800 | 18360 | 由于工程量增加 |
| 第二次替代 | 1500 | 500 | 0.12 | 90000 | －1800 | 由于空心砖节约 |
| 第三次替代 | 1500 | 500 | 0.18 | 135000 | 45000 | 由于价格提高 |
| 合计 | | | | 61560 | | |

以上分析结果表明，实际空心砖成本比计划超了61560元，主要原因是由于工程量增加和空心砖价格提高引起的，另外，由于节约空心砖消耗，是空心砖成本节约了1800元，这是好现象，应该总结经验，继续发扬。

### 三、思考题

1. 工程成本是建筑工程成本和安装工程成本的简称，它是考核建筑施工企业经济效益的一个重要指标。建筑工程成本主要指各种房屋以及设备基础、支柱、操作平台、烟囱、凉水塔等建筑工程成本；矿山开凿、井巷掘进延伸、露天矿剥离、石油、天然气钻井工程和铁路、公路、港口、桥梁等工程成本；水利工程和防空地下建筑等特殊工程成本等。安装工程成本则是指因生产、动力、起重、运输、传动和医疗、试验等需要安装设备的装配和安装工程成本。

根据制造成本，建筑施工企业成本费用构成如下。

(1) 工程成本　工程成本按其是否直接耗用于工程的施工过程，分为直接费用和间接费用。

① 直接费用。直接费用又称直接成本，是指施工过程中耗费的构成工程实体或有助于工程实体形成的各项支出，由以下项目组成：

a. 材料费指在施工过程中所耗用的、构成工程实体或有助于工程实体形成的各种主要材料、外购结构件成本以及周转材料的摊销和租赁费。

b. 人工费指直接从事工程施工的工人的工资和职工福利费，包括施工现场制作构件工人；施工现场水平、垂直运输等辅助工人，但不包括机械施工人员。

c. 机械使用费指建筑安装工程施工过程中使用施工机械所发生的费用和按规定支付的施工机械进出场费等，包括机上作业人员工资、福利费，燃料、动力费，机械折旧、修理费，替换工具及部件非润滑剂擦拭材料费，安装、拆卸及辅助设施费，养路费，牌照税，使用外单位施工机械的租赁费以及保管机械而发生的保管费等。

d. 其他直接费指现场施工用水、电、气费，冬季、雨季施工增加费，夜间施工增加费，工程定位复测费，工程点交、场地清理费用等。

② 间接费用。间接费用又称间接成本，是指企业所属各施工单位如分公司、项目部为组织和管理施工生产活动所发生的各项费用，包括临时设施摊销费、施工单位管理人员工资、职工福利费、折旧费、修理费、工具用具使用费、办公费、差旅交通费、劳动保护费等。

直接费用加上分配的间接费用，构成工程成本。工程成本不是工程完全成本，它不包括企业管理费用、财务费用等期间费用。因为按照现行财务、会计制度的规定，期间费用直接计入当期损益，不分配计入工程成本。

(2) 期间费用　期间费用是指企业当期发生的必须从当期收入中得到补偿的费用。它与企业的全部施工生产经营活动相联系，容易确定其发生的期间，但一般难以辨别其应归属的具体工程或产品，不构成工程或产品成本，应在发生时直接计入当期损益。期间费用主要由以下三项费用构成。

① 管理费用。管理费用是指企业行政管理部门为管理和组织生产经营活动所发生的各项费用，包括公司经费、工会经费、职工教育经费、劳动保险费、董事会费、咨询费、审计费、诉讼费、排污费、绿化费、房产税、车船使用税、土地使用税、印花税、土地损失补偿费、技术转让费、技术开发费、无形资产摊销、开办费摊销、业务招待费、坏账损失、存货盘亏、损毁和报废（减盘盈）损失以及其他管理费用。

② 财务费用。财务费用是指企业为筹集资金而发生的各项费用，包括企业生产经营期间发生的利息支出、汇兑净损失、调剂外汇手续费、金融机构手续费以及企业融资所发生的其他财务费用等。

③ 销售费用。销售费用是指企业在销售过程中发生的费用，包括运输费、装卸费、包装费、保险费、展览费和广告费以及为销售本企业产品而专设的销售机构（含销售网点、售后服务网点等）的职工工资及福利费、类似工资性质的费用、业务费等经营费用。建筑施工企业一般不设置“销售费用”账户，如发生有关销售费用，可在“管理费用”账户中核算。

划分成本费用既能明确工程成本与期间费用的界限，又能划清生产成本与经营管理成本的界限，可以正确地反映工程成本的构成，便于检查各项定额或计划的执行情况，分析和考核各项施工费用的支出是否节约、合理，有利于促使企业更加有效地节约费用开支，降低工程成本。

2. 成本预测的方法分为定性预测法和定量预测法。

(1) 定性预测方法　主要是利用已掌握的数据资料，根据个人的经验和知识进行综合分析和判断，从而对未来成本做出预测。常用的定性预测方法是德尔菲法。

首先是挑选专家，具体人数视预测课题的大小而定，一般的问题需 20 人左右，专家选定后，即开始函询工作。在进行的整个过程中，自始至终不让专家彼此发生联系，直接由预测单位函询或派专人与专家联系。

第一轮函询，一方面向专家寄去预测目标的背景材料，另一方面提出所需预测的具体项目。这轮调查，任凭专家回答，完全没有框框，专家可以各种形式回答有关问题，也可向预测单位索取更详细的统计材料，预测单位对专家的各种回答进行综合整理，把相同的事件、结论统一起来，剔除次要的、分散的事件，用准确的术语进行统一的描述。然后，反馈给各位专家，进行第二轮的函询。

第二轮函询，要求专家对与所预测目标有关的各种事件发生的时间、空间、规模大小等提出具体的预测，并说明理由，预测单对专家的意见进行处理，统计出每一件事可能发生日期的中位数，再次反馈给有关专家。

第三轮函询，是各位专家再次得到函询综合统计报告后，对预测位提出的综合意见和论据进行评价，重新修正原先各自的预测值，对预测目标重新进行预测。

上述步骤，一般通过四轮，预测的主持者应要求各位专家根据提供的全部预测资料提出最后的预测意见，若这些意见基本一致，即可以此为根据进行预测。

(2) 定量预测方法

① 回归分析。回归分析方法是利用事物内部因素间发展的因果关系来预测其发展变化的趋势，即按照影响成本的诸因素变化来预测成本的变化。这种方法计算的数值准确，但计算过程较复杂，如果可能，借助计算机计算则更好。

② 高低点法。高低点法是成本预测的一种常用方法，它是以统计资料中业务量（产量或产值）最高和最低两个时期的成本数据，通过计算总成本中的固定成本、变动成本和变动成本率来预测成本的。

③ 量本利分析方法。量本利分析方法通过揭示产量、成本、利润之间的内在联系来确定企业的保本点、保利点，以此来挖掘企业的内在潜力，寻求扩大生产、降低成本、增加盈利、提高效益的新途径。它既是一种重要的预测方法，也是一种科学的决策方法。量本利分析方法也有其局限性。它必须在价格、销量无显著变化的基本假定下进行，否则，这种方法将无从解释和应用。在市场经济条件下，由于企业的生产经营是在风险和不确定情况下进行的商品的销量，往往是不确定的随机变量，在这种情况下，量本利分析的基本假定得不到满足，所以，无法进行简单的量本利分析。

3. 工程成本控制的基本程序如下。

(1) 根据施工定额制定工程成本标准，并据之以制订各项降低成本的技术组织措施　工程成本标准是对各项费用开支和资源消耗规定的数量界限，是成本控制和成本考核的依据。工程成本标准可以根据成本形成的不同阶段和成本控制的不同对象确定，主要有目标成本、计划指标、消耗定额和费用预算等几种。

(2) 执行标准　即对工程成本的形成过程进行具体的计算和监督。根据工程成本指标，审核各项费用开支和各种资源的消耗，实施降低成本的技术组织措施，保证工程成本计划的实现。

(3) 确定差异　核算实际消耗脱离工程成本指标的差异，分析工程成本发生差异的程度和性质，确定制造差异的原因和责任归属。

(4) 消除差异　组织挖掘增产节约的潜力，提出降低工程成本的新措施或修订工程成本标准的建议。

(5) 考核奖惩　考核工程成本指标执行的结果，把工程成本指标的考核纳入经济责任制，实行物质奖励。

## 第　六　章

### 一、单项选择题

1. B　2. D　3. A　4. A　5. C　6. B　7. A　8. A　9. B

### 二、多项选择题

1. ACD　2. ACD　3. ABCD　4. ABD　5. BD　6. BC　7. ACD　8. BC

### 三、计算分析题

1. 解：预付备料款数额＝2000×30％＝600(万元)

起扣点未完工程价值＝600÷60％＝1000(万元)

起扣点已完工程价值＝2000－1000＝1000(万元)

7 月份应扣回预付备料款=[(900+180)−1000]×60%=48(万元)

8 月份应扣回预付备料款=220×60%=132(万元)

9 月份应扣回预付备料款=205×60%=123(万元)

10 月份应扣回预付备料款=195×60%=117(万元)

11 月份应扣回预付备料款=180×60%=108(万元)

12 月份应扣回预付备料款=120×60%=72(万元)

2. 解：(1) 2020 年度工程结算收入=400+2000−600=1800(万元)

(2) 2020 年度计划利润=1800×(1−3.3%)×7%÷(1+7%)=113.87(万元)

(3) 2020 年度工程成本降低额=15×1800÷2000=13.5(万元)

(4) 2020 年度工程结算利润=113.87+13.5=127.37(万元)

(5) 2020 年度工程结算利润=1800×(1−3.3%−68%)−280=236.6(万元)

(6) 2020 年度施工产值=(260+280)/(1−3.3%−68%)=1881.53(万元)

3. 解：(1) 来年所需的权益资本=1200×50%=600(万元)

(2) 从当年的税后利润中应补增的权益资本=600−250=350(万元)

(3) 当年可供发放的股利额=500−350=150(万元)

当年的股利支付率=150÷500×100%=30%

# 第 七 章

## 一、单项选择题

1. C 2. B 3. A 4. D 5. B 6. C 7. C 8. B 9. B 10. A 11. B 12. C 13. B 14. B 15. C 16. C 17. B 18. B 19. C 20. A 21. C 22. C 23. C

## 二、多项选择题

1. ACE 2. BDE 3. BCDE 4. CDE 5. AB 6. BCE 7. ABC 8. ABCD 9. DE 10. ACE 11. AD 12. CD 13. CD 14. ABD 15. ABCD

## 三、判断题

1. × 2. × 3. √ 4. × 5. ×

## 四、计算分析题

1. 解：

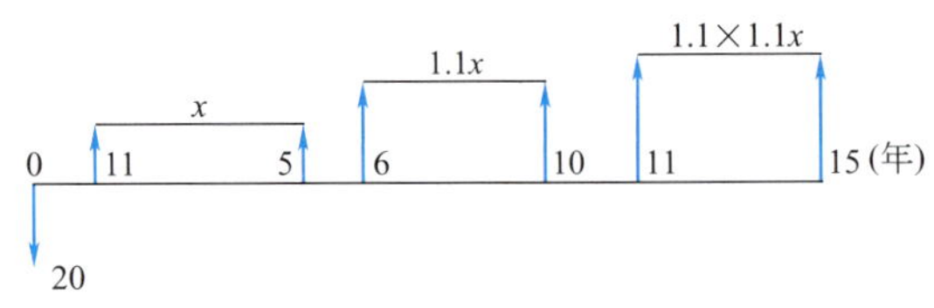


(1) 设第 1～5 年营业额为 $x$，$i=14\%$，则

$$FNPV=-20+\frac{0.2x}{14\%}\left[1-\frac{1}{(1+14\%)^5}\right]+\frac{0.2\times1.1x}{14\%}\left[1-\frac{1}{(1+14\%)^5}\right]\frac{1}{(1+14\%)^5}+\frac{0.2\times1.1\times1.1x}{14\%}\left[1-\frac{1}{(1+14\%)^5}\right]\frac{1}{(1+14\%)^{10}}=0$$

则 $x=15.35$(万元)

前 5 年的营业额为 13.24 万元，第 6～10 年营业额为 14.57 万元，第 11～15 年营业额为 16.02 万元。

(2) 设利润率为 $y$

$$FNPV=-20+\frac{20y}{14\%}\left[1-\frac{1}{(1+14\%)^5}\right]+\frac{20\times1.1y}{14\%}\left[1-\frac{1}{(1+14\%)^5}\right]\frac{1}{(1+14\%)^5}+\frac{20\times1.1\times1.1y}{14\%}\left[1-\frac{1}{(1+14\%)^5}\right]\frac{1}{(1+14\%)^{10}}=0$$

$y=15.35\%$

（3）计算见下表所示。

| 年份 | 0 | 1 | 2 | 3 | 4 | 5 | 6 | 7 |
|---|---|---|---|---|---|---|---|---|
| 净现金流量 | 20 | 3.6 | 3.6 | 3.6 | 3.6 | 3.6 | 3.96 | 3.96 |
| 净现金流量现值 | －20 | －3.16 | 2.77 | 2.43 | 2.13 | 1.87 | 1.80 | 1.58 |
| 累计净现金流量现值 | －20 | －16.84 | －14.07 | －11.64 | －9.51 | －7.64 | －5.84 | －4.26 |
| 年份 | 8 | 9 | 10 | 11 | 12 | 13 | 14 | 15 |
| 净现金流量 | 3.96 | 3.96 | 3.96 | 4.356 | 4.356 | 4.256 | 4.356 | 4.356 |
| 净现金流量现值 | 1.39 | 1.22 | 1.07 | 1.03 | 0.90 | 0.79 | 0.70 | 0.61 |
| 累计净现金流量现值 | －2.87 | －1.65 | －0.58 | 0.45 | 1.35 | 2.14 | 2.84 | 3.45 |

财务净现值 FNPV＝3.45(万元)

动态投资回收期 $P_t'$＝10.56(年)

财务内部收益率 FIRR＝14.14％

2. 解：(1)、(2) 计算结果见下表所示。

全部投资现金流量表　　单位：万元

| 序号 | 年份 / 项目 | 建设期 | | 生产期 | | | | | | | |
|---|---|---|---|---|---|---|---|---|---|---|---|
| | | 1 | 2 | 3 | 4 | 5 | 6 | 7 | 8 | 9 | 10 |
| 1 | 现金流入 | | | 2500 | 4200 | 4200 | 4200 | 4200 | 4200 | 4200 | 4000 |
| 1.1 | 销售收入 | | | 2500 | 4200 | 4200 | 4200 | 4200 | 4200 | 4200 | 2500 |
| 1.2 | 固定资产残值回收 | | | | | | | | | | 500 |
| 1.3 | 流动资金回收 | | | | | | | | | | 1000 |
| 2 | 现金流出 | 2100 | 1400 | 2367 | 3300 | 2900 | 2900 | 2900 | 2900 | 2900 | 2667 |
| 2.1 | 建设投资 | 2100 | 1400 | | | | | | | | |
| 2.2 | 流动资金 | | | 600 | 400 | | | | | | |
| 2.3 | 经营成本 | | | 1600 | 2500 | 2500 | 2500 | 2500 | 2500 | 2500 | 2500 |
| 2.4 | 销售税金及附加 | | | 150 | 252 | 252 | 252 | 252 | 252 | 252 | 150 |
| 2.5 | 所得税 | | | 17 | 148 | 148 | 148 | 148 | 148 | 148 | 17 |
| 3 | 净现金流量 | －2100 | －1400 | 133 | 900 | 1300 | 1300 | 1300 | 1300 | 1300 | 1333 |
| 4 | 累计净现金流量 | －2100 | －3500 | －3367 | －2467 | －1167 | 133 | 1433 | 2733 | 4033 | 5366 |
| 5 | 折现净现金流量 | －1875 | －1116 | 95 | 572 | 738 | 659 | 588 | 525 | 469 | 429 |
| 6 | 累计折现净现金流量 | －1875 | －2991 | －2896 | －2324 | －1586 | －927 | －339 | 186 | 655 | 1084 |

（3）该项目静态投资回收期为＝$(6-1)+\frac{|-1167|}{1300}$＝5.90(年)

该项目动态投资回收期为＝7.65(年)

财务净现值为 FNPV—1084(万元)

财务内部收益率 FIRR＝18.96％

根据上述结果，财务净现值 FNPV＝1084 万元＞0；静态投资回收期为 5.90 年，动态投资回收期为 7.65 年，均小于项目计算期 10 年；又因为财务内部收率 18.96％＞基准收益率；所以该项目在财务上是可行的。

3. 解：① 无形资产摊销费：500÷8＝62.5(万元)

② 项目还本付息表

项目还本付息表　　单位：万元

| 序号 | 项目\年份 | 1 | 2 | 3 | 4 | 5 | 6 | 7 | 8 | 9 | 10 |
|---|---|---|---|---|---|---|---|---|---|---|---|
| 1 | 年初累计借款 | | | 4640 | 4060 | 3480 | 2900 | 2320 | 1740 | 1160 | 580 |
| 2 | 本年新增借款 | | 4500 | | | | | | | | |
| 3 | 本年应计利息 | | 140 | 289 | 253 | 216 | 180 | 144 | 108 | 72 | 36 |
| 4 | 本年应还本金 | | | 580 | 580 | 580 | 580 | 580 | 580 | 580 | 580 |
| 5 | 本年应还利息 | | | 289 | 253 | 216 | 180 | 144 | 108 | 72 | 36 |

③ 总成本费用估算表

总成本费用估算表　　单位：万元

| 序号 | 项目\年份 | 3 | 4 | 5 | 6 | 7 | 8 | 9 | 10 |
|---|---|---|---|---|---|---|---|---|---|
| 1 | 经营成本 | 4200 | 4600 | 5000 | 5000 | 5000 | 5000 | 5000 | 5000 |
| 2 | 折旧费 | 673 | 673 | 673 | 673 | 673 | 673 | 673 | 673 |
| 3 | 摊销费 | 63 | 63 | 63 | 63 | 63 | 63 | 63 | 63 |
| 4 | 财务费 | 292 | 271 | 234 | 198 | 162 | 126 | 90 | 54 |
| 4.1 | 长期借款利息 | 289 | 253 | 216 | 180 | 144 | 108 | 72 | 36 |
| 4.2 | 流动资金借款利息 | 3 | 18 | 18 | 18 | 18 | 18 | 18 | 18 |
| 5 | 总成本费用 | 5228 | 5607 | 5970 | 5934 | 5898 | 5862 | 5826 | 5790 |
| 5.1 | 固定成本 | 3360 | 3680 | 4000 | 4000 | 4000 | 4000 | 4000 | 4000 |
| 5.2 | 可变成本 | 1868 | 1927 | 1970 | 1934 | 1898 | 1862 | 1826 | 1790 |

④ 项目损益表

项目损益表　　单位：万元

| 序号 | 项目\年份 | 3 | 4 | 5 | 6 | 7 | 8 | 9 | 10 |
|---|---|---|---|---|---|---|---|---|---|
| 1 | 销售收入 | 4800 | 6000 | 6600 | 6600 | 6600 | 6600 | 6600 | 6600 |
| 2 | 总成本费用 | 5228 | 5607 | 5970 | 5934 | 5898 | 5862 | 5826 | 5790 |
| 3 | 销售税金及附加 | 240 | 300 | 330 | 330 | 330 | 330 | 330 | 330 |
| 4 | 利润总额(1)−(2)−(3) | −668 | −575 | −275 | 61 | 372 | 408 | 444 | 480 |
| 5 | 所得税(4)×25% | 0 | 0 | 0 | 15.25 | 93 | 102 | 111 | 120 |
| 6 | 税后利润(4)−(5) | −668 | −575 | −275 | 45.75 | 279 | 306 | 333 | 360 |
| 7 | 盈余公积金(6)×10% | 0 | 0 | 0 | 4.575 | 27.9 | 30.6 | 33.3 | 36 |
| 8 | 可供分配利润(6)−(7) | 0 | 0 | 0 | 41.175 | 251.1 | 275.4 | 299.7 | 324 |

⑤

$$产量盈亏平衡=\frac{固定成本}{[产品单价\times(1-销售税金及附加税率)]-单位产品可变成本}$$

$$=\frac{4000}{6000\times(1-5\%)-1898/1.1}=1.01(万吨)$$

$$单价盈亏平衡点=\frac{固定成本}{[产品单价\times(1-销售税金及附加税率)]-单位产品可变成本}$$

$$=\frac{4000+1898}{1.1\times(1-5\%)}=5644(元/吨)$$

本项目产量盈亏平衡点为 1.01 万吨，设计生产能力为 1.1 万吨；单价盈亏平衡点为 5644 元/吨，项目的预计单价为 6000 元/吨。

可见，项目盈利能力和抗风险能力差。

4. 解：(1) 结果如下表所示。

现金流量表　　单位：万元

| 序号 | 年份/项目 | 建设期 | | | 投产期 | | | | | | |
|---|---|---|---|---|---|---|---|---|---|---|---|
| | | 1 | 2 | 3 | 4 | 5 | 6 | 7 | 8 | 9 | 10 |
| | 生产负荷 | | | | 60% | 80% | 100% | 100% | 100% | 100% | 100% |
| 1 | 现金流入 | | | | 2100 | 2800 | 3500 | 3500 | 3500 | 3500 | 4500 |
| 1.1 | 销售收入 | | | | 2100 | 2800 | 3500 | 3500 | 3500 | 3500 | 3500 |
| 1.2 | 固定资产残值回收 | | | | | | | | | | 400 |
| 1.3 | 流动资金回收 | | | | | | | | | | 600 |
| 2 | 现金流出 | 600 | 2000 | 800 | 1686 | 2148 | 2270 | 2210 | 2210 | 2210 | 2210 |
| 2.1 | 建设投资 | 600 | 2000 | 800 | | | | | | | |
| 2.2 | 流动资金 | | | | 360 | 180 | 60 | | | | |
| 2.3 | 经营成本 | | | | 1200 | 1800 | 2000 | 2000 | 2000 | 2000 | 2000 |
| 2.4 | 销售税金 | | | | 126 | 168 | 210 | 210 | 210 | 210 | 210 |
| 3 | 净现金流量 | −600 | −2000 | −800 | 414 | 652 | 1230 | 1290 | 1290 | 1290 | 2290 |
| 4 | 累计净现金流量 | −600 | −2600 | −3400 | −2986 | −2334 | −1104 | 186 | 1476 | 2766 | 5056 |
| 5 | 折现净现金流量 | −536 | −1594 | −569 | −263 | 370 | 623 | 584 | 521 | 465 | 737 |
| 6 | 累计折现净现金流量 | −536 | −2130 | −2699 | −2436 | −2066 | −1433 | −859 | −338 | 127 | 864 |

(2) 该项目所得税前的静态投资回收期为：$(7-1)+\frac{|-1104|}{1290}=6.86(年)$

(3) 财务净现值 FNPV=864(万元)

财务内部收益率 FIRR=17.99%

动态投资回收期为 $P_t'=8.73(年)$

(4) 项目评价

由于 FNPV>0，FIRR>12%（基准收益率），6.86 年<9 年，故该项目在财务上是可行的。

# 第　八　章

## 一、单项选择题

1. C　2. A　3. D　4. C　5. D　6. C　7. B　8. C　9. B　10. A　11. B　12. A　13. B　14. B　15. A

## 二、多项选择题

1. ABD　2. AD　3. ABCD　4. ABD　5. AD

## 三、计算分析题

1. 解：(1) 总资产周转率＝主营业务收入/资产平均余额

＝7500/[(8625＋9375)÷2]×100％＝83.33％

(2) 总资产报酬率＝息税前利润/资产平均余额

＝[2500×(1－25％)＋100]/[(8625＋9375)÷2]×100％＝21.94％

(3) 净资产收益率＝净利润/平均净资产

＝[2500×(1－25％)]/[(5375＋5625)÷2]×100％＝34.09％

2. 解：(1) 速动比率＝速动资产/流动负债＝(流动资产－存货)/流动负债

0.75＝(期初流动资产－3600)/3000

期初流动资产＝5850 (万元)

流动比率＝期末流动资产/流动负债

1.6＝期末流动资产/4500

期末流动资产＝7200(万元)

(2) 总资产周转次数＝主营业务收入/总资产平均余额

1.2＝主营业务收入/18000

主营业务收入＝21600(万元)

(3) 流动资产平均余额＝(5850＋7200)/2＝6525(万元)

流动资产周转次数＝主营业务收入/流动资产平均余额

＝21600/6525＝3.31(次)

3. 解：速动比率＝速动资产/流动负债

年初速动比率＝(26000＋40000)/(6000＋4000)＝6.6％

年末流动比率＝(40400＋35000)/(26000＋2000)＝2.69％

流动比率＝流动资产/流动负债

年初流动比率＝(26000＋40000＋20000)/(6000＋4000)＝8.6％

年末流动比率＝(40400＋35000＋30000)/(26000＋2000)＝3.76％

已获利息倍数＝息税前利润/利息支出＝(42000＋16000)/16000＝3.625％

资产负债率＝负债总额/资产总额

年初资产负债率＝(6000＋4000＋30000)/150000＝0.27％

年末资产负债率＝(26000＋2000＋20000)/166400＝0.29％

净资产收益率＝净利润/平均净资产

＝42000/{[(100000＋10000)＋(100000＋18400)]÷2}＝0.3678

# 第　九　章

## 一、选择题

1. A　2. D　3. ACD　4. D　5. B

## 二、思考题

1. 增值税征税范围：

增值税主要对各种货物征收，同时对加工、修理修配劳务征收增值税。在建筑业务中，基本建设单位和从事建筑安装业务的企业附设的工厂、车间生产的水泥预制构件、其他构件或建筑材料，用于本单位或本企业的建筑工程的，应在移送使用时征收增值税。

2. 建筑工程保险的除外责任有：

① 战争、敌对行为、武装冲突、恐怖活动、谋反、政变引起的损失、费用或责任；

② 政府命令或任何公共当局的没收、征用、销毁或毁坏；

③ 罢工、暴动、民众骚乱引起的任何操作、费用或责任；

④ 核裂变、核聚变、核武器、核材料、核辐射及放射性污染引起的任何损失费用和责任；

⑤ 大气、土地、水污染引起的任何损失费用和责任；

⑥ 被保险人及其代表的故意行为和重大过失引起的损失、费用或责任；

⑦ 工程全部停工或部分停工引起的损失、费用和责任。在建筑工程长期停工期间造成的一切损失，保险人不予负责；如停工时间不足1个月，并且被保险人在工地现场采取了有效的安全防护措施，经保险人事先书面同意，可不作本条停工除外责任论，对于工程的季节性停工也不作停工论；

⑧ 罚金、延误、丧失合同及其他后果损失；

⑨ 保险单规定的免赔额。保险单明细表中规定有免赔额，免赔额以内的损失，由被保险人自负，超过免赔额部分由保险人负责。

3. 因免赔额最高为5万元，而按照损失40万元（原值50万元－残值10万元）的10％计算为4万元，两者取高值，可获得的赔偿＝40－5＝35(万元)，但合同中规定的保险金额为30万，赔偿额应不超过保险金额，故能获得的赔偿为30万元。

## 三、计算分析题

1. 解：计税额＝8000－2000－1500＝4500(万元)

　　应纳税＝4500×3％＝135(万元)

　　应扣缴装饰公司税＝2000×3％＝60(万元)

　　应扣缴安装公司税＝1500×3％＝45(万元)

2. 应纳税所得额＝收入总额－准予扣除项目收入总额＝3800＋120＋60＝3980(万元)

　准予扣除项目＝1200＋130＋16＝1346(万元)

　注：赞助支出在计算企业应纳税所得额时不得扣除。

　应纳税所得额＝3980－1346＝2634(万元)

　该公司应缴纳企业所得税税额＝2634×25％＝658.9(万元)

# 参 考 文 献


[1] 葛宝山，邬文康. 工程项目评估. 北京：清华大学出版社，2004.

[2] 俞文青. 施工企业财务管理. 上海：立信会计出版社，2004.

[3] 高香林. 财务管理实务. 北京：高等教育出版社，2004.

[4] 中华人民共和国财政部. 2006 年企业会计准则. 北京：经济科学出版社，2007.

[5] 贺武. 财务管理. 北京：机械工业出版社，2007.

[6] 李跃珍. 工程财务与会计. 武汉：武汉理工大学出版社，2008.

[7] 赵玉萍. 建筑施工企业财务管理. 北京：机械工业出版社，2008.

[8] 陈志高. 最新建筑工程项目概预算与财务成本管理及成本控制全书. 北京：中国建筑工业出版社，2007.

[9] 注册评估师考试用书编写组. 建筑工程评估基础. 北京：经济科学出版社，2009.

[10] 注册评估师考试用书编写组. 资产评估. 北京：经济科学出版社，2009.

[11] 全国注册会计师考试教材编写组．财务成本管理．北京：经济出版社，2019.

[12] 张加瑄．建筑企业会计．北京：中国电力出版社，2019.

[13] 全国税务师考试教材编写组．税收相关法律．北京：中国税务出版社，2019.